世界古代货币词汇

石俊志

主编

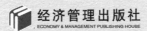

经济管理出版社

ECONOMY & MANAGEMENT PUBLISHING HOUSE

图书在版编目（CIP）数据

世界古代货币词汇/石俊志主编. —北京：经济管理出版社，2022. 6
ISBN 978 - 7 - 5096 - 8541 - 9

Ⅰ. ①世… Ⅱ. ①石… Ⅲ. ①货币史—词汇—世界—古代
Ⅳ. ①F821. 9 - 61

中国版本图书馆 CIP 数据核字（2022）第 105948 号

组稿编辑：王光艳
责任编辑：李红贤
特约编辑：刘文科
责任印制：黄章平
责任校对：张晓燕

出版发行：经济管理出版社
　　　　　（北京市海淀区北蜂窝 8 号中雅大厦 A 座 11 层　100038）
网　　　址：www. E - mp. com. cn
电　　　话：（010）51915602
印　　　刷：北京晨旭印刷厂
经　　　销：新华书店
开　　　本：880mm × 1230mm/32
印　　　张：15. 25
字　　　数：381 千字
版　　　次：2022 年 9 月第 1 版　　2022 年 9 月第 1 次印刷
书　　　号：ISBN 978 - 7 - 5096 - 8541 - 9
定　　　价：198. 00 元

本书编委会

主　编：石俊志

撰稿人（按姓氏拼音排序）：

丛凤玲　黄希韦　贾海平　李思萌　刘文科

马　达　孟郁聪　石俊志　宋　海　田　圆

武宝成　张　林　张雪峰

本书作者简介

丛凤玲　法学博士，中国政法大学副教授，硕士生导师，俄语语言文学研究所所长。

黄希韦　对外经济贸易大学国家开放研究院博士后，中国政法大学法学博士。

贾海平　工学博士，华南理工大学副教授，硕士生导师，广东外语外贸大学日本问题中心特聘研究员。

李思萌　北京语言大学朝鲜语专业文学学士，韩国汉阳大学访问学者。

刘文科　法学博士，当代中国出版社副编审，编辑室主任，出版专著《贵霜王朝货币简史》。

马　达　北京语言大学朝鲜语专业文学学士，翻译出版《韩国货币史》。

孟郁聪　经济学硕士，瑞森（海南）私募基金管理有限公司董事长，首席投资官。

石俊志 北京师范大学历史学院史学博士，中国人民大学法学院法学博士，清华大学五道口金融学院经济学博士，中国社会科学院金融研究所研究员。

宋　海 南开大学经济学博士，广东省原副省长，华南理工大学教授，研究员，博士生导师。

田　圆 国民信托有限公司博士后科研工作站办公室主任，《外国信托法经典译丛》编委会委员，《外国货币史译丛》编委会委员，翻译出版《罗马帝国货币史》。

武宝成 澳大利亚新南威尔士大学经济学博士，华南理工大学经济与金融学院讲师。

张　林 金融学硕士，国民信托有限公司计划财务部助理总经理。

张雪峰 历史学博士，法学博士后，中共广东省委党校（广东行政学院）教授。

序　言

本书是研究世界货币史的工具书。

古人关于货币史的研究，是从钱币学入手的。中国古人撰写出了各类钱谱；西方古人撰写出了各类钱币目录。此外，古今中外众多钱币学者对古代钱币进行了深入细致的研究，撰写了大量的相关专著，为货币史学的产生奠定了坚实的基础。

随着人们货币知识和货币理论的不断积累，目前，货币史学已经呈现出日益昌盛的景象。

货币可以分为称量货币和数量货币。数量货币包括钱币、纸币、电子货币等。然而，货币并非起源于钱币或者数量货币，而是起源于称量货币。

家庭的出现、私有制的产生，导致商品交换的发展和壮大。商品交换的发展，需要公众认可的交换媒介，于是就产生出充当一般等价物的特殊商品。国家的产生，使商品价值测量手段获得了法定标准，结果就出现了国家范围内统一的度量衡。有了统一的度量衡法定称量标准，充当一般等价物的特殊商品就转化为称量货币。

在两河流域，早期的称量货币是大麦和白银；在黄河流域，早期的称量货币是布帛和青铜。在钱币还没有被人们创造出来的称量货币时代，人们的称量方式主要有三种：称量布帛使用"度"，称量大麦使用"量"，称量白银和青铜使用"衡"。

称量货币的长期发展、演化，产生出金属数量货币——钱币。

钱币是市场的产物。当国家政府将钱币制造权收归国有，实行钱币垄断制造和发行的时候，钱币就出现了信用化的趋势，其金属含量逐步减少，信用性质逐步上升。从此，钱币不再依靠币材本身的金属价值发挥货币职能，而是越来越多地依靠国家信用和法律强制发挥货币职能。最后的结果就是不含金属价值的纸币替代了钱币。

钱币学研究的重点在于钱币表面的形象和特征，针对每个钱币，在无数的点上进行离散型的观察和分析；货币史研究的重点在于货币的发展和演进，针对货币的属性，在一条线上进行连续性的观察和分析。

研究世界货币史的学者们将越来越少地关注钱币表面的形象和特征，越来越多地关注货币属性的发展和演进。货币史学也从国别史向世界史的方向挺进。为了促进世界货币史的研究，我们邀请了一批国内金融学、史学和外国语的专家学者，编写了一套《外国货币史译丛》，总共三十部，陆续出版，为学界提供参考。

在对世界货币史进行研究的过程中发现，关于钱币名称、货币属性、货币专业词汇的译文，存在着极不规范的问题。为了尽可能地统一译文，便于学术交流，奠定世界货币史研究的基础，我们编写了本书——《世界古代货币词汇》，奉献给有关学者以及对世界货币史感兴趣的读者。

石俊志

目 录
CONTENTS

下 篇　中古部分

世界古代货币词汇

上篇

上古部分

两河流域

石俊志

有文字记载的、人类最早的货币，是公元前21世纪初亚洲西部两河流域的称量货币。当时，两河流域法定的称量货币有两种：大麦称量货币和白银称量货币。大麦称量货币使用容量单位，核心单位是古尔；白银称量货币使用重量单位，核心单位是舍客勒。两种称量货币的法定比价：1古尔大麦的价值等于1舍客勒白银。

一、称量货币

按照性质的不同，货币可以分为两种：一种是称量货币；另一种是数量货币。

称量货币不同于数量货币，根本区别在于它依靠币材价值发挥货币职能，而数量货币则是依靠发行者信用发挥货币职能。称量货币可以分为两种：一种是交易时需要称量的称量货币；另一种是交易时不需要称量的称量货币。

1. 交易时需要称量的称量货币

称量货币是货币的初级形态，依靠币材价值行使货币职能，典型的称量货币在交易时需要称量。

譬如，中国古代秦汉时期的黄金、明清时期的白银是称量货币，在交易时需要称量，依靠币材价值行使货币职能。古代两河流域的大麦和白银也是称量货币，使用时也需要称量，依靠币材价值行使货币职能。

称量货币的种类主要有粮食、布帛、金属等。称量货币的称量方式主要是度量、容量和衡量。

2. 交易时不需要称量的称量货币

除了交易时需要称量的称量货币，还有交易时不需要称量的称量货币。

有些货币被制作成一定成色及一定称量的形制，使其在交易时不需要称量，依靠币材价值便可以发挥货币职能。譬如，中国明清时期某钱庄铸造的标准形制的白银元宝，或按照银洋仿造的本土银元，都是事先称量、估值定价的白银称量货币。这些货币是依靠币材价值行使货币职能，而不是依靠制造者信用行使货币职能。

一种货币是称量货币还是数量货币，并不取决于它的币材，而是取决于它是依靠币材价值还是依靠发行者信用行使货币职能。譬如，白银可以是称量货币，也可以是数量货币。中国明清时期实行银两货币制度，银锭、银铤、元宝、碎银都是称量货币，交易使用时需要称量。外国银元、中国民间仿照外国银元制造的本土银元，甚至清朝晚期政府采用机器制造的银元，在交易时不需要称量，而是各有形制标准，交易前由官估局或公估局认定各类银元的白银成色、含银量价值，使人们事先知道这些货币的价值，方便人们用来进行交易，所以仍属依靠币材价值行使货币职能的称量货币。

1933 年，中国实行"废两改元"，就是将白银货币从称量货币改成数量货币，其形态也从不规则的银锭、银铤、元宝、碎银等改变为由政府统一发行的、由法律赋予强制流通能力的、具有法定统一标准形制的银元。这种银元在交易时不需要称量，依靠发行者的信用和法律的强制行使货币职能，政府有能力在需要的时候，随时减少币材的投入，进行减重发行。所以，这种银元已经不属于称量货币，而属于数量货币。

二、数量货币

称量货币经历了长期的发展、演化之后，便产生了数量货币。

数量货币是货币的高级形态，依靠发行者的信用发挥货币职能。因此，数量货币在交易时不需要称量，而是按照货币的个数进行交易。

数量货币一般由具有信用的机构（通常是政府）制造和发行，依靠发行者的信用和法律的强制行使货币职能。既然有国家政府的信用和法律的强制，为了节约币材，政府发行数量货币时便会减少币材的投入，使数量货币的币材价值常与货币的名义价值不符。因此，数量货币属于具有一定信用成分的货币，或者说是不足值的货币。譬如，古希腊的德拉克马银币、古罗马的阿斯铜币、中国秦朝的半两钱，以及当代世界上普遍流通的纸币，都是币材价值低于货币名义价值的数量货币。

钱币是数量货币的一个种类。

数量货币的种类主要有钱币、纸币、电子货币等。

三、古尔

古尔（gur）是容量单位，也是称量货币单位。在两河流域，古尔作为容量单位，被用于称量大麦。

我们看到的最早的关于古尔称量单位的文字，出现在公元前 21 世纪初期的乌尔第三王朝时期的《苏美尔经济报告文献》中。这份文献不仅提到了古尔称量单位，还提到了西拉称量单位。在当时实行的《乌尔纳姆法典》中，也有使用古尔作为称量货币单位的条文。

当时的 1 古尔折合现代的 121 公升，可以盛大麦 168 千克。

公元前 20 世纪上半叶，两河流域巴比伦城东北方的迪亚拉河谷地区有一个古国——埃什嫩那王国，这个王国颁布了一部法典——《埃什嫩那国王俾拉拉马的法典》。

从这部法典的条文中我们知道，当时两河流域实行大麦称量货币与白银称量货币并行的货币制度。

在《埃什嫩那国王俾拉拉马的法典》残存的总共 57 个条文中，涉及大麦货币的地方有 14 处，货币单位采用容量单位古尔、帕尔希克图、苏图和卡共 4 种；涉及白银称量货币的地方共有 47 处，货币单位采用重量单位弥那、舍客勒、乌得图和色共 4 种。当在同一条文中出现使用大麦和白银两种货币时，一般是先说使用大麦货币若干，然后再说如果使用白银货币，那么白银货币若干。这种将使用大麦优先于使用白银的法律规定，显然是对更早时期法律的继承。

四、西拉

西拉（xila）是容量单位，也是称量货币单位。在两河流域，西拉作为容量单位，被用于称量大麦。

我们看到的最早的关于西拉称量单位的文字，出现在公元前 21 世纪初期的乌尔第三王朝时期的《苏美尔经济报告文献》和《苏美尔女俘营》文献中。

当时的 1 西拉折合现代的 0.403 公升，可以盛大麦 0.56 千克。

公元前 20 世纪上半叶，在《埃什嫩那国王俾拉拉马的法典》中，西拉已经不见，这个容量单位的名称被改为"卡"。

在《苏美尔女俘营》中我们可以看到，1 西拉大麦大体上是 1 个人 1 天的口粮，成年女俘每月给粮 40 西拉；老少女俘每月给粮 10 - 30 西拉。

五、卡

卡（ka）是容量单位，也是称量货币单位。在两河流域，卡作为容量单位，被用于称量大麦。

卡这个容量单位，源于西拉。

当时的 1 卡折合现代的 0.403 公升，可以盛大麦 0.56 千克。

公元前 18 世纪初期，古巴比伦王国的第六任国王汉穆拉比颁布了一部法典——《汉穆拉比法典》。在《汉穆拉比法典》的总共 282 个条文中，使用大麦货币的地方有 38 处，其中以古尔计量的地方有 10 处，以卡计量的地方有 14 处。

在《汉穆拉比法典》中，卡被用于工资、租金、借贷利息等小额交易支付。

1 卡大麦的价值是 1/300 舍客勒白银，或者 1/5 乌得图白银。

六、帕尔希克图

帕尔希克图（parsiktu）是容量单位，也是称量货币单位。在两河流域，帕尔希克图作为容量单位，被用于称量大麦。

帕尔希克图这个容量单位，最早出现在公元前 20 世纪上半叶的《埃什嫩那国王俾拉拉马的法典》中。

当时的 1 帕尔希克图折合现代的 24.2 公升，可以盛大麦 33.6 千克。1 古尔等于 5 帕尔希克图。1 帕尔希克图等于 60 卡。

两河流域的称量货币制度向北传入小亚细亚半岛，向东传入伊朗高原。

公元前 15 世纪，两河流域北方的赫梯王国颁布了一部法典——《赫梯法典》。在《赫梯法典》的 200 个条文中，使用大麦称量货币的地方有 14 处，所用单位都是帕尔希克图。

在《赫梯法典》中，帕尔希克图被用于支付工资、租金等。

1 帕尔希克图大麦的价值是 1/5 舍客勒白银，或者 12 乌得图白银。

七、苏图

苏图（sutu）是容量单位，也是称量货币单位。在两河流域，苏图作为容量单位，被用于称量大麦。

苏图是埃什嫩那王国的容量单位，是对"卡"单位的简化，1 苏图等于 10 卡，或者 1/30 古尔，折合现代的 4.033 公升，可以盛大麦 5.6 千克。

苏图最早出现在公元前 20 世纪上半叶《埃什嫩那国王俾拉拉马的法典》中。到了公元前 18 世纪初期，古巴比伦王国的《汉穆拉比法典》中已经没有这个单位。在公元前 15 世纪的《赫梯法典》中也没有这个单位。苏图这个称量货币单位，似昙花一现，很快就消失了。

在《埃什嫩那国王俾拉拉马的法典》中，苏图被用于工资、租金、借贷利息等小额交易支付。

1 苏图大麦的价值是 1/30 舍客勒白银，或者 2 乌得图白银。

八、舍客勒

舍客勒（shekle）是重量单位，也是称量货币单位。在两河流域，舍客勒作为重量单位，主要被用于称量白银。在苏美尔文中，舍客勒的意思是"称重"。

舍客勒作为重量单位，起源于两河流域的苏美尔城邦。最初，舍客勒只是一个单位量，在各部落或城邦之间并没有统一的标准。当乌尔纳姆建立乌尔第三王朝，统一两河流域的时候，舍客勒便成为两河流域统一的重量单位。

迄今为止，西亚地区远古楔形文字泥板文书多有出土。各类私法文书中多有关于将舍客勒作为称量货币的记载。此外，在乌尔第三王朝于公元前 21 世纪初颁布的《乌尔纳姆法典》中，将舍客勒作为法定的白银称量货币用来计量惩罚、赔偿、奖赏等事项。

1 舍客勒的重量折合现代的 8.33 克。

舍客勒重量制度向北传入小亚细亚半岛。公元前 15 世纪，小亚细亚半岛上的世界强国——赫梯王国使用舍客勒重量制度。此后，舍克勒重量制度影响到了地中海沿岸的诸城邦，向东传入了伊朗高原。经过长期的发展，公元前 6 世纪，舍客勒重量制度被伊朗高原上的波斯帝国所采用。此外，公元前 20 世纪，古犹太先民迁徙至两河流域，吸收了舍客勒重量制度，后来将其带入迦南、埃及。目前，以色列的货币名称仍然是"shekle",中文译为"谢克尔"。

在埃什嫩那王国,1 舍客勒白银法定兑换 1 古尔大麦。

九、色

色(se)是重量单位,是两河流域最小的重量单位,也是称量货币单位。在两河流域,色作为重量单位,被用于称量白银。在苏美尔文中,色的意思就是麦粒,或者指一颗麦粒的重量。

西亚地区出土的远古楔形文字泥板文书甚多,在合同、契约、租约、借贷文书中多可以找到以"色"作为白银称量货币单位的事例。然而,最可靠的文献是出土的《埃什嫩那国王俾拉拉马的法典》。

1 色的重量折合现代的 0.0463 克。180 色等于 1 舍客勒,即 8.33 克。

色的出现,意味着商品货币化程度的加深,货币单位变小使更多民众获得了使用货币进行交易的能力。色被用于工资、租金、借贷利息等小额交易支付。

色的重量只有 0.0463 克,人们无法将白银切割成如此细小的颗粒。所以,色只是个记账单位,记录人们之间发生的债权债务,当这些债权债务在数量上积累到能够进行实物转移的时候,才将白银实物转移,或者折合成其他物品进行实物转移。

作为舍客勒的分量,色是 1/180 舍客勒。色作为重量制度或称量货币制度的组成部分,与舍客勒一起传播到了西亚各地,甚至更遥远的地区。

在埃什嫩那王国,1 色白银法定兑换 1.667 卡大麦。

十、弥那

弥那（mina）是重量单位，也是称量货币单位。在两河流域，弥那作为重量单位，主要被用于称量白银。在苏美尔文中，弥那的意思是"计算"。

弥那的重量，源于两捧大麦的重量。在两河流域的远古时期，人们用两手捧起大麦的最大量，就是半弥那。公元前 21 世纪初，弥那作为白银称量货币出现在《乌尔纳姆法典》中。

除了《乌尔纳姆法典》之外，出土的《赫梯法典》和《中亚述法典》以及许多泥板上的私法文书也都有关于弥那作为白银称量货币单位的记载。公元前 15 世纪，赫梯王国使用弥那和舍客勒作为白银称量货币单位，在《赫梯法典》的 200 个条文中，使用白银作为称量货币的共有 167 处，其中称量货币单位使用弥那的有 14 处，使用半舍客勒的有 153 处。公元前 15 世纪至公元前 11 世纪，亚述王国使用弥那作为黑铅的称量货币单位，在出土的《中亚述法典》的 91 个条文中，使用黑铅作为称量货币的有 14 处，其中称量货币单位使用他连得的有 9 处，使用弥那的有 2 处，其他地方未注明使用货币单位。

1 弥那的重量折合现代的 500 克。1 弥那等于 60 舍客勒，或者等于 3600 乌得图，或者等于 10800 色。

公元前 7 世纪，新巴比伦王国使用弥那作为白银的称量货币单位。新巴比伦国王尼布甲尼撒找到了乌尔第三王朝舒尔吉的两弥那石刻砝码，仿制了它，并作为新巴比伦王国法定的重量标准。公元前 539 年，波斯帝国国王居鲁士消灭了新巴比伦王国，继承了弥那重量制度。目前，在出土的弥那石刻砝码中，比较可靠的是波斯帝国大流士的 1 弥那石刻砝码，名曰"大流士宫殿"，重量为 500.2 克。

十一、乌得图

乌得图（uttetu）是重量单位，也是称量货币单位，是舍客勒的分量，即 1/60 舍客勒的重量。在两河流域，乌得图作为重量单位，被用于称量白银。苏美尔人的数量使用 60 进制：60 乌得图等于 1 舍客勒，60 舍客勒等于 1 弥那，60 弥那等于 1 他连得。

乌得图这个重量单位，最早出现在公元前 18 世纪初的《汉穆拉比法典》中。

1 乌得图的重量折合现代的 0.14 克。1 乌得图等于 1/60 舍客勒，或者 3 色。

在《汉穆拉比法典》的总共 282 个条文中，使用白银作为称量货币的有 109 处，其中称量货币单位使用弥那的有 16 处，使用舍客勒的有 17 处，使用乌得图的有 17 处。由此可见，古巴比伦时期，小额单位乌得图的使用频率已经与其他单位的使用频率并驾齐驱。

《汉穆拉比法典》依旧规定大麦作为称量货币使用。但是，相比《埃什嫩那国王俾拉拉马的法典》，《汉穆拉比法典》使用大麦称量货币的次数已经出现了明显的下降。这说明，白银称量货币的使用在逐步增加，而大麦称量货币的使用开始减少。

作为小额的白银称量货币单位，乌得图被用于支付工资、租金、借贷利息等。

作为弥那、舍客勒重量单位的分量，乌得图重量制度是与弥那、舍客勒一起向外传播的。

十二、他连得

他连得（talent）是重量单位，也是称量货币单位。在两河流域，他连得作为重量单位，主要被用于称量黑铅及白银。亚述王国使用他连得作为称量货币单位的记载，最早出现在《中亚述法典》中。

亚述王国位于两河流域北部。早期亚述王国依附于阿卡德王国和乌尔第三王朝。公元前 15 世纪至公元前 11 世纪是中亚述时期。这个时期的亚述王国，战争频繁，人民地位大幅度下降，商品经济凋敝，远远落后于南方的阿卡德人和苏美尔人。从货币形态来看，亚述王国的货币较少使用白银，较多使用黑铅。

1 他连得的重量折合现代的 30000 克。1 他连得等于 60 弥那；1 弥那等于 60 舍客勒；1 舍客勒等于 60 乌得图；1 乌得图等于 3 色，即 3颗麦粒的重量。

公元前 15 世纪至公元前 11 世纪，两河流域北部的亚述王国的军事力量强大起来。在出土的《中亚述法典》中使用黑铅作为惩罚、赔偿、奖赏的计量工具。亚述人使用的黑铅称量货币单位主要是他连得，有时也使用弥那。

在出土的《中亚述法典》的 91 个条文中，使用黑铅作为称量货币的有 14 处，其中称量货币单位使用他连得的有 9 处，使用弥那的有 2处，其他未注明使用的货币单位。

后来，他连得称量货币单位向北传入迦南，用于白银的大额支付；向东传入伊朗高原，被波斯帝国所继承。

十三、布尔

布尔（buru）是两河流域的土地面积单位，折合现代的 64800 平方米，相当于中国的 97.2 亩。

布尔作为土地面积单位，最早出现在公元前 18 世纪初期的《汉穆拉比法典》第 255 条中："……收获时每布尔田地应交付六十古尔大麦。"

十四、伊库

伊库（iku）是两河流域的土地面积单位，折合现代的 3600 平方米，相当于中国的 5.4 亩。

伊库作为土地面积单位，最早出现在公元前 21 世纪初期的《乌尔纳姆法典》第 26 条中："如果用水淹他人的土地，那么每伊库土地付 3 古尔大麦。"

18 伊库等于 1 布尔。

十五、穆沙鲁

穆沙鲁（musaru）是两河流域的土地面积单位，折合现代的 36 平方米，相当于中国的 0.054 亩。

100 穆沙鲁等于 1 伊库，1800 穆沙鲁等于 1 布尔。

上古中国

石俊志

　　欧洲的上古时期与中古时期的分界，为西罗马帝国灭亡的时间，即公元476年。

　　中国的上古时期与中古时期的分界，学界有多种观点及多种划分方法。白寿彝先生的观点：中国上古时期与中古时期的分界，应以秦朝为界，上古部分在先秦时期，中古时期在秦朝以后的皇帝专制时期。从货币史的角度来看，秦始皇统一货币是货币史的重要分界。因此，我们将中国货币史的分期，确定为以秦朝为界，先秦时期为上古时期。中国最早出现的用于称量货币的单位，可以追溯到夏朝建立初期王府中的宝藏——"石"。

　　据此，我们将中国货币史的上古时期界定为自夏朝建立（公元前2070年），经历了夏、商、西周、春秋战国，至秦始皇统一中国（公元前221年）的总共1849年的时间。

一、钱

钱是中国古代的一种铲形农具，在商品交换发展过程中成为原始数量货币，然后又转为专用数量货币。

钱就是"铫"①，即锹，是一种铲形的农业生产工具。《说文解字》云：

钱：铫也。古田器。②

[钱：锹。古代种田的农具。]

《诗经·周颂·臣工》云：

命我众人，庤乃钱镈，奄观铚艾。③

[命令众农夫，准备好铁锹和锄头，周王要来观看你们收割粮食。]

从货币的发展过程来看，作为一般等价物的特殊商品转变为称量货币，称量货币转变为原始数量货币，原始数量货币转变为数量货币，从而完成货币起源的全过程。其中，原始数量货币是具有生产、生活实用物品性质的数量货币，既可以用作生产、生活的实用物品，又可以用作价值尺度和商品交换的媒介，交易时不需称量，按照个数进行支付。在中国古代，这种原始数量货币主要有作为农业生产工具的钱、作为日常生活用具的削、作为装饰随身佩戴的海贝和作为礼品馈赠的玉璧。

----

① 铫：音瑶（yáo），古代的一种铲形农具。
② 汤可敬：《说文解字今释》，岳麓书社 1997 年版，第 2021 页。
③ 韩路主编：《四书五经》：《诗经·周颂·臣工》，沈阳出版社 1996 年版，第 1252－1253 页。

当时的钱是青铜铸造品，作为农业生产工具被制造出来，具有价值和使用价值，在商品交换中按照个数进行交易支付，不需要称量，比青铜称量货币更为方便。于是，钱逐步替代了部分青铜称量货币，在商品交换中发挥价值尺度和流通手段的货币职能。

钱的生产相对分散，难以实现统一规范，钱与钱之间存在着重量差异和价值差异，按照个数进行交易具有大小轻重不一的问题。于是，古人仿照钱的形状铸造了青铜布币。最早的青铜布币是晋国的空首布。

二、货

货是商品交换媒介，中国古代称量货币时代的货，主要是用来制作衣服的布帛。

班固说：

> 洪范八政，一曰食，二曰货。食谓农殖嘉谷可食之物，货谓布帛可衣，及金刀龟贝，所以分财布利通有无者也。①

[《尚书·洪范》论述先王治理国家的八项政务。第一是食品，第二是货币。食品指的是农业种植粮食等可以吃的东西，货币指的是可以做衣服的麻织的布和丝织的帛，还有青铜刀币、龟壳、贝壳，那些用于商品交换、互通有无、分配利益的东西。]

古代国王的政务，首先要说百姓吃饭和花钱的事情。吃饭就要种粮食，花钱用的是布帛，另外还有青铜刀币、龟壳、贝壳等。上古时期，民间商品交换主要使用布帛。布帛作为称量货币，其基本称量单位是尺、寸。

---

① 《汉书》卷二四上《食货志》，中华书局1962年版，第1117页。

三、币

币原本指人事交往中的礼品，主要有"玉"和"帛"。

《说文解字》云：

> 幣：帛也。

徐灏《段注笺》："幣，本缯帛之名。因车马玉帛同为聘享之礼，故浑言之称幣，引申之，货帛亦称幣。"①

中国古代的礼品有"玉"和"帛"，而礼品被称为"币"。当"币"被赋予价值尺度和流通手段职能的时候，"币"主要是"帛"。但是，在某些地区，"玉"也具备货币职能。这种情形，一直延续到秦始皇统一货币，才终止了"玉"和"帛"的法定货币地位，代之以"钱"和"布"。

四、布

布是麻织的衣料，充当商品交换媒介，作为中国古代主要的称量货币，以尺、寸为单位，发挥货币职能。

商代甲骨文中就已经有了"麻""丝"等字，说明当时人们用来做衣服的原料已经以布、帛为主。

《说文解字·巾部》曰：

> 布：枲织也。

［布是使用麻织造的。］

---

① 汤可敬：《说文解字今释》，岳麓书社 1997 年版，第 1047 页。

《段注》曰：

> 古者无今之木棉布，但有麻布及葛布而已。[1]

枲是大麻的雄株。春秋战国时期，麻布和葛布是庶民的主要衣料，所以庶民又被称为"布衣"。贵族可以衣帛。但是，战国时期的秦国，立法确定的货币是布，而不是帛。这说明，在战国中晚期，平民还是以布作为主要衣料的。

布的词义，被引申为动词，便是流通，即货币流通，分财布利。

战国晚期的秦国，流通着一种具有法定货币形制的布，这种布是麻织品。当时，平民是以麻织品作为主要衣服材料的。所以，这种布不仅作为货币充当价值尺度和流通手段的职能，还具有日常生活必需用品的使用价值。

《睡虎地秦墓竹简·金布律》第 2 条：

> 布袤八尺，福（幅）广二尺五寸。布恶，其广袤不如式者，不行。[2]

［布长度 8 尺，幅宽 2 尺 5 寸。布的质量不好，长宽不合标准的，不得作为货币流通。］

战国晚期的秦国，1 尺相当于现代的 23.1 厘米，8 尺相当于现代的 184.8 厘米；2 尺 5 寸相当于现代的 57.75 厘米。因此，法定货币形制的布的面积为现代的 10672.2 平方厘米，折合 1.06722 平方米。这种具有法定规制的布的价值是 11 枚铜钱。

《睡虎地秦墓竹简·金布律》第 3 条：

---

[1]　汤可敬：《说文解字今释》，岳麓书社 1997 年版，第 1057 页。

[2]　睡虎地秦墓竹简整理小组：《睡虎地秦墓竹简·金布律》，文物出版社 1978 年版，第 56 页。

钱十一当一布。其出入钱以当金、布，以律。①

［11 枚铜钱折合 1 布。如果官府收支铜钱来折合黄金或布，其折合比率，应按法律的规定。］

五、帛

帛是丝织的衣料，充当价值尺度和商品交换媒介，作为中国古代主要的称量货币，以尺寸为单位，发挥货币职能。

帛的历史晚于布的历史，但至少可以追溯到商代。商代的甲骨文中已经出现了"桑""蚕""丝"等字，说明当时人们已经开始养蚕缫丝，穿丝帛缝制的衣服。

《说文解字·巾部》曰：

帛：缯也。

〔注释〕"帛、素皆织匹之无纹彩者"；"未涷（煮丝使成熟）曰帛，已涷曰素"；"后引申为丝制品的总称"。②

帛是丝织的初级产品，比起后来出现的各种绫罗绸缎，具有统一性和普遍性，适于充当一般等价物。

与布相比，帛更为贵重。所以，帛更多地被用于财富功能，即用于大额支付和财富储藏。战国时期常用"车马金帛"代表财富。例如，《战国策》中有载：

---

① 睡虎地秦墓竹简整理小组：《睡虎地秦墓竹简·金布律》，文物出版社 1978 年版，第 56 页。

② 汤可敬：《说文解字今释》，岳麓书社 1997 年版，第 1060 页。

　　于是斋苏秦车马金帛以至赵。①

　　这里说的是燕文侯派苏秦带上财宝去赵国斡旋合纵抗秦的事情。秦始皇统一天下之后，帛的生产得到了普及，布的生产和使用大幅度减少，帛的财富功能更加突出。

　　作为称量货币，帛的主要货币单位也是尺，但人们在支付时经常使用"匹"。类似于战国晚期秦国布的货币单位"布"，帛的货币单位"匹"也具有国家规定的形制。班固说：

　　　　凡货。金钱布帛之用，夏殷以前其详靡记云。太公为周立九府圜法，黄金方寸，而重一斤；钱圆函方，轻重以铢；布帛广二尺二寸为幅，长四丈为匹。②

　　[关于货币，即黄金、铜钱、布帛的流通，夏商以前没有详细的记载。到了周朝，姜太公着手为周王朝建立主管钱币的机构（名为九府），制定了铸造圜钱的法令：黄金方块 1 寸，重量 1 斤；圜钱是圆形方孔，以铢为单位；布帛幅宽 2 尺 2 寸，长 4 丈为 1 匹。]

　　自周朝以来，黄金、铜钱、布帛都是货币，各有形制标准。黄金是称量货币，1 单位重量 1 斤；铜钱是数量货币，以铢为单位，按枚进行交易；布帛被织造成"匹"，与战国时期秦国具有法定形制的"布"类似，具有原始数量货币的性质。

六、石和钧

　　夏代的粮食有小麦、粟、黍、豆、高粱、水稻等，称量单位是

---

　　①　范祥雍：《战国策笺证》卷二九《燕一》：《苏秦将为从北说燕文侯》，上海古籍出版社 2006 年，第 1644 页。

　　②　《汉书》卷二四下《食货志》，中华书局 1962 年版，第 1149 页。

"石"和"钧"。然而，我们迄今没有发现夏代的量器出土，只是看到《夏书·五子之歌》中有关于夏代量器的记载。

> 其四曰："明明我祖，万邦之君。有典有则，贻厥子孙。关石和钧，王府则有。荒坠厥绪，覆宗绝祀。"①

[第四首歌写道："我们圣明的爷爷大禹，是天下各邦的君主。他有治国的典章法度，遗留给他的后世子孙。征税粮用的标准量器'石'、公平合理的标准量器'钧'，平时藏在王府，由政府掌握。你荒废祖制丢了他的事业，使宗族覆灭、祭祀断绝。"]

大禹的孙子太康继承启的王位之后，沉湎声色，不修政事。太康到洛水南岸打猎，有穷氏首领叛乱，掌握了夏朝的政权，在洛水北岸阻止太康返国。太康的五个弟弟在洛水转弯注入黄河的地方等待太康，写了五首诗歌责备太康，这里说的是第四首。

夏代已经有了"石"和"钧"作为粮食的称量单位。《夏书·五子之歌》中的"石和钧"，指的是征收粮食租税时使用的标准的"石"以及公平合理的"钧"。

虽然没有夏代相关标准量器的实物出土，但是我们知道，战国时期1石等于120斤，大约折合现代的30360克；1钧等于30斤，大约折合现代的7590克；1斤大约折合现代的253克。

七、益

公元前221年，秦始皇统一中国，并统一了中国的货币制度，确定黄金为上品货币，单位为"溢"。司马迁说：

---

① 王世舜、王翠叶译注：《尚书》：《夏书·五子之歌》，中华书局2012年版，第371页。

及至秦……黄金以溢名，为上币。①

［黄金以"溢"为单位名称，属于上品货币。］

"溢"作为称量货币单位，并非始于秦朝。秦朝之前这个称量单位不称"溢"，而是被称为"益"。

战国时期，各诸侯国大多使用"益"作为重量单位，也是称量货币单位。但是，各诸侯国"益"的重量并不相同。"益"是个较大的称量货币单位，可以分为若干个小单位。比"益"更小的单位，齐国使用"化"，12 化为 1 益；魏国使用"釿"，12 釿为 1 益；楚国使用"两"，16 两为 1 益；秦国也使用"两"，24 两为 1 益。

秦朝取代了周朝。周朝崇尚火德，秦朝以水灭火，崇尚水德，色尚黑，数以六为纪，货币制度中使用的黄金货币单位"益"字，就被加上了三点水，改为"溢"字。

汉朝取代了秦朝，自然不能继续崇尚水德，改为崇尚土德。从此，"溢"字不方便使用了。于是，汉朝在货币单位名称上采用"金"字，以应刘氏王朝"刘"字中的"金"字。此后，人们再提起"益"这个黄金货币单位时，便采用"镒"字。因此，史书中就出现了"益""溢""镒"交替出现、混淆不清的现象。

八、寽

寽是 1/3 益。

战国时期，金属重量单位是"益"，而各诸侯国"益"的重量却各自不同。我们以中原魏国的重量制度为主线，来观察这个重量标准。

---

① 《史记》卷三《平准书》，中华书局 1959 年版，第 1442 页。

陕西省咸阳市武功县出土的战国晚期魏国的"信安君鼎"①，器铭"九益"，实测重量为2842.5克，可知魏国"益"的重量为315.83克。

"益"是个较大的重量单位，最早的布币的单位是较小的重量单位"寽"。

寽即是锾，商代甲骨文中已有"锾"字。《说文解字》云：

> 锾：锊也。
>
> ［段注］郑康成云："锾重六两大半两，锊即锾。二十两为三锊，正谓六两大半两为一锊也。"②

锾，音环，意思是锊。锊，音略，是金属重量单位，金文中常与寽通用。寽，音吕，在金文中常常代表锊字。

寽的重量是20两的1/3。《周礼》云：

> 弋……重三寽。郑（注）以为寽重六又三分之二两，三寽为二十两。③

春秋战国时期，各诸侯国重量标准各有差异。晋国被分为韩、赵、魏三国。根据出土金属器皿上刻印的铭文推算，魏国"益"的重量为315.83克，寽的重量应为：315.83克÷3＝105.28克。春秋时期，晋国布币的重量是半寽，即105.28克÷2＝52.64克。

然而，春秋时期半寽的空首布并不是中国最早铸造的钱币。中国最早铸造的钱币应该有一个整数的重量标准——1寽。纽约美洲古钱学会博物馆藏有一枚中国西周（公元前1046年至公元前771年）晚期铸造的空首布，重量为105.10克，是重量1寽的空首布，这应该是中

---

① 丘光明、邱隆、杨平：《中国科学技术史（度量衡卷）》，科学出版社2001年版，第140页。

② 汤可敬：《说文解字今释》，岳麓书社1997年版，第2027页。

③ 杨天宇：《周礼译注》，上海古籍出版社2004年版，第627页。

国最早铸造的钱币。

九、丈、尺、寸、分

两河流域的法定称量货币是大麦和白银；上古中国的称量货币是布帛、粮食和青铜。

中国古代，布帛使用度量单位测量，度量单位采用十进制的丈、尺、寸、分。1 丈等于 10 尺，1 尺等于 10 寸，1 寸等于 10 分。这种度量制度历史悠久，早在商周时期就已经广泛使用。

币 2 - 1　纽约美洲古钱
学会博物馆
收藏的中国
西周空首布

战国时期各诸侯国度量标准各有差异。对后世影响最大的度量标准是战国晚期秦国的度量标准——源于商鞅变法，秦国统一的度量衡。周显王十九年（公元前 350 年），商鞅集乡为县，设县令、丞，废井田，开阡陌，统一度量衡，其中包括斗、桶、权、衡、丈、尺。现藏于上海博物馆的"商鞅铜方升"刻铭详尽，实测数据可靠，可以推定秦国的长度单位和容量制度。"商鞅铜方升"三面及底部均刻有铭文，左侧刻：

> 十八年，齐□卿大夫众来聘，冬十二月乙酉，大良造鞅，爰积十六尊（寸）五分尊（寸）壹为升。[1]

［秦孝公十八年（公元前 344 年），齐国派遣了一个由卿大夫组成的使团，到秦国来商讨一些事项（可能是两国度量衡制度对接问题）。这一年的冬季十二月乙酉，大良造商鞅监制了标准量器，规定 1 升的

---

[1]　丘光明、邱隆、杨平：《中国科学技术史（度量衡卷）》，科学出版社 2001 年版，第 166 页。

容积是十六又五分之一立方寸。]

这里需要说明的是，在"商鞅铜方升"的底部，刻铭秦始皇统一六国后颁布的统一度量衡的 40 字诏书，证明了秦自商鞅至秦始皇，度量衡的一切法规、制度等均未改变，甚至连器物本身也都一直沿用而不更造。

经实测"商鞅铜方升"的长、宽、深比例，根据整体为 16.2 立方寸求解，得："商鞅铜方升"长边 5.4 寸、宽边 3 寸、深 1 寸，并由此测算出"商鞅铜方升"的 1 寸为现代的 2.31944 厘米，即 1 尺为现代的 23.1944 厘米。"商鞅铜方升"底部加刻的秦始皇统一度量衡的 40 字诏书，说明了秦朝统一全国度量衡时沿用了战国晚期秦国的度量标准。

根据丘光明老师的考证，战国时期的 1 尺为现代的 23.1 厘米。

十、斛斗升合

中国古代，粮食作为称量货币用于价值尺度、商品交换媒介、官员俸禄等，容量单位为斛、斗、升、合。

两只手合在一起形成了一个简单的容器，这个容器的容量被称为掬，或者 1 升。在中国古代，升是最基本的容量单位。《小尔雅·广量》曰：

> 一手之盛谓之溢，两手谓之掬。掬四谓之豆，豆四谓之区，区四谓之釜。釜二有半谓之薮，薮二有半谓之岳，岳二谓之钟，钟二谓之秉，秉十六斛也。[1]

---

[1]　（清）胡承珙：《小尔雅义证》，黄山书社 2011 年版，第 149 – 152 页。

根据古人的注释，两手捧起的粮食为 1 掬，在秦汉时期便是 1 升。那么：

1 溢 = 半升，1 掬 = 1 升，1 豆 = 4 升，1 区 = 16 升，1 釜 = 64 升，1 薮 = 160 升，1 岳 = 400 升，1 钟 = 800 升，1 秉 = 1600 升，1 斛 = 100 升。

溢、掬、豆、区、釜、薮、岳、钟、秉、斛都是当时用来称量粮食的容量单位。

出土的"商鞅铜方升"的标准容量是 16.2 立方寸，大约折合现代的 200 毫升。《汉书·律历志》曰：

　　　合龠为合，十合为升，十升为斗，十斗为斛。[①]

斛是容量单位，1 斛等于 10 斗，1 斗等于 10 升，1 升等于 10 合。百姓日常生活用的粮食，以升、斗计量。进行商品交换的粮食，采用"斛"来计量。"斛"这个称谓晚于"石"的出现。由于长期以"石"作为粮食计量的主要单位，人们对"斛"往往继续称为"石"，由此造成了"斛""石"混淆难分的情形。严格地说，"斛"是容量单位，"石"是重量单位，两者测量粮食的量并不完全一致，各地掌握情况也不尽相同。

十一、斤

斤是衡量单位，起源于一柄铜斧的重量。《说文解字》云：

　　　斤：斫木（斧）也。[②]

---

① 《汉书》卷二一上《律历志上》，中华书局 1962 年版，第 967 页。

② 汤可敬：《说文解字今释》，岳麓书社 1997 年版，第 2050 页。

［斤，砍削木头的横刃小斧。］

"斤"的意思就是伐木的斧子。铜斧作为原始数量货币，1 柄铜斧的重量就是 1 斤，这就是衡量单位"斤"的由来。

中国古代，各民族称量货币演化为原始数量货币的时间先后差距较大，而考古发现的最早的原始数量货币属于商代，即商代的铜斧。

我国商朝时期，铜斧曾作为原始数量货币。湖南省宁乡县有商代铜罍出土，内藏 224 只青铜斧，每只青铜斧实测重量不足 200 克。[1]

江西省吉安市新干县大洋洲商代晚期贵族墓出土青铜斧 27 件，其中溜肩圆斧 10 件，手斧 17 件。[2]

原始数量货币发展的结果，便是铜斧逐步失去了生产、生活的具体用途，演化为专用的价值尺度和流通手段，从而成为完整意义上的数量货币。

十二、两

两是衡量单位，源于布帛称量货币的"两端"。

《左传·闵公二年》云：

> 重锦三十两。

杜预注："重锦，锦之熟细者，以二丈双行，故曰两，三十两，三十匹也。"

孔颖达疏："两，五寻。八尺曰寻，则五寻四丈。谓之两者，分两

---

① 高至喜：《湖南宁乡黄材发现商代铜器和遗址》，载《考古》1963 年第 12 期。
② 彭适凡、刘林、詹开逊：《江西新干大洋洲商墓发掘简报》，载《文物》1991 年第 10 期。

段故也。"①

中国秦代统一全国铜钱为"半两",人称"秦半两"。"半两"是战国时期秦国、秦代及西汉初期的铜钱单位。"一两"则是两个"半两"的价值总和。

在中国古代,布帛作为称量货币早于金属作为称量货币,因为中国人织布的历史早于冶炼的历史,而布帛作为称量货币的单位是"两"。

中国古代两丈为一端,两端为一两,或者说一两为四丈。古人说,二丈双行,故曰两。两是布帛称量货币单位。于是,当布帛称量货币向金属称量货币转变时,金属称量货币单位的名称就承袭了布帛称量货币单位的名称。

但是,在中国古人的概念里,"两"是两端的意思,不是"一"的概念,"半两"才是"一"的概念。所以,战国时期秦国在制定货币制度时,采用"一"即"半两"作为铜钱金属货币单位。

十三、铢

铢是衡量单位,其标准是 100 颗黍的重量。《汉书·律历志》云:

> 一龠容千二百黍,重十二铢,两之为两。二十四铢为两。十六两为斤。②

龠是容量,1 龠即是 1 合,可以盛 1200 颗黍,重量是 12 铢。那么,100 颗黍的重量就是 1 铢。两是衡量单位,是两个 12 铢,即 24 铢。16 两等于 1 斤,或者说,384 铢等于 1 斤。

---

① 《春秋左传正义》卷十一,北京大学出版社 2000 年版,第 1788 页。
② 《汉书》卷二一上《律历志上》,中华书局 1962 年版,第 969 页。

战国时期的秦国，1 斤重量为 253 克，1 两重量为 15.8125 克，1
铢重量为 0.6589 克，半两重量为 7.9063 克。

战国时期的秦国，铸行的青铜钱币名曰"半两"，即 12 铢，法定
重量 12 铢，实际重量大小不等。到了西汉时期，汉武帝废黜半两铜
钱，铸行铭文"五铢"的铜钱。

十四、原始数量货币

原始数量货币是数量货币的初级形态。作为数量货币的初级形态，
原始数量货币除了作为价值尺度和流通手段的货币职能之外，还兼具
日常生产、生活用品的职能。

货币的最初形态是称量货币。商品交换的兴起，自发地产生了充
当一般等价物的特殊商品。随着国家的出现，称量单位逐步规范统一，
形成了法定称量标准，就产生了称量货币。经历了长期的发展演变，
为了避免称量的烦琐，有些充当一般等价物的特殊商品被当作商品交
换媒介，按照个数进行交易，就成为原始数量货币。当原始数量货币
不再具有日常生产、生活用品的职能，成为专用货币时，就转变为典
型的数量货币。

货币的起源，一般要经历以下过程：充当一般等价物的特殊商
品——称量货币——原始数量货币——数量货币。

货币演化的这种过程，在中国古代有着非常明显的体现。

战国时期出现的金属数量货币主要是黄河中游地区的布币、西北
游牧地区及东部沿海地区的刀币、南方楚国的铜贝、西方秦国的圜钱。
这 4 种金属数量货币都是从原始数量货币演化而来的。

黄河中游华夏农耕文化下，青铜农具"钱"作为原始数量货币的
流通，引发了布币的仿造和流通；北方游牧文化下，青铜用具"削"

作为原始数量货币的流通，引发了刀币的仿造和流通；南方楚国文化下，随身佩饰"海贝"作为原始数量货币的流通，引发了铜贝的仿造和流通；中原贵族文化下，馈赠礼品"玉璧"作为原始数量货币的流通，则引发了圜钱的仿造和流通。西方的秦国欲以正统自居，便采用圜钱作为法定流通货币。

十五、金钣

金钣是战国时期楚国的黄金货币形式，战国时期楚国的货币主要是铜贝和金钣。

金钣是黄金打造的扁平金块，上面刻着横竖的槽沟，将其分为多个小块，就像联张邮票似的。小金块上面有文字，多用阴文，应是战国时期的楚国文字。使用时，可以将小金块凿下来。根据彭信威先生的考证，出土金钣上的小金块数目并不固定：

有时十六方，有时二十方，有时二十四方。[1]

战国时期的楚国，衡量单位是益，1 益为 250 克。1954 年，湖南长沙近郊出土了楚国铜环权 10 枚，第 9 枚上刻有文字"钧益"，实测重量为 124.4 克，是半益的砝码。楚国的 1 益即 1 斤，等于 16 两，1 两的理论重量为 15.625 克。

根据对出土文物的考证，战国时期魏国 1 益的重量为 315.83 克，大约相当于楚国的 20 两；齐国 1 益的重量为 369.65 克，大约相当于楚国的 24 两（见表 2 – 1）。

---

① 彭信威：《中国货币史》，中国人民大学出版社 2020 年版，第 57 页。

表 2 - 1　战国时期益、两的重量

国名	益的重量（克）	1 益等于若干两	两的重量（克）
楚国	250	16 两	15. 625
魏国	315. 83	20 两	15. 792
齐国	369. 65	24 两	15. 402
秦国	379. 5	24 两	15. 813

根据对出土楚国金钣的考证，金钣的重量大多在 256—272 克之间。[①] 这些金钣应该可以分割为 16 个小金块，每个小金块的重量应该是楚国的 1 两。

黄金贵重，不可以用作日常生活消费，应该是用于大宗贸易支付。为了方便贸易支付，对于与楚国货币制度相同的诸侯国，楚国采用 16 方的金钣；对于魏国等 1 益为 20 两的诸侯国，楚国采用 20 方的金钣；对于齐国等 1 益为 24 两的诸侯国，楚国采用 24 方的金钣。

十六、布币

布币是中国古代最早出现的青铜数量货币。布币之后，又出现了刀币、铜贝、圜钱等。由于最早的青铜数量货币——布币的前身是兼有铲形农具用途的原始数量货币——钱，所以，此后出现的各类青铜数量货币，譬如刀币、铜贝、圜钱等，都被人们纳入"钱"或者铜钱的范畴。

考古发现，铲形青铜农具于春秋时期在晋国被广泛使用。最早出现的布币，也正是在晋国。

----

① 　赵德馨：《楚国的货币》，湖北教育出版社 1996 年版，第 63 页。

公元前 1033 年，周成王封其弟叔虞于唐为诸侯，史称唐叔虞。叔虞的儿子燮迁徙晋水，称晋侯燮，晋国由此开始。公元前 453 年，韩、赵、魏三家分晋，晋国宗室又维持了数十年之后终于灭亡。

最早的布币是西周晚期晋国的空首布，货币单位是"寽"，理论重量为 105.28 克。

王毓铨先生说："纽约美洲古钱学会博物馆有一件比较小的。此品通长 11 厘米，足宽 6.40 厘米，重 105.10 克。"①

收藏于上海博物馆的一件空首布，通长 12.1 厘米，足宽 7.3 厘米，重 119 克，估计所谓原始布一件均在百克以上。其出现的年代，估计在西周晚期。②

这种布币被钱币学家称为"原始布"，据考证是西周晚期（公元前 862 年至公元前 771 年）的产物。

此后，这种空首布出现了明显的减重。

到了春秋时期，空首布的货币单位转变为"半寽"，理论重量为 52.64 克。这一点，从出土的大型空首布"新绛大布"③（一件为 53 克；另一件为 55 克）、"上博大布"④（一件为 57.6 克；另一件为 43.7 克）、"嵩县大布"⑤（一件为 56 克；另一件为 49 克）可以看出。

"新绛大布"铸造于春秋早期（公元前 770 年至公元前 673 年），其他两种大型空首布铸造于春秋中期前段（公元前 672 年至公元前 624 年）。

① 王毓铨：《中国古代货币的起源和发展》，中国社会科学出版社 1990 年版，第 30 页。
② 黄锡全：《先秦货币通论》，紫禁城出版社 2001 年版，第 87 页。
③ 1982 年，在山西省新绛县发现的两件空首布，属春秋早期。
④ 收藏于上海博物馆的大型空首布，属春秋中期前段。
⑤ 河南省嵩县的大型空首布，属春秋中期前段。

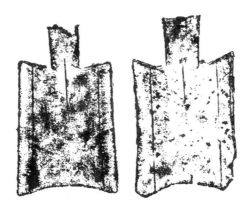

币 2-2　新绛大布

春秋中期后段（公元前 623 年至公元前 575 年），晋国出现了平肩弧足空首布以及耸肩尖足空首布（主要在赵氏势力范围流通）。春秋晚期（公元前 574 年至公元前 476 年），晋国出现了斜肩空首布。这些空首布的重量都已经不足半寽。到了战国早期，空首布不仅重量出现了明显的下降，重量单位也出现了下降，从过去的半寽（52.64 克）下降为 1 釿（26.32 克），即 1/4 寽。

1 益等于 3 寽，1 寽等于 4 釿，1 益等于 12 釿。

十七、刀币

刀币并不起源于华夏，而是起源于戎狄。

周朝时期，遵守周礼的地区称夏，遵守周礼的民族称华，不遵守周礼的民族是华夏之外的各个民族，东部民族称夷、南部民族称蛮、西部民族称戎、北部民族称狄。

刀币的前身是原始数量货币——青铜刀削。

青铜刀削的出土地点，主要分布在黄河中下游以北的游牧业发达

的戎狄文化区内。戎狄游牧民族使用的青铜刀削，与华夏农耕民族使用的铲形农具之间有着明显的区别。

所以说，农耕文化产生了布币，游牧文化产生了刀币。

青铜刀削作为生活用具，在青铜称量货币向青铜数量货币转化的过程中，也曾部分地替代了青铜称量货币，作为原始数量货币在商品交换中按照个数而不用称量进行交易，发挥了价值尺度和流通手段的货币职能。仿照青铜刀削统一规范铸造的刀币，首先在戎狄地区实现了流通。

西周时期，白狄人在鲜虞水沿岸兴旺起来。西周中后期，这些白狄人建立了鲜虞国。春秋晚期，公元前 489 年，晋国赵氏领袖赵鞅率领军队攻灭了鲜虞国，鲜虞人大量逃往燕国。

最早出现的刀币是春秋晚期（公元前 574 年至公元前 476 年）鲜虞国生产的。此后，刀币传入燕国，进而传入齐国。

鲜虞国的刀币，重量多数集中在 11—15 克。燕国的刀币大多铸有"易"字铭文，重量多数集中在 12—25 克。齐国的刀币没有沿用鲜虞国或者燕国的标准，而是采用了自己的货币单位"化"。

十八、铜贝

铜贝是楚国的货币。但是，铜币并不起源于楚国，而是起源于中原。铜贝的前身是原始数量货币——海贝。这种海贝被钱币学家称为"货贝"，其主要用途有：

（1）佩饰。内陆居民使用海贝作为佩饰，因其为难得的稀罕之物，佩挂在身上来炫耀富贵。

（2）占卜。商代人们经常要占卜，而占卜需要使用龟贝。所以，卜文中常出现贝的使用。

（3）赏赐或礼品。商代，贝可用作赏赐或礼品。然而，到了周代，玉的使用似乎在很大程度上取代了贝的使用。

（4）商品交换。以海贝置换其他物品，应该是很自然的事情。所以，海贝可以作为商品交换之用。

（5）财富保藏。鉴于海贝的交换价值，人们将其窖藏或陪葬。

海贝属于原始数量货币，理由有以下两点：

第一，在商品交换中，海贝按照个数进行交易，不需要称量。作为原始数量货币，海贝的货币单位是贝，譬如"五贝"，也可以是"朋"。1朋是多少贝，众说不一。王国维先生说：

> 古者五贝一系，二系一朋。后失其传，遂误谓五贝一朋耳。①

［古代5枚海贝为1串，2串为1朋。后来失传，误以为5枚海贝为1朋。］

第二，除了发挥货币职能外，海贝还可以作为佩饰挂在身上，发挥使用价值。铜贝起源于商代的中原地区，表现为无文铜贝，作为原始数量货币使用，既可以充当佩饰，又可以作为货币。到了春秋时期，中原地区的无文铜贝从原始数量货币转为数量货币。楚国效仿中原，铸行了铜贝，很快就转为有文铜贝，被国家政府垄断铸造，出现了大幅度的减重。

铜贝代替海贝发挥货币职能，但海贝并没有完全退出流通。直到秦始皇统一中国，才废黜了海贝的货币地位。司马迁说：

> 及至秦……珠玉、龟贝、银锡之属为器饰宝藏，不为币。②

［秦始皇统一全国货币，停止珠玉、龟贝、银锡作为货币的职能。］

---

① 王国维：《观堂集林》：《说珏朋》，中华书局1959年版，第162–163页。
② 《史记》卷三〇《平准书》，中华书局1959年版，第1442页。

这说明，当时有些地区贝类作为原始数量货币还在流通。

十九、无文铜贝

铜贝是使用青铜铸造的、贝状的物品。

铜贝可以分为两种：一种是无文铜贝；另一种是有文铜贝。无文铜贝可以是人们日常生活中随身佩戴的饰物，作为饰坠用绳子挂在脖子上炫耀富贵；也可以是原始数量货币，除了作为佩饰，兼具价值尺度和流通手段的货币职能。有文铜贝则一般是专用的数量货币。

最早的无文铜贝，是在商朝的墓葬中发现的。这种无文铜贝大小不一、形状不一，显然不是数量货币，而是仿照海贝制造的饰物，属于原始数量货币的性质：

1953 年，河南省安阳市大司空商墓中发掘出 3 件铜铸贝壳，系仿海贝铸造。[1]

1969 年，河南省安阳市殷墟西区 620 号商代晚期墓出土铜贝 2 枚。[2]

1971 年，山西省保德县遮峪村商代晚期墓出土铜贝 109 枚。[3]

西周时期的墓葬中几乎没有铜贝出土。

春秋时期各诸侯国境地的墓葬中多有无文铜贝出土。这些无文铜贝大小接近，每批出土数量众多，属于财富陪葬，应是数量货币：

---

[1]　马得志、周永珍、张云鹏：《一九五三年安阳大司空村发掘报告》，载《考古学报》1955 年第 9 期。

[2]　杨宝成、杨锡章：《1969—1977 年殷墟西区墓葬发掘报告》，载《考古学报》1979 年第 1 期。

[3]　吴振录：《保德县新发现的殷代青铜器》，载《文物》1972 年第 4 期。

1961 年，山西省临汾市侯马县上马村出土晋国无文铜贝 1600 余枚。①

　　1981 年，山东省济宁市曲阜县林前村春秋晚期鲁国墓出土无文铜贝 588 枚，大型重量 6—7 克；小型重量 4.1 克。②

如此大量随葬的铜贝，显然不是作为墓主人的饰物陪葬，而是作为墓主人的财富陪葬。有学者认为春秋时期的无文铜贝属于称量货币。但是，将青铜金属加工为贝形，需要不少的成本，如果交易时仍需称量，加工成本就毫无意义。既然将青铜加工成为贝形，可以按照数量交易，目的当然是减少称量的烦琐。因此，这些大量出土的无文铜贝不应是饰物，而应该是数量货币。

由此可见，商代铸造的无文铜贝属于兼具饰物作用的原始数量货币。春秋时期铸造的无文铜贝，饰物作用消失，已经转化成作为价值尺度、流通手段和储藏手段的数量货币。

币 2-3　无文铜贝

<hr>

　　① 山西省考古研究所：《山西侯马上马村晋墓发掘简报》，载《文物》1989 年第 6 期。

　　② 孙敬明：《齐鲁货币文化比较研究》，载《中国钱币》1998 年第 2 期。

二十、巽字铜贝

巽字铜贝是战国时期楚国铸行的贝形铜钱，铭文"巽"字，俗称"鬼脸钱"，理论重量为半两，但多数巽字铜贝的实际重量远不足半两。

春秋早期，中国货币主要是青铜称量货币。公元前 690 年，楚人夺取了周天子的铜绿山，获得了丰富的铜矿资源，经济发展取得优势，商品经济逐步繁荣。楚人具有用火的专长，靠着铜绿山，自然大量采矿冶铜，不仅获得了铸造青铜称量货币的资源，而且也使用铜材鼓铸铜器。

春秋晚期，中原的晋国已经开始大量铸行青铜数量货币——空首布，楚国不甘落后，则开始大量铸行铜贝。楚国掌控着丰富的铜矿资源，限制铜资源出口，自然也掌控着铜资源的使用——冶铜造币。楚人一直感受到被中原各诸侯国蔑视的屈辱，向南扩张需要国家的军事力量。为了富国强兵，楚国铜贝的铸行从一开始就采用了国家垄断铸行的方式。

楚国铸行的铜贝中，最多的是巽字铜贝。为了铸行铜贝，楚国设立了专门管理铸行铜贝的机构和官员。《古玺汇编》中有"铸巽客玺"印章，上海博物馆藏有"右铸巽玺"印章，说明楚国设立有"铸巽客"和"右铸巽"的官职，主管专门铸行巽字铜贝的机构。

近代出土的楚国铜贝甚多，绝大多数是巽字铜贝。就出土地点而言，巽字铜贝出土的地域最为广泛，南至湖北、湖南；北至河南；东至安徽、江苏；西至陕西。除陕西外，其余地区都是楚国势力曾经到达的地方。

楚国国家垄断铸行巽字铜贝始于春秋晚期，至楚悼王时期（公元前 401 年至公元前 381 年），楚国任用吴起变法，国家经济迅猛发展，铸行巽字铜贝的数量便达到了空前的规模。

楚国国家垄断铸行巽字铜贝后不久，巽字铜贝便出现了明显的减重。经历了 200 多年的演变，巽字铜贝从 7 克降低到 0.6 克。只有国家铸行的铜钱才有这种大幅度减重的能力。楚国政府依靠法律的支持，使铜贝能够在明显不足值的情况下，按照名义价值进行商品交易。在楚国铜贝的减重过程中，楚国政府得以向市场提供商品经济不断发展所需要的越来越多的货币供应，并且通过铸行减重铜贝来获取越来越多的铸币利益。

铜贝上的"巽"字，应该是铸造铜贝地方的名称。理由是，巽字铜贝与夅朱铜贝并行流通。两者文字不同，重量却十分接近。这说明，两者铭文不是不同的重量单位，而是不同的产地。

巽字铜贝的重量是 1 贝，1 贝最初的重量应该是半两。楚国的重量制度是 1 益为 16 两，1 两为 24 铢。战国时期，楚 1 益重量 250 克；1 两重量 15.625 克；1 铢重量 0.6510 克。如果巽字铜贝的理论重量为半两，即 7.8125 克，去掉铸造成本及铸币税，巽字铜贝的重量应该在 7 克左右。

楚国国家垄断铸行巽字铜贝，越铸越轻，从 7 克降低到 0.6 克，其中经历了较长时间的演变。从出土的巽字铜贝看，大小巽字铜贝经常混在一起，显然曾经混合等价流通。

二十一、圜钱

圜钱是圆形有孔的青铜铸币，其前身是作为馈赠礼品的原始数量货币——玉璧。

按照形制划分，圜钱共有两种：一种是圜金；另一种是圆钱。圆形圆孔者为圜金，圆形方孔者为圆钱，二者统称圜钱。最早的圜钱是圜金，方孔圆钱是从圜金的基础上发展而成的。

圜金是仿照玉璧的形状铸造的，接替玉璧的货币功能进入流通领域。西周时期，玉璧本身就是在贵族之间相互馈赠的礼品"币"，青铜圜金仿照玉璧的形状铸造，逐步替代玉璧的货币功能，成为价值尺度和流通手段。

《周礼》中有"玉币"的名称，指的是玉器的礼物。王国维说：

> 殷时玉与贝皆货币也……其用为货币及服饰者，皆小玉小贝。①

圜金的前身是馈赠礼品玉璧。圆钱则是圜金的变种。圜金和圆钱都是青铜铸造的，铸造后都需要磋磨钱边的毛刺。方孔铜钱可以用方棱木棍穿在一起，磋磨起来比圆孔钱要省力很多，制造工艺更加简易。所以，在圜金的基础上，人们为了制造方便而创造了圆钱。

圜钱并非秦国的创造，而是源于中原贵族之间馈赠礼品使用的玉璧。从出土文物来看，最早的圜钱是战国早期魏国的桼垣圜金。桼垣地处今陕西省咸阳市彬县西，桼垣圜金包括桼垣一釿、桼垣一圜、半釿、半圜。桼垣一釿重量 8.5—12.8 克。②

战国后期，秦国开始铸造圜钱。秦国的圜钱便是半两钱，是铭文"半两"的铜钱。秦国在统一中国之后，废除了各诸侯国的钱币，使半两钱成为全国统一的钱币。

---

①　王国维：《观堂集林》：《说珏朋》，中华书局 1959 年版，第 161 页。
②　昭明、马利清：《古代货币》，中国书店 1999 年版，第 75 页。

二十二、釿

战国时期，布币的货币单位是"釿"。

布币是铲形青铜币，源于西周晚期的晋国，最初的单位是 1 寽。重量 1 寽的布币有出土实物，钱币学者称其为"原始布"。到了春秋早期，晋国的布币单位变为半寽，有实物出土，钱币学者称其为"大布"。此后，布币继续向轻小的方向变化，单位从半寽转为"一釿"，即 1/4 寽。

釿原本是重量单位，是一柄铜斧的重量。春秋战国时，晋国被分为韩、赵、魏三国。魏国的金属重量单位为"益"和"釿"，1 益等于 3 寽，或者等于 12 釿。

陕西咸阳市武功县出土的战国晚期魏国"信安君鼎"①，器铭"九益"，实测重量为 2842.5 克，可知魏国"益"的重量为 315.83 克。

1 益等于 12 釿，1 釿的重量应该是 315.83 克 ÷ 12 = 26.32 克。

根据"信安君鼎"盖上铭文来推算，盖铭"二益六釿"，实测重量 787.3 克。那么，787.3 克 ÷ 2.5 = 314.92 克，即"益"重量为 314.92 克，与器铭所提供的信息（315.83 克）大体相符；787.3 克 ÷ 30 = 26.24 克，即"釿"重量为 26.24 克，也与器铭所提供的信息（26.32 克）大体

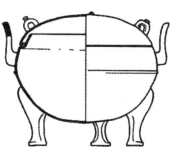

币 2 - 4　信安君鼎

---

① 丘光明、邱隆、杨平：《中国科学技术史（度量衡卷）》，科学出版社 2001 年版，第 140 页。

相符。

因此，我们采信魏国重量单位益折合现代重量为 315.83 克；鈋折合现代重量为 26.32 克。但是，以鈋为单位的布币，因为需要铸造成本、铸币税以及减重节铜的演变趋势，其实际重量远远达不到这个理论重量。

二十三、化

战国时期，齐国刀币的单位是"化"，读作货，每刀 1 化。

战国时期，齐国的重量单位主要有"益"和"儅"。

1992 年，山东临淄商王墓出土了大小两件有纪重、纪容的耳杯，考证为战国晚年齐国的器物。小耳杯刻铭中有"冢叁十儅"字样，实测重量为 116.71 克；大耳杯刻铭中有"冢一益卅八儅"字样，实测重量为 517.47 克。[1]

小耳杯重"叁十儅"，实测重量为 116.71 克，每儅应为：116.71 克 ÷ 30 = 3.89 克，即 1 儅重量 3.89 克。大耳杯重"一益卅八儅"，实测重量为 517.47 克，每益应为：517.47 克 − 3.89 克 × 38 = 369.65 克，即 1 益为 369.65 克。由此推算，每益为 96 儅。

齐国刀币越早越大，越晚越小，铭文有"节墨之法化""节墨法化""安阳之法化""齐之法化""齐建邦返法化""齐法化"等多种。

齐威王（公元前 356 年至公元前 320 年）时，齐国国势达到鼎盛，齐国境内的刀币皆统一于"齐法化"形式。根据对部分完整无缺"齐法化"的实测结果，每枚重量为 43—53.5 克，多数为 46 克左

---

① 丘光明、邱隆、杨平：《中国科学技术史（度量衡卷）》，科学出版社 2001 年版，第 125 页。

右①，相当于齐国的 1/8 益的重量。根据出土铭文铜器的计算，齐国 1
益重量为 369.65 克，1 化重量便是 369.65 克 ÷ 8 = 46.21 克，与"齐
法化"的重量大体相符。

作为重量单位，1 化等于 12 償，1 償的理论重量是 46.21 克 ÷
12 = 3.85 克，与出土齐国小耳杯所证实的 3.89 克的重量大体相符。

因此，我们采信齐国 1 益重量为 369.65 克，1 化重量为 46.21 克，
1 償重量为 3.85 克。齐国的大刀，每刀 1 化，理论重量为 46.21 克，
实际重量经常变化；齐国的小刀，应为 1/4 化，即 3 償，理论重量为
11.55 克，实际重量经常变化。

二十四、半两钱

半两钱是第一个实现全国统一流通的铜钱，始铸于战国后期秦惠
文王二年（公元前 336 年）。初期，半两钱仅限在秦国境内流通。随着
秦国扩张战争的开展，秦国版图逐步扩大，半两钱的流通区域随之扩
大。公元前 221 年，秦始皇完成了消灭各地诸侯、统一中国的战争，
将半两钱推广到全国使用，从而使之成为全国统一流通的铜钱。

除史书、文献记载，近代出土的战国、秦朝及西汉墓葬、窖藏半
两钱甚多。

半两钱圆形方孔，青铜制造，正面铭文"半两"，理论重量为
7.91 克。战国时期及秦朝的半两钱实测重量轻重差距悬殊，重量分布
明显分散，多在 1—8 克（1.52—12.16 铢）之间，越来越轻；西汉时
期的半两钱远不足半两，重量分布相对集中，多在 2.6 克（3.95 铢）
左右。

---

① 朱活：《论秦始皇统一货币》，载《文物》1974 年第 8 期。

战国时期，秦孝公任用商鞅变法图强，国力大增。秦孝公的儿子继位后，杀了商鞅，改称秦王，即秦惠文王。秦惠文王发行半两钱，加快了兼并天下的步伐。为了支持战争，增加军备资源，秦国采取虚币敛财的措施，半两钱出现了大幅度减重，依靠政府信用和法律强制进入流通。西汉时期，汉武帝下令诸郡国铸五铢钱。汉武帝元鼎四年

币 2－5　半两钱

（公元前 113 年），朝廷下令：“天下非三官钱不得行。”将天下铜钱统一为上林三官铸造的“五铢钱”，废止了半两钱及诸郡国五铢钱的流通，半两钱由此退出了流通领域。

上古印度

石俊志

欧洲的上古时期与中古时期的分界，为西罗马帝国灭亡的时间，即公元 476 年。

印度则不同。古代印度的分期，往往以孔雀王朝为转折。就像中国的秦朝一样，秦朝是中国第一个实现了全国统一、皇帝专制的中央集权王朝，秦朝以前为中国的上古时期。印度的孔雀王朝也是印度半岛上第一个实现了全国统一、国王专制的中央集权王朝，孔雀王朝以前可以视为印度的上古时期。印度最早出现的用于称量货币的单位，可以追溯到哈拉巴文明时期的石刻砝码苏瓦纳。

据此，我们将上古印度界定为自哈拉巴文明（公元前 2500 年至公元前 1500 年）起，经历了吠陀时代、列国时期，至孔雀王朝（公元前 324 年至公元前 185 年）的总共 2315 年时间。

一、苏瓦纳

苏瓦纳（suvarna）是重量单位，起源于古印度哈拉巴文明时期（公元前 2500 年至公元前 1500 年），重量为 13.705 克。

在印度河谷（Indus Valley）考古发掘出 1500 多枚立方体石刻砝码，这些砝码属于哈拉巴文明时期埋藏的古物，各枚重量遵循以下数字序列：

1/16，1/8，1/6，1/4，1/2，1，2，4，10，20，40，50，100，200，500，800。

对各枚砝码进行测量，各自表达基本单位 1 的重量均值趋向于 13.710 克，各自偏离均值的幅度不超过 2%。

此外，在斯里卡普（Sirkap）遗址的考古发掘中，出土了 54 枚球状石刻砝码。这些砝码属于公元 36 年埋藏的古物，砝码上面钻有小孔，插上铅塞，说明其重量在古时曾被校正，实测重量遵循以下数字序列：

1/4，1/2，1，2，4，16，32。

对各枚砝码进行测量，各自表达基本单位 1 的平均重量趋向于 13.705 克。比较 2000 年前的重量标准，基本单位 1 的平均重量下降了 0.005 克。

这个经历 2000 年风雨依旧不变的重量单位就是"苏瓦纳"，代表 128 颗野甘草（wild licorice）草籽的重量。

二、伊兰亚

伊兰亚（hiranya）是古印度的金属货币，最早出现在梨俱吠陀时代（公元前 1500 年至公元前 900 年）。

伊兰亚这个词在《梨俱吠陀》中频繁出现，它当时的含义是"金属"，而目前这个词的意思专指"金钱"。当时人们一般用形容词来修饰特定的金属，譬如用"拉扎达（rajata，切割）伊兰亚"指白银金属，用"皮塔（pita，黄色的）伊兰亚""苏瓦纳（suvarna，漂亮的）伊兰亚"指黄金金属。后来，这些形容词后面不再跟名词"金属"（伊兰亚），而是各自独立地成为名词。拉扎达用于表示白银，苏瓦纳用于表示黄金。

伊兰亚这个表示金属的词汇，最早出现在梨俱吠陀时代。而苏瓦纳这个被用作于重量单位的词汇，起源于哈拉巴文明时代，远早于伊兰亚金属词汇的出现。这说明，在哈拉巴文明时代，苏瓦纳并不是用来称量金属的，可能是用来称量粮食的。所以，出土的哈拉巴文明时代的苏瓦纳石刻砝码，有一些重达数百苏瓦纳的，适用于称量粮食，而不适用于称量金属。到了公元36年，冶金生产已经十分成熟，出土的这个时期的苏瓦纳石刻砝玛，最重的只有32苏瓦纳，即438.56克，显然只适合称量金属，不再适合称量粮食。伊兰亚字样自梨俱吠陀时代就已经频繁出现，说明当时已经出现了金属称量货币。金属被用来作为商品交换的媒介，其价值用称量单位"苏瓦纳"或其分量单位进行称量。

三、笱帕什刹

笱帕什刹字面的意思是"牛尾巴"，是后期吠陀时代（公元前900年至公元前600年）用牛进行交易的一种术语。

根据《波你尼经》记载，后期吠陀时代，牛仍然是一种交换媒介。笱帕什刹作为用牛进行交易的一种术语，起源于笱丹仪式，即向祭司献牛的仪式。在这种仪式中，献牛者将牛尾巴放在祭司手中，意味着牛已经转移给祭司。

在后期吠陀时代，古印度以牛作为商品交换媒介的情形，与当时欧洲的情形类似。在古代欧洲，牲畜通常被用作商品交换媒介，拉丁语"pecunia"（钱）来源于"pecus"（牲畜），英语"chattel"（动产）源于"cattle"（牲畜），医生诊费"fee"源于"veih"（牲畜）。

用牲畜作为商品交换媒介，并不影响金属称量货币的存在。无论是古代欧洲，还是古代印度，金属称量货币与牲畜作为商品交换媒介的现象是并行存在的。

四、拉蒂

拉蒂（ratti）是一种有毒的野甘草草籽，颜色鲜红，一端有黑点，平均重量为 0.107 克。

古印度的称量单位基于野甘草草籽的重量，1 苏瓦纳便是 128 颗野甘草草籽的重量。128 这个数字是二进制序列中的数字：2、4、8、16、32、64、128。

如果说世界货币史上关于货币起源有三个各自独立的地区，那么就是两河流域、黄河流域和印度河流域。货币的最初形态是称量货币。货币起源的三个地区有着各自独立的称量制度。两河流域的称量制度基于大麦的重量，1 颗大麦的重量是 1 色，折合现代的 0.0463 克；黄河流域的称量制度基于黍的重量，100 颗黍的重量是 1 铢，折合现代的 0.6589 克，1 颗黍的重量是 0.00659 克；印度河流域的称量制度基于野甘草草籽的重量，1 颗野甘草草籽的重量是 0.107 克。

一般认为，基础单位越细小，整体单位越稳定。但是，从上述货币起源的三个地区看，情形恰恰相反。黄河流域的称量基础单位——黍，最为细小，但是铢的重量远不如色、拉蒂那么稳定。印度河流域的称量基础单位——拉蒂，在世界三种称量基础单位中最大，而它的重量却长期稳定，甚至出现了两千年不变的情况。

根据英国货币学家罗伯特·泰耶（Robert Tye）的测量，目前野甘草草籽的平均重量确实是 0.107 克，即 1 拉蒂的重量。128 颗野甘草草籽的重量是 13.705 克，即古印度称量制度中的基本单位苏瓦纳的重量。

五、达哈拉

达哈拉（dharana）是 1/4 苏瓦纳的重量，或者说是 32 颗野甘草草籽的重量，折合现代的 3.426 克。

达哈拉是一个非常重要的重量单位，这个重量的金属，特别适合制造成 1 枚钱币。甚至有人推测，达哈拉这个名词，在古印度的意思就是"称重"，与两河流域苏美尔人的名词"舍客勒"具有相同的含义。在古印度，符合达哈拉重量标准的钱币有着不同的名称：卡夏帕那（karshapanas）、天罡（tankas）、吉塔尔（jitals）、帕古达（pagodas）。这些不同名称的钱币的重量，大体上都接近达哈拉的重量。

六、马夏

马夏（masha）是 1/16 苏瓦纳的重量，或者说是 8 颗野甘草草籽的重量，折合现代的 0.857 克。

摩揭陀王国位于印度东北部的恒河流域，主要城市有华氏城。摩揭陀王国使用的金属重量单位是马夏，重量为 0.857 克，即 4 马夏卡的重量。

七、马夏卡

马夏卡（mashaka）是 1/64 苏瓦纳的重量，或者说是 2 颗野甘草草籽的重量，折合现代的 0.214 克。

马夏卡属于苏瓦纳重量系列，起源于印度河流域。但是，由于遭受波斯人的侵扰，印度河流域的文化向恒河流域转移，就造成了一个奇怪的现象：到了战国时期，苏瓦纳重量系列的各个称量单位流行于恒河流域，而不在印度河流域。

古印度的称量制度采用二进制。但是，主要称量单位却采用 1/4 递降：1/4 苏瓦纳是达哈拉、1/4 达哈拉是马夏、1/4 马夏是马夏卡。我们遵循这个规则，将 1 苏瓦纳的重量分割成若干个拉蒂的重量单位，就得出表 3 - 1。

表 3 - 1　上古印度部分重量单位（1）

重量单位	拉丁文	重量（克）	拉蒂数量
苏瓦纳	suvarna	13.705	128
达哈拉	dharana	3.426	32
马夏	masha	0.857	8
马夏卡	mashaka	0.214	2
拉蒂	ratti	0.107	1

与摩揭陀王国同时存在的印度河流域的主要国家是犍陀罗王国，主要城市有河东的塔克西拉（Taxila）和河西的普什卡拉瓦提（Pushkalavati）。犍陀罗王国使用的金属称量单位是马纳（manas）。

八、马纳

马纳（mana）不是苏瓦纳重量系列的称量单位，而是另一种独立的称量单位，最早出现在古代印度的《梨俱吠陀》中。马纳重量为0.11克，与拉蒂近似，比拉蒂重量多0.003克。

《梨俱吠陀》产生于公元前1500年至公元前900年，这时期与中国商朝时期大体相当。此时的中国，已经大量使用青铜称量货币。古代印度的梨俱吠陀时代，使用牛作为商品交换媒介，同时有金属称量货币并行。

在《梨俱吠陀》中，"马纳"是常见的交易术语，被用作称量单位。马纳采用百进制，100马纳等于1萨塔马纳（satamana）。萨塔马纳原本是1个圆形金属片。在国王登基祭祀典礼上，当国王加冕时，两个萨塔马纳被分别嵌在皇家战车的两个轮子上，典礼后赏给祭司。

尽管没有文献记载或出土文物证明古代印度在梨俱吠陀时期有金属称量货币的存在，但是《梨俱吠陀》中已经出现了关于金属的文字，说明当时印度是有金属的。此外，出土文物中出现了关于称量制度的石刻砝码，说明当时印度的金属是可以用标准称量单位来测量的。因此，我们相信，公元前6世纪在古印度出现的钱币，与世界其他地方出现的钱币一样，也是从金属称量货币转化而成的。此外，还有一个佐证：古印度早期的数量货币——钱币，也是以重量单位冠名的，并且与中国古代的青铜布币、吕底亚王国的琥珀合金币，几乎同时出现。

在《梨俱吠陀》中出现的称量单位是"马纳"，与苏瓦纳是两个不同的称量系列。1苏瓦纳等于128拉蒂，1拉蒂重量为0.107克。而马纳的重量是0.11克。此外，马纳与萨塔马纳之间还有一个中间单位——沙那（shana），重量为1.375克。12.5马纳等于1沙那，8沙那等于 1 萨塔马纳（见表 3 - 2）。

表 3 - 2　上古印度部分重量单位（2）

重量单位	拉丁文	重量（克）	马纳数量
马纳	mana	0. 11	1
沙那	shana	1. 375	12. 5
萨塔马纳	satamana	11. 00	100

九、卡夏帕那

卡夏帕那（karshapana）是古代印度早期钱币的名称，其标准单位是 1 达哈拉，即 32 拉蒂的重量。古代印度早期的钱币都是银币。早期的卡夏帕那银币，出现在列国时代（公元前 7 世纪至公元前 4 世纪）的摩揭陀王国。

摩揭陀王国使用苏瓦纳重量系列。摩揭陀王国的银币，采用四边不规则的方形，正面印花，被称为"卡夏帕那"，理论重量为 32 拉蒂，即 3. 426 克。

币 3 - 1　摩揭陀王国 1 卡夏帕那银币

注：四边不规则的方形，生产于公元前 550 年至公元前 461 年，实测重量为 3. 45 克。银币正面有 5 个印记：太阳符、六臂符、四方格、方圆格、大象；银币背面有 1 个戳记。

摩揭陀王国位于恒河流域，三面环山，一面傍水，凭借地理优势，在列国争雄中成为霸主。公元前 493 年，国王频婆娑罗被他的儿子阿阇世杀害。阿阇世成为国王，继续奉行扩张政策，把摩揭陀王国的霸主地位推向了顶峰。我们看到的卡夏帕那银币，正是这个时代的产物。

除了卡夏帕那银币，摩揭陀王国还有马夏卡银币。1 卡夏帕那等于 4 马夏，1 马夏等于 4 马夏卡，马夏卡是 2 个拉蒂的重量。

币 3 – 2　摩揭陀王国 25 马夏卡银币

注：四边不规则的方形，生产于公元前 6 世纪至公元前 5 世纪，重 5.38 克。银币正面有 4 个印记：六臂符、太阳符、树枝、三角，另有一个戳记；银币背面是光面，没有戳记。

25 马夏卡等于 50 拉蒂，理论重量 5.35 克。

孔雀王朝（公元前 324 年至公元前 185 年）继续使用卡夏帕那银币。

孔雀王朝武力统一了印度半岛，建立了中央集权、君主专制的王朝，其货币的主要形态是卡夏帕那银币。

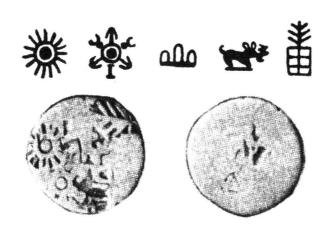

币 3 – 3　孔雀王朝旃陀罗·笈多 1 卡夏帕那银币①

注：圆形，生产于公元前 324 年至公元前 297 年，重 3.60 克。银币正面有 5 个印记，银币背面有痕迹。

币 3 – 4　孔雀王朝宾头沙罗 1 卡夏帕那银币②

注：四边不规则的方形，生产于公元前 297 年至公元前 272 年，重 3.60 克。银币正面有 5 个印记，银币背面有痕迹。

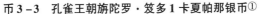

①②　李铁生：《印度币》，北京出版社 2011 年版，第 27 页。

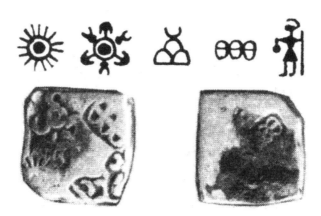

币 3 - 5　孔雀王朝阿育王 1 卡夏帕那银币①

注：四边不规则的方形，生产于公元前 268 年至公元前 238 年，重 3.60 克。银币正面有 5 个印记，其中糖葫芦串形印记被认为是阿育王君王符；银币背面为君王符。

自公元前 321 年至公元前 238 年的 83 年中，孔雀王朝经历了 3 代君主，卡夏帕那银币的重量持续保持在 3.60 克的足值状态，说明孔雀王朝并未实现铸币权的集中垄断，卡夏帕那银币的制造是开放的，朝廷和民间都可以制造。所以，当时的卡夏帕那银币不具备减重能力，依靠本身币材白银价值行使价值尺度和流通手段的货币职能。

孔雀王朝共历 10 个君主，历经 139 年。公元前 185 年，孔雀王朝的最后一代国王波罗诃德罗陀被自己的婆罗门元帅普士亚密陀罗·巽伽杀害。孔雀王朝灭亡，巽伽王朝开始。巽伽王朝制造和流通卡夏帕那银币和卡夏帕那铜币。

十、萨塔马纳

萨塔马纳（satamana）原本是重量单位，即 100 个马纳的重量。

---

①　李铁生：《印度币》，北京出版社 2011 年版，第 28 页。

萨塔马纳也是古代印度早期钱币的名称。萨塔马纳银币最早出现在印度河流域的犍陀罗王国，形状为弯条形。

犍陀罗王国位于印度河流域，使用马纳重量系列银币。犍陀罗王国早期的萨塔马纳银币，凹形条状、正面印花，理论重量 100 马纳，即 11 克。

币 3 - 6　犍陀罗王国 1 萨塔马纳银币①

注：凹形条状，生产于公元前 6 世纪至公元前 303 年，重 11.2 克。银币正面印有 2 个六臂符，银币背面是光面。

币 3 - 7　犍陀罗王国 1/16 萨塔马纳银币②

注：圆形，生产于公元前 500 年至公元前 400 年，重 0.67 克。银币正面是 1 个六臂符；银币背面是光面，没有记号。

除了马纳银币，犍陀罗王国晚期也使用卡夏帕那银币。

除了犍陀罗王国，居萨罗王国（Kosala，公元前 7 世纪至公元前

---

① 李铁生：《印度币》，北京出版社 2011 年版，第 18 页。
② 李铁生：《印度币》，北京出版社 2011 年版，第 17 页。

475 年）、末罗王国（Malla）、迦尸王国（Kashi，公元前 7 世纪至公元前 525 年）也都使用萨塔马纳银币。

公元前 525 年，迦尸王国被居萨罗王国消灭。居萨罗王国采用马纳重量系列银币。公元前 475 年，摩揭陀王国攻灭了居萨罗王国。

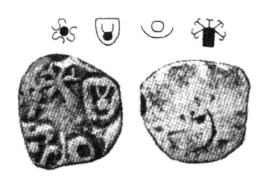

币 3 - 8　居萨罗王国 1/4 萨塔马纳银币①

注：四边不规则的方形，生产于公元前 500 年至公元前 470 年，重 2.75 克。银币正面有 4 个印记，银币背面有 1 个戳记。

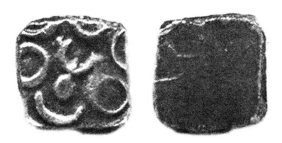

币 3 - 9　末罗王国 1 沙那银币②

注：四边不规则的方形，生产于公元前 550 年至公元前 320 年，重 1.30 克。银币正面是 1 个大印记，银币背面是光面。

---

① 李铁生：《印度币》，北京出版社 2011 年版，第 15 页。
② 李铁生：《印度币》，北京出版社 2011 年版，第 16 页。

1 沙那等于 12.5 马纳，理论重量 1.375 克。

币 3 – 10　迦尸王国 1/2 萨塔马纳银币①

注：圆形，生产于公元前 600 年至公元前 525 年，重 5.50 克。银币正面有 4 个印记；银币背面是光面，没有记号。

犍陀罗王国、居萨罗王国、末罗王国、迦尸王国从印度河流域至恒河流域由西至东排成一线，连接到摩揭陀王国。然而，摩揭陀王国并不使用马纳重量系列银币，而是使用苏瓦纳重量系列银币——卡夏帕那。

十一、太阳符和六臂符

古印度哈拉巴文明时期的文字是刻在印章上的象形文字，至今尚未被解读。古印度早期钱币上的印记，是对古印度石刻、陶器、印章上的印记的发展和继承。钱币上的印记，也可以看作"未能解读"的

---

①　李铁生：《印度币》，北京出版社 2011 年版，第 14 页。

图形文字。截至目前，古印度钱币上的印记已发现有五六百种，对它们的解读，众说纷纭，难以统一。

关于各种印记符号，不同城邦有着不同的图案，不同时期也有着不同的图案。萨塔马纳钱币上的印记，多有太阳符和六臂符。

太阳符由实心圆盘或圆眼与芒线组成，芒线数目多在 6—16 条。有学者认为，太阳符与宗教信仰有关；也有学者认为，太阳符代表王朝权力；还有学者认为，太阳符的芒线代表国王所统治的邦国的数目，是一种政治和经济管辖权的象征。

六臂符由圆眼和 6 条臂膀组成，其中 3 臂为箭头，3 臂为公牛徽。有学者认为，六臂符与宗教信仰有关；也有学者认为，六臂符是王朝的标志；还有学者认为，六臂符是王朝领土扩张的象征。

此外，有些印记是佛丘、树枝、几何图形，可能用来表示地域、部族、王朝等；还有些印记是人、兽、植物，可能用来作为造币厂的标志。

古 埃 及

石俊志

　　古巴比伦、中国、古印度和古埃及并列世界四大文明古国。古埃及位于北非东部、地中海南岸，与小亚细亚半岛隔海相望。古埃及位于地中海世界，最终被古罗马统治，以西罗马帝国灭亡为终结。

　　公元前3050年，那尔迈（Narmer）建立了古埃及第一王朝。此时的古埃及已经出现了重量单位"班加"（beqa）。但是，有文字记载的古埃及金属称量货币的流通，却发生在2500多年之后的新王国时期第18王朝后期（公元前14世纪）。当时的文字记载了白银称量货币与原始数量货币"银环"并行流通。并且，古埃及的重量单位已经不是远古时期的"班加"，而是新出现的"得本"（deben）。古埃及白银称量货币的常用单位不仅有"得本"，还有相当于1/10得本重量的分量单位"基特"（kidet）。原始数量货币银环的重量便是1基特。

　　埃及金属数量货币出现于公元前6世纪，并非由本土称量货币发展而成，而是由外国侵略者引入。公元前525

年，波斯帝国的军队攻入埃及。在波斯帝国的统治下，埃及开始制造和使用希腊化钱币——德拉克马。公元前 332 年，马其顿国王亚历山大在打败波斯帝国之后进军埃及，被埃及人民视为解放者，开始了对埃及的统治。公元前 305 年，亚历山大的部将托勒密一世宣布自己为埃及国王，开始发行托勒密王国钱币。公元前 30 年，罗马统帅屋大维率领军队进入埃及，埃及陷于罗马帝国统治之下。此后，古埃及作为罗马帝国的一个行省，制造和使用印有罗马元首肖像的德拉克马铜币和德拉克马银币。

一、班加

班加（beqa）是古埃及的重量单位，最早出现在公元前 3800 年前后的前王朝时期。根据测量，出土的一套总计 40 班加的砝码总重量 498.6 克，1 班加重量 12.5 克。

此后，班加的重量标准发生过多次变化，在 12.3—14.0 克之间波动。据说，班加代表的重量是 256 颗麦粒。256 这个数字是二进制的产物，用 1 乘以 2，再乘以 2，再乘以 2……一直乘下去，便可得到 256。由于农业生产年景不同，麦粒时大时小，班加的标准重量便时有变化，围绕着 12.5 克上下波动。

尽管古埃及重量单位"班加"出现的时间很早，但是在公元前 14世纪以前，没有文字证据证明当时古埃及的"班加"被用于白银称量货币。公元前 27 世纪末期，古埃及一个名叫梅腾的大臣写了一部自传——《梅腾自传》，讲述了当时法老赏赐他财富的情况。

授予他作为赏赐的有：二百斯塔特土地，由许多王家的……；得自王子之母涅玛塔普陵庙的每日一百块面包［亡灵］祭品，一所建筑和装备好的房屋，长二百肘，阔二百肘。①

　　《梅腾自传》中没有关于白银的记载，法老赏赐的财富只是土地和房屋。除此之外，还有面包。面包也是价值转移的一种载体。这种情形，在当时两河流域也是普遍发生的。公元前 2378 年，乌鲁卡基那（Urukagina）取代卢加尔·安达成为拉格什的国王。面对日益激烈的社会矛盾，乌鲁卡基那在城中颁布改革命令，力图使拉格什城邦的公民从债务奴役、欺骗、谷物和财宝被盗窃的情况中解放出来，从残杀和掠夺中解放出来。他制定刑罚，使强者不再欺凌孤儿和寡妇。铭文中有这样的文字：

　　　　如死者葬于恩奇神的芦苇丛中，则司莫僧侣要求：七大杯酒，四百二十块面包，七十二容量的谷，一件衣服，一张床，一张椅子。哭泣者要求三十六容量的谷。②

　　价值支付采用实物，其中包括一定数量的面包。

　　公元前 1750 年前后，古埃及发生了贫民和奴隶的暴动。一个名叫伊浦味的贵族，将当时的情形写在莎草纸上。这份文件被后人称为《伊浦味陈词》。在这份文件中，依旧没有关于白银作为称量货币的记载。但是，此时的古埃及，已经有了黄金和白银，并且人们将黄金和白银作为财富使用。

　　　　国境变成沙漠，各州被洗劫一空，蛮人③从外面进埃及了。到达了……各处不 [复] 有埃及人，黄金、琉璃、白银、孔雀

---

　　①　林志纯：《世界通史资料选辑》上古部分《梅腾自传》，商务印书馆 1962 年版，第 2 页。

　　②　林志纯：《世界通史资料选辑》上古部分《乌鲁卡基那改革》，商务印书馆 1962 年版，第 39 页。

　　③　蛮人：指奴隶。

石、肉红玉髓、伊布赫特①的石，都挂在女奴隶的颈上去了。②

《伊浦味陈词》提到了黄金和白银，作为佩饰挂在女人的脖子上，炫耀富贵。但是，我们在这些文字中仍然没有发现班加被当作白银称量货币单位。

公元前 1750 年前后，古埃及不仅有黄金和白银，并且还有标准为 12.5 克的重量单位"班加"。这个重量单位特别适合称量金属，但是我们没有在文献中找到相关的证据。

二、得本

得本（deben）是古埃及的重量单位，最早出现在公元前 1550 年左右，即古埃及新王国时期。

如果说古埃及最早的称量单位班加是用来称量黄金和白银的，那么后来出现的称量单位"得本"，最初则是用来称量铜金属的。

根据对出土文物的考证，得本的重量折合现代的 91 克。

三、基特

基特（kedet）是古埃及的重量单位，有关记载最早出现在公元前 12 世纪古埃及新王国晚期的购买女奴的诉讼案件文件里。基特是得本的分量，主要用来称量白银，10 基特等于 1 得本。1 得本的重量为 91 克；1 基特的重量为 9.1 克。

---

① 伊布赫特：地名，尼罗河第二瀑布以北的一个地方。
② 林志纯：《世界通史资料选辑》上古部分《伊浦味陈词》，商务印书馆 1962 年版，第 5 页。

基特的出现晚于得本。出土的有关古埃及称量单位"得本"的文字记载，出自公元前 14 世纪古埃及新王国时期第 18 王朝的摩塞档案，而出土的有关古埃及称量单位"基特"的文字记载，则出自公元前 12 世纪古埃及新王国晚期的购买女奴讼案文件。

然而，英国货币学家罗伯特·泰耶认为，得本称量单位是建立在基特及其倍数基础上的，基特的起源目前尚未搞清。

得本与班加的关系，目前也是一个没有搞清楚的问题。得本与班加有可能是古埃及不同地区的称量单位，两者之间并无先后继承的关系。尽管班加的出现比得本要早两千多年，但是，在公元前 14 世纪，文字记载的称量单位不是古老的班加，而是后起的得本。更加令人不解的是，公元前 6 世纪，当波斯帝国攻占埃及时，与波斯帝国称量单位接轨的埃及称量单位并不是后起的得本，而是古老的班加。

得本作为重量单位，主要用来称量铜；基特作为重量单位，主要用来称量白银。这一点，我们从出土的用莎草纸记载的一件诉案文件中找到了证据。

古埃及第 19 王朝（公元前 1293 年至公元前 1185 年）发生了一件购买女奴的讼案。女市民伊林涅菲尔从商人拉伊阿手里买到一个女奴，支付了 62 件物品，其中衣物 15 件、铜器 47 件。铜器的价值以得本计量，共计 148 得本，折合白银 14.5 基特。从重量单位关系来看，1 得本等于 10 基特；从价值比率关系来看，10 得本铜，即 100 基特铜，约等于 1 基特白银。

四、银环

银环曾经作为古埃及的原始数量货币，发挥价值尺度和流通手段的货币职能。同时，这种银环还可以戴在手指上，用来美化主人的形象，炫耀富贵。古埃及的这种银环由白银打制，重量 1 基特，即 9.1 克。

从货币发展的一般规律来看，称量货币转为数量货币的过程中经常出现一个过渡环节，就是原始数量货币，即兼具生产、生活使用功能的数量货币。

古埃及的情况也是如此，经历了称量货币流通之后，出现了原始数量货币。古埃及的原始数量货币是从白银称量货币发展而来的，即白银打造的银环。这种银环的理论重量为 9.1 克，可以作为戒指戴在手指上，是人们随身携带的饰物，也可以作为价值尺度和流通手段使用，交易时不需称量，而是按照个数支付。

从出土文献来看，古埃及最早的原始数量货币——银环，出现在新王国时期第 18 王朝（公元前 1570 年至公元前 1293 年）后期，中国当时为商朝时期。

苏联《古代世界史资料选读》第一卷《古代东方》第 87—88 页刊载有两份古埃及文件，都出自中埃及法雍绿洲入口地点的牧人摩塞档案，其中记载了银环作为货币的使用情况。摩塞生活的时间，经历了古埃及新王国时期第 18 王朝法老阿蒙霍特普三世的部分时期和阿蒙霍特普四世的部分时期。

摩塞档案中的第一份文件是雇用女奴的契约，支付的费用是谷、山羊和银环，总价值为 12 枚银环。这份契约是在法老阿蒙霍特普三世继位的第 27 年（公元前 1365 年）签署的。

摩塞档案中的第二份文件是购买耕地的契约，是在阿蒙霍特普四世继位的第 2 年（公元前 1352 年）签署的。交易的内容是 3 斯塔特耕地，交易价格是价值 1/2 得本白银的一头乳牛。

尽管这笔交易实际支付的是一头乳牛，但是其价值计量是 1/2 得本，说明当时使用白银作为价值尺度，白银的计量单位是得本。

　　从公元前 1365 年签署的第一份文件来看，古埃及已经开始使用原始数量货币——银环。而在 13 年后的公元前 1352 年签署的第二份文件中我们可以看到，古埃及还在使用白银称量货币作为商品交换的价值尺度。这说明古埃及在这一时期实行称量货币与原始数量货币并行的货币制度。

　　从各古国货币发展演化的一般情形来看，最初的原始数量货币的单位标准，多是采用其前身称量货币的单位标准。古埃及原始数量货币——银环的重量，应该在原有的称量货币单位得本和基特中选择。根据一般常识，戒指的重量不可能是 1 得本（91 克），而只能是 1 基特（9.1 克）。因为 9.1 克的戒指戴在手指上，应该是比较适合的。

　　从出土文献所述的案例来看：第一份文件说，1 枚银环的价值是 2 只山羊；第二份文件说，1/2 得本白银的价值是 1 头乳牛。如果我们接受银环的重量标准为 1 基特（9.1 克）的观点，那么，1 头乳牛的价值（0.5 得本，或 5 基特）就等于 10 只山羊（5 枚银环），则乳牛价值与山羊价值的比例也是基本合理的。

五、法老银币

　　法老银币是波斯帝国统治古埃及时期（公元前 525 年至公元前 332 年，其间有间断），在古埃及生产的、币文为"埃及的法老"的银币。

　　古埃及并没有自己的金属数量货币，古埃及最早的金属数量货币是波斯帝国侵入古埃及之后引入的希腊化货币——德拉克马银币。

　　波斯帝国崛起的时代，实行君主独裁制度，军事力量比较强大。波斯帝国进行版图扩张，自然波及邻近的希腊诸城邦，由此出现了波斯帝国与古希腊诸城邦的相互融合。古希腊诸城邦实行民主制度，商业经济比较发达，其先进的货币制度自然传入波斯帝国。所以，波斯帝国制造和使用的货币是希腊化货币——德拉克马。古埃及成为波斯帝国的行省之后，开始制造和使用德拉克马银币。

币 4 - 1　波斯帝国埃及行省四德拉克马银币①

注：生产于阿塔薛西斯二世统治的后期（公元前 380 年至公元前 360 年），重 15.41 克。银币正面图案为希腊雅典猫头鹰，鹰右下方币文为古埃及世俗体文字"埃及的法老"。

六、托勒密王国币

托勒密王国币是古埃及成为希腊化王国——托勒密王国期间，在埃及本土生产的希腊化钱币。

公元前 332 年，亚历山大在打败波斯帝国之后进军埃及，被埃及人民视为解放者，开始了对埃及的统治。公元前 305 年，亚历山大的

---

① 李铁生：《古波斯币》，北京出版社 2006 年版，第 29 页。

部将托勒密一世宣布自己为埃及国王。托勒密的后裔从此在埃及世代相传，直到公元前 30 年被罗马征服为止，托勒密家族统治了埃及275 年。

　　托勒密王国与塞琉古王国、马其顿王国并列希腊化三大王国，使用古希腊德拉克马钱币。托勒密王国铸造和流通的德拉克马，按照币材划分，有金币、银币、铜币；按照面额划分，有一德拉克马、四德拉克马、五德拉克马、八德拉克马、十五德拉克马、八十德拉克马等。

币 4 - 2　托勒密王国四德拉克马银币①

　　注：生产于托勒密一世统治的后期（公元前 290 年至公元前 285 年），重 14.26 克。银币正面图案是托勒密一世国王束头带面朝右肖像，银币背面图案是站鹰伫立在霹雳上，周围币文："ΒΑΣΙΛΕΩΣ ΠΤΟΛΕΜΑΙΟΣ"（托勒密国王）。

　　托勒密王国延续了近 300 年，直到大名鼎鼎的埃及艳后——克利奥帕特拉执政时期，托勒密王国的钱币形制仍然保持着最初的风格。

---

　　①　李铁生：《古希腊币》，北京出版社 2013 年版，第 186 页。

币 4 - 3　克利奥帕特拉八十德拉克马铜币①

注：生产于克利奥帕特拉女王统治时期（公元前 51 年至公元前 30 年），重 18.40 克。铜币正面图案是克利奥帕特拉女王面朝右梳髻披巾胸像；铜币背面图案是站鹰伫立在霹雳上，左前有丰饶角，右前币文："Π"（希腊数字 80）；周围币文："ΒΑΣΙΛΕΩΣ［ΚΛΕ］ΟΡΑΤΡΣ"（克利奥帕特拉女王）。

公元前 31 年，克利奥帕特拉和安东尼的联合舰队被屋大维打败。公元前 30 年，克利奥帕特拉自杀，托勒密王国灭亡，埃及沦为罗马帝国的行省。

七、罗马帝国埃及行省币

公元前 30 年，屋大维率领军队进入埃及，埃及陷于罗马帝国统治之下。屋大维统治时期（公元前 30 年至公元 14 年），埃及继续使用托勒密王国的希腊化货币——德拉克马。

此后，埃及成为罗马帝国的一个行省，发行的货币多为铜币。在罗马共和国后期，相对于金币和银币而言，铜币已经成为虚币，是严重不足值的货币。罗马帝国在各行省发行铜币，目的在于经济掠夺，

---

①　李铁生：《古希腊币》，北京出版社 2013 年版，第 192 页。

即采用虚币的办法掠夺行省人民。罗马帝国在各行省发行的货币并不
是在罗马制造的，而是在各行省制造的。譬如，叙利亚行省的造币厂
在安蒂奥克（Antioch），埃及行省的造币厂在亚历山大（Alexandria）。
罗马帝国各行省货币的正面有罗马元首的肖像，背面是各地方神像或
特色风情。

　　埃及行省制造的铜币并不是罗马帝国使用的阿斯，而是希腊化的
德拉克马铜币。

币 4 - 4　罗马帝国埃及行省安敦尼—德拉克马铜币①

　　注：公元 141—142 年在埃及亚历山大造币厂生产，重 28.60 克。铜币正面图案是安
敦尼月桂冠头像，周围币文："（AVT）· K · TRILADP · ANTWNEINOC · CVECB"（最
高统帅·恺撒·哈德良·安敦尼·奥古斯都）；铜币背面图案是俄耳甫斯手持竖琴坐于
岩石上为野兽奏乐，上方为制造铜币的时间"L · E"（5 年），即安敦尼继位的第 5 年。

　　在这里，一德拉克马铜币的意思并不是 1 德拉克马重量的铜，而
是代表 1 德拉克马白银价值的铜币。这枚铜币的重量是 28.60 克，代
表 1 德拉克马白银，显然是不足值的。

　　安敦尼是罗马帝国皇帝哈德良的养子兼继承人。俄耳甫斯是古希
腊神话中太阳神阿波罗的儿子，他是弹琴和歌唱的神。除了德拉克马

――――――――――

　　①　李铁生：《古罗马币》，北京出版社 2013 年版，第 315 页。

铜币外，埃及在罗马帝国统治时期也制造和流通德拉克马银币。

币4-5　罗马帝国埃及行省哈德良四德拉克马银币①

　　注：公元126—127年在埃及亚历山大造币厂生产，重12.72克。银币正面是哈德良月桂冠衣袍佩甲胸像，周围币文："AVT·KAI·TRI·AΔPIA·CEB"（最高统帅·恺撒·图拉真·哈德良·奥古斯都）；银币背面的纹饰是埃及主神奥西里斯披巾像，周围币文："LENΔEKATOV"（11年）。这里的11年指的是哈德良继位的第11年，是生产这枚银币的时间。奥西里斯（Osiris）是埃及女神伊西斯（Isis）的丈夫，他每年死而复生一次，成为生命和繁殖之神。

---

①　李铁生：《古罗马币》，北京出版社2013年版，第313页。

古 希 腊

黄希韦

古希腊位于地中海东部，以希腊半岛为中心，包括爱琴海诸岛、小亚细亚西部沿海、爱奥尼亚群岛以及意大利南部和西西里岛的殖民地。

早在公元前2000年至公元前1200年，爱琴海地区就孕育了灿烂的克里特文明和麦锡尼文明。大约在公元前1200年，多利亚人的入侵毁灭了麦锡尼文明，希腊历史进入所谓的"黑暗时代"。因为对这一时期的了解主要来自《荷马史诗》，所以这一时期又被称为"荷马时代"（公元前12世纪至公元前9世纪）。在荷马时代末期，铁器得到推广，取代了青铜器；海上贸易也重新发达，新的城邦国家纷纷建立。希腊人使用腓尼基字母创造了自己的文字。公元前8世纪，希腊人开始向外殖民。在此后的200多年里，新的希腊城邦遍及包括小亚细亚和北非在内的地中海沿岸。在诸城邦中，势力最大的是斯巴达和雅典。

公元前4世纪，古希腊马其顿王国的亚历山大以武力将其势力范围扩大到北非和西亚。随着亚历山大的去世，古希腊分裂为三大希腊化王国——马其顿王国、塞琉古王国和托勒密王国。此后，罗马人崛起，将希腊化王国逐一消灭。

一、古希腊钱币

传统观点认为，古希腊钱币肇始于公元前8世纪晚期、7世纪早期小亚细亚的吕底亚（Lydia）王国。希罗多德记载，吕底亚人最先使用金银制造钱币。从今天历史研究的角度来看，古代文献的记载不可尽信。实际上，现代考古发掘在赫梯、亚述、克里特和塞浦路斯等众多古代文明遗址中均发现了带有图案或文字戳记的、重量和成色均一的贵金属饼或锭。这些"疑似"钱币的文物均早于公元前8世纪晚期，即传说中吕底亚人发明钱币的时间，至少是发明贵金属钱币的时间上限。然而，第一，我们无法确定这些带有图案的贵金属饼或锭到底是用于流通的钱币，还是服装或器物上的饰件，或有其他用途；第二，从目前已掌握的文献和考古发现来看，金银复本位制度（bimetallism）以及国家垄断的钱币制造、发行和流通，最有可能还是在吕底亚或爱奥尼亚希腊城邦最早出现的。考虑到国家垄断钱币需要强有力的中央集权政府和军事力量方能实现，那么吕底亚应该是比爱奥尼亚希腊城邦更令人信服的候选人。

在标准重量的琥珀金块上打制王家的狮子和公牛族徽，可能是为琥珀金的成色、重量做出官方保证，也可能是对其价值和购买力做出官方保证。如果是后一种情况，则狮子和公牛纹饰可以理解为相当于今日美元纸币上印着的"This note is legal tender for all debts, public and private"（本纸币可以合法支付任何公共或私人债务）。

吕底亚克罗伊索斯（Croesus）王在财政金融领域的一项具有世界

影响力的重大发明是金银复本位制度，以法律强制规定金银比价为
1∶10。琥珀金为金银合金，吕底亚有可能通过操控其中金银的比例，
或通过强制高估或低估金银比价，发行不足值货币，获取铸币税
（seigniorage）。

　　对于吕底亚人发明钱币的初衷存有若干假说。常见的一种说法是
向为吕底亚王室服役的外籍雇佣军［主要是希腊长枪兵（hoplites）］
发放饷银。事实上，克罗伊索斯王在位时，伴随着币制创新，吕底亚
作为一个地区强权，其军事实力和疆域也达到了鼎盛，使其同新兴的
波斯帝国的冲突不可避免。

　　在古希腊人的记载中，克罗伊索斯王富甲天下，除了吕底亚盛产
金银矿藏的资源禀赋以及发达的工商业外，其在财政金融领域的创新
想必也是一个重要原因。已故诺贝尔经济学奖得主罗伯特·蒙代尔在
《钱币的诞生》（*The Birth of Coinage*）一文中指出：

　　　　以规模而言，吕底亚算不上一个强权，同历史上的诸多伟大
　　帝国不能相提并论，且为波斯帝国的强权所摧毁，灰飞烟灭。其
　　对于国际货币体系的真实历史影响微乎其微。但其理念比帝国更
　　有生命力。克罗伊索斯开创的货币体系，为后世的波斯、马其顿、
　　罗马和拜占庭帝国所沿用，并建立了一种国际货币体系的模式，
　　这一模式起先在西罗马帝国，而后在东罗马帝国持续存在，直到
　　1204 年十字军洗劫君士坦丁堡，摧毁了拜占庭的强权。①

　　吕底亚人并非希腊人，可能血缘上与赫梯人有亲近关系，但与希
腊文明往来密切。凭其国力和军威，吕底亚成为小亚细亚半岛爱琴海
沿岸的爱奥尼亚希腊城邦的宗主国；吕底亚王室是以弗所的阿尔忒弥

---

　　①　Mundell, Robert A. , The Birth of Coinage, Columbia University, Department of
Economics, Discussion Paper Series, Discussion Paper #：0102 - 08，02. 2002. 黄希韦译。

斯神庙、德尔斐的阿波罗圣殿等希腊宗教圣地的大施主。以弗所的阿尔忒弥斯神庙就是克罗伊索斯慷慨解囊兴建的，其遗址曾出土大批早期钱币窖藏，为研究钱币的发明和演进提供了宝贵的资料。与波斯开战前，克罗伊索斯王还不忘先去请教德尔斐的神谕。雅典贤哲梭伦（Solon）曾是克罗伊索斯王的座上宾，两人关于"幸福"的对话，经希罗多德记载，流传千古——无独有偶，梭伦也曾主导雅典的币制改革。

　　由于这种渊源，吕底亚人发明的钱币很快传到了希腊。目前存世的最古老的希腊钱币是珍藏于法国国家图书馆（Biblioteque Nationale de France，BnF）的埃伊纳（Aegina）岛海龟图案琥珀金斯塔特，制作于公元前700年。这也是存世的最古老的欧洲钱币，距离传说中吕底亚人发明钱币的时间上限最多只晚了三四十年。

　　钱币这一新发明引入希腊后被迅速普及开来。各城邦纷纷开始制造钱币，若干不同的货币重量标准逐步形成，主要包括埃伊纳标准、优卑亚—阿提卡标准、科林斯标准等，钱币的设计、形制和生产工艺也逐渐成熟。

　　与中国古代浇铸钱币不同，古希腊钱币采用打制工艺，先由设计师设计和制作雕模，雕模分为两部分，分别为钱币的正面图案和背面图案，作为钱坯的金属板夹在两部分雕模中间，雕模固定在铁砧上，以锤子击打雕模上部，制成钱币。承受锤子击打的部分称为上雕模（upper die），通常为钱币背面；靠近铁砧固定的部分为下雕模（lower die），通常为图案更加繁复的正面。以最具代表性的雅典"猫头鹰"四德拉克马银币为例，这种钱币制造于公元前5世纪中期，双面均有图案。钱币正面被称为"头"（head），背面被称为"尾"（tail）；图案自身被称为"纹饰"（type），源自希腊语词汇 nmoç，音同 typos，意味击打后留下的印记；字母或铭文则被称为"币文"（legend），源自拉丁语词汇 legere，即"阅读"；围绕主图案的周边部分被称为"底板"（field），在背面的底板上，除了币文，还有"标记"（symbol），比如橄榄枝和新月，在主图案猫头鹰之侧；如果底板底部有一块区域与钱币其他部分明显分隔，这部分便被称为"提铭"（exergue）。纹饰可能包括：城邦的保护神，如雅典的雅典娜；神话人物，如叙拉古的山泽仙女阿瑞杜萨；动物，如科林斯的飞马珀伽索斯；本地独有的或有象征意义的地方风物，如昔兰尼的罗盘草、罗德岛的玫瑰；等等。有些还有雕模设计师、造币总监或地方军政长官的姓名或花押，带有鲜明的地方特色，以彰显城邦的主权和公民自豪感。亚历山大大帝东征后的希腊化时代，帝王的头像和尊号逐步成为钱币的"标配"。

　　古希腊人将钱币设计和制作上升到艺术的高度，这一点在"大希腊"（Magna Graecia，意大利南部和西西里岛的希腊殖民城邦）的钱币上体现得尤为突出，技艺精湛的"明星"钱币雕模师为各城邦所追捧。在今天世界各国的印钞造币上，我们依然能看到希腊钱币设计理念和形制的影响。

　　随着希腊人的殖民扩张以及同周边文明的往来交流，希腊钱币也扩展到南欧、黑海沿岸、北非和中近东，对腓尼基、伊特鲁里亚、凯尔特以及罗马等周边民族和文明产生了重大影响。亚历山大大帝的东征更是将希腊钱币的影响一直拓展到印度河流域，对如安息、贵霜等东方的古代文明产生了重大影响——安息制造和发行希腊式的德拉克马银币，存世的贵霜帝国金币依然使用希腊重量标准，并有希腊文铭文。

　　争夺国际货币体系霸权的行为也发轫于古希腊。公元前 478 年，以雅典为首的一些古希腊城邦组建了"提洛同盟"，共同抵御波斯的霸权。自公元前 5 世纪 60 年代起，雅典便开始逐渐将提洛同盟变为它控制和剥削同盟各城邦的工具，并将自己变为事实上的盟主，史书中常将"提洛同盟"称为"雅典霸国"或"雅典帝国"。为了使雅典钱币成为"提洛同盟"各城邦的统一钱币，据以实施对各城邦的经济统治，公元前 5 世纪 50 年代，雅典颁布了《钱币法令》，规定：雅典打造的钱币是"提洛同盟"各城邦唯一合法的钱币；各城邦的钱币应交付雅典造币厂重新打造成雅典钱币。由此，至少到伯罗奔尼撒战争期间雅典被迫停止造币时的一段短暂的时间内，凭借雅典军事、政治、经济和文化霸权的加持，"猫头鹰"银币成了或许是世界上第一款"国际货币"，如同今日的美元。雅典与斯巴达的争霸，又造就了今天国际政治领域最"红"的词汇之一"修昔底德陷阱"。由是观之，钩沉希腊钱币的历史沿革，并剖析其背后的政治、军事、经济和金融动因，对于我们理解今天的世界仍有现实意义。

二、斯塔特

斯塔特（stater）是古希腊的一种银币或金币，在希腊多个地区流行。古代欧洲和亚洲其他地区仿制的类似金银币也被称为斯塔特，其流通时间为公元前 8 世纪晚期至公元 50 年前后。

在古希腊各城邦，重量单位奥波（obol）也被用作货币单位。1 德拉克马 = 6 奥波。更大一些的货币单位是斯塔特，1 斯塔特 = 2 德拉克马。

斯塔特意为"标准"，其词源是巴比伦神话中的伊什塔尔（Ishtar）女神。伊什塔尔是主管爱与丰饶的女神，也是战争女神，其象征物为狮子。新巴比伦帝国君主尼布甲尼撒二世曾在巴比伦内城北侧用蓝色琉璃瓦修建城门及游行大街，以供奉伊什塔尔女神，其故物如今散落在全球多家博物馆，尤以德国柏林帕加马博物馆所藏最为丰富、著名。

亚述帝国的原始钱币或类似钱币的一般等价物被称为"伊什塔尔头像"（Ishtar heads），顾名思义，可能是有伊什塔尔女神头像戳记的标准重量金属块，但目前尚无考古发现可以佐证。"伊什塔尔头像"

逐渐演变为斯塔特，为吕底亚、希腊和波斯所沿用。

　　吕底亚王国的钱币生产技术和钱币流通制度迅速传入邻近的岛屿——希腊文明的发源地克里特岛。截至目前，考古发现不仅有克里特岛上的斯塔特银币，还有记载克里特岛上使用斯塔特银币的法典——《格尔蒂法典》。

　　据考证，《格尔蒂法典》制定于公元前 5 世纪前期，既是欧洲最早的法典，也是希腊存留下来的唯一一部比较完整的法典。

　　《格尔蒂法典》中关于处罚、赔偿、支付的条文多使用斯塔特。除了斯塔特，《格尔蒂法典》中还有使用德拉克马和奥波的记载。在《格尔蒂法典》中，使用货币的地方有 34 处，其中使用斯塔特的地方有 29 处，占总数的 85.3%；使用德拉克马的地方有 3 处，占总数的 8.8%；使用奥波的地方有 2 处，占总数的 5.9%。可见，当时货币流通主要使用斯塔特。

　　尽管《格尔蒂法典》没有说明克里特岛上的斯塔特币的形制标准和使用的币材，但是我们仍然可以推断其所述斯塔特币是克里特岛上的居民比照吕底亚王国的斯塔特银币采用白银制造的。这一点，我们可以从考古发现的克里特岛币中得到证实。例如：

　　这枚银币是在吕底亚王国掌握金银分离技术、开始制造纯银币 100 多年之后生产的。吕底亚王国的斯塔特银币重量折合现代大约为 11 克。经历了 100 多年，吕底亚王国的钱币生产技术和钱币流通制度传到了克里特岛，银币的重量仍然保持在折合现代 11 克以上。

　　克里特岛上居民生产这枚银币的时候，吕底亚王国已经灭亡，取而代之的是波斯帝国。当时，波斯帝国各地使用不同的货币，有大流克金币、西格罗斯银币（希腊语"舍客勒"银币）、德拉克马银币、斯塔特银币。

　　塔洛斯是火神赫菲斯托斯打造的青铜巨人，用以驻守克里特岛海

岸，如遇外来船只，则掷石毁之。法埃斯特位于克里特岛的中部南岸，
是克里特岛的重要码头。

币 5-1　克诺索斯银币①

　　注：公元前 425 年至公元前 400 年生产，重 11.37 克。银币正面是牛首人身怪兽米
诺牛裸身奔跑像，币缘有连珠纹，上方币文是地名"KNOΣ"（克诺索斯）；背面是 8 个
迷宫，中央有芒星。

币 5-2　法拉萨尔马银币②

　　注：公元前 330 年至公元前 270 年生产，重 11.73 克。银币正面是月亮神阿尔忒弥
斯束头带面右头像；背面是三叉戟，其中币文为地名"Φ-Α"（法拉萨尔马）。

①　李铁生：《古希腊币》，北京出版社 2013 年版，第 82 页。
②　李铁生：《古希腊币》，北京出版社 2013 年版，第 83 页。

币 5 – 3　法埃斯特银币①

　　注：公元前 300 年至公元前 270 年生产，重 11.32 克。银币正面是塔洛斯双翼裸身正面站像，两手均持石块，下方币文为人名"ΤΑΑΩΝ"；背面是顶撞的公牛，上方币文为地名"ΦΑΙΣΤΙΩΝ"（法埃斯特）。

　　以上 3 枚银币：克诺索斯银币、法拉萨尔马银币和法埃斯特银币都是按照斯塔特重量标准生产的银币，与《格尔蒂法典》所述的斯塔特相符。尽管这 3 枚银币的生产时间各有差异，但其重量相差不多，分别为 11.37 克、11.73 克和 11.32 克。

　　此外，正如《格尔蒂法典》所述，克里特岛上也曾使用过德拉克马，即半斯塔特。

---

　　①　李铁生：《古希腊币》，北京出版社 2013 年版，第 83 页。

币 5 - 4　德拉克马银币①

注：公元前 300 年至公元前 280 年生产，重 5.4 克。银币正面是雅典娜脊盔面左头像；背面是人首鱼身特里同持三叉戟，左侧币文为地名 "ITANIΩN"（伊塔诺斯）。

吕底亚人最早的钱币是继承了赫梯人舍客勒重量标准的金币，舍客勒重量为 8.33 克，扣除成本和铸币税，实际重量大约为 8 克。吕底亚王国最早的斯塔特金币重量正好在 8 克左右。

存世的吕底亚 1/3 斯塔特"狮头"琥珀金币重约 4.7 克，可以推断吕底亚标准 1 琥珀金斯塔特重约 14 克，但目前尚无吕底亚琥珀金斯塔特存世或出土。

吕底亚克罗伊塞德（Croiseid）或克罗伊索斯斯塔特是有狮子和公牛纹饰的金币，其重量起初折合现代大约 10.7 克，后减为 8.1 克；斯塔特银币的重量折合现代大约 11 克。

法国国家图书馆收藏的埃伊纳"海龟"琥珀金斯塔特重约 12.2 克，相当于埃伊纳标准的两个德拉克马（1 德拉克马约 6.1 克）。

科林斯斯塔特重约 8.6 克，折合 3 个科林斯德拉克马（1 科林斯德拉克马约 2.9 克），或雅典双德拉克马（1 雅典德拉克马约 4.3 克）。

---

① 李铁生：《古希腊币》，北京出版社 2013 年版，第 83 页。

小亚细亚基齐库斯（Cyzikus）的"弓箭手"琥珀金斯塔特重约15.96 克。

斯塔特金币通常重约 8.5 克，折合 20 德拉克马，折合金银比价为1∶10。

法国国家图书馆收藏有一枚带有海龟纹饰的琥珀金钱币，由爱琴海上的埃伊纳（Aegina）岛于公元前 700 年左右制造，是目前存世的最早的斯塔特钱币实物，也是欧洲最早的钱币。

斯塔特金币主要为马其顿及亚历山大大帝的"继业者"王国所造，通常使用优卑亚—阿提卡标准。传世的实物如公元前 4 世纪晚期亚历山大大帝在小亚细亚阿比多斯（Abydos 或 Abydus）制造的斯塔特金币，正面为头戴科林斯式头盔的雅典娜女神侧面像（面向右侧），背面为手持花环和芦苇笔的胜利女神尼姬。

为马其顿服役的凯尔特雇佣军返回其西欧和中欧故乡后也仿制斯塔特金币，如高卢的斯塔特金币。凯尔特部落的斯塔特金币又传入不列颠岛，并为当地部落所仿制。不列颠斯塔特金币通常重 4.5—6.5 克。

三、琥珀金币

琥珀金（electrum）原指天然形成的金银合金，吕底亚王国首都萨狄斯（Sardis）卫城西边的帕特托罗斯（Pactolus）河中有自然金银合金矿砂，成分平均约为三金一银，俗称琥珀金。传统认为，吕底亚琥珀金币是世界上最早的钱币。

萨狄斯遗址位于今土耳其安纳托利亚西部的马尼萨（Manisa）省，约于公元前 8 世纪成为吕底亚王国的首都。希腊传说中，小亚细亚古国弗里吉亚（Phrygia）的迈达斯（Midas）国王要挟酒神狄俄尼索斯

（Dionysus）赐予其点石成金的法力，但发现经其触碰的一切，如食物和自己的女儿，都变成了黄金，生活无法继续，因此深为懊悔，恳求酒神收回法力。酒神指示迈达斯去帕特托罗斯河中沐浴，法力转移到了河水中，河中的砂石变成了黄金。

1904 年至 1905 年，大英博物馆在小亚细亚海岸以弗所的阿尔忒弥斯神庙进行考古发掘时，出土了近 100 枚早期钱币。根据对同批出土的相关文物进行的考证，这批钱币的埋藏时间不晚于公元前 6 世纪中期，甚至更早。这批钱币的出土证实了希罗多德在《历史》一书中所说的：

　　　依照我们所了解的，他们是最早铸造和使用金银货币的人。①

吕底亚人制造琥珀金币，标准单位是斯塔特，其重量折合现代大约 14 克，相当于当时 1 个士兵 1 月的饷金。

出土的实物还有更小重量的钱币，如 1/3 斯塔特、1/6 斯塔特、1/24 斯塔特，最小甚至到 1/96 斯塔特，应该是为满足居民日常小额零售支付需求生产的。

现代研究显示，安纳托利亚西部的天然琥珀金金沙含金量平均在 70% 左右，最低者略高于 60%，最高者可达 90% 以上。而存世的、在同一地区制造的吕底亚琥珀金币的含金量最低只有 31%，最高也不超过 55%，平均在 50% 左右。

这里有两个问题需要我们思考：其一，考古发现证明，精炼黄金和白银的技术在吕底亚人发明钱币之前就已经存在。其二，我们在学习阿基米德浮力原理时读到过这样的典故：叙拉古僭主希洛二世（Hiero Ⅱ）怀疑为他制作皇冠的金匠偷工减料，掺杂其他金属，贪污

---

① ［古希腊］希罗多德：《历史》，周永强译，陕西师范大学出版社 2008 年版，第 42 页。

黄金，于是委托阿基米德测量皇冠的含金量。阿基米德殚精竭虑，终于在浴缸里悟出了浮力原理，解决了这个难题。这个典故告诉我们，在阿基米德生活的时代（公元前 3 世纪）之前，人们并没有掌握精确测量合金密度和成分的技术。

这两个问题让我们有理由怀疑，吕底亚琥珀金币可能并非纯粹用天然琥珀金打造的，而是人为地添加了白银降低含金量。由此延伸，也就是说，吕底亚政府通过法律强制手段要求等重的琥珀金钱币按面值流通，价值相同，不论其含金量多少，同时通过人为降低钱币含金量的做法赚取铸币税。假设吕底亚政府收兑的天然琥珀金平均含金量为 70%，而制造和发行的琥珀金钱币平均含金量只有 50%，则这笔铸币税的收入相当可观，难怪克罗伊索斯王会富甲天下。

尽管在吕底亚琥珀金币被纯金币和纯银币所取代，但琥珀金作为一种币材，依然被长期使用。目前存世的琥珀金钱币，除上文提到的吕底亚和埃伊纳琥珀金钱币外，以弗所、基齐库斯（Cyzicus）、福卡亚（Phocaea）等小亚细亚希腊城邦及莱斯沃斯岛（Lesbos）的米蒂利尼（Mytilene）均制作和发行过琥珀金币；公元前 300 年左右，迦太基也发行和制造琥珀金舍克勒。公元 11 世纪，东罗马帝国大幅降低金币的含金量，当时的钱币实际上是一种金银合金币，也可算作琥珀金币。

四、纯金币

生产了琥珀金币之后不久，约公元前 6 世纪中期克罗伊索斯王在位期间，吕底亚王国掌握了金银分离技术，可能也发明了试金石（touchstone），开始制造纯金币和纯银币，称为"克罗伊塞德"（Croiseid）。其正面图案是怒吼的狮子，背面是一个阴刻矩形戳记，似乎是为了打制钱币而形成。大英博物馆著名的主题展览"100 件文物

中的世界史"（World History in 100 Objects）的展品中就有一枚"克罗
伊塞德"金币。

　　吕底亚王国制造的斯塔特金币，重量折合现代大约 8 克。

　　公元前 546 年，新兴的波斯帝国在居鲁士大帝（Cyrus the Great）
的率领下征服了吕底亚。波斯帝国继承了吕底亚的币制，将钱币流通
推广到了伊朗高原的广大地区。

　　波斯帝国起初仍沿用吕底亚金币和银币，直到公元前 6 世纪后期，
约公元前 510 年，大流士（Darius Ⅰ）大帝开始制造和发行波斯风格
的大流克金币和西格罗斯银币。

　　在腓力二世（Philip Ⅱ，公元前 359 年至公元前 336 年在位）统治
下，从公元前 4 世纪中期开始，马其顿开始生产金币。腓力二世金币
的背面图案是双马赛车，正面则是阿波罗头像。亚历山大大帝金币的
正面和背面分别为雅典娜和站姿的胜利女神尼姬。从公元前 3 世纪开
始，亚历山大大帝的钱币是最常见、最通用的古代钱币。公元前 323
年亚历山大崩殂后，无数种亚历山大款式的钱币仍持续被制造。

五、纯银币

　　约公元前 6 世纪中期，克罗伊索斯王在位期间，吕底亚王国开始
制造纯金币和纯银币。

　　吕底亚王国制造的斯塔特银币，重量折合现代大约 11 克。

　　吕底亚王国的钱币生产技术和钱币制度传入希腊，希腊人采纳了
吕底亚的斯塔特货币制度，并开创了德拉克马货币制度。雅典较早地
引进了吕底亚王国的钱币制度，雅典建立的钱币制度对古希腊各城邦
有着重要的影响。

　　在希腊以北，钱币扩散到了马其顿哈尔基季基（Chalcidice）半岛

诸城邦。希腊北部内陆地区生活着诸多半希腊或非希腊民族部落，通常统称为色雷斯—马其顿人（Thraco-Macedonians）。公元前 6 世纪晚期，这些部落开始制造银币，直到公元前 5 世纪早期一直保持兴盛。色雷斯—马其顿部落生活的区域银矿蕴藏丰富，因此他们得以铸造大体量的钱币，出土的窖藏证据表明，这些钱币通过贸易或其他方式大量输往东部地区。

公元前 5 世纪，在南意大利的希腊殖民城邦，钱币大多用白银打造。钱币的西向传播在公元前 5 世纪仍然持续。位于今法国南部的马西利亚（Massalia），即今日的马赛约于公元前 500 年发行了第一批钱币。马西利亚系由腓尼基殖民者所建，小巧的银币显然受到了其小亚细亚故土风格的影响。类似的钱币还发现于希腊以西更远处、位于今日西班牙北部的埃姆波利翁（Emporium）地区。

六、德拉克马

受两河流域及小亚细亚重量制度的影响，古希腊采用弥那作为重量单位，与本土的德拉克马重量接轨，1 弥那 = 100 德拉克马。德拉克马是重量单位，也是货币单位。19 世纪，现代希腊国家摆脱奥斯曼土耳其帝国统治、赢得独立后，其货币单位也定名为德拉克马，直到 2002 年采用欧元后弃用。

在古希腊语中，德拉克马的意思是"一把"，一种说法是指一把麦粒的重量；另一种说法是一把即六支烤肉用的铁钎——希腊人引进钱币前，烤肉铁钎曾作为一般等价物用于交易。

古希腊各城邦有着各自不同的德拉克马重量标准。小亚细亚西部沿海的一些希腊城邦和邻近岛屿萨摩斯岛上，1 德拉克马的重量为 3.33 克。在爱琴海上的埃伊纳岛，1 德拉克马的重量为 6.1 克；在科林斯，1 德拉克马约合 2.9 克。而希俄斯岛（Chios）、罗德岛（Rhodes）和其他许多城邦使用 15.3 克重的四德拉克马银币，即 1 德拉克马约 3.8 克。位于阿提卡地区的雅典，1 德拉克马的重量是 4.37克。其他地区的希腊城邦，有着更多种类的德拉克马重量标准。然而，对于古希腊众多城邦而言，雅典更具有代表性和影响力。马其顿崛起后，亚历山大大帝为其帝国钱币采用阿提卡标准，自此以后，该标准在大地中海地区及更远地域取得主导地位。

采用 1 弥那等于 437 克的重量标准，雅典人将 1 弥那白银制造成 100 枚德拉克马银币，每枚德拉克马银币的重量为 4.37 克。扣除制造成本和铸币税，雅典的德拉克马一般都轻于 4.37 克。雅典的德拉克马银币主要有一德拉克马、二德拉克马、四德拉克马、十德拉克马。雅典德拉克马银币由百姓自由制造，没有政府的信用和法律的支持，不具备快速大幅度减重的能力，重量标准长期保持基本稳定。

雅典"猫头鹰"钱币是古代世界最著名的钱币品类之一，特别是四德拉克马银币。雅典早期的钱币并无固定模式，风格、设计较为多元。但希波战争后，钱币主要图案固定下来，即正面为雅典娜女神，背面为猫头鹰和橄榄枝，尽管具体设计和细节仍多有变化。雅典娜是智慧女神和女战神，雅典城的守护神。猫头鹰是雅典娜的守护鸟，夜间为雅典娜传递消息，是智慧的象征。西谚的"运猫头鹰到雅典"，类似中文的"画蛇添足"。

修昔底德在《伯罗奔尼撒战争史》中记载，战争爆发当年，雅典领袖伯里克利在国情咨文中说：

　　……除其他收入，同盟城邦的岁贡通常每年达 600 他连得，雅典卫城尚有 6000 他连得已制成钱币的白银［最多时曾达 9700他连得，后来支出一部分，用于卫城的山门（Propylaea）和其他

建筑，以及（围攻）波提蒂亚（Potidea）所需] ……①

1 他连得白银合 6000 德拉克马，6000 他连得银币即相当于 900 万枚四德拉克马"猫头鹰"钱币，以当时的人口和生产力规模而言，此等规模的钱币存量相当惊人。

随着雅典霸权的膨胀与城邦开支的增加，对钱币的需求越来越大，"猫头鹰"钱币的制造数量不停增长，而且随着时间推移，面值种类也越来越多。上文提到，可能是在公元前 420 年，雅典颁布法令，强令同盟城邦使用雅典钱币和度量衡，使"猫头鹰"钱币成为国际霸权货币。

公元前 4 世纪，马其顿崛起，腓力二世大量制造金币和银币。亚历山大大帝即位后，起初遵循其父的先例，造币使用两种重量标准：金币使用阿提卡标准，银币使用哈尔基季基同盟标准。但他很快弃用后者，在银币制造中也采用阿提卡标准，与富有传奇色彩的雅典"猫头鹰"钱币重量一致。亚历山大的四德拉克马银币随其帝国的扩张产量剧增，很快变得同"猫头鹰"钱币一样，其流通无远弗届，即使在大帝崩殂、帝国分裂后，其"继业者"国家——塞琉古王朝、托勒密王朝、马其顿本土，以及进一步分离出的黑海沿岸和东方希腊化国家，依然沿用阿提卡标准的德拉克马钱币，其应用覆盖南欧、北非、中近东，最东远至大夏，即今日阿富汗和巴基斯坦部分地区。

亚历山大大帝的部将塞琉古在西亚以叙利亚为中心建立了塞琉古王国，发行希腊化钱币——德拉克马。司马迁《史记》中称塞琉古王国为"条支"。公元前 3 世纪中叶，波斯地区的帕提亚（Parthia）从衰

---

① Thucydides, The History of the Peloponnesian Wars, Book Ⅱ, Chapter Ⅵ, English translation by Richard Crawley, Project Gutenberg, EBook #7142, 2009 年 5 月 1 日发布，2013 年 2 月 7 日最后更新。黄希韦自英译本转译。

败的塞琉古统治下宣告独立，建立了帕提亚王国，也发行希腊化钱币——德拉克马。班固在《汉书》中称帕提亚为"安息"，并记载其钱币形制云：

　　　以银为钱，文独为王面，幕为夫人面，王死辄更铸钱。[①]

　　[安息使用白银制造钱币，正面是国王的肖像，背面是王后的肖像，国王死后，要重新制造钱币。]

　　安息的币制被萨珊帝国（Sassanid Empire）所继承，萨珊的币制又在一定程度上被其后的阿拉伯帝国所继承。

　　今天，若干阿拉伯国家，如阿拉伯联合酋长国、摩洛哥等，其货币单位迪拉姆（dirham）就是德拉克马的阿拉伯语转译。亚美尼亚货币单位德拉姆（dram），其词源也是德拉克马。

七、奥波

　　奥波（obol），古希腊钱币单位，1 德拉克马 = 6 奥波。

　　奥波一词的词源有不同说法：一说是指手指或脚趾；一说是源自obelos，即烤肉用的细长金属钎。

　　希腊神庙的贵重物品清单罗列了各类容器，诸如盘、杯、瓮、碗、壶等，以及与献祭相关的物品，包括三足鼎、刀、斧、成捆的烤肉钎等。斧子和烤肉钎，特别是后者，频繁出现在某些暗示其作为货币使用的语境中。公元前 5 世纪，希罗多德在其作品中描述妓女罗德庇司（Rhodopis）向神庙捐献功德：

　　　……她用十分之一的家产购置了大量用来烧烤整牛的烤肉铁

---

　　①　班固：《汉书》卷九十六《西域传》，中华书局 1962 年版，第 3889 页。

钎，并将其送往德尔斐。①

公元 2 世纪的希腊学者尤利乌斯·珀鲁克斯（Julius Pollux）在其编纂的《词典》（*Onomasticon*）中说：比如奥波这个词的由来，有人说，烤牛肉用的铁钎（obelos）曾被用来交易，能一手握住（drax）的铁钎的数量被称为德拉克马。如今尽管我们已经使用钱币来进行交易，但这些术语留存下来，保留着上古习俗的记忆。②

在希腊阿尔戈斯（Argos）赫拉神庙（Heraion）遗址曾出土大量此类烤肉钎，制造年代早于公元前 800 年，现收藏在雅典钱币博物馆。

赫尔茨在《古代希腊和罗马度量衡文献》中引用医学家盖伦（公元 129—216 年）的一段话说：

> 1 德拉克马等于 18 克拉特，或按别人的说法，等于 3 格拉玛；1 格拉玛等于 2 奥波；1 奥波等于 3 克拉特；1 克拉特包含 4 颗谷物。③

古希腊的重量制度源于人们对谷物多少的测量。古钱币研究中经常使用的重量单位"格令"（grain）源于谷物，一格令即一粒谷物的重量（需要注意的是，现代文献中的格令是指英格兰格令，而古代语境中的格令则是指古代两河流域的格令。前者的参照单位是大麦粒，后者的参照单位则是指小麦粒，重量轻于大麦粒。大致估算，1 两河

①　Herodotus, The History of Herodotus, Ⅱ, 135, Book Ⅱ, The Second Book of Histories, Called Euterpe, English translation by G. C. Macaulay, Project Gutenberg. eBook #2707, 2008 年 12 月 1 日发布, 2013 年 1 月 25 日最后更新。黄希韦自英译本转译。

②　Onomasticon, Pollux, Julius, of Naucratis；Dindorf, Wilhelm 1802 – 1883 ed., Lipsiae, In libraria Kuehniana, 1824. 宾夕法尼亚大学图书馆线上书, 黄希韦译。

③　Griechische und römische Metrologie（Berlin 1862；with a substantially expanded second edition in 1882）, Friedrich Otto Hultsch、黄希韦译。Friedrich Otto Hultsch, 1833 – 1906, 德国古典文献学家和古代数学史学家。

流域古格令约合 3/4 英格兰格令）。按照盖伦的说法，一把麦粒是 72 颗。两河流域 1 舍客勒重量为 8.33 克，等于 180 颗麦粒的重量。那么，两河流域 1 颗麦粒的重量是 0.0463 克，72 颗麦粒的重量是 3.33 克。但是，除了小亚细亚西部沿海一带，古希腊德拉克马银币的重量大多在 4 克以上。

古希腊各城邦有着各自不同的德拉克马重量标准。盖伦所说的德拉克马重量标准，指的是小亚细亚西部沿海的一些希腊城邦的重量标准和邻近岛屿萨摩斯岛上的重量标准。在这些地方，1 德拉克马的重量为 3.33 克。而在雅典，1 德拉克马的重量是 4.37 克，相当于 94 颗麦粒的重量。

由此推算，在阿提卡标准下，1 奥波的重量折合现代 4.37 克 ÷6 = 0.728 克。

其他地区的希腊城邦有着更多种类的重量标准。但无论在何种度量衡制度下，1 奥波白银的重量多数情况下在 1 克之内。

在古希腊世界，比 1 德拉克马更小的银币通常以奥波为单位，常见的面值有奥波、一个半奥波（trihemiobol）、双奥波（diobol）、三奥波（triobol，又称半德拉克马，hemidrachm）以及四奥波（tetrobol）。传世的公元前 5 世纪后半叶的雅典三奥波银币正面为戴头盔的雅典娜女神头像，背面为猫头鹰和橄榄枝，重约 2.17 克。在古典黄金时代的雅典，1 奥波可以购买一升葡萄酒。

古希腊的一个传统是，人去世后下葬时，亲属要在死者的口中放一枚奥波银币，作为付给冥河上摆渡者卡戎（Charon）的船资，这样亡灵才能平安渡过冥河，抵达冥界。用于此目的的钱币被称为“卡戎的奥波”（Charon's obol）。

从公元前 6 世纪起，绝大多数希腊城邦均开始生产贵金属钱币，唯有斯巴达是个例外。斯巴达禁止贵金属钱币的生产和流通，仍沿用粗笨的铁质烤肉钎形制的奥波作为交易媒介，希望借此不鼓励工商业的发展，使其公民不慕繁华、不尚虚荣、不求财货，保持坚韧卓绝的战士本色。这种情况直到公元前 3 世纪中期才有所改变，彼时斯巴达也开始生产银币，最初生产的就是小面值的奥波银币。

东方的安息帝国沿袭了塞琉古帝国的马其顿币制，也生产和发行阿提卡标准的德拉克马和奥波银币，有奥波、二奥波和三奥波等不同面值。

八、查柯

查柯（chalcus），拉丁语词汇，源自古希腊语 χαλκός，意为铜或青铜。查柯的复数形式为 chalci，指铜币。公元前 400 年前后，希腊城邦开始生产铜或青铜辅币，铜币同银币的折算率通常为：8 查柯 = 1 奥波。或者，1 查柯 = 1/8 奥波 = 1/48 德拉克马。

比查柯更小的铜辅币单位为雷普顿（lepton，复数形式为 lepta），1 查柯 = 7 雷普顿。

亚历山大大帝东征后，马其顿形制的阿提卡标准金币和四德拉克马银币成为希腊和东方世界最流行的钱币品类。其后的希腊化时代，除金币和银币外，亚历山大大帝的“继业者”国家，即马其顿、塞琉古和托勒密王朝，也开始大量生产铜或青铜辅币。脱离塞琉古王朝独立的安息和大夏也继承了塞琉古的币制，生产金币、银币和铜币，比如安息帝国的德拉克马银币和查柯铜币。

安息帝国的查柯铜币重约 2 克，有一查柯、二查柯和四查柯等不同面值。按照 48 查柯铜币 = 1 德拉克马银币折算，96 克铜的价值等于 4.37 克白银，1 克白银的价值就等于 21.97 克铜。

九、克拉特

克拉特（carat）是古代衡量金银重量和纯度的单位，1570 年后也用来计量钻石的重量。现代重量单位克拉即源于此。

需要注意的是，虽然与现代公制"克拉"英文拼写相同，都是 carat，但现代克拉是 1907 年才确立为 200 毫克，并沿用至今。为此，我们称古代的重量单位为"克拉特"，以同现代"克拉"相区分。

克拉特的希腊词源为 κεράτιον，指长角豆的种子（carob seed）。长角豆，拉丁文学名 *Cretonia siliqua*，豆科，常绿乔木，原产于地中海东部，在我国广州有种植。

古人相信，长角豆种子的重量均一，因此可以用作重量单位，1 粒长角豆种子相当于四粒小麦（即"格令"）的重量，尽管实际上长角豆种子的重量并不均一。

1 克拉特 = 1/3 奥波 = 1/18 德拉克马，按照阿提卡标准计算，1 克拉特应为 240 毫克左右。

当然，古希腊各地的度量衡标准并不均一，因此用阿提卡标准德拉克马重量倒推，并不能适用于所有希腊城邦。实际上，在现代公制克拉于 1907 年被规定为 200 毫克前，世界各地的"克拉"重量并不统一，轻的不足 200 毫克，重的也不高于 220 毫克。

罗马帝国旧标准的基本计量单位也是长角豆种子，称为西利克（siliqua）。1 索利多（solidus）金币重 24 西利克，72 索利多金币重 1 罗马磅。1 罗马磅折合现代重量 327 克左右，由此倒推，1 罗马西利克 = 327 克 ÷（72 × 24）≈ 189 毫克。

十、格拉玛

格拉马（gramma）是古代重量单位，源自希腊语 γράμμα，本意为"字母"。1 德拉克马 = 3 格拉玛，1 格拉玛 = 2 奥波。

在阿提卡标准下，1 格拉玛约合现代 1.4 克。罗马时代，1 格拉玛被规定为 1/24 罗马盎司，约合 1.14 克。

现代公制重量单位"克"（gram）即起源于格拉玛。

十一、里特拉金币

里特拉（litra）是古代计量单位，也指使用该计量单位的贵金属钱币，主要流行于西西里的希腊殖民城邦。叙拉古的里特拉钱币最具代表性。

叙拉古（Syracuse）位于地中海中央的西西里（Sicily）岛东端，是古希腊殖民者建立的海港城邦。叙拉古的居民制造并使用古希腊钱币——德拉克马银币和德拉克马金币，采用阿提卡标准。此外，受迦太基（Carthage）的影响，叙拉古的居民还制造和使用里特拉银币和里特拉金币，1 德拉克马 = 5 里特拉，里特拉金币的重量为相同面值银币重量除以 13.3 得出。

美国波士顿美术博物馆（Museum of Fine Arts Boston）收藏有一枚叙拉古十里特拉金币。

希腊神话中的戈尔贡（蛇发女妖）三姐妹——美杜莎（Medusa）和她的两个姐姐斯忒诺（Stheno）和欧律阿勒（Euryale），无论谁见到她们，都会变成石像。宙斯之子珀尔修斯（Perseus）背朝她们，用光亮的盾牌作镜子，杀死美杜莎，割下她的头颅交给雅典娜。雅典娜将美杜莎的头颅固定在自己胸甲中央抵御敌人。所以，戈尔贡三姐妹的头像常被艺术家用在象征性的徽章、建筑的装饰物甚至雅典的钱币上，也曾用在士兵的盾牌上。庞贝古城遗址出土的马赛克壁画描绘的亚历山大大帝，其胸甲上也有美杜莎头像。当时的人们相信，敌人看到盾牌或盔甲上美杜莎的脸，就会变成石像。

币 5－5　叙拉古十里特拉金币①

注：公元前 406 年至公元前 405 年［叙拉古僭主狄奥尼修斯一世（Dionysius Ⅰ，公元前 405 年至公元前 367 年在位）统治初期］生产，重 0.66 克。金币正面图案为雅典娜戴盔面朝左头像，左前方反写币文是地名"ΣYPA"；背面图案为刻印着戈尔贡（Gorgon）正面头像的神盾。

叙拉古的币制采用雅典的阿提卡标准，1 德拉克马理论上重 4.37克，1 里特拉 ＝1/5 德拉克马，约合 0.87 克。传世的叙拉古十里特拉银币通常重 8 克以上。

西西里岛是地中海中最大的岛屿，当地土著居民是西库尔（Siculi）人，集中在岛的西部塞杰斯塔（Segesta）。早在希腊人到来之前，迦太基殖民者就已经从北非来到这里，在岛的西端西库尔人聚居地区进行开发。公元前 734 年，来自科林斯的希腊殖民者到达西西里

---

① 李铁生：《古希腊币》，北京出版社 2013 年版，第 28 页。

岛。他们避开迦太基人，在荒芜的东部建立了叙拉古城，与迦太基人形成了东西对峙的局面。此后，叙拉古成为连接亚、非、欧三大洲经济贸易的重要港口。到公元前 5 世纪晚期，叙拉古城的规模、人口和繁荣已经足以同同期的雅典分庭抗礼，成为整个希腊世界的顶级大都会。

公元前 5 世纪早期，僭主杰隆（Gelon）、杰隆之弟希伦（Hieron）和色拉希布鲁斯（Thrasybulus）相继统治叙拉古，叙拉古成为西西里岛最显赫的城邦和钱币产地。杰隆推出了一组四德拉克马银币，其正面图案是胜利女神尼姬为战车加冕，被认为是暗指杰隆在公元前 488年奥运会上的胜绩，背面是海豚环绕的海洋仙女阿瑞杜萨（Arethusa）头像。另外，还有一种更大面值的十德拉克马银币。

公元前 5 世纪中期，僭主政治被推翻，叙拉古重建民主制度，造币艺术达到了一个新高峰。叙拉古钱币中最著名的是阿瑞杜萨头像银币。

阿瑞杜萨是希腊神话中一位美丽的仙女，是太阳神阿波罗的孪生姐妹狩猎女神阿尔忒弥斯的随从，在河中洗澡时遇到河神，两人一见钟情。阿尔忒弥斯将阿瑞杜萨变成一股清泉，与河神会合相爱。英国诗人雪莱曾在诗中描绘这个故事。因为叙拉古有着美丽的风光和泉水，所以希腊人在叙拉古城邦经常使用阿瑞杜萨的形象。

公元前 5 世纪后期，南意大利和西西里希腊城邦普遍推翻僭主统治，重建民主制度，钱币设计和制造艺术达到顶峰，这一时期的典型钱币图案包括驷马赛车（起先是静态行走的，后来改为疾驰）和阿瑞杜萨头像。骏马动作的细节和阿瑞杜萨头像的风格多姿多彩，展现出雕模师的想象力。雕模师的艺术才华不断演进，在公元前 460 年至公元前 415 年发行的四德拉克马和十德拉卡马银币上臻于顶峰，设计这些钱币的多位艺术家的名字有时会出现在钱币上，如尤阿伊涅托斯

（Euainetos）、基蒙（Kimon）、尤克雷达斯（Eukleidas）等。阿瑞杜萨头像钱币就是基蒙的作品。

　　然而此时，西西里岛正在遭受雅典（公元前 415 年至公元前 413 年）和迦太基（公元前 409 年至公元前 405 年）的入侵。这一阶段，西西里岛钱币的一个重大发展表现为希腊最早的铜币于此时出现。希腊铜币起先是不规则的形状，后来则采用银币的传统形制。金币的制造是此时期的另一个重大发展，大约始于公元前 5 世纪末西西里岛遭受入侵之时。迦太基殖民地和入侵的迦太基军队也于此时开始发行其最早的钱币。至于这些钱币是在迦太基制造的还是在西西里岛制造的，我们不得而知，但制造这些钱币的意图显然是在西西里岛流通，因此这些钱币被称为西西里—布匿币（Siculo-Punic）。迦太基人效仿当地的重量标准和钱币图案，但也有自己设计的图案，如马、棕榈树，以及布匿文字铭文。

　　公元前 405 年，狄奥尼修斯一世夺取政权，重建僭主统治，民主制度在叙拉古再次终结，西西里岛形成了迦太基和叙拉古双雄对峙的格局。也正是在此时，柏拉图曾三入叙拉古，试图向僭主传播其"理想国"的理念，将僭主感化、改造为"哲人王"，但以失败告终，本人也差点被卖为奴隶，"君从叙拉古来"成为西谚中讽刺知识分子在政治上天真、低能的段子。

　　狄奥尼修斯一世所造钱币中很多令人难忘。四德拉克马银币的生产约于公元前 400 年终止，但尤阿伊涅托斯签名版的十德拉克马银币则持续下来，此外还有新面值的金币，有时也有尤阿伊涅托斯和基蒙的签名。这些钱币的用途应该是狄奥尼修斯一世用来支付雇佣军的军饷，以支撑其与迦太基人的长期斗争。除上文提到的十里特拉金币外，还有二十五里特拉和一百里特拉等不同面值。美国钱币学会（American Numismatic Society）收藏有一枚叙拉古一百里特拉金币，重 5.79 克，折合两枚十德拉克马银币，正面为朝向左侧的阿瑞杜萨头像，背面为赫拉克勒斯与涅墨亚猛狮（Nemean Lion）摔跤，或许象征着狄奥尼修斯一世与迦太基人的斗争。

公元前 367 年，狄奥尼修斯一世死后，其子狄奥尼修斯二世即位为叙拉古僭主。西谚"达摩克利斯之剑"（Sword of Damocles）即出自他的典故。狄奥尼修斯二世完全没有其父的雄才大略，公元前 357 年，被其舅父、柏拉图的弟子迪翁（Dion）推翻，流亡其母亲的老家洛克里（Locris），直到公元前 346 年迪翁遭暗杀后回国复位。此时的叙拉古已处于风雨飘摇中。

公元前 344 年，科林斯雇佣军统领泰摩利昂（Timoleon）抵达西西里岛援助叙拉古抵抗迦太基。已失去民心、困守叙拉古卫城的狄奥尼修斯二世逊位于泰摩利昂，换取后者准其流亡科林斯，作为一个富有的寓公终老。泰摩利昂颁布了新宪法，重建了民主制度。

此时，西西里岛上已几乎没有希腊钱币流通。这一真空很快被科林斯钱币所填补。在其后的数十年，科林斯钱币成为西西里希腊城邦的标准通货。大多数"飞马"钱来自科林斯本土，但有些则由希腊西北部的科林斯殖民地提供，甚至在叙拉古当地生产，以及短期在李昂蒂尼（Leontini）生产。叙拉古也制造了受科林斯启发的铜币，庆祝泰摩利昂解放了西西里岛的希腊人。这些铜币刻有宙斯·埃琉特里奥斯（Zeus Eleutherios，"解放者"）像。

十二、里特拉银币

1 里特拉 = 1/5 德拉克马（阿提卡标准），约合 0.87 克。

公元前 3 世纪，罗马共和国的崛起引起了希腊各城邦的不安，巴尔干半岛上的伊庇鲁斯（Epirus）王国对罗马发动了战争。

币 5 - 6   叙拉古十里特拉银币①

注：公元前 215 年至公元前 214 年生产，重 8.34 克。银币正面是希伦尼姆斯国王 (Hieronymus of Syracuse，公元前 215 年至公元前 214 年在位) 束头带面朝左头像；背面是带翼霹雳，币文："ΒΑΣΙΛΕΟΣ ΙΕΡΩΝΥΜΟΥ" (希伦尼姆斯国王)。

公元前 280 年，伊庇鲁斯国王皮洛士 (Pyrrhus) 率领 2 万步兵、3000 骑兵和 20 头战象攻入意大利，击败了罗马军团。罗马军团损失了 7000 多人，皮洛士损失了 4000 多人。公元前 279 年，两军再战，皮洛士又一次击败罗马军团。罗马军团损失了 6000 多人，皮洛士损失了 3500 多人。皮洛士说："如果我再胜利一次，我可能就没有军队了。"后人将这种胜利称为"皮洛士式胜利" (Pyrrhic Victory)，意为代价高昂的惨胜。

皮洛士战争期间，叙拉古处于伊庇鲁斯王国统治之下，驻守叙拉古的皮洛士部将希洛于公元前 270 年被当地人拥立为王，王号希洛二世 (Hiero Ⅱ)。

为了支持战争，叙拉古发行了银币，银币图案中出现了古希腊的战神——阿喀琉斯。在叙拉古，1 德拉克马为 4.21 克。

---

① 李铁生：《古希腊币》，北京出版社 2013 年版，第 32 页。

币 5 - 7　二德拉克马银币①

注：公元前 280 年至公元前 277 年生产，重 8.42 克。银币正面是阿喀琉斯戴头盔面朝左头像；背面是阿喀琉斯之母特提斯持盾骑于海马上，币文："BAΣIΛE PYPPO"（皮洛士国王）。

不久，更大、更持久的战争爆发了。

这场战争发生在罗马与迦太基之间，导火索是争夺西西里岛的东部地区。因为罗马人称迦太基人为布匿库斯（Punicus，复数形式 Punici），所以这场战争被称为布匿战争。此时，西西里岛的大部分地区属于迦太基统治地区，只有东部的叙拉古和麦散那（Messana，今墨西拿，位于西西里岛的东北角，隔墨西拿海峡与意大利本土相望）属于希腊人统治地区。

公元前 288 年，叙拉古一支自称为"战神之子"（Mamertines）的恐怖分子队伍攻入麦散那。"战神之子"原是叙拉古僭主阿伽托克利斯（Agathocles，公元前 317 年至公元前 289 年在位）从亚平宁半岛南部坎帕尼亚（Campania）招募来的蛮夷雇佣军，在阿伽托克利斯死后成了无主的武装浪人集团。叙拉古正规军前去麦散那进行围剿，"战神之子"引来迦太基的军队，迦太基的军队所向无敌，打败了叙拉古的

———————

① 李铁生：《古希腊币》，北京出版社 2013 年版，第 31 页。

军队，然后就驻扎下来不走了。公元前264年，"战神之子"转头请求罗马派兵赶走迦太基的军队。如果迦太基占领了麦散那，他们就得到了进攻意大利的据点。因此，罗马派兵支援"战神之子"。于是，第一次布匿战争爆发了。

第一次布匿战争时期（公元前264年至公元前212年），罗马的青铜铸币严重减重；而叙拉古的银币和金币却没有受到战争的影响，重量基本保持稳定。这是因为罗马的青铜铸币由国家垄断发行，依靠国家信用，罗马共和国可以对铜铸币进行减重，并使青铜铸币按照其名义价值继续行使货币职能；叙拉古的银币和金币是民间百姓制造的，依靠其本身金银的价值行使货币职能，不具备法律支持的减重能力，所以经历了如此耗费资源的战争之后，仍然保持含金量基本不变。

叙拉古国王希洛二世起初支持迦太基，但在罗马的压力下同意媾和。公元前263年，罗马和叙拉古签订和平条约，罗马承认叙拉古对西西里岛东南部和东部海岸拥有主权。直到公元前215年去世，希洛二世一直信守条约，在战争中对罗马鼎力相助，同时致力于维持强大的武装力量，还重用大科学家阿基米德设计攻守之具——据普鲁塔克记载，二人有亲戚关系。

公元前215年，希洛二世去世，他的孙子希伦尼姆斯继承王位。此前，公元前216年，迦太基的天才统帅汉尼拔在卡昂战役全歼罗马大军，罗马的霸业一度风雨飘摇。在国内亲迦太基势力的怂恿下，希伦尼姆斯见风使舵，背弃了与罗马的盟约，加入迦太基阵营。这最终给叙拉古带来了灭顶之灾。

公元前214年，罗马军队开始了对叙拉古长达三年的围攻。公元前212年，罗马军队攻陷叙拉古，将它变成罗马的属地。罗马军人在这个城里烧杀抢掠。我们不知道罗马军人是否抓住了叙拉古的末代国王埃庇基得斯（Epycides），只知道他们在这里杀死了古代世界最伟大的科学家——阿基米德。

十三、阿提卡标准

阿提卡标准是古希腊世界通行的重量标准和货币标准之一。雅典的钱币采用此种标准。雅典位于阿提卡（Attica）半岛，故名。

阿提卡标准和优卑亚标准可以互换，有些文献视为同一体系，称为优卑亚—阿提卡标准（Euboic-Attic Standard）。优卑亚（Euboea）岛，今名埃维亚（Evvoia）岛，位于希腊大陆部分东侧，隔埃夫里普（Euripus）海峡与希腊大陆部分相望，是希腊仅次于克里特的第二大岛。古风时代（Archaic Period，公元前 8 世纪至公元前 480 年），优卑亚岛在希腊人海外殖民的过程中扮演了重要角色，其重量标准在大希腊和黑海沿岸的希腊殖民城邦被广泛使用。

雅典 1 德拉克马重量为 4.37 克；100 德拉克马为 1 弥那，重量为 437 克。古希腊 1 弥那的重量标准只有两河流域 1 弥那重量标准的 7/8，即：500 克 × 7 ÷ 8 ≈ 437 克，少了 63 克。

公元前 600 年前后，年约 30 岁的梭伦被任命为军事指挥官，统率部队，一举夺下了萨拉米斯岛。从此，梭伦走上了雅典的政坛。公元前 594 年，梭伦出任雅典城邦的第一任执政官，开始修订法律，进行改革，史称"梭伦改革"。执政官任满后，梭伦周游世界，去过许多地方，写了许多诗歌。"梭伦改革"内容很多，其中有对度量衡和借贷利率的改革，规定借贷利率为 12.5%。于是，借款人借 1 弥那 500 克，却只能拿到 1 弥那 437 克，差额 63 克便是本金 500 克 12.5% 的贴息。

这个传说也许并不可靠。不过，两河流域 1 弥那 500 克、古希腊雅典 1 弥那 437 克却是可信的。两者之间 7/8 的关系，可能是一个巧合。

采用 437 克等于 1 弥那的重量标准，雅典人将 1 弥那白银制造成 100 枚德拉克马银币，每枚德拉克马银币的重量是 4.37 克。扣除制造成本和铸币税，雅典的德拉克马一般都轻于 4.37 克。雅典的德拉克马银币主要有一德拉克马、二德拉克马、四德拉克马、十德拉克马。

古典时代和希腊化时代，阿提卡标准成为整个环地中海世界最为普及的货币标准，主要原因如下：

首先，雅典钱币的巨大发行量。雅典辖境内拥有拉夫里翁（Laurium）银矿，又从提洛同盟的盟邦收取贡金，存放于雅典，因此拥有丰厚的白银储备，可以支撑大量造币。其次，雅典在环地中海国际贸易中的重要地位。雅典粮食不能自给，需要从周边的产粮区如埃及、西西里岛、黎凡特（Levant）等大量进口，主要的支付手段是采用阿提卡标准的雅典银币，使其成为主要的国际流通和储备货币，如同后世的西班牙八雷亚尔银圆和现代的美元。最后，雅典将提洛同盟变为以雅典为霸主的雅典帝国，颁布法令强令盟邦停止造币，改用雅典钱币，这也推广了雅典的重量标准。

到公元前 4 世纪，马其顿亚历山大大帝也采用阿提卡标准制造和发行钱币，从而将阿提卡标准推广到东方更广泛的区域，包括原波斯帝国的辖境和印度河流域。东方的希腊化国家及其后继国家如安息、大夏、贵霜等，普遍采用阿提卡标准制造和发行钱币，其在东地中海的主导地位直到公元 1 世纪晚期才被罗马狄纳里（Denarius）银币取代。但安息一直使用阿提卡标准的德拉克马币制，并在公元 224 年后为萨珊帝国所沿用。

十四、蛇篮币

蛇篮币（cistophorus，复数 cistophori）是公元前 2 世纪 70 年代小

亚细亚帕加马（Pergamum）王国制造的钱币，钱币的正面图案为一个半开的篮子，一条大蛇从篮子中爬出。

钱币图案上的篮子叫 cista mystica，即"神秘的容器"，通常是用柳条编织的圆柱体，也有长方体，有盖。从古埃及开始，这种"神秘的容器"就用于各种祭神仪式，如古埃及的冥王奥西里斯（Osiris）和伊西斯（Isis）女神祭典、古希腊的德墨忒耳祭典和狄俄尼索斯祭典等，篮子里装着象征相关神祇的法器。蛇篮币上的篮子是祭祀酒神狄俄尼索斯的仪式上必不可少的法器，里面装着一条象征着酒神的蛇，篮子里垫着葡萄叶。

统治帕加马王国的阿塔罗斯（Attalid）王室将自己的血缘追溯到酒神狄俄尼索斯和大英雄赫拉克勒斯，故而采用象征酒神的蛇篮作为钱币图案。

帕加马的蛇篮币重 12.75 克，相当于阿提卡标准的 3 个德拉克马，但在帕加马王国却被官方要求当作四德拉克马使用。

帕加马古城遗址位于土耳其安纳托利亚的小城贝尔加马（Bergama），距土耳其第三大城市伊兹密尔（Izmir）约 80 千米，位列联合国教科文组织世界遗产名录。

大约在公元前 2 世纪 70 年代，欧迈尼斯二世开始发行蛇篮币，重量只有阿提卡标准三德拉克马，取代了一直打制到那时的阿提卡标准的四德拉克马银币。这种银币的特点是，纹饰图案中有蛇从篮子里爬出来。在阿塔罗斯王朝的领土内，这种 3 德拉克马重量的银币被当作四德拉克马银币使用，而且一同打制的还有其价值 1/2 的分币和价值 1/4 的分币。欧迈尼斯二世国王为了节约白银，创建了一个封闭的货币特区，依法强制名义价值相当于金属价值 4/3 的银币在这个与其他地区相隔离的区域内流通。此后，这种只有 3 德拉克马重量的银币被当作四德拉克马银币使用的方法逐步蔓延开来。从流通区域来看，这种规则不再仅限于帕加马，而是扩展到了更为广泛的区域；从银币形制来看，无论其有无蛇篮的图案纹饰，这种以 3 德拉克马重量标准制造的四德拉克马银币，广义地被称为"蛇篮币"。

到公元前 2 世纪后期，小亚细亚的地缘政治局势变得越发波诡云谲。咄咄逼人的罗马共和国不断东扩，而在王国北方，黑海南岸半希腊半波斯的地区强权本都（Pontus）王国，其野心勃勃的国王米特里达悌六世（Mithradotes Ⅵ）正幻想着重建亚历山大大帝的伟业，成为希腊世界之主。夹在两大强权间的帕加马王国断难独善其身。公元前 133 年，末代国王阿塔罗斯三世（Attalus Ⅲ）去世，因其没有后嗣，于是立下遗嘱，将王国赠送给罗马共和国。经过一番战乱和争夺，公元前 129 年，罗马共和国正式合并了帕加马王国，使其成为罗马亚洲行省的一部分。

罗马统治下，蛇篮币仍在小亚细亚生产，有些带有罗马总督的名号。公元前 1 世纪后期，后三头执政。公元前 39 年，统治罗马东方部分的安东尼在小亚细亚的以弗所造币厂生产了蛇篮币。这种蛇篮币的币值为四德拉克马，采用白银制造，重量为 12.10 克，直径为 27 毫米。蛇篮币正面是安东尼和其第四任妻子、屋大维的姐姐屋大维娅叠面肖像，周围币文："M·ANTONIVS·IMP·COS DESIG ITER ET TERT"（马可·安东尼·最高统帅·连任三届执政官）；背面的纹饰是两条大蛇竖立起来拱卫着蛇篮，蛇篮上方站立着手持酒壶、依靠在藤杖上的酒神巴克斯，两侧币文："Ⅲ VIR·RPC"（治理共和国三巨头）。酒神巴克斯（Bacchus）就是希腊神话中的酒神狄俄尼索斯。古希腊和古罗马都有酒神节，是民众狂欢的节日。蛇篮币上刻印酒神，喻义举国同庆。此时，安东尼与屋大维的关系很融洽，两人共同享受着政治胜利的喜悦。

公元前 36 年，安东尼与屋大维娅离婚，娶埃及女王克利奥帕特拉为妻。安东尼与屋大维的政治联盟彻底破裂。公元前 31 年，屋大维在亚克兴海战中击败安东尼和克利奥帕特拉的联合舰队。不久之后，安东尼和克利奥帕特拉两人相继自杀。安东尼的蛇篮币被后世的好事者穿凿附会，同"埃及艳后"用毒蛇自杀一事联系起来，徒增了些香艳、悲戚。

十五、雅典四德拉克马

雅典四德拉克马银币（tetradrachm），币值等于 4 个阿提卡标准德拉克马，于公元前 510 年至公元前 38 年在希腊广泛使用，即便是在政治上与雅典敌对的城邦也会使用雅典四德拉克马银币。

雅典四德拉克马银币的正面为雅典娜女神头像，背面则是猫头鹰、橄榄枝、新月。史书记载，当时的人们将其称为 glaux，即"小猫头鹰"，现代的文献常称其为"猫头鹰"钱币。

币 5 - 8　雅典四德拉克马银币①

注：公元前 449 年至公元前 404 年生产，重 17.16 克。银币正面是雅典娜戴阿提卡头盔面朝右头像；背面是猫头鹰站像，右侧币文为地名"AΘE"（雅典）。

---

① 李铁生：《古希腊币》，北京出版社 2013 年版，第 63 页。

币 5 – 9　雅典四德拉克马银币①

注：公元前 131 年至公元前 130 年生产，重 16.83 克。银币正面是雅典娜戴脊盔头像，背面是猫头鹰站立在陶罐上。

采用 437 克等于 1 弥那的重量标准，雅典人将 1 弥那白银制造成 100 枚德拉克马银币，每枚德拉克马银币的重量为 4.37 克。扣除制造成本和铸币税，雅典的德拉克马一般都轻于 4.37 克。四德拉克马一般重 17 克左右。

雅典四德拉克马约于公元前 6 世纪晚期开始制造，取代此前流行的"纹章款"二德拉克马（heraldic-type diderachm）。

雅典境内多银矿，其中最著名的是城郊的拉夫里翁（Laurium）银矿，雅典造币用银大多出于此处：

　　　拉夫里翁的猫头鹰永不会离你而去

　　　只会在你的钱包里

　　　筑巢而居

　　　并孵出零钱

　　　　　　　　　　　——阿里斯托芬（Aristophanes）《鸟》②

————————

① 李铁生：《古希腊币》，北京出版社 2013 年版，第 66 页。

② Aristophanes, The Bird, The Project Gutenberg EBook of The Eleven Comedies, Volume II. EBook #8689，2005 年 8 月发布，2019 年 10 月 21 日最后更新。黄希韦自英译本转译。

公元前 5 世纪早期，雅典人从拉夫里翁银矿采银甚多，有人建议将盈余白银发放出去，每位公民可分得十德拉克马。政治领袖地米斯托克利（Themistocles）则成功说服城邦将盈余白银用于建造军舰。

地米斯托克利的深谋远虑后来被证明对雅典在萨拉米海战中击败波斯赢得战争胜利，及此后建立雅典的霸业至关重要。公元前 480 年萨拉米海战后，雅典的造币达到顶峰。早期雅典钱币多变的正面图案已被双面固定图案取代，即正面是雅典娜女神，背面是猫头鹰，这赋予钱币更可辨识的城邦特征。早期的"猫头鹰"钱币又称"无花环钱"，因为其正面的雅典娜女神的头盔上没有月桂花环装饰，其制造年代约为公元前 510 年至公元前 480 年，制造数量庞大。橄榄叶花环约于公元前 480 年至公元前 475 年加诸雅典娜女神的头盔之上，让人不禁将这一变化归因于纪念希腊人战胜薛西斯的波斯大军。

公元前 5 世纪，雅典也进入了古典黄金时代。其间，雅典创建了一个帝国，并营建了卫城的诸多神殿。此时期内，希腊人取得了无与伦比的文化成就：在艺术上，有伟大的雕塑家菲狄亚斯（Pheidias）和波利克里托斯（Polycleitus）；在文学上，有剧作家埃斯库罗斯（Aeschylus）、索福克勒斯（Sopho-cles）、欧里庇得斯（Euripides）和阿里斯托芬（Aristophanes），以及历史学家希罗多德（Herodotus）和修昔底德（Theucydides）；在哲学上，有苏格拉底（Socrates）。

为确保雅典的经济和政治霸权，公元前 5 世纪 50 年代，雅典颁布了《钱币法令》，其中规定：雅典打造的钱币是提洛同盟各城邦唯一合法的钱币；各城邦的钱币应交付雅典造币厂重新打造成雅典钱币。其实，雅典巨大的钱币生产量和在环地中海国际贸易中的主导地位已经足以确保雅典"猫头鹰"的霸权地位，即使没有该法令，也会对其他城邦的造币带来巨大的"挤出效应"。

雅典的霸权引起老牌霸主斯巴达的不安，最终导致伯罗奔尼撒战争（公元前431年至公元前404年），大多数希腊和爱琴海城邦卷入其中。战争对雅典钱币最显著的冲击发生于公元前413年。当年，斯巴达占领阿提卡的戴凯列阿（Decelea），致使拉夫里翁的银矿被关闭。失去了银矿，从前的盟友又背弃并不再缴纳贡金，雅典无法再制造银币。作为应急措施，陷入窘境的雅典人制造铜币，外层镀银，又用卫城神庙储藏的金属制造金币。一次行动中，七尊胜利女神像被熔化，制成了84000斯塔特金币，其中有些流传至今。

雅典在伯罗奔尼撒战争中战败，雅典钱币的霸权也一度衰落，原本臣服于雅典的环爱琴海城邦的造币得以复兴。

公元前4世纪早期和中期，雅典的造币事业再度复兴，钱币图案也发生了微妙的变化：雅典娜女神侧像以自然主义手法绘制，并加上了眼睛，而不再是公元前5世纪的"古风"（Archic）款式。

马其顿的亚历山大大帝采用雅典的阿提卡标准制造银币，其中最大宗的是四德拉克马银币。公元前3世纪开始，亚历山大大帝的钱币是最常见、最通用的古代钱币。除亚历山大生前的巨大产出，在其于公元前323年崩殂后，无数种亚历山大款式的钱币仍持续被制造。实际上，在其死后，发行亚历山大钱币的造币厂反而增多了，地理覆盖也更广，在其身后，更多新建造币厂出现在希腊、色雷斯、美索不达米亚和波斯。同时，其继业者们也在各自的新王国制造王室钱币。

公元前2世纪早期，雅典重新成为希腊世界重要的造币中心，复兴了的雅典四德拉克马成为环爱琴海地区的国际货币。这些钱币如今被称为"新款"雅典四德拉克马，但在古代则被称为"花环钱"（stephanephori）。花环指背面围绕猫头鹰的月桂花环，其是新款和老款雅典四德拉克马的主要区别，此外还有若干其他变化：雅典娜的头盔有三重顶饰，以及猫头鹰站立在一个翻倒的双耳瓶之上。这款钱币还具备此时期钱币的典型特征，即背面散布着两到三位行政官的名字

（起初是缩写，后来是全名），以及符号和数字，作为额外的监控标识。新款四德拉克马比公元前 4 世纪以降的任何雅典钱币发行量都大得多。无数铭文记录了"花环钱"的数量，它们也出现在整个爱琴海地区，以及西至意大利、东抵叙利亚的窖藏中。这些钱币是当时主要的地区性货币，为许多人所使用，其中毫无疑问也包括在希腊和马其顿的罗马人。鉴于新款四德拉克马的中兴与马其顿王室钱币的停滞同时发生，新钱所用之白银有可能很多来自重新打造的王室钱和"亚历山大钱"。公元前 166 年，雅典重新控制了提洛岛，将其重建为一个自由港，大量此类钱币因此流入雅典。

公元前 1 世纪，整个地中海世界成为罗马的封疆，地中海成了罗马的内湖，但在一段时间内，阿提卡标准的四德拉克马银币依然是整个希腊世界（包括受希腊币制影响的亚洲国家）最常见的货币品类。公元前 1 世纪最有趣的钱币是以"米特里达悌王"之名发行的四德拉克马银币和与之配套的金币。这些钱币生产于公元前 88 年至公元前 86 年，其间本都国王米特里达悌六世的支持者盘踞雅典。与此同时，米特里达悌的对手、著名的罗马将军卢基乌斯·科尔内利乌斯·苏拉（Lucius Cornelius Sulla）则生产仿制的雅典新款四德拉克马银币。苏拉于公元前 86 年夺回并洗劫了雅典。

阿提卡标准银币的使用直到公元 1 世纪后期才最终被罗马第纳里乌斯银币取代。

十六、海龟币

海龟币是埃伊纳（Aegina）岛的钱币，上有海龟图案，故名。海龟是女神阿佛洛狄忒的象征，阿佛洛狄忒是埃伊纳岛的保护神。

存世的最早的海龟币是一枚琥珀金斯塔特，制作于约公元前 700

年，现珍藏于法国国家图书馆，是迄今为止发现的最古老的希腊钱币，也是存世的最古老的欧洲钱币。这枚钱币正面为海龟图案；背面为阴刻方形印记，分为 8 个部分。

海龟币的制作一直持续到公元前 5 世纪后期。伯罗奔尼撒战争后，约公元前 456 年开始，钱币上的海龟被陆龟取代。

约公元前 404 年至公元前 340 年，埃伊纳德拉克马银币正面图案为陆龟，背面为阴刻方形印记，内有铭文"AIΓ"（埃伊纳）和海豚图案。

埃伊纳标准中 1 德拉克马 = 6.1 克，1 斯塔特 = 2 德拉克马 = 12.2 克。

埃伊纳岛位于萨罗尼科斯湾（Saronic Gulf），是萨罗尼科斯列岛的一个岛屿，距雅典约 27 千米。古风时代，埃伊纳岛是称雄爱琴海的海商城邦，雅典的宿敌，其货币和度量衡标准被称为埃伊纳标准（Aeginetic standard），于公元前 7 世纪中期发展成熟，同优卑亚—阿提卡标准（Euboic-Attic standard）成为整个希腊世界使用最广泛的两种度量衡标准。

埃伊纳人是来自阿尔戈斯的殖民者，有古代文献称，统治埃伊纳的阿尔戈斯王菲敦（Pheidon）于公元前 700 年在埃伊纳打造了最早的钱币。

埃伊纳人长于贸易，举凡钱币所及之处，埃伊纳的早期海龟钱币均大量出现于窖藏之中。埃伊纳钱币流风所及，亦可见于该城邦重量标准被其他钱币产地广泛采用，特别是在希腊中部地区、伯罗奔尼撒和爱琴海诸岛。

希波战争后，在雅典日益膨胀的霸权阴影下，埃伊纳在商业上的重要地位渐趋衰落。雅典人于公元前 476 年至公元前 475 年征服埃伊纳，约于此时，埃伊纳的海龟钱为陆龟钱所取代，且产量急转直下。

十七、米利都制度

米利都制度是小亚细亚米利都（Miletus）城邦的重量和钱币标准。米利都与吕底亚贸易往来密切，吕底亚人发明钱币后，米利都有可能是最先引进这一新发明的希腊城邦，并开始制造琥珀金钱币。米利都的钱币重量标准与吕底亚相同，二者可并称为吕底亚—米利都标准（Lydo-Miletus standard）。这一重量标准为小亚细亚的希腊城邦广泛采用。

最早的米利都钱币是琥珀金斯塔特，图案为回首的躺卧狮子。狮子是米利都城邦的象征，回首狮子图案成为后来米利都钱币的标准图案。

同吕底亚标准一样，1 斯塔特 = 14.2 克，更小的面值按十二进制等分，即 1/3 斯塔特、1/6 斯塔特、1/12 斯塔特，以此类推。已发现的最小的钱币为 1/96 斯塔特，重约 0.15 克。

米利都位于今土耳其安纳托利亚西海岸线，靠近米安德尔（Meander）河口，最早由来自克里特岛的移民于公元前 1500 年所建。赫梯的文献中已经提到米利都，米利都也出现在《荷马史诗》中。公元前 1000 年左右，来自希腊大陆部分的爱奥尼亚希腊人大举移居小亚细亚，建立了爱奥尼亚十二城邦，米利都是其中之一。到公元前 6 世纪，米利都是一个高度繁荣的城邦，拥有强大的海上力量，在北起黑海沿岸、南至尼罗河三角洲的广阔空间内建立了 100 多个殖民据点。西方的哲学也诞生于米利都。"科学和哲学之祖"泰勒斯（Thales）出生在米利都的一个腓尼基移民家庭，他和他的学生阿那克西曼德（Anaximander）、阿那克西美尼（Anaximenes），世称米利都学派，开创了理性思辨的传统。"西方古典城市规划之父"希波丹莫斯

（Hippodamus）也出生于米利都。

公元前 546 年，波斯帝国灭掉了吕底亚王国，爱奥尼亚城邦也被迫臣服于波斯。公元前 500 年，以米利都为首，爱奥尼亚城邦发动了反抗波斯人的起义。米利都遭到波斯围攻，于公元前 494 年陷落，被波斯人焚毁。此事件成为希波战争的导火索。

希波战争后，希腊人光复爱奥尼亚城邦，米利都得以重建。伯罗奔尼撒战争后，波斯重建对小亚细亚的统治，直到亚历山大大帝东征后，该地区并入马其顿帝国。马其顿采用阿提卡标准制造钱币，此前沿用已久的米利都标准被阿提卡标准所取代。

十八、吕基亚制度

吕基亚制度是古典时代和希腊化时代通行于小亚细亚西南海岸吕基亚（Lycia）诸城邦的钱币重量标准，实际上是一种略微减重的罗德岛标准。

吕基亚与吕底亚为邻，吕底亚人发明钱币后，吕基亚可能也较快地引入了这一发明，大概略晚于爱奥尼亚希腊城邦。早期钱币可能沿用吕底亚或吕底亚—米利都标准。最早的吕基亚钱币打造于公元前 6 世纪中后期。公元前 5 世纪晚期，吕基亚的王公开始在钱币上使用自己的头像。公元前 380 年左右的一枚吕基亚斯塔特银币，其正面图案是雅典娜女神 3/4 脸侧像，这是仿制一种罕见的叙拉古钱币，由艺术家尤克里蒂斯（Euclides）于约公元前 410 年设计。在吕基亚钱币上，安提菲罗斯（Antiphellus）造币厂的名字以细小的字体刻在女神头盔的面甲上，替代了原型中艺术家的签名。

公元前 6 世纪后，吕基亚的宗主权在波斯、雅典、马其顿、托勒密和塞琉古之间几经易手。公元前 188 年至公元前 168 年，罗德岛统治吕基亚。希腊化时代，罗德岛是地中海上重要的贸易中心，并拥有强大的海军，其钱币标准与阿提卡标准同为当时希腊世界应用最广泛的钱币标准。吕基亚标准比罗德岛标准略轻。

罗德岛起初使用 15.6 克重的四德拉克马和 7.8 克重的二德拉克马，折合 1 德拉克马＝3.9 克。四德拉克马后来被弃用，新的二德拉克马重量减轻，重约 6.7 克，折合 1 德拉克马＝3.35 克。

吕基亚人是安纳托利亚的古老民族，拥有自己的语言——吕基亚语，是一种古老的印欧语系语言。古埃及文献称吕基亚人是赫梯人的盟友；《荷马史诗》提到吕基亚人是特洛伊人的盟友。吕基亚人有自己独特的语言和文化，但同周边的其他文明，如赫梯、吕底亚、希腊、波斯等，有密切的往来。据希罗多德记载，吕基亚人依然保持着母系社会的遗风，传承母亲的姓氏和母系的世系。

吕基亚人从未建立过强大的统一的国家，而是分为众多城邦，臣服于周边的强权。希波战争期间，吕基亚人曾派出 50 艘战舰编入薛西斯的波斯海军。波斯战败后，公元前 470 年，吕基亚加入了提洛同盟，但伯罗奔尼撒战争期间又背弃了雅典。战后波斯恢复了对吕基亚的统治，直到波斯帝国被亚历山大大帝所灭。

吕基亚本地没有贵金属矿藏，造币所需的白银应该是通过贸易输入的，或者来自宗主国的转移支付。吕基亚的钱币使用宗主国或周边强势文明的重量标准，但一般会略微有所减重。

希腊化时代，吕基亚因其宗主权在几个继业者国家间频繁易手，整个地区日益希腊化，本地语言和文化逐渐消亡。公元前 168 年，23个吕基亚城邦组成吕基亚联盟，作为罗马的保护国，享有内部自治的权力，但军事和外交要听命于罗马。作为共和制联邦，吕基亚联盟的制度对后世美国宪法的制定者们产生了一定影响。

公元 43 年，罗马帝国正式合并吕基亚，将其变为一个行省。

十九、法涅斯币

1904—1905 年，大英博物馆对小亚细亚海岸（今土尔其西南部）以弗所的阿尔忒弥斯（Artemis）神庙进行了考古发掘，出土了近 100 枚早期钱币，其中包括镌刻有法涅斯（Phanes）名字的琥珀金斯塔特，来自某个不确定的小亚细亚造币厂，制作于约公元前 600 年。钱币正面图案是正在吃草的雄鹿，并带有反写铭文 "ΦΑΕΝΟΣ ΕΜΙ ΣΕΜΑ"（吾乃法涅斯之徽），背面为两个阴刻戳记。存世的这类钱币共有 7 枚。

以弗所出土的两枚琥珀金法涅斯币：一枚重 4.67 克，应为吕底亚标准的 1/3 德拉克马；另一枚重 10.3 克，不确定面值。吕底亚标准采用十二进制，1 斯塔特以下面值为 1/3、1/6、1/12、1/24……以此类推。

在所有钱币中，最早的是小体量的琥珀金钱币，上面打有简单纹饰，关于这些琥珀金钱币起源的最重要的证据见于小亚细亚海岸以弗所的阿尔忒弥斯神庙。若干文物出土于公元前 6 世纪的阿尔忒弥斯神庙地基之下，其考古情境以及相关文物（珠宝、塑像等）的大致确定时间暗示其埋藏时间不晚于公元前 6 世纪中期，甚或更早。

这些钱币分属不同的分类学组别：未经标志的白银或琥珀金块；一面有戳记的钱币；一面有戳记，另一面有粗糙图案的钱币；兼有戳记和恰当纹饰（通常在粗糙图案之内）的钱币。这些不同的组别被认为表现了钱币早期演进的不同阶段。然而，这些埋藏在一起的钱币均未经磨损，表明这些发展阶段承前启后的过程非常快，甚至可能有所重叠。

钱币的图案多种多样，大多是动物或动物的部分躯体。有些钱币上还镌刻有字母。图案和铭文与其出土地点一道，为辨识钱币的制造

者提供了线索。最常见的类型是带有狮头或狮爪图案的，这些被视为
不同面值的同一类钱币，最有可能的发行者是吕底亚王国，因为该王
国彼时是小亚细亚的霸主，且这些类型的钱币在该地区其他地方也分
布广泛。其他可辨识的图案还包括海豹头［被认为属于爱奥尼亚的福
基亚（Phocaea），意为海豹］、躺卧的狮子（米利都）以及雄鹿的前
肢。雄鹿前肢图案的钱币被认为代表另一种钱币的部分面值，后者的
图案是正在吃草的雄鹿，并带有铭文"吾乃法涅斯之徽"。

　　法涅斯币来历并不确定，可能是一个名叫法涅斯的富商专门打造
的，用来向阿尔忒弥斯女神捐献功德。还有一种说法，法涅斯是指中
近东原始宗教中主管繁殖和创造新生的神祇，爱奥尼亚希腊殖民者可
能将其同希腊人自己的阿波罗信仰结合起来，成为光明之神，而雄鹿
则是阿波罗的孪生妹妹阿尔忒弥斯的象征，铭文应理解为"我是光明
的标记"。另有观点认为，它们是在卡里亚（Caria）的哈利卡纳索斯
（Halicarnassus）制造的，因为在该城发现了同类钱币，且该城后来出
了一位雇佣军头领名叫法涅斯，同样来自哈利卡纳索斯的希罗多德曾
提到此人。这个法涅斯后来投效波斯大王冈比西斯（Cambyses），于
公元前 527 年或公元前 525 年为波斯大军带路入侵埃及，在那里死于
沙漠风暴。

二十、以弗所

　　以弗所（Ephesus），爱奥尼亚十二城邦之一，故址在今土耳其阿
纳托利亚西海岸的伊兹密尔省，如今是一处旅游胜地。

　　早在新石器时代，该地区即有人类生活。据赫梯文献记载，当地
原住民在此地建立了阿尔萨瓦（Arzawa）王国，其国都阿帕萨
（Apasa）就是后来的以弗所。公元前 14 世纪至公元前 13 世纪，亚该

亚人（希腊人）开始在这一地区殖民。公元前10世纪，来自阿提卡的爱奥尼亚希腊移民建了以弗所城邦，其成为东爱琴海上的重要港口和商业中心。

以弗所是阿尔忒弥斯女神崇拜的中心。希腊殖民者到来之前，安纳托利亚的原住民崇拜库柏勒（Kybele）女神，即大地之母。希腊人将库柏勒崇拜与阿尔忒弥斯崇拜结合了起来，一个例证是，以弗所出土的一尊公元前2世纪的阿尔忒弥斯女神像有密密麻麻的乳房，这可能就是从此前原住民的库柏勒崇拜沿袭而来的，体现了上古生殖崇拜的遗风。这尊神像如今被收藏在当地的以弗所考古博物馆，是阿尔忒弥斯神庙在当地所剩不多的故物之一，更多的文物则被珍藏于大英博物馆。

以弗所的阿尔忒弥斯神庙是古代世界八大奇迹之一，最早的建造年代已不可考，据信是在此前原住民的库柏勒神庙故址的基础上兴建的，但这一说法尚未被考古发掘所证实。公元前7世纪，原有的神庙毁于洪水，吕底亚克罗伊索斯王慷慨解囊，重修了更加恢宏的新神庙，可见当时爱奥尼亚希腊人与吕底亚人的关系密切，以及以弗所作为宗教圣地的重要地位。

公元前356年，一个名叫黑若斯特达斯（Herostratus）的精神病患者纵火焚毁了神庙，据说是想借此名垂青史。以弗所人重建了神庙，比克罗伊索斯的神庙更加恢宏。据说，亚历山大大帝曾表示愿为神庙重建注资，但被以弗所人婉拒，理由是现世神不为过去神建庙。神庙后来毁于哥特人的入侵，再也没有复建。如今神庙故址只有几丛衰草，一根残柱，一只鹳年年来柱顶做窠，冷眼旁观着人类的悲喜。

波斯人征服吕底亚后，以弗所同其他爱奥尼亚城邦一样沦为了波斯的附庸，也同样参与了公元前500年反对波斯强权的起义，拉开了希波战争的序幕。伯罗奔尼撒战争期间，以弗所起初是提洛同盟的成员，雅典的盟友，但后来转而加入斯巴达阵营。战后，爱奥尼亚希腊城邦再次沦为波斯的附庸，但以弗所繁荣依旧。

亚历山大大帝从波斯人的统治中解放了以弗所。希腊化时代，以弗所先后归属马其顿、塞琉古、托勒密、帕加马等，直到公元前133年，帕加马国王阿塔罗斯三世将包括以弗所在内的帕加马全境遗赠给了罗马共和国。

罗马帝国时代，以弗所是仅次于罗马的帝国第二大都市，人口可能在25万至50万，今天的以弗所遗址主要是罗马时代的建筑，有神庙、剧场、浴场、图书馆等。以弗所在基督教的早期传播中也扮演着重要角色。使徒保罗曾在此传道，《新约》中有《以弗所书》，圣母玛利亚和使徒约翰据信在此地终老并埋骨于此。圣母故居如今仍由天主教会掌管，总有善男信女前来朝圣。

罗马帝国之后，此地先后归属东罗马帝国、塞尔柱突厥人和奥斯曼帝国。7世纪起，因水土流失，以弗所赖以生存繁荣的港口逐渐淤塞，城市也因此衰败，古城只剩下了断壁残垣。

二十一、提洛同盟

公元前478年，以雅典为首的一些古希腊城邦组建了更为紧密的同盟。因为盟址及金库设在提洛岛（Delos），故称"提洛同盟"（Delian League），也称"第一次雅典海上同盟"。提洛岛位于爱琴海的中南部，向西遥望雅典，向南遥望克里特岛，向东遥望小亚细亚的米利都，具有重要的军事地位。建立提洛同盟的初衷是以集体力量解放遭受波斯帝国奴役的希腊城邦和防御波斯帝国的再次入侵。早期加入提洛同盟的是小亚细亚和爱琴海诸岛的古希腊城邦，后来逐步扩大，增至约200个城邦。入盟的各城邦可以保持原有的政体，同盟事务由在提洛岛召开的同盟会议决定，按照入盟城邦的实力大小，各出一定数量的舰船、兵员和盟捐。

　　自公元前5世纪60年代起，雅典便开始逐渐将提洛同盟变为它控制和剥削各同盟城邦的工具，并将自己变为事实上的盟主。因此，史书中常将提洛同盟称为"雅典霸国"或"雅典帝国"。公元前454年，提洛同盟的金库从提洛岛迁至雅典城，进一步加强了雅典对盟金的控制和支配。公元前449年希波战争结束后，盟捐成为雅典强令缴纳并随意用于本国需要的贡款。雅典向各城邦派出大批军事殖民者，严厉镇压宣布退盟的城邦，强令各城邦的重要案件交由雅典审理，规定各城邦采用雅典的钱币，并支持各城邦建立亲雅典的民主政体。

　　希波战争期间，雅典政坛上出现了一位新星——伟大的政治家伯里克利。伯里克利代表大多数雅典人的观点，对内坚持民主政体，对外强化世界霸权。

　　在对外政策方面，伯里克利奉行雅典利益至上的原则，剥削掠夺其他城邦甚至盟邦。在希波战争后期，提洛同盟实际上已经依附雅典，其金库也受到了雅典的控制。伯里克利不遗余力地维护同盟的存在和雅典的霸主地位。当时，萨摩斯城邦想脱离同盟，遭到了雅典人的残酷镇压。公元前454年，雅典在埃及惨败于波斯，一些盟邦在波斯的支持下脱离提洛同盟，伯里克利一方面召回骁勇善战的老将客蒙对抗波斯，另一方面严惩这些城邦，强迫他们再次加盟。他还派出军队和监察官，建立宣誓效忠雅典的民主政体和傀儡政府。同盟会议此后不再召开，由雅典单独发号施令处理有关事务。伯里克利还将提洛同盟的金库从提洛岛直接迁到雅典，使同盟的金库成为雅典的国库，他使用金库里的盟金给雅典人发放福利。

　　当盟邦对雅典离心离德的时候，斯巴达乘机而动，带领伯罗奔尼撒同盟诸城邦，企图从雅典手中夺取在古希腊世界的霸主地位。公元

前 431 年，以斯巴达为首的伯罗奔尼撒同盟与以雅典为首的提洛同盟之间爆发了战争。

这场战争进行了 27 年。公元前 404 年春，雅典处于被封锁的困境之中，往昔的盟国没有一个前来援助，因为雅典的冷酷残暴早已让那些城邦心灰意冷。雅典粮草断绝，只好投降，被迫接受屈辱的合约，取消提洛同盟。

伯罗奔尼撒战争是希腊历史的一个转折点，希腊的黄金时代结束了。雅典的战败，有着复杂的政治、经济、文化原因。雅典对盟邦的经济掠夺，则是雅典战败的重要原因之一。

二十二、《钱币法令》

为了使雅典钱币成为提洛同盟各城邦的统一钱币，据以实施对各城邦的经济统治，公元前 5 世纪 50 年代，雅典颁布了《钱币法令》。由于这个法令是由克雷阿尔克斯提议的，所以被称为"克雷阿尔克斯法令"。

《钱币法令》规定，雅典打造的钱币是提洛同盟各城邦唯一合法的钱币。各城邦的钱币应交付雅典造币厂，重新被打造成雅典钱币。对此，《钱币法令》规定了八个方面的事情：

1. 对于提洛同盟各城邦公民的规定

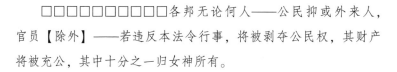

□□□□□□□□□□各邦无论何人——公民抑或外来人，官员【除外】——若违反本法令行事，将被剥夺公民权，其财产将被充公，其中十分之一归女神所有。

提洛同盟各城邦的公民，若有人不执行雅典颁布的《钱币法令》，将被剥夺公民权，没收财产。

2. 对于提洛联同盟各城邦官员的规定

倘若没有雅典官员负责监督实施业已通过的决定，则由诸邦的官员负责实施；倘若未按业已通过的决定行事，这些官员将在雅典被起诉而失去公民权。

提洛同盟各城邦的官员，若负责实施雅典颁布的《钱币法令》而没有遵照执行，应被送到雅典受审，并失去公民权。

3. 对于雅典造币坊坊主的规定

造币坊主至少要把所收外币之半数打造成雅典币，□□□□□□□□□□，另外半数□□□□□□□□□□□□□。

外币被送到雅典造币坊，造币坊的坊主应将其至少半数打造成雅典钱币。其余部分钱币如何处理，出土铭文字迹模糊，不能辨认。

4. 对提议使用外币的人处以死刑

倘若有人提议或赞同使用外币或以外币借贷，即将招致 11 人委员会的指控，并会被处死；如有异议，可在法庭上申辩。

提议使用雅典钱币以外的钱币进行交易或借贷的人，应被处死。

5. 关于《钱币法令》的颁布方式

民众将选出传令官，遣其到各邦宣布本法令；伊奥尼亚、诸岛、赫勒斯滂以及色雷斯各 1 名。诸将军应速派其出发，□□□□□□□□□□，否则将受到 1 万德拉克马的罚金。

派出传令官 4 名，分别到伊奥尼亚、诸岛、赫勒斯滂和色雷斯传达《钱币法令》，延误者罚款 1 万德拉克马。

6. 关于《钱币法令》的公布方式

各邦官员应把本法令勒石刊布，立于 [各] 邦的广场，造币坊主则要立于作坊前。即使不愿，雅典人亦要强迫如此行事。被派出的传令官将令其按照雅典人的命令行事。

《钱币法令》应勒石刊布于各城邦的广场。造币坊的坊主应将《钱币法令》公布在造币坊前。

7. 提洛同盟各城邦议事会应发誓对违反《钱币法令》者给予处罚

议事会司书将把下文列入各邦议事会的誓言中："倘若有人在邦内造银币，不使用雅典币、雅典的币制，而是外币、外币的币制，我们将按照克雷阿尔克斯所提议的上述法令处罚。"

提洛同盟各城邦议事会应发誓，对于不使用雅典钱币而使用外币者，将根据《钱币法令》给予处罚。

8. 持外币者应将外币送交造币坊兑换雅典钱币

个人所持有之外币均应交出并以同样方式兑换，城邦将付给兑换过的雅典币□□□□□□□□□□□。每人均可把□□□□□□□□□□□交造币坊。坊主□□□□□□□□□□，记录□□□□□□□□□□，□□□□□□□□□在造币坊前，以便他人查验，外币□□□□□□□□□□。

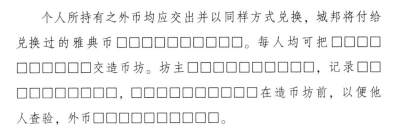

二十三、谢克尔银币（腓尼基币）

谢克尔银币（腓尼基币）是古代腓尼基人的银币。谢克尔是古代中近东重量单位舍客勒（shekel）的另一种音译，其词源可能就是来自腓尼基语，意为"称重"。

谢克尔作为重量单位，起源于两河流域苏美尔城邦。最初，舍客勒只是一个单位量，在各部落或城邦之间并没有统一的标准。当乌尔纳姆建立乌尔第三王朝、统一两河流域时，谢克尔便成为两河流域统一的重量单位。

迄今为止，西亚地区远古楔形文字泥板文书多有出土。各类私法文书中多有关于谢克尔称量货币使用的记载。此外，乌尔第三王朝在公元前21世纪初使用的《乌尔纳姆法典》中，舍客勒作为法定的白银称量货币用以计量惩罚、赔偿、奖赏等事项。

谢克尔后来指银币，首先制造于黎凡特的腓尼基城邦，以推罗（Tyre）制作的最为常见；接下来是腓尼基人在北非建立的迦太基以及马加比王朝统治下的以色列。

罗马帝国时代，推罗的谢克尔在耶路撒冷用来缴纳圣殿税。

公元前2世纪中期的一枚推罗谢克尔的正面图案为希腊化风格的神祇侧面像，头戴桂冠，面向右侧，可能是推罗的保护神美克尔（Melqart），希腊人将其同赫拉克勒斯等同，犹太人则将其视为恶魔别西卜（Beelzebub 或 Beelzebul）。背面图案为面向左侧的鹰，脚踩战舰的冲角，这一图案是仿效托勒密王朝的钱币；背面有希腊文铭文：ΤΥΡΟΥ ΙΕΡΑΣ ΚΑΙ ΑΣΥΛΟΥ，意为"神圣不可侵犯的推罗"。推罗谢克尔含银量高达94%，远高于同期罗马银币80%的含银量，因此被犹太人用来缴纳圣殿税。罗马在关闭了推罗的造币厂后，仍允许犹太人在以色列继续打造推罗谢克尔，以满足宗教需求。

腓尼基谢克尔重14克，希腊人将其视为同四德拉克马等值。

腓尼基人是古闪米特人的一支，生活在黎凡特。传统认为腓尼基一词意为绛紫色。腓尼基人掌握了从骨螺中提取紫色染料的技术，腓尼基绛紫是古代环地中海文明王公贵族专属的服色。腓尼基人自己没有留下什么文献，我们今天只能从其他文明的描述中了解他们。关于腓尼基人最早的文献记录可追溯到公元前15世纪埃及图特摩斯三世（Thutemose Ⅲ）时代。在当时，腓尼基人已经在今天黎巴嫩和以色列境内建了诸多城邦，包括推罗、西顿（Sidon）、阿什杜德（Ashdod）、亚实基伦（Ashkelon）等。黎凡特的腓尼基人从未建立过统一的国家，而是尊奉周边的强权为宗主国。西顿和推罗曾扮演过腓尼基城邦盟主的角色。

腓尼基人造币起于何时很难考证。地中海东部最早的钱币产地是塞浦路斯岛和北非海岸的昔兰尼加（Cyrenaica，位于今利比亚）。公元前 6 世纪晚期，这些地区已被并入波斯帝国，若干塞浦路斯城市由当地的腓尼基人而非希腊人主导，但其制造的钱币完全是"希腊"风格的。公元前 4 世纪，腓尼基本土的造币显著扩张，其钱币设计更加一致地保持着东方格调。西顿诸王向阿契美尼德王朝宣誓效忠，其一个外在表现形式就是钱币上戴皇冠的人像身处不同场景，被认为应是波斯大王，其场景经常可以在阿契美尼德王朝的皇家印鉴中看到。随着亚历山大的大军向东挺进，其需要新的造币厂来为部队和远征的开销提供现金，并将征服所得的战利品转化为马其顿帝国钱币。有些城市在波斯帝国治下已经开始制造钱币，如基利家的大数、塞浦路斯的萨拉米斯以及腓尼基城邦［如阿拉多斯（Aradus）和西顿］。但有些造币厂则是全新的，如腓尼基的阿克（Ake）、叙利亚的大马士革，以及更遥远的东方。希腊化时代，腓尼基在托勒密和塞琉古王朝间频繁易手，钱币也受到这两大强权的影响。公元前 2 世纪，罗马人成为地中海世界的主宰，而腓尼基人则逐渐失去其民族属性，同周边民族同化了。

迦太基人约于公元前 5 世纪征战西西里时开始生产钱币。制造这些钱币的意图显然是使其在西西里岛流通，因此这些钱币被称为西西里—布匿币（Siculo-Punic）。迦太基人效仿当地的重量标准和造币设计，但也有自己设计的图案，如马、棕榈树，钱币上也有布匿文字铭文。

从公元前4世纪开始，西西里岛大部处于迦太基人的控制之下。迦太基人在岛上有两个主要的造币地：一是"齐兹"（Ziz），可能是帕诺慕斯（Panormus）；二是"拉什—迈尔卡特"（Rash Melkarth），可能是塞利农特。这些造币地发行仿制叙拉古四德拉克马，用阿瑞杜萨头像代表迦太基的女神塔妮特（Tanit）。其他西西里—布匿币无法追溯具体的造币厂，其上的布匿文字铭文通常为"迦太基"，或者明确的军事内容，如"营地"或"营地之人"。这些钱币中不乏既有趣又漂亮的，其占据主导地位的纹饰是不断出现的迦太基徽标，即棕榈树和马。马头图案让我们想起维吉尔（Virgil）所记载的迦太基建城传奇：

　　……腓尼基人在仍然感觉航海风雨飘摇的辛劳时，从这里的地下挖出了朱诺（Juno）天后所指出的一个预兆性的东西。那是一匹骏马的头，象征着这个国家将在未来的世纪里勇敢善战，生活富裕。（《埃涅阿斯记》I，442－5）①

　　公元前4世纪中期的一款迦太基四德拉克马，正面图案为戴东方头饰的女神像［有时被错误地认为是狄多（Dido）女王］，背面则是狮子和棕榈树，这或许是当时西西里—布匿币中最迷人的一款。与此同时，公元前4世纪稍晚时候，迦太基本土也开设了造币厂，生产带有塔妮特女神头像和立马图案的斯塔特以及零散面值金币。迦太基人也借鉴亚历山大的钱币，在自己的四德拉克马银币上使用亚历山大的赫拉克勒斯头像图案。

　　第一次布匿战争（公元前264年至公元前241年）期间，迦太基

---

　　①　The Project Gutenberg eBook of The Aeneid of Virgil, by Virgil, Book I, English Translation by Rolfe Humphries. eBook #61596，2020年3月11日发布。黄希韦自英译本转译。

人在西西里岛发行了一组富丽堂皇的大面值的银币和琥珀金币，其设计包含女神塔妮特、马和棕榈树等常见的迦太基设计元素。迦太基战败后，其雇佣军发动叛乱。在公元前 241 年至公元前 238 年的利比亚叛乱中，钱币史上的另一个创新出现了：叛军使用一种砷铜合金制造钱币，其意图毫无疑问是想鱼目混珠，冒充白银。公元前 218 年至公元前 202 年，汉尼拔进攻罗马，发动了第二次布匿战争。此时，期迦太基人在西班牙制造的一款钱币被认为出自汉尼拔，其背面图案是一头战象，正面男性头像则被解读为是这位伟大的将军，但更可能是美克尔（Melqart）。

迦太基于公元前 202 年战败后仍继续制造钱币。这些钱币已不再在西西里岛制造，但其品质无法与更早时代迦太基钱币的精美样式媲美，但各类金属造币依然产量可观，直至公元前 146 年，迦太基城被夷为平地，满足了卡图（Cato）日复一日的呼吁——"迦太基必须被毁灭"。迦太基钱币至此戛然而止。

波斯帝国

黄希韦

波斯帝国指的是公元前550年至公元前330年古波斯人建立的阿契美尼德王朝，不包括后来的帕提亚帝国（公元前274年至公元224年）和萨珊帝国（公元224—651年）。公元前558年，居鲁士以帕萨加迪为中心，在波斯称王。从此，波斯人在居鲁士的领导下开始了反抗米底人的斗争。据传说，居鲁士是米底国王阿斯提阿格斯的女儿芒达妮的儿子。公元前550年，居鲁士打败了他的外祖父，获得了对伊朗高原西部的统治权，建立了波斯帝国。居鲁士攻占了小亚细亚半岛，继承了小亚细亚半岛的霸主吕底亚王国的重量制度之后，发行了大流克金币和西格罗斯银币。

一、波斯帝国的重量制度

公元前2095年至公元前2047年，乌尔第三王朝国王舒尔基（Shulgi）在苏美尔人的重量制度基础上确立了弥那重量标准。在这种制度下，1 弥那 = 60 舍客勒。

公元前 18 世纪初，这种重量制度被古巴比伦王国继承并发扬光大，1 舍客勒 = 60 乌得图。公元前 16 世纪初，小亚细亚半岛上的赫梯王国攻灭古巴比伦王国第一王朝，继承了古巴比伦王国的重量制度。公元前 15 世纪至公元前 11 世纪，两河流域北部的亚述人向南发展。亚述人武力强大，但经济落后，很少使用白银，主要使用黑铅，重量单位使用他连得，1 他连得 = 60 弥那 = 3600 舍客勒。

公元前 626 年，被亚述人任命为巴比伦尼亚总督的迦勒底人领袖那波帕拉萨趁亚述内乱脱离了亚述控制，建立了新巴比伦王国，自立为新巴比伦王。公元前 612 年，那波帕拉萨与米底人联盟攻陷了亚述首都尼尼微，亚述帝国灭亡。

公元前 605 年至公元前 562 年，新巴比伦王国的国王尼布甲尼撒二世找到了一个舒尔基的两弥那石制砝码，将它复制并确定为新巴比伦王国的重量标准。根据出土的石制砝码考证，这个两弥那的重量标准为 987.4 克。由此推定，当时 1 弥那的标准重量折合现代 489.2 克。出土的更晚期的、波斯帝国的一枚名曰"大流士宫殿"的石制砝码表明：公元前 522 年至公元前 486 年的波斯国王大流士使用的弥那标准重量折合现代 500.2 克。

1 弥那的重量大约为 500 克，等于 60 舍客勒。1 舍客勒的重量为 8.33 克，一般被用来称量金属。以舍客勒为基本单位，弥那可以用来称量黄金、白银或者铜，也可以用来称量粮食。当然，人们称量粮食还需要有比弥那更大的重量单位。于是，60 弥那就是 1 他连得，1 他连得的重量折合现代 30000 克，即 30 千克。

舍客勒是重量制度的基本单位。重量制度的更小单位是色，大约是 1 个麦粒的重量，即 0.0463 克。1 舍客勒可以等分为 180 色。然而，古波斯人更喜欢使用数字 360，这可能是因为考虑粮食收成与一年 360

个日夜有关。于是，1 舍客勒被等分为 360 "半色"。半色的重量只有 0.0231 克。

舍客勒（8.33 克）是波斯帝国大流士大帝时期重量制度的基本单位。波斯帝国大流士大帝就是根据舍客勒的标准重量制造了大流克金币。

二、大流克金币

西方世界最早出现的金属数量货币是吕底亚王国的琥珀合金币，出现时间在公元前 640 年。

公元前 546 年，波斯帝国居鲁士大帝吞并了吕底亚王国，继承了吕底亚王国的钱币制度。到大流士大帝在位时（Darius the Great，公元前 522 年至公元前 486 年），波斯帝国为了筹措军费，镇压各地武装起义，开始制造大流克金币（daric）以及西格罗斯银币（siglos）。

传统上认为"大流克"一词意为"大流士的钱币"，但也有学者认为是源于古波斯语的 darayaka 一词，即"黄金"。

波斯征服吕底亚后，起初仍沿用克罗伊索斯王的"克罗伊塞德"纯金币和纯银币，正面图案为狮子和公牛。到了公元前 510 年前后，大流士大帝开始制造新的金币和银币。

大流克金币和西格罗斯银币图案相同，且较为固定：正面都是一名弓箭手，一般认为是大流士大帝，开帝王人像用于钱币的先河，背面则是阴刻戳记。这些金币和银币可以依据正面大流士大帝人像的姿态分为四个序列，即大流士半身像、拉弓的大流士、持弓和矛的大流士、持弓和比首的大流士。存世的大流克金币含金量高达 95.83%。

从公元前 6 世纪初直到公元前 330 年，亚历山大大帝灭掉波斯阿契美尼德王朝，大流克金币是流通数量最多、应用最广的钱币之一。

"大流克"的重量为 8.33 克，是足值的钱币。

古代伊朗高原的原住民自称"雅利安人"（Aryan），有许多不同的部落。伊朗地区最早的文明古国是埃兰（Elam），公元前 3000 年左右兴起，公元前 639 年亡于亚述帝国。埃兰之后兴起的是米底人（Medes），于公元前 8 世纪建国，起初是亚述帝国的附庸。公元前 612 年，米底人和新巴比伦王国的联军攻陷亚述首都尼尼微，灭亡了亚述帝国，米底人成为中近东的强权。波斯原本是臣服于米底人的一个部落联盟，公元前 550 年，波斯首领居鲁士推翻自己的外公、米底国王阿司提阿格斯（Astyages），建立了波斯帝国。

公元前 546 年，波斯和吕底亚两军会战于萨狄斯城北的锡姆伯拉（Thymbra）。据希腊历史学家色诺芬记载，居鲁士的大军有近 20 万人，而吕底亚则集结了 42 万大军。这两个数字显然是极度夸大的，我们不必深究。克罗伊索斯的军队骑马迎敌，居鲁士的军队中埋伏有骆驼骑兵。据希罗多德所著的《历史》所述，马害怕骆驼，因此吕底亚的战马在看到波斯的骆驼或闻到其气味时便不受指挥，无论骑兵如何驱使，都不肯向前冲。吕底亚的骑兵被迫下马作战，结果惨败，逃回城里。居鲁士在围城两周后，率军攀越城壁，攻入萨狄斯城，活捉了克罗伊索斯，吕底亚王国灭亡。原本臣服于吕底亚的爱奥尼亚希腊城邦也成为波斯的附庸。

波斯帝国消灭了吕底亚王国，继承了吕底亚王国的钱币制度，将钱币流通推广到伊朗高原的广大地区。于是，波斯帝国成为世界上最富强的国家。不久，波斯帝国又征服了新巴比伦王国，军事占领埃及，并且入侵希腊，成为横跨亚、非、欧三大洲的庞大帝国。波斯帝国有五个都城，即巴比伦、波斯波利斯、帕萨加迪、埃克巴塔那和苏萨，帝国境内建立了通畅的道路和驿站系统，并实行行省制度，加强中央集权，其中金币的制造和发行也是由中央政府垄断的。

公元前512年，大流士大帝入侵欧洲，征服了色雷斯，之后回到了东方。其后，公元前499年至公元前494年，小亚细亚的爱奥尼亚希腊城邦爆发了反抗波斯统治的起义，雅典和埃雷特利亚加入到起义者一方，于公元前498年焚毁了萨狄斯城。为惩罚希腊人，大流士大帝决定发起远征。公元前492年，大流士的波斯大军及其同盟者重新征服色雷斯并令马其顿臣服；公元前490年，波斯向希腊进军，但于马拉松战役中被雅典军队击败。

公元前486年，大流士大帝去世，他的儿子薛西斯（Xerxes）继位。公元前480年，薛西斯率领大军远征古希腊，史书上说，波斯陆军约50万人，海军有千余艘战舰，船员近15万人。为了应对波斯大军的进攻，雅典联合斯巴达，组建了希腊多个城邦的军事联盟。

公元前480年8月，波斯突破了斯巴达300勇士据守的温泉关；9月，波斯攻占雅典。但希腊海军在萨拉米（Salamis）击溃波斯舰队，希腊陆军也击败了波斯陆军，最终取得了战争的胜利。

希波战争期间，大流克被大量制造，用于军费开支。战后，尽管战败，波斯依然用各种手段介入希腊政治，最终通过在伯罗奔尼撒战争中支持斯巴达建立海军，击败了雅典，重获对爱奥尼亚城邦的宗主权。此后，波斯不断挑唆希腊城邦间的内斗，这其间的纵横捭阖，总少不了金灿灿的"大流克"的加持（用来贿买希腊军政领袖）。比如公元4世纪初科林斯战争期间，斯巴达国王阿格希来二世（Agesilaus Ⅱ）率军转战小亚细亚，当地的波斯总督无力抵抗，乃用大笔金钱贿买希腊城邦，怂恿其袭扰斯巴达本土，结果斯巴达被迫将阿格希来二世召回，对此，功败垂成的阿格希来二世忿恨地抱怨，自己是被"一万名弓箭手"赶出亚洲的。"弓箭手"就是指大流克，上面有大流士大帝持弓像，故名。

波斯人也大量招募希腊人充当雇佣军，用大流克和西格罗斯支付军饷，使这两种钱币在希腊世界大为流行。公元前 401 年，波斯王子小居鲁士招募了 1 万名希腊雇佣军帮助他同兄长阿尔塔薛西斯二世（Artaxerxes Ⅱ）争夺帝位。小居鲁士死后，这支希腊军队成为孤军，他们拒绝向波斯投降，决定一路转战，取道小亚细亚抵达黑海，返回希腊。孤军民主选举产生的领袖之一是雅典历史学家色诺芬，他将这段经历写成了古希腊最伟大的历史著作之一——《长征记》（Anabasis）。军事民主制度下，财务公开透明是领袖赢得和保持战士信任的重要因素，为此，色诺芬在书中对各种开销记录得事无巨细：

> 若是你们跟我们来，你们将得以惩罚你们的敌人，而且，你们每人每月可得一大流克饷银，军官每人双倍，将官每人四倍。①
>
> ……他（色诺芬）在兰普萨库斯（Lampsacus）买的马花了50 大流克。②

公元前 331 年，亚历山大大帝先后攻占了波斯帝国的首都巴比伦、波斯波利斯和苏萨，马其顿大军缴获的战利品据记载有价值 17 万他连得的黄金和白银。亚历山大大帝缴获的大流克金币大多被熔化，所得的黄金用来制造自己的金币。

---

① Xenophon, Anabasis, Book Ⅵ, English Translation by H. G. Dakyns, The Project Gutenberg eBook of Anabasis, by Xenophon, eBook #1170, 2005 年 8 月 13 日发布, 2013 年 1 月 15 日最后更新。黄希韦自英译本转译。

② Xenophon, Anabasis, Book Ⅷ, English Translation by H. G. Dakyns, The Project Gutenberg eBook of Anabasis, by Xenophon, eBook #1170, 2005 年 8 月 13 日发布, 2013 年 1 月 15 日最后更新。黄希韦自英译本转译。

三、西格罗斯银币

波斯帝国还铸造了西格罗斯银币，即希腊语的舍客勒（Shekel）。

1 枚大流克兑换 20 枚西格罗斯。这样一来，8.33 克 × 13.3 ÷ 20 = 5.54 克，去掉成本和铸币税，1 枚西格罗斯银币的重量在 5.5 克左右。

罗马共和国

张 林

公元前509年，卢基乌斯·尤尼乌斯·布鲁图斯号召罗马人民起义，放逐了前国王卢修斯·塔克文·休珀博斯（高傲者塔克文，又称小塔克文），结束了王政时代，建立了罗马共和国。

关于古罗马货币的起源，众说纷纭。提麦乌斯（约公元前345年至公元前250年）认为，罗马王政时期的第六任国王首制印有羊、公牛等纹饰的青铜货币，在此之前，罗马人使用的是没有印记的青铜锭。普林尼（盖乌斯·普林尼·塞孔都斯，公元23/24年至公元79年，世称"老普林尼"）认为，在罗慕路斯建成或者第二任国王努马之时，罗马便开始制币。尽管这些观点没有历史依据，难以分辨真伪，但却能反映出在罗马人心中，他们铸币的历史源远流长，非常悠久。

罗马共和国早期，罗马人主要使用的是以阿斯为单位的青铜称量货币，同时也使用外来的希腊银币和埃特鲁里亚银币。公元前289年，罗马建立了青铜铸币制度，国家

开始铸造以阿斯为标准货币的青铜铸币。公元前 211 年，罗马共和国
进行币制改革，建立了狄纳里银币制度，开始使用以狄纳里为标准货
币的银币体系，且钱币的制造方式也由之前的铸造改为打制。自此以
后，铜币和银币并行流通的制度取代了单一的青铜铸币制度。到了公
元前 1 世纪，国家制造的奥里斯金币也进入流通，罗马共和国最终形
成了铜币、银币、金币并行流通的局面。

一、粗铜币

　　粗铜币（aes rude）是称量货币，拉丁文"aes rude"的意思是
"未经加工的铜块"。这种货币形状不规则，是罗马人最早使用的原始
货币。现存最早的粗铜币可追溯到公元前 8 世纪早期到公元前 4 世纪
晚期，铸造于意大利中部，仅是一件简单的青铜制品，形状如同一块
粗笨的铸锭。

　　公元前 6 世纪晚期，古意大利的经济发展建立在铜本位制基础之
上，异于同时期希腊采用的银本位制，因此未加工的青铜块既被用作
原始铸锭，也被用作原始货币，从而对整个意大利半岛的贸易起到了
促进作用，并为第一种真正意思上的罗马铸锭——印记铜币的发展铺
平了道路。

　　关于开始普遍使用粗铜币的时间尚无定论，但根据罗马传说记载，
军队发饷始于公元前 406 年的维爱战争期间，似乎早在此之前粗铜币
就是货币。《十二表法》（大约制定于公元前 451 年至公元前 450 年）
中第八表规定：

　　　　如用手或棒子打断自由人的骨头，则应缴纳罚金 300 阿斯，

如为奴隶，则为 150 阿斯。①

这里的阿斯为重量单位，相当于 1 罗马磅，均指铜块的实际
重量。

二、印记铜币

印记铜币（aes signatum）是称量货币，拉丁文"aes signatum"
的意思是"加上印戳的铜块"。印记铜币由质量和重量都经过测量的
青铜铸锭构成，形状更为规则，特点是印有公牛、鹰和其他宗教
符号。

普林尼在《自然史》第三十三卷中记载：

> 塞尔维乌斯国王是第一位发布钱币款式的人；正如先前提米
> 乌斯所记载，罗马城使用的是普通金属，它的图案是一头牛或者
> 一只绵羊。②

最早的印记铜币铸造于意大利中部的伊特鲁里亚、翁布里亚和雷
焦埃米利亚，而非罗马，但制造于何时，目前无法确定，大约是在公
元前 5 世纪中期。后来，罗马铸造的印记铜币由官方发行，具有更严
格的尺寸和重量标准。

皮洛士战争期间（公元前 280 年至公元前 275 年），伊庇鲁斯国王
皮洛士使用大象作为武器，攻击罗马士兵。大象刀枪不入，凶猛无比，
造成士兵极大的恐慌。传说当时罗马人饲养的一头大母猪吓退了战象，

---

① 《世界著名法典汉译丛书》编委会：《十二铜表法》，法律出版社 2000 年版，第
38 页。注：目前学界公认应译为《十二表法》，故本书正文中采用《十二表法》。

② ［古罗马］普林尼：《自然史》，李铁匠译，上海三联书店 2018 年版，第
315 页。

他们为了纪念此次事件，铸造了印有大象和母猪纹饰的长条形印记铜币。

币 7 - 1　印记铜币①

注：该币生产于公元前 280 年至公元前 275 年，重 1745 克，尺寸为 162 毫米 × 92 毫米。铜币正面是大象右行，铜币背面是母猪左行。

第一次布匿战争（公元前 264 年至公元前 241 年）前后，印记铜币才完全退出历史舞台。

三、重铜币

重铜币（aes grave）是具有标准形制的青铜铸币，为罗马共和国第一种真正意义上的货币，发行于公元前 289 年（有些人认为始铸于公元前 338 年），标准重量为 272 克、327 克或 341 克，具体视发行机构而定。

公元前 289 年，罗马共和国建立了一套青铜铸币体系。在该体系中，标准钱币为阿斯，下设塞米斯（1/2 阿斯）、屈莱恩（1/3 阿斯）、夸德伦（1/4 阿斯）、塞克斯坦（1/6 阿斯）、盎司/安息亚（1/12 阿斯）等辅币。罗马铸造的主要重铜币及其图案和标记如表 7 - 1 所示。

---

① 李铁生：《古罗马币》，北京出版社 2013 年版，第 27 页。

表 7 - 1　罗马铸造的主要重铜币及其图案和标记

面值	神像	价值标记
阿斯	雅努斯	I
塞米斯（1/2 阿斯）	朱庇特	S
屈莱恩（1/3 阿斯）	密涅瓦	4 个圆点
夸德伦（1/4 阿斯）	赫拉克勒斯	3 个圆点
塞克斯坦（1/6 阿斯）	墨丘利	2 个圆点
盎司/安息亚（1/12 阿斯）	贝罗纳或者罗马女神	1 个圆点

重铜币是公元前 3 世纪在意大利中部使用的青铜铸币，其价值通常用符号"I"、"S"、圆点的个数等来表示。

四、条状货币

条状货币（currency bars）是古罗马早期的原始货币，通常是青铜块，印记铜币属于条状货币。

迈克尔·H. 克劳福德在《罗马共和国货币史》中提到的一组条状货币，每块重约 5 罗马磅，约合现在的 1635 克。它由含铅量极高的青铜制成，生产时间及原因尚不清楚。同时，他还提到：

> 它们或许属于皮洛士战争期间以及其后数年，而且这种条状货币可能被用于战利品的分配。①

————————

① ［英］迈克尔·H. 克劳福德：《罗马共和国货币史》，张林译，法律出版社 2019 年版，第 53 页。

五、阿斯

阿斯（as）是称量货币单位，也是数量货币单位，为罗马共和国标准铜币单位。拉丁文"as"（单位），意思是铜重 1 罗马磅。

提图斯·李维在《自建城以来》中记载：

他从拥有十万或十万以上阿斯的人中组成八十个百人队。①

《十二表法》也记载了阿斯被用来作为罚赎计量的工具：

蓄意采伐他人树木的犯罪者，每棵处以 25 阿斯的罚金。②

但这个条文只是普林尼在《自然史》中讲到的事情，考古并没有发现《十二表法》的存在。

1 阿斯的重量为 1 罗马磅，或者 12 盎司，约合现代的 327 克，实际重量从 344 克逐渐减少至 272 克。

公元前 289 年，罗马共和国开始由国家垄断铸造青铜数量货币，青铜数量货币单位与青铜称量货币单位一样，依旧使用"阿斯"名称。这种青铜数量货币，被称为"阿斯铜币"。

罗马共和国时期，阿斯铜币的特点为正面是雅努斯半身像，背面是战船船首。雅努斯是罗马人的门神，掌握着开始和结束。钱币背面的船首形象也颇有来历。公元前 338 年，罗马军队征服沿海城市安提乌姆（Antium）。随后，他们焚毁缴获的大型船舶，并运回船上作装饰的青铜船首，用来装饰广场上的讲坛。这次海战的胜利让罗马人自

---

① ［古罗马］提图斯·李维：《自建城以来》，王焕生译，中国政法大学出版社 2009 年版，第 49 页。
② 《世界著名法典汉译丛书》编委会：《十二铜表法》，法律出版社 2000 年版，第 38 页。

傲不已，于是在钱币中设计了船首图案。

币 7 - 2　阿斯铜币①

注：该币生产于公元前 240 年至公元前 225 年，重 267.05 克，直径 63 毫米。铜币正面是雅努斯双面神浓须头像；背面是战船船首，上方有字母"I"。

最初，阿斯铜币是在 1 罗马磅的重量标准上生产的，后来重量开始减少，减重过程分为以下两个阶段②：

第一个阶段：公元前 289 年至公元前 211 年。在此期间，战争扩大了对货币供应的需求，造成阿斯铜币不断减重。公元前 280 年，古希腊伊庇鲁斯国王皮洛士率 2 万步兵、3000 骑兵及 20 头战象渡海进入意大利与罗马作战，罗马战败，战争造成罗马大量的货币需求。公元前 264 年，罗马人派兵支援"战神之子"，于是跟迦太基人爆发了第一次布匿战争（公元前 264 年至公元前 241 年）。面对领土横跨欧非、商贸路线遍布整个地中海的海上贸易霸主迦太基，罗马显得单薄许多。不仅如此，这场超出意大利半岛的战争引起的财政压力，迫使罗马铸造的阿斯铜币不断减重。公元前 289 年至公元前 211 年，1 阿斯铜币的重量从 12 盎司降至 2 盎司，即从 327 克降至 54.5 克。

第二个阶段：公元前 211 年至公元前 27 年。这一阶段阿斯铜币的

---

① 李铁生：《古罗马币》，北京出版社 2013 年版，第 27 页。
② 石俊志：《世界古国货币漫谈》，经济管理出版社 2020 年版，第 126 页。

重量从 54.5 克降至 11 克左右，其金属含量大幅度减少，信用性质大幅度增加。因此，阿斯铜币已经从实币转变为虚币，是不足值的信用货币。同时，随着重量的减少，公元前 211 年，阿斯由铸造改为打制。在罗马共和国的某些时期，阿斯不再生产。

公元前 45 年，恺撒被推举为终身独裁官、终身保民官、为期 10 年的执政官以及罗马大祭司，集军、政、宗教大权于一身，罗马共和国实际上已名存实亡。公元前 44 年，恺撒被刺身亡。随后，他的养子屋大维用恺撒留下的金钱组织军队，击败了所有政敌。公元前 27 年，屋大维被元老院授予奥古斯都（Augustus）的尊号，为至尊、至高无上的意思。屋大维大权在握，创建了罗马帝国的核心制度——元首制度，罗马共和时代宣告结束。

公元前 23 元，屋大维进行货币改革，罗马采用红铜打制阿斯（不再是青铜），一直生产到公元 3 世纪。这种阿斯铜币是罗马帝国时期发行的面值最低的钱币，在马可·奥勒留统治（公元 161—180 年）之后的一段时间内便不再发行。最后一种阿斯铜币生产于奥勒良统治时期（约公元 270—275 年），在戴克里先统治初期也有生产。

六、都蓬第

都蓬第（dupondius）是数量货币单位，拉丁文"dupondius"由"duo"（2）的字头"DU"和"pondius"（重量）组成，意思是两倍重量的阿斯铜币。与其他青铜钱币不同，都蓬第起初由青铜制造而成，后由黄铜制造而成。

1 枚都蓬第铜币的价值等于 2 枚阿斯铜币，但重量少于 2 罗马磅。

公元前 3 世纪晚期，罗马共和国始铸都蓬第。在罗马共和国时期，1 都蓬第铜币的价值等于 4/5 塞斯特提银币，或 1/5 狄纳里银币；在奥古斯都时期，1 都蓬第铜币则等于 1/2 塞斯特提山铜币，或 1/8 狄纳里银币。

公元前 23 年，屋大维进行货币改革，罗马帝国开始采用黄铜制造都蓬第，并将都蓬第铜币的重量减轻至与阿斯一致，理论上重量为 13.625 克。但为了让都蓬第铜币与阿斯保持 1:2 的兑换率，都蓬第铜币正面的皇帝头像上会有一个皇冠，以便流通时与阿斯进行区分。

七、塞米斯

塞米斯（semis）是数量货币单位，拉丁文 "semi"（1/2），意思是半个，即价值为 1/2 阿斯。在罗马共和国时期，半分用 "S" 或 6 个圆点（表示 6/12）来区分。

古希腊历史学家波利比乌斯（公元前 203 年至公元前 121 年）[1]在《通史》第二卷中用塞米斯记载了山南高卢地区的物价。

币 7－3　塞米斯（1/2 阿斯）铜币[2]

注：该币生产于公元前 241 年至公元前 222 年，直径 50 毫米。铜币正面是年轻马尔斯柯林斯戴头盔头像，下方有字母 S；铜币背面与正面相似，但面向不同。

---

① 波利比乌斯本是希腊人，晚年成为罗马公民。
② 李铁生：《古罗马币》，北京出版社 2013 年版，第 28 页。

　　在第二次布匿战争（公元前 218 年至公元前 201 年）之前不久，开始打制塞米斯。最初，同罗马共和国其他青铜币一样，塞米斯是一种铸币。公元前 23 年，屋大维货币改革之后，半塞米斯成为面值最小的山铜币（黄铜），当时 1 枚塞米斯的价值等于 2 枚夸德伦的价值，也等于 1/2 枚阿斯铜币。到哈德良统治时期（公元 117—138 年），塞米斯停止发行。

八、屈莱恩

　　屈莱恩（triens）是数量货币单位，拉丁文"triens"意思是 1/3 个，即 1 枚屈莱恩铜币的价值为 1/3 枚阿斯铜币的价值。

　　公元前 3 世纪，罗马人铸造了屈莱恩。屈莱恩铜币最常见的纹饰正面是密涅瓦半身像，4 个圆点（表示 4 盎司）；背面是战船船首。

币 7－4　屈莱恩（1/3 阿斯）铜币①

　　注：该币生产于公元前 280 年至公元前 276 年罗马造币厂，重 94.55 克，直径 45 毫米。铜币正面是相交两霹雳，两侧共有 4 个圆点；背面是海豚，下方 4 个圆点。

---

　　① 李铁生：《古罗马币》，北京出版社 2013 年版，第 28 页。

屈莱恩铜币是一种面值使用较少的货币。公元前 89 年，罗马最后一次打制了屈莱恩铜币。

九、夸德伦

夸德伦（quadrans）是数量货币单位，拉丁文 "quadrans" 取自 "quadra"，意思是 1/4 个，即 1 枚夸德伦铜币的价值等于 1/4 枚阿斯铜币的价值。

币 7 - 5　夸德伦（1/4 阿斯）铜币①

注：该币生产于公元前 280 年至公元前 269 年罗马造币厂，重 72.56 克，直径 43 毫米。铜币正面是两直立麦穗，中间 3 个圆点；背面是右手手掌，左侧 3 个圆点。

夸德伦是一种面值较小的罗马铜币。公元前 3 世纪早期，罗马始铸夸德伦，其上印有 3 个圆点，表示价值为 3 盎司。除罗马铸造了这种货币以外，意大利中部的其他城邦也铸造了同等价值的钱币。

约在公元前 90 年以后，当青铜币被降低到半盎司标准时（1 阿斯铜币的理论重量为 13.625 克），夸德伦成为生产价值最低的钱币。现存的该时期夸德伦的重量通常为 1.5—4 克。直到安东尼·庇护统

① 李铁生：《古罗马币》，北京出版社 2013 年版，第 28 页。

治时期（公元 138—161 年），罗马还在零星地生产夸德伦铜币，但与罗马帝国时期的其他钱币不同的是，夸德伦铜币上极少印有皇帝的肖像。

十、塞克斯坦

塞克斯坦（sextans）是数量货币单位，拉丁文"sextans"意思是 1/6 个，即 1 枚塞克斯坦铜币的价值等于 1/6 枚阿斯铜币的价值。

公元前 3 世纪，罗马共和国始铸塞克斯坦青铜钱币。塞克斯坦铜币最常见的纹饰：正面为墨丘利半身像，2 个圆点（表示 2 盎司）；背面是战船船首。早期铸造的塞克斯坦铜币，正面还印有扇贝、杖丘或其他符号。

币 7 – 6　塞克斯坦（1/6 阿斯）铜币①

注：该币生产于公元前 240 年罗马造币厂，重 49.77 克，直径 36 毫米。铜币正面是扇形贝壳，两侧有 2 个圆点；背面是传令杖，两侧有 2 个圆点，右下方为镰刀。

自公元前 157 年开始，罗马打制的最小面值的钱币通常是塞克斯坦，直到公元前 91 年或公元前 90 年才被夸德伦取代。

---

①　李铁生：《古罗马币》，北京出版社 2013 年版，第 28 页。

十一、盎司

盎司（uncia）又称"乌尼契亚"，是重量单位，也是数量货币单位，拉丁文"uncia"的意思是 1/12，即 1 枚盎司铜币的价值等于 1/12 枚阿斯铜币的价值。

盎司起初是罗马—欧斯坎人的重量单位，约为 23 克，而在阿提卡重量标准下则是 27 克。

币 7 - 7　盎司（1/12 阿斯）铜币①

注：该币生产于公元前 269 年至公元前 240 年罗马造币厂，重 20.75 克，直径 25 毫米。铜币正面是羊距骨（astragalus，knuckle-bone），背面是羊距骨。

公元前 289 年，罗马共和国始铸盎司铜币。盎司铜币的正面图案包括羊距骨（铸于公元前 289 年至公元前 245 年）、大麦粒（铸于公元前 280 年至公元前 245 年）和戴盔的罗马女神半身像（自公元前 240 年起铸造）。

罗马帝国时代，盎司铜币在图拉真（公元 98—117 年）和哈德良

---

① 李铁生：《古罗马币》，北京出版社 2013 年版，第 29 页。

（公元117—138年）统治时期短暂恢复生产。当时，这种钱币直径为11—14毫米，重0.8—1.2克；钱币正面是皇帝半身像，没有币文，背面是花环中印有字母"SC"（元老院批准）。这段时期发行的盎司铜币可能只是在东部地区流通。

十二、半盎司

半盎司（semuncia）又称"塞姆乌尼契亚"，是重量单位，也是数量货币单位。拉丁语"semuncia"由"semi"（1/2）的字头"sem"和"uncia"（1/12）组成，意思为1/12的一半，即1枚半盎司铜币的价值等于1/24枚阿斯铜币的价值。

公元前3世纪早期，罗马共和国始铸半盎司铜币，直至约公元前210年。在罗马初期铸造的铜币中，半盎司铜币是面额最低的钱币，钱币正面最常见的是墨丘利头像或橡树，背面最常见的则是船首或墨丘利之节杖。

半盎司作为重量单位，理论上折合现代约13.625克。

公元前146年，罗马停止打制阿斯铜币之后，当时制造的各种辅币的重量标准逐渐减少。到了公元前2世纪20年代，青铜币的重量标准实际上是半盎司重量标准（1枚阿斯铜币的理论重量为13.625克）。约在公元前116年或公元前115年，青铜币的重量标准又恢复到了盎司重量标准（1枚阿斯铜币的理论重量为27.25克）；随后，罗马又开始重新打制盎司重量标准的阿斯铜币和其他辅币，一直生产到了公元前1世纪90年代。自公元前93/92年或者公元前91/90年开始，罗马官方通过《帕皮里亚法》将阿斯的重量固定为半盎司重量标准①。

---

① ［古罗马］普林尼：《自然史》，李铁匠译，上海三联书店2018年版，第316页。

十三、德克斯坦

德克斯坦（dextans）是数量货币单位，拉丁文"dextans"的意思是"少1/6 个"或者"10 盎司"，即 1 枚德克斯坦铜币的价值等于5/6 枚阿斯铜币的价值。

目前出土的最早的德克斯坦铜币铸造于公元前 211 年至公元前 208 年。

十四、五分币

五分币（quincunx）是货币单位，拉丁文"quincunx"由 "quinque"（5）的字头"quin"和"uncia"（1/12）组成，意思是 5 个 1/12，即 1 枚五分币的价值等于 5/12 枚阿斯铜币的价值。

第二次布匿战争时期，位于卢塞里亚（今卢切拉）、泰阿特（今基耶蒂）、拉里努姆（今拉里诺）以及阿普利亚等地的造币厂生产了五分币。自此之后，再未铸造过这种铜币。而且，这种货币也不属于罗马货币标准体系。

十五、斯克鲁普尔

斯克鲁普尔（scrupulum）是古罗马人使用的最小的重量单位。1 斯克鲁普尔约等于1/24 盎司，重量约合现代的 1.14 克。

十六、狄纳里

狄纳里（denarius）是数量货币单位，为罗马共和国标准银币单位。这个词汇来源于拉丁语 deni，意思是"由十个构成"，因为 1 枚狄纳里银币的法定价值等于 10 枚阿斯铜币的价值。

狄纳里法定重量为 1/72 罗马磅，即 1 枚狄纳里银币的标准重量为 4.54 克，后来重量不断降低。

公元前 218 年，迦太基名将汉尼拔率领庞大的雇佣军，从位于西班牙东南沿海的新迦太基城出发，经高卢南部，翻越陡峭难行的阿尔卑斯山，突袭罗马，第二次布匿战争爆发。仅经过三次战役（特雷比亚河战役、特拉西梅诺湖会战、坎尼战役），罗马便损失了 10 多万精锐部队，可谓惨败。公元前 215 年，罗马扩军备战，加征公民税。

币 7 - 8　狄纳里银币①

注：该币生产于公元前 211 年至公元前 210 年，重 4.38 克，直径 20 毫米。银币正面是罗马女神戴盔头像，头后有"X"（代表 1 狄纳里等于 10 阿斯）；背面是狄俄斯库里兄弟持矛骑像，下方币文为"ROME"（罗马）。

—————————

① 李铁生：《古罗马币》，北京出版社 2013 年版，第 31 页。

公元前211年，罗马军队攻陷了叙拉古，古代著名科学家阿基米德死于罗马军人之手。同年，罗马共和国建立了狄纳里银币制度，并开始打制标准狄纳里银币。罗马建立的狄纳里银币体系主要包括狄纳里标准银币、奎纳里银币、塞斯特提银币、比加蒂银币以及"胜利"拟人女像银币等。

该银币体系建立后不久，狄纳里银币开始缓慢贬值。公元前200年，狄纳里的重量降至3.9克（法定重量1/84罗马磅）。公元前141年，狄纳里和阿斯的兑换比率调整为1∶16。奥古斯都统治时期（公元前27年至公元14年），狄纳里的重量继续维持在3.9克。尼禄统治时期（公元37—68年），狄纳里的重量降至3.41克（法定重量1/96罗马磅）。尼禄之后，狄纳里的含银量继续下降，到公元241年，其含银量降为48%。狄纳里的贬值及演化情况如表7–2所示。

表7–2　狄纳里的贬值及演化情况

时间	事件	重量（克）	含银量（%）
公元前267年	狄纳里的前身始铸	6.81	—
公元前211年	引入狄纳里标准银币	4.54	95—98
公元前200年	贬值	3.9	95—98
公元前141年	狄纳里和阿斯的兑换比率调整为1∶16	3.9	95—98
公元14—37年	提比略提高了银币的纯度	3.9	97.5—98
公元64—68年	贬值	3.41	93.5
公元148—161年	贬值	3.41	83.5
公元241年	贬值	3.41	48

作为罗马共和国的主要货币，狄纳里银币被一直沿用至罗马帝国戈尔迪安三世统治时期（公元238—244年），后逐渐被当时的安东尼银币（antoninianus）取代。

十七、奎纳里

奎纳里（quinarius）是数量货币单位，拉丁文"quinarius"来源于quin，意思是"5"，即 1 枚奎纳里银币的价值等于 5 枚阿斯铜币的价值。相应地，1 奎纳里银币等于 0.5 狄纳里银币。

西塞罗在《为佛恩忒尤斯辩护》中提到，高卢南部采用奎纳里作为结算单位。

公元前 211 年，随着狄纳里银币体系的建立，罗马开始打制奎纳里银币，时间持续数年之久。当时，1 奎纳里银币的价值是 5 阿斯铜币。公元前 101 年，罗马重新引入奎纳里银币，用以取代"胜利"拟人女像银币。由于自公元前 141 年起，罗马调整了银币和铜币的兑换比率，1 枚狄纳里银币可兑换 16 枚阿斯铜币，所以这次引入的奎纳里银币价值为 8 阿斯铜币。在奎纳里银币被重新引入后数年，罗马生产了大量的这种银币，主要是为了在高卢流通。直到公元 3 世纪，罗马还在零星地生产这种奎纳里银币。

十八、塞斯特提

塞斯特提（sestertius）是数量货币单位，拉丁文"sestertius"由"semi"（1/2）的字头"se"和"tertius"（第三）组成，全部的意思是"两个半"，即 1 枚塞斯特提的价值等于 2.5 枚阿斯铜币的价值。

在我们查阅到的古代文献中，罗马共和国晚期的政治家西塞罗在《反对维勒斯的演讲》中多次提及用塞斯特提进行结算。李维在《建城以来史》第 55 卷的提要中，用塞斯特提来描述公元前 138 年的销售额。罗马帝国初期的历史学家苏维托尼在《十二帝王传》中，当提到使用钱币的事情时，全部使用塞斯特提，没有使用阿斯的情形，也没有使用奥里斯金币或狄纳里银币的情形。

1 枚塞斯特提银币等于 1/4 枚狄纳里银币，重量约为 1.14 克。

公元前 211 年，罗马人开始制造塞斯特提银币，但发行量很少。这种银币尺寸很小，是罗马共和国面值最小的银币。在实际生产中，塞斯特提银币通常重量不足。公元前 44 年，罗马共和国停止生产塞斯特提银币。

公元前 23 年，屋大维进行货币改革，塞斯特提作为一种面值较大的山铜币被重新引入。屋大维对罗马的信用货币非常自信，他认为即便塞斯特提改由山铜（黄铜）铸造，依然不会改变其流通价值。当时，1 塞斯特提山铜币一般重 25—28 克，直径 32—34 毫米，厚约 4 毫米，价值等于 4 阿斯。同时，屋大维将塞斯特提山铜币的价值定为 1/100 奥里斯金币，或 1/4 狄纳里银币。这种塞斯特提作为罗马帝国面值最大的山铜币，一直生产到公元 3 世纪晚期。

十九、比加蒂

比加蒂（bigatus）是数量货币单位，拉丁语"bigatus"来源于"biga"，意思是"双马战车"，因而比加蒂钱币背面印有双马战车形象。

奥古斯都时代的历史学家李维，在对公元前 216 年的历史事件的描述中，用"比加蒂"这个词来指代在山南高卢或西班牙半岛缴获的战利品。但是，克劳福德在《罗马共和国货币史》中认为这是不可能真实存在过的。

塔西佗在《日耳曼尼亚志》中提到，在他所处的时代，大多数日耳曼人在罗马帝国边境从事商业贸易依赖于物物交换，使用货币交换时信任的只有"古老又闻名"的银币，如比加蒂和塞拉蒂（serrati）。

在公元前2世纪的首个十年里，罗马才开始制造这种钱币，用以取代"胜利"拟人女像银币。但大多数货币学家认为，公元前190年之后罗马才开始使用这种钱币。

二十、努姆斯

努姆斯（nummus）即努米（nummi），是埃特鲁里亚货币。根据考古发现，埃特鲁里亚人在乌尔奇（今意大利中部的维泰博省）制造了银币。

币7-9　努米银币①

注：该币生产于公元前480年至公元前400年，重11.2克，直径25毫米。银币的正面是长着两个翅膀的戈尔贡向左急行，背面的纹饰是车轮。

努姆斯是个外来词，源于大希腊地区或西西里岛的钱币术语，通过埃特鲁里亚传播到了翁布里亚。罗马人拥有自己的货币之后，努姆斯作为外来货币之一被继续使用，并与本土货币并行流通。同时，罗马人也借用这个外来词来表达"标准货币"之意。例如，在罗马共和国时期，

① 石俊志：《尤利亚·克劳狄王朝货币简史》，中国金融出版社2020年版，第34页。

将标准银币狄纳里称为 "nummus denarius"（标准狄纳里），将标准铜币塞斯特提称为 "nummus sestertius"（标准塞斯特提）。

在罗马共和国晚期和帝国早期，努姆斯也被用作钱币的统称，或者用来描述当时的标准结算单位塞斯特提。

西塞罗在《论义务》第三卷中记载，约在公元前 85 年，罗马保民官呼吁裁判官：

> 一起解决铸币问题；由于当时人们正在丢弃努姆斯，这样谁也不知道他究竟拥有多少财富。①

二十一、奥里斯

奥里斯（aureus）又称 "奥雷"，是数量货币单位，尺寸与狄纳里相同。这个词汇来源于拉丁文 "aurum" 的词头 "au"，意思是 "金"。1 枚奥里斯金币的价值等于 25 枚狄纳里银币的价值。

罗马共和国最初的钱币主要是由银以及铜两种贵金属铸造而成的，而金币是一种极其奢侈的存在。罗马人的价值观强调 "简朴"（frugalitas），为了不显得太铺张浪费，故而不愿意铸造金币。

公元前 218 年至公元前 201 年，第二次布匿战争的胜利使罗马由城邦国家转变为地区大国。罗马政府为了支付战争费用，曾向公民和同盟大行举债，并在战争中先后发行了两次金币。自此之后，直至公元前 82 年，罗马从未发行金币。

公元前 88 年，罗马共和国在调解比提尼亚王国与本都王国的矛盾中故意偏袒比提尼亚王国，导致本都王国的不满。本都国王米特拉达

---

① Marcus Tullius Cicero, *De Officiis*, iii, 80.

梯六世开始打击报复居住在安纳托利亚的罗马人，于是罗马向本都宣战，米特拉达梯战争爆发。同年，苏拉当选为执政官，元老院委任他为这场战争的负责人。公元前87年，苏拉率领军队东征本都王国。马略和秦纳乘机组织军队占领罗马，秦纳当选为执政官。

币7-10   1/2 斯塔特标准金币①

注：该币生产于公元前225年至公元前212年罗马造币厂，重3.38克，直径14毫米。金币正面是雅努斯神束头带无须头像。背面是立誓（oath-taking）场景：左方士兵脚踏石块，左手持矛；右方士兵左手持倒立的矛，右手持军用毛氅（sagum）；双方用右手扶持一怀抱小猪跪坐的随从；线下币文为"ROME"（罗马）。

公元前83年，苏拉率部从东方返回，颁布了《公敌宣告》②，杀害了大量的政敌，取得了对民主派的彻底胜利。

————————

① 李铁生：《古罗马币》，北京出版社2013年版，第29页。

② 《公敌宣告》是公元前1世纪罗马统治集团内部斗争的一种手段。拉丁文为proscriptio，原意是"公布""宣告"，然而在古罗马共和时代后期，却成了一项令人恐怖的法律措施的专用名称：执政官、元老院有权决定被称为"人民公敌"的名单，并在政府的布告栏公诸于众。列在名单上的人员祸从天降，自此戴上了一顶"人民公敌"的帽子。"宣告"意味着死刑：官府人员追杀这些人自不待言，任何人（包括奴隶）如遇到"人民公敌"均可对其格杀勿论，杀人者在报告官府并验证属实后，还可以领到被称为"人头费"的赏金。"宣告"意味着"公敌"拥有的所有财产被没收充公，化为乌有。他们的后代子孙将永无出头之日——官府将其记录成册，永不叙用。

公元前 82 年，苏拉成为任期 3 年的独裁官，开启了将帅（专政统治）时代。同年，苏拉利用他为米特拉达梯战争募款而从希腊、伊利里亚以及安纳托利亚沿海搜刮的大量黄金，第一次铸造了奥里斯金币，并规定 1 罗马磅黄金打制 30 枚奥里斯金币，每枚约合现代的 10.9 克。但在恺撒时代之前，罗马共和国打制的奥里斯金币数量极少。

币 7–11　奥里斯金币（此币是将帅时代的第一枚金币）①

注：该币生产于公元前 82 年苏拉随军造币厂，重 10.72 克。金币正面是罗马女神双翼盔头像，头后币文为"PRO·Q［VAESTOR］"（副财政官），头右方币文为"L·MANLI［VS］［TORQUATVS］"（曼里乌斯）；背面是苏拉驾四驾马车前行，上方胜利女神维多利亚用月桂环为其加冕，线下币文为"L·SVLLA·IM"（苏拉·最高统帅）。

公元前 50 年，恺撒征服了高卢。公元前 49 年，恺撒率领军团渡过国境线——卢比孔河直奔罗马城，罗马内战正式开始。庞培没有任何准备，只得逃亡埃及。于是，恺撒兵不血刃地进入罗马城。在其要求下，剩余的元老院议员选举他为独裁官。

恺撒征服高卢之后，为了纪念其战功，也为了奖赏军队，利用征伐高卢途中获得的大量黄金，开始打制大量的奥里斯金币，重量标准

---

① 李铁生：《古罗马币》，北京出版社 2013 年版，第 38 页。

规定为 1/40 罗马磅，约合现代的 8.18 克。

币 7 – 12   恺撒奥里斯金币①

    注：该币生产于公元前 49 年至公元前 48 年，重 8.63 克，直径 21 毫米。金币正面是女神束头带头像，头后有数字"⊥‖"（52）；背面是征战高卢战利品：戴牛角冠站像，右手持铁锚装饰椭圆盾，左手持高卢式兽头长军号（carnyx），右侧为鹰首束斧杖，下方币文为"CAESAR"（恺撒）。

    公元前 23 年，屋大维的货币改革将金币的铸造官方化，规定只有奥古斯都（最高统帅）才有铸造金币的权力。同时，他颁布法令规定罗马主要的三种金属货币按照"1 奥里斯金币 = 25 狄纳里银币 = 400 阿斯铜币"进行兑换。

    普林尼《自然史》第 12 卷记载，屋大维规定奥里斯的法定重量为 1/40 罗马磅，这与恺撒打制的奥里斯标准重量相同。但后来一些学术权威，如英国的马廷利等则认为，屋大维将奥里斯的法定重量改为 1/42 罗马磅，约合现代的 7.8 克。②

---

    ① 李铁生：《古罗马币》，北京出版社 2013 年版，第 49 页。

    ② H. Mattingly, *Roman Coins：From the Earliest Times to the Fall of the Western Empire*, London, 1960 edition, p. 121.

币 7－13　奥里斯金币①

注：该币生产于公元前 27 年 1 月 16 日后罗马造币厂，重 7.82 克，直径 19 毫米。金币正面是奥古斯都头像，币文为 "CAESAR · COS Ⅶ · CIVIBVS SER［VATEIS］"（恺撒·七届执政官·公民救星）；背面是展翅雄鹰伫立于橡树环上，后有两株月桂树，上方币文为 "AVGVSTVS"（奥古斯都），下方币文为 "SC"（元老院批准）。

尼禄统治时期，奥里斯的重量减少为 1/45 罗马磅，约合现代的 7.27 克；卡拉卡拉统治时期（公元 211—217 年），奥里斯的重量减少至 1/50 罗马磅，约合现代的 6.55 克；公元 301 年，戴克里先（公元 284—305 年）引入索利多金币，想使其逐步取代奥里斯金币，此时 1 枚奥里斯金币的重量等于 1/60 罗马磅，约合现代的 5.45 克。然而，戴克里先只打制了很少数量的索利多金币，对经济影响很小。

公元 312 年，君士坦丁一世再次引入索利多金币，并作为罗马帝国的金币永久地取代了奥里斯。

二十二、飞马币

飞马币（pegasi）是数量货币单位。这个词汇来源于拉丁文

———————

① 李铁生：《古罗马币》，北京出版社 2013 年版，第 73 页。

"pegasus" 的词头 "pega"，意思是 "飞马"。

飞马币是罗马共和国狄纳里银币体系里的一类，特征是钱币背面印有飞马像。

二十三、山铜币

山铜币（orichalcum）是一类钱币的泛称，拉丁语 "orichalcum" 的字面意思是 "金铜"。在货币学上，这个术语被用于指代由金色青铜合金制成的钱币，如塞斯特斯铜币、都蓬第铜币等。

柏拉图在《克里提阿篇》中首次记录了 "山铜"，它被记述为存在于亚特兰蒂斯的幻之金属。依据《克里提阿篇》中的描述，山铜的价值被认为仅次于黄金，只存在于远古亚特兰蒂斯的许多地区，并被广泛地用在宫殿和神庙的装饰上。但是，在《克里提阿篇》成文的年代，仅知道它的名称，并未有过实物的记载。

二十四、双驾马车币

双驾马车币（quadrigatus）又称 "驷驾马车币"，是数量货币单位。"quadrigatus" 来源于拉丁文 "quattuor" 的词头 "qua"（4）和 "pegasus" 的词尾 "gatus"（飞马），意思是 "四匹飞马"。

1 枚双驾马车币的重量为 6 斯克鲁普尔，约合现代的 6.8 克。

公元前 3 世纪中期，罗马人仿照古希腊生产的二德拉克马银币的形制，始铸双驾马车币。这种银币尺寸大小适中，正面是雅努斯半身像，背面是胜利女神驾驶四马二轮战车的形象，下面币文 "ROMA"（罗马），由此它们被称为 "双驾马车币"。

币 7 – 14　罗马二德拉克马银币①

　　注：该币生产于公元前 225 年至公元前 212 年，重 6.37 克，直径 19 毫米。银币的正面是雅努斯两面神无须头像；背面是朱庇特手持权杖和霹雳驷驾马车右行，身后为维多利亚胜利女神，下方框内币文为"ROMA"（罗马）。

　　在罗马共和国建立狄纳里货币体系之前不久，双驾马车币停止流通。

二十五、"胜利"拟人女像银币

　　"胜利"拟人女像银币（victoriatus）是数量货币单位。这个词汇来源于拉丁文"victoria"，意思是"胜利女神"。

　　1 枚"胜利"拟人女像银币的重量为 3 斯克鲁普尔，约合现代的 3.4 克，价值等于 1/2 枚双驾马车币。

　　公元前 221 年至公元前 170 年，罗马共和国发行了"胜利"拟人女像银币。银币的正面是朱庇特半身像，背面是胜利女神把花环放在一个奖杯上，下面刻着币文"ROMA"（罗马）。最初发行的"胜利"拟人女像银币，价值等于 3/4 狄纳里。公元前 101 年，"胜利"拟人女

　　①　李铁生：《古罗马币》，北京出版社 2013 年版，第 30 页。

像银币的价值变为 1/2 狄纳里。

　　窖藏证据表明，该硬币流通于意大利南部和高卢地区。窖藏分布图显示，这种钱币均来自古希腊或阿普里亚的希腊化地区、坎帕尼亚或卢卡尼亚北部地区。

二十六、波坦币

　　波坦币（potin）是古代凯尔特人的货币，流通于古代高卢中部地区。这种货币通常由铜、锡、铅的混合物以不同的比例制成。

　　公元 1890 年，瑞士的一个史前村落出土了一批波坦币板结的块状物，其中最大的重 59.2 千克。这些块状物由大量的凯尔特人钱币和木炭残留物混合而成，其中的一些钱币可以追溯到公元前 100 年左右。

币 7 – 15　埃杜维人的波坦币①

注：钱币的正面是面左的人头像，背面是朝左的阿尔卑斯山羊。

　　埃杜维人是古代高卢中部的凯尔特部落；特吉瑞克斯是林贡斯部落的酋长，属于凯尔特部落。

---

　　① ［英］迈克尔·H. 克劳福德：《罗马共和国货币史》，张林译，法律出版社 2019 年版，第 198 页。

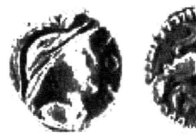

币 7 – 16　特吉瑞克斯的波坦币①

注：钱币的正面是戴头盔的面右人头像，前面币文"TOC"；背面是朝右的狮子，下面币文"TOC"。

二十七、拉克鲁瓦币

拉克鲁瓦币（lacroix）是古代高卢地区凯尔特人的货币单位，也是纳尔波高卢的流行货币。

币 7 – 17　拉克鲁瓦币②

注：钱币的正面是女性面左头像；背面是弄错的铭文和玫瑰。

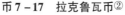

① ［英］迈克尔·H. 克劳福德：《罗马共和国货币史》，张林译，法律出版社 2019年版，第 198 页。
② ［英］迈克尔·H. 克劳福德：《罗马共和国货币史》，张林译，法律出版社 2019年版，第 194 页。

二十八、利西马奇币

利西马奇币（lysimachi）指的是希腊化时代的色雷斯国王利西马柯斯（lysimachs）发行的一系列银币和金币的统称。

公元前 323 年，亚历山大大帝因病去世。随后，根据众将领首次瓜分帝国遗产的"巴比伦分封协议"，作为亚历山大大帝的将领、七位贴身保镖之一的利西马柯斯分得了小亚细亚北部、色雷斯地区以及延伸到多瑙河下游之地。

公元前 306 年，利西马柯斯自立为王，建立了阿加索克利斯王朝（公元前 306 年至公元前 281 年）。公元前 301 年，利西马柯斯与塞琉古一世（Seleucus Ⅰ Nicator）在伊普苏斯战役中打败了安提柯一世（Antigonus Ⅰ Monophthalmus），安提柯一世战死，其领土被利西马柯斯与塞琉古一世瓜分。利西马柯斯分得了吕底亚、爱奥尼亚、佛里吉亚和小亚细亚北岸的大片富庶之地。

利西马柯斯称王之后，沿用亚历山大大帝币的形制，打制了一批钱币。公元前 297 年，利西马柯斯开创了"神化"人像的先河，采用正面为神化的亚历山大大帝头像、背面为雅典娜坐像的纹饰，开始打制四德拉克马银币和八德拉克马金币。

其中，他打制的四德拉克马银币的直径为 31 毫米，重约 17.2 克，产于公元前 297 年至公元前 281 年。钱币的正面：头戴束发带和公羊角的亚历山大大帝面右头像。钱币的背面：雅典娜女神面左座像，左手扶着镶有狮头的圆盾，右手托举着手捧桂冠的胜利女神尼姬，身后斜倚着长矛，脚下一弯新月，左侧兰普萨柯斯造币厂标记；两侧希腊文"ΒΑΣΙΛΕΩΣ ΛΥΣΙΜΑΧΟΥ"（利西马柯斯国王的）。

头戴公羊角的亚历山大大帝头像用以暗喻公元前 331 年亚历山大

访问埃及锡瓦阿蒙神庙祈求神谕，并自称为"阿蒙神之子"之事。

二十九、七彩杯币

七彩杯币（rainbow cup）是钱币学术语，指的是公元前 5 世纪至公元前 1 世纪欧洲中部拉坦诺文化①地区的凯尔特人制造的金币和银币。它们在该地区具有支配地位，形制像碗一样弯曲，并印有各种符号和图案。

德国波恩出土的文德里奇人生产的七彩杯币，重量为 321.84 克。文德里奇人属于凯尔特部落。

根据民间传说，通常在大雨后的耕地中可以发现七彩杯币，导致民间产生一种信仰，即在彩虹触及大地的地方可以找到它们，且能带来好运，因而被称为"七彩杯币"。

三十、克律索斯

克律索斯（chrysous）是迦太基人的数量货币单位。根据波利比乌斯在《通史》第 1 卷中的记载，公元前 241 年，迦太基给每个雇佣兵支付 1 克律索斯。

迈克尔·H. 克劳福德在《罗马共和国货币史》中认为，克律索斯可能是简易的金币或者极易辨别的重量较轻的琥珀金币。公元 1952年，在突尼斯出土的一处窖藏中发现了 2 枚这样的琥珀金币。

① 欧洲铁器时代后期文化。

三十一、制币三人团

制币三人团（Ⅲ viri aere arentoauro flando feriundo）是罗马共和国设立的负责并监督公共货币制造的委员会，由三名成员构成。

根据公元 2 世纪罗马作家庞波尼乌斯的记载，公元前 289 年，罗马设立了这个三人委员会，委员由年轻的贵族担任。

罗马帝国

田 圆

公元前 27 年，屋大维被罗马元老院尊为奥古斯都，成为罗马唯一的统治者。从此，罗马共和国转变为罗马帝国。

公元 395 年，罗马帝国皇帝狄奥多西一世将帝国分给两个儿子，实行东西分治，分为西罗马帝国和东罗马帝国，东罗马帝国又称拜占庭帝国。公元 476 年，日耳曼人奥多亚克废黜西罗马帝国皇帝，西罗马帝国灭亡。公元 1453 年，奥斯曼土耳其帝国苏丹穆罕默德二世率军攻入君士坦丁堡（今伊斯坦布尔），东罗马帝国灭亡。

本书将罗马帝国分为罗马帝国时期和拜占庭时期两部分。罗马帝国时期指自屋大维被尊为奥古斯都至西罗马帝国灭亡这段时间，不包括拜占庭时期。

一、元老院批准

元老院批准（Senetus Consultus）是指罗马帝国初期元

首获得罗马元老院的铸币权之后，在不足值的钱币上刻印"SC"字样，表示这枚钱币的制造和发行已经获得元老院批准。

屋大维创建元首制，获得了罗马元老院的铸币权。为了使不足值铜币处于纳税法币的地位，并且在市场交易中得到了广泛接受，屋大维在铜币上刻印"SC"字样，表示这枚铜币是由国家授权制造和发行的，可以用作纳税货币。

罗马王政时期的货币是青铜称量货币，所用的称量单位是一个古老的重量单位——阿斯。公元前509年，罗马进入共和国时期。公元前289年，罗马共和国开始铸造青铜铸币。1枚青铜铸币的标准重量是1阿斯，即1罗马磅，折合现代的327克。

铸造青铜铸币阿斯，罗马共和国采用了国家垄断的方式。所以，罗马共和国可以减少铸币的用铜量，让不足值的阿斯流入市场，政府从中获取巨大的铸币利益。

罗马共和国时期，阿斯铜币的减重可以分为两个阶段。第一个阶段自公元前289年罗马共和国始铸青铜数量货币，至公元前211年罗马共和国建立狄纳里银币制度。在这78年里，阿斯铜币的重量从最初的327克降至54.5克，只剩下原来重量的16.7%。为什么阿斯铜币的重量出现了如此大幅度的下降？原因是发生了战争，罗马共和国政府需要采用虚币敛财的方式获得军费。

公元前280年，罗马共和国铸造阿斯铜币仅仅9年后，爆发了皮洛士战争。这是一场非常耗费资源的战争。十几年后，到了公元前264年，第一次布匿战争爆发，罗马人铸造了轮形纹饰的阿斯铜币，这种阿斯铜币的发行是为了支付罗马舰队的费用。战后，阿斯铜币虽然发生了减重，但其重量仍然能够达到200多克。

公元前218年，迦太基名将汉尼拔攻打罗马，第二次布匿战争爆发。公元前216年，罗马军队在坎尼战役中惨败。公元前215年，罗马扩军备战，加征公民税。

在这几年时间里，阿斯铜币发生了大幅度的减重。

与此同时，青铜铸币的重量标准也经历了一系列变化。毋庸置疑，战争爆发时 1 阿斯理论上仍重 10 盎司，但在实际操作中会少于 10 盎司。起初，阿斯铜币的重量标准减到原标准的 1/2，即理论上 1 阿斯变成了 6 盎司，然后降低至 1/3，最后到 1/4。考虑到这段时期罗马钱币的整体年表，迈克尔·H. 克劳福德认为标准重量减半最合理的时间是公元前 217 年。[1]

迈克尔·H. 克劳福德指出，阿斯铜币的标准重量在公元前 217 年减到 6 盎司，此后很快又减到 4 盎司、3 盎司。

公元前 211 年，罗马共和国建立了狄纳里银币制度。战争如此费钱，以致铜钱这种贱金属不方便用来支付军事费用开支，罗马共和国不得不采用银币来支付军事费用开支。与此同时，罗马共和国建立起一整套全新的铜币体系。该体系基于塞克斯坦标准，即 1 阿斯的重量只有 2 盎司，或者 1/6 罗马磅。

公元前 289 年至公元前 211 年的 78 年时间里，1 阿斯铜币的重量从 12 盎司降到了 2 盎司，即从 327 克减至 54.5 克，下降了 83.3%。

阿斯铜币减重的第二阶段自公元前 211 年至公元前 27 年罗马的政体从共和国转变为帝国。在这 184 年里，阿斯铜币的重量从 54.5 克减至 11 克左右，减少了 43.5 克，下降了 79.8%，其金属含量大幅度减少，信用性质大幅度提升。于是，阿斯铜币已经从实币转变为虚币，成为不足值的信用货币。

在减重的第二个阶段，阿斯铜币是与狄纳里银币并行流通的。1

---

① ［英］迈克尔·H. 克劳福德：《罗马共和国货币史》，张林译，法律出版社 2019 年版，第 67 页。

枚狄纳里银币法定兑换 10 枚阿斯铜币。

在此期间，阿斯铜币发生了大幅度的减重，而狄纳里银币却没有发生这样大幅度的减重。公元前 211 年，罗马共和国始铸狄纳里银币，法定重量 1/72 罗马磅，即 4.54 克，法定兑换 10 枚阿斯铜币。到了公元前 27 年，狄纳里银币的重量标准降至 1/84 罗马磅，即 3.89 克，仍然法定兑换 10 枚阿斯铜币。在这 184 年里，银币重量标准减少了 0.65 克，减重幅度为 14.3%，与铜币的减重幅度相差悬殊，但是 1 枚狄纳里银币兑换 10 枚阿斯铜币的法定兑换比率却没有改变，其中价值关系显然出现了扭曲。

阿斯铜币已经成为信用货币，是虚币，为什么还能按照其名义价值进入流通？原因是罗马共和国政府将铜币指定为纳税货币。同时，元老院代表国家垄断了铜币的制造权。元老院使用越来越少的铜材，制造出越来越多的铜币。尽管阿斯铜币越来越小，百姓仍然可以按照其名义价值向国家缴纳税赋。特别是在战争期间，元老院对阿斯铜币采取了大幅度减重的措施，制造铜币所获得的利益就用来支付军事费用开支。

屋大维获得了垄断制币权，要百姓接受他所制造的铜币，就需要获得元老院的批准，以便百姓持有的这些不足值的铜币可以用来按照其名义价值向国家缴纳税赋。而银币属于称量货币，罗马共和国时期分散在民间制造，依靠其本身的白银价值行使价值尺度和流通手段的货币职能，所以很少发生减重。屋大维依照 1 罗马磅白银制造 84 枚狄纳里银币的传统比率制造银币，使其仍然能够依靠本身白银价值发挥货币职能，所以不需要元老院的批准，百姓亦可接受使用。

制造铜币需要元老院的批准，制造银币不需要元老院的批准。这说明罗马帝国的铜币和银币已经成为两种不同性质的货币。铜币是信用货币，是虚币；银币是金属货币，是实币。

屋大维制造的铜币，以及他的家族世袭王朝——尤利亚·克劳狄王朝制造的铜币，除了个别例外，都刻印了"SC"的币文标识。但与此同时，屋大维及其家族世袭王朝制造的银币却没有刻印"SC"的币文标识。

尤利亚·克劳狄王朝后期，银币像铜币一样，开始被元首垄断制造，从而具备了减重的能力。从此，银币如同铜币一样进入了持续减重的过程。到了尼禄统治时期，银币出现了明显的减重，尼禄便在银币上开始刻印"EX SC"（根据元老院批准）的币文标识，以保障百姓能够接受和使用。

二、尼禄货币改制

公元 64 年，罗马城被大火焚毁。罗马帝国元首尼禄实行货币改制，降低奥里斯金币重量和狄纳里银币重量，用来筹措资金，重建罗马城。尼禄货币改制的内容：奥里斯金币的重量从 1/40 罗马磅降到 1/45 罗马磅，即从 8.18 克降到 7.27 克；狄纳里银币的重量从 1/84 罗马磅降到 1/96 罗马磅，即从 3.89 克降到 3.41 克。

三、追思币

罗马帝国初期的元首，有时会为他们已故的父母、亲人打制追思币。如果故去的亲人曾当过元首，追思币的肖像会戴着芒冠，表示已经成神。

币 8 – 1   提比略都蓬第（2 阿斯）铜币①

注：该币生产于公元 22 年罗马造币厂，重 15.18 克。铜币正面是屋大维戴芒冠向左头像，周围币文："DIVVS AVGVSTVS PATER"（圣父奥古斯都）；背面是圆形神庙，前方基座上分别有羔羊和牛犊，上方币文 "SC"（元老院批准）。

这是屋大维去世后，他的继承人提比略为他打制的追思币，其正面屋大维肖像戴上芒冠，表示他已经成神。屋大维生前打制的钱币上也有他自己的肖像，一般是光头无冠的。

四、安敦尼

安敦尼（antoninus）币制是罗马帝国塞维鲁王朝第二任元首安敦尼于公元 215 年创建的币制，其核心内容是使用 1.5 枚狄纳里的白银，制造法定兑换 2 枚狄纳里的银币——安敦尼银币，从而进行虚币敛财的货币改制措施。

此时，罗马帝国的主要货币是狄纳里银币。安敦尼币制的建立，启动了罗马帝国通过不断改革币制、实行虚币敛财而引发的一系列货币演化进程。

①   李铁生：《古罗马币》，北京出版社 2013 年版，第 78 页。

　　玛尔库斯·奥勒利乌斯·安敦尼是罗马帝国塞维鲁王朝的第二任元首，绰号卡拉卡拉。人们称呼他卡拉卡拉，而不称呼他安敦尼，是因为他喜欢穿一种名为卡拉卡拉的披风。

　　卡拉卡拉之所以能够成为罗马帝国的元首，是因为罗马帝国发生了动乱，元首们接连不断地被杀害，卡拉卡拉的父亲塞维鲁作为罗马军团的一位指挥官，被军人们拥立为罗马元首。

　　公元 192 年的最后一天，罗马帝国的元首康茂德被刺杀了。

　　罗马城市官佩蒂纳克斯被禁卫军推举为罗马元首。公元 193 年 3 月，禁卫军以佩蒂纳克斯实行错误的经济政策为借口，杀害了他。禁卫军开始拍卖帝位。第迪乌斯·尤利安努斯以每位禁卫军 25000 塞斯特提铜币的价格中标，得到了罗马元首的宝座。

　　贿选的元首，当然得不到罗马人民的拥护，各路军人也立刻表示反对。当年 4 月，叙利亚总督佩西尼乌斯·奈哲尔在叙利亚宣布自己为罗马元首。同时，潘诺尼亚总督塞普蒂米乌斯·塞维鲁在潘诺尼亚宣布自己为罗马元首，并率领军队向罗马进军。禁卫军无奈抛弃了第迪乌斯·尤利安努斯。6 月 1 日，第迪乌斯·尤利安努斯被处死。

　　6 月，塞维鲁率领军队进入罗马，元老院选他为罗马元首。为了获得不列颠总督克劳狄乌斯·阿尔拜努斯的支持，塞维鲁宣布阿尔拜努斯为自己的恺撒（类似中国的"太子"或者继承人）。

　　第二年，塞维鲁率领军队攻打叙利亚，在伊苏斯击败奈哲尔。奈哲尔去世，塞维鲁势力得到加强，便宣布长子卡拉卡拉（安敦尼）为恺撒。得知塞维鲁宣布他的长子卡拉卡拉为恺撒，远在不列颠的阿尔拜努斯明白塞维鲁欺骗了他，就立即宣布自己为罗马元首。后来，阿尔拜努斯在卢格都诺姆（今法国里昂）战役中败给了塞维鲁。

　　塞维鲁能够在战争中常胜，原因是他懂得优待军人。他把钱花在军人身上，给军人们发高饷；并把元老们逐个地撤下重要职位，以军人替代元老。公元 208 年，塞维鲁出兵不列颠。公元 211 年，塞维鲁病死在约克郡，临终前对两个儿子卡拉卡拉和盖塔的遗言是："愿你们兄弟和睦相处，让士兵们都发财，不要管其他人。"

塞维鲁的长子卡拉卡拉和幼子盖塔成为共治元首。几个月后，卡拉卡拉阴谋杀害了盖塔，成为真正的独裁元首。

卡拉卡拉没有遵照他父亲的遗言保持兄弟和睦，却遵照他父亲的遗言让士兵们发财。要让士兵们发财，就要扩大税源。卡拉卡拉在公元 212 年颁布敕令，对帝国境内所有自由民授予罗马公民身份，让大家都来交税。随后，卡拉卡拉又将罗马公民的继承税从 5% 提高到 10%。卡拉卡拉的税务改革标志着罗马帝国由盛转衰。

币 8 - 2　塞维鲁王朝安敦尼银币①

　　注：该币生产于公元 215 年，重 5.31 克。银币的正面是安敦尼戴芒冠面朝右头像，周围币文"ANTONINVS·PIVS·AVG·GERM"（安敦尼·虔诚者·奥古斯都·日耳曼征服者）；背面是一头雄狮头部放射光芒朝左行进，爪下有霹雳，币文"PM·TRPX Ⅷ·COSⅡⅡ·PP"（大祭司·十八届保民官·四届执政官·国父）。

除了扩大税源，卡拉卡拉还采取虚币敛财的措施。公元 215 年，卡拉卡拉开始发行安敦尼银币。安敦尼银币的价值等于 2 个狄纳里，

　　① 李铁生：《古罗马币》，北京出版社 2013 年版，第 154 页。

重量却只相当于 1.5 个狄纳里。狄纳里的重量应该是 1/96 罗马磅，即 3.41 克。2 个狄纳里的重量应该是 1/48 罗马磅，即 6.82 克，而价值为 2 个狄纳里的安敦尼银币的重量只有 3.41 克 × 1.5 = 5.12 克。

识别安敦尼银币的主要特征是钱币正面人物肖像头戴芒冠，而狄纳里银币正面人物肖像是不戴芒冠的。罗马帝国初期，钱币上的人物肖像头戴芒冠表示此人已经升天成神。自尼禄货币改制以来，钱币上的人物肖像头戴芒冠则表示这枚钱币当两个使用。这种情形，不仅用在银币上，而且用在金币和铜币上。英国货币学家卡森说：

> 太阳冠取代公民冠是用于纪念神格化的皇帝，但是从尼禄时期开始常常用于区分都蓬第铜币和阿斯铜币。公元 215 年，卡拉卡拉发行的安敦尼币上的肖像也有这种装饰物，它被用来区分安敦尼币和狄纳里币。在其他两倍币值的钱币中，这一特点也很明显，比如卡拉卡拉皇帝之后出现的两倍奥里斯金币以及德基乌斯时期开始出现的两倍塞斯特提币。

卡拉卡拉实行的货币改革，不仅发行了重量小于法定价值的银币，还将金币奥里斯的重量从 1/45 罗马磅减少到 1/50 罗马磅。1 罗马磅的重量为 327 克，1/45 罗马磅的重量是 7.27 克，1/50 罗马磅的重量是 6.54 克，奥里斯金币的重量减少了 0.73 克。

有了增收的税金和虚币敛财获得的资金，卡拉卡拉将军人的工资从每年 500 狄纳里提高到每年 750 狄纳里，因而得到了军人们的广泛拥护。但是，这些拥护并没有保住卡拉卡拉的性命。继位 6 年后，卡拉卡拉于公元 217 年被人刺杀了。

卡拉卡拉虽死，安敦尼银币却流传了下来，继续发挥着虚币敛财的作用。值得一提的是，68 年之后，罗马元首卡里努斯发行的安敦尼银币又出现了一些变化。

卡里努斯的父亲卡鲁斯原本是罗马帝国的将军。公元 276 年，卡鲁斯乘罗马元首普鲁布斯率军出征波斯之机发动政变，成为罗马元首。公元 283 年，卡鲁斯将长子卡里努斯和幼子努梅里安立为恺撒，后又将这两个儿子任命为共治元首（奥古斯都）。就在这一年，卡鲁斯在攻打波斯途中被雷电劈死。努梅里安率领军队撤退至小亚细亚时被谋杀。大名鼎鼎的戴克里先被军人们拥立为罗马元首。留守罗马的卡里努斯又坚持了两年，直到公元 285 年，才被自己部队的军人杀害。在这两年里，卡里努斯发行的安敦尼银币，重量已经远不足 5.11 克，却被当作 4 狄纳里银币使用。

自公元 215 年卡拉卡拉创建了安敦尼货币制度，使用 1.5 枚狄纳里重量的白银制造法定兑换 2 枚狄纳里的安敦尼银币，至公元 283 年卡里努斯发行减重的安敦尼银币，这期间的 68 年里，历代罗马元首无不大量发行安敦尼银币，以暴敛民财。安敦尼银币越来越小，到了卡里努斯的时候，其所代表的价值已经涨到法定兑换 4 枚狄纳里银币。

所以说，罗马帝国的银币制度已经出现了严重的问题。这时，戴克里先对罗马帝国的货币制度进行了彻底的改革。

五、阿根图

阿根图（argenteus）的意思是白银。阿根图币制是罗马帝国皇帝戴克里先于公元 294 年创建的白银货币制度。

戴克里先成为罗马元首，是依靠军事力量夺取的。

戴克里先的父亲是罗马元老院元老阿努利乌斯家里的奴隶。他从主人家获得了自由，并获得了一份文书工作。戴克里先在这个家庭里成长起来，以普通士兵的身份服役，逐步提升为高级军官。

公元 283 年，罗马元首卡鲁斯率领军队，带着刚刚被任命为共治元首的儿子努梅里安去攻打波斯。戴克里先作为努梅里安的卫队长一路前往。半途中，卡鲁斯被雷电劈死了。努梅里安率领军队撤退，行至小亚细亚时，被自己的部下杀害。军人们拥立戴克里先为罗马元首。这时候，卡鲁斯的长子、留守罗马的卡里努斯已经是卡鲁斯的共治元首。戴克里先率领大军攻打卡里努斯的军队，卡里努斯的军队被打得落花流水，卡里努斯兵败丧命。

于是，戴克里先成为罗马唯一的统治者后着手进行改革。

戴克里先实施了政治改革。屋大维建立的元首制中，元首的意思是第一公民。戴克里先建立了君主制，设立了君主头衔"多米努斯"，意思是主人。戴克里先还仿照东方君主的模式用豪华的宫廷仪式装饰自己，规定觐见君主的臣民都要俯首下拜。从此，罗马帝国正式进入"君主制"统治时代。

公元292年，戴克里先正式任命自己为东部帝国主皇帝，马克西米安为西部帝国主皇帝，实现了"两帝共治"。公元293年，戴克里先和马克西米安各自为自己任命了一位恺撒，将自己的辖区划出一部分交给恺撒治理，从此实现了"四帝共治"。

戴克里先的改革使政府官员的数量成倍增加，从而加重了人民的税务负担。为了防止人民起义、地方反叛，戴克里先将原来的47个行省分割为100个行省，分而治之。戴克里先还实行军政分治的制度，削弱了地方长官僭位的能力。

屋大维创建了元首制，将罗马共和国转变为罗马帝国；戴克里先则创建了君主制，将罗马帝国残存的形式上的民主进一步转为君主独裁。同时，他建立了"四帝共治"，将罗马引入长久不息的帝王之间的战争。战争需要钱财，于是，通过货币改制来收敛钱财，就成为戴克里先执政中的当务之急。

公元294年，戴克里先实行了罗马帝国历史上最为彻底的一次货币改革。此时，罗马帝国的主要货币是安敦尼银币和狄纳里银币。经过历代元首的盘剥，安敦尼银币的含银量已经从90%降低到3.6%，成为含有少量白银的铜金属货币。戴克里先的货币改革，是将银币成色恢复到90%，称其为"阿根图"，意思是"白银"，从而建立了阿根图币制。在阿根图币制下，1枚阿根图银币的重量是1/96罗马磅，即3.41克，其含银量为90%，价值等于100枚狄纳里银币。

币8-3 戴克里先阿根图银币①

注：该币生产于公元294年，重3.83克。银币的正面是戴克里先月桂冠头像，周围币文"DIOCLETIANVS·AVG"（戴克里先·奥古斯都）；背面是四位帝王在六塔营门三足祭坛前共同祭礼，两侧币文"VIRTVS MILITVM"（军队的英勇）。

英国货币学家卡森说：

> 一种纯度在90%左右的优质银币被重新使用，其生产标准为1/96罗马磅，有时这种钱币上带有"XCVI"（96）的标记……

从1970年在阿芙罗迪西亚斯发现的阿根图币上的币文可以得知，在当时（比最初的改革稍晚一点的时期，即公元301年），仍然是1阿根图＝100狄纳里。按照银的含量，这种阿根图币与改革前的安敦尼

---

① 李铁生：《古罗马币》，北京出版社2013年版，第154页。

银币的纯度比大约是 25:1，这意味着 1 安敦尼 = 4 狄纳里①。

如果说阿根图银币的含银量为 90%，是改革前安敦尼银币含银量的 25 倍，那么，在戴克里先接手的货币制度中，安敦尼币的含银量只有 3.6%，属于含有少量白银的铜金属币。可以说，到了这个时候，罗马帝国的银币已经被历代元首们逐步换成了铜币。戴克里先的货币改革，旨在恢复银币的本原。1 枚阿根图银币兑换 100 枚狄纳里银币或者 25 枚安敦尼银币的货币制度，使狄纳里币制和安敦尼币制迅速瓦解。由于在这种兑换比率下打制狄纳里银币或安敦尼银币是亏损的，所以，戴克里先以后的皇帝们不再打制狄纳里银币和安敦尼银币。于是，狄纳里银币和安敦尼银币便逐步退出了流通领域。

六、弗里斯

弗里斯（follis）的意思是"钱袋"。弗里斯币制是罗马帝国皇帝戴克里先于公元 294 年创建的铜币制度。弗里斯铜币的法定重量是 1/32 罗马磅，即 10.22 克，扣除铸币成本和铸币税后，重量应在 10 克左右。

此时，罗马帝国生产的安敦尼银币，含银量只有 3.6%，属于含有少量白银的铜币。戴克里先创建弗里斯币制，继续使用安敦尼的合金比例，打制重量为 10 克的弗里斯。尽管弗里斯与安敦尼两者合金比例相同，但是在人们的认识里，安敦尼属于银币，只不过是含银成色下降了，而弗里斯则属于铜币。

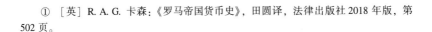

① ［英］R. A. G. 卡森：《罗马帝国货币史》，田圆译，法律出版社 2018 年版，第 502 页。

币 8 - 4　戴克里先弗里斯铜币①

注：该币生产于公元302—303年特里尔造币厂，重9.39克。铜币的正面是戴克里先月桂冠佩甲胸像，周围币文"IMP·DIOCLETIANVS·PP·AVG"（最高统帅·戴克里先·国父·奥古斯都）；背面是"护神"拟人像，手持祭酒盘和丰饶角，周围币文"GENIO·POPVLI·ROMANI"（罗马人民的护神），线下币文"Ⅱ·TR"（特里尔造币厂·第二作坊），护神两侧币文"SF"是特里尔造币厂附加印记。

此时，安敦尼银币的重量也大幅度下降，只剩下4克左右。弗里斯铜币与安敦尼银币的合金比例一致，弗里斯铜币的重量是安敦尼银币的2.5倍，因此，1枚弗里斯铜币兑换2.5枚安敦尼银币。此时，1枚安敦尼银币兑换4枚狄纳里银币，所以，1枚弗里斯铜币兑换10枚狄纳里银币。英国货币学家卡森说：

> 作为一种新钱币，按照1/32罗马磅标准生产的弗里斯币平均重10.00克，并且它和安敦尼币几乎是由相同的合金打制而成的，因此它的价值相当于10枚狄纳里币。②

为了抑制货币质量下降，戴克里先发行了高纯度的银币以及其他辅币。但是，新币在整个帝国的货币流通总量中的比例太低，加之劣

---

① 李铁生：《古罗马币》，北京出版社2013年版，第200页。

② ［英］R. A. G. 卡森：《罗马帝国货币史》，田圆译，法律出版社2018年版，第502页。

币驱逐良币，以及帝国生产、运输、销售体系陷入瘫痪，戴克里先拯救货币的努力归于失败。

在这种情况下，公元 301 年，戴克里先颁布了《限制最高价格法》（《物价敕令》）。这个限制价格上限的法令适用于数千种商品与工资，并对违例的商人处以死刑。然而，法令规定的官方价格远低于商品和服务的成本，严重地打击了生产和交换。

随着价格控制的失败，戴克里先只有依靠配给制，将军队和政府的物资供应与市场彻底隔绝，通过征收实物税确保军队和政府的需求，而放任普通百姓在劣币泛滥中自生自灭。

政治改革和经济改革的同时，戴克里先发动了宗教改革。公元 303 年，戴克里先颁布了迫害基督徒的法令：①基督徒士兵必须离开军队；②基督教堂的私产全部充公；③将基督教的书籍烧毁。在戴克里先的宫殿被两次纵火后，戴克里先对基督徒采取了更强硬的措施：要么放弃信仰，要么处死。

公元 305 年，戴克里先与马克西米安宣布退位。然而，对基督徒的迫害行动仍在继续，一直持续到公元 313 年君士坦丁颁布《米兰敕令》为止。

"四帝共治"使国家陷入分裂，每个皇帝在自己的辖区里各行其是。同时，皇位继承也出现了问题。越来越多的皇帝出现了，他们率领着各自的军队相互混战。

此时，退位赋闲的戴克里先已经失去权势，以前的功勋被人们遗忘，他被元老院指责为罪犯。戴克里先的女儿和妻子先是被囚禁在叙利亚，然后在没有任何罪名的情况下被李锡尼杀害。

公元 312 年 5 月，戴克里先死在他的宫殿里。几个月后，君士坦丁在罗马附近的米尔维安大桥战役中击败了劲敌马克森提乌斯，成为罗马帝国唯一的皇帝。

君士坦丁王朝开始了。

七、索利多

索利多（solidus）的意思是"厚重"。索利多币制是罗马帝国皇帝君士坦丁于公元306年创建的黄金货币制度。

君士坦丁是罗马帝国最伟大的皇帝之一，他兴建了君士坦丁堡，开创了拜占庭帝国。他与李锡尼共同颁布《米兰敕令》，使基督教成为合法，自己也皈依基督教。然而，他处死长子克斯里帕斯和妻子福斯塔，将国家分给福斯塔的三个儿子，造成后来三个儿子的长期战争，使百姓陷入战争的极度苦难之中。在货币制度方面，君士坦丁继续发行戴克里先创建的弗里斯铜币，并使其重量逐年下降，以此大规模掠夺人民。

君士坦丁是罗马帝国四帝共治时期西部帝国奥古斯都君士坦提乌斯·克罗尔的长子，年轻时主要是为帝国的最高皇帝戴克里先在东方服役。公元305年，戴克里先与马克西米安双双退位，君士坦丁奔赴不列颠，与已经升任奥古斯都的父亲君士坦提乌斯会合。

公元306年，君士坦提乌斯去世，不列颠军团在英格兰东北部的约克郡宣布君士坦丁为奥古斯都。但是，另一些将领反对这件事情，于是爆发了一系列国内战争。战争一直进行到公元312年君士坦丁在罗马附近的米尔维安大桥战役中击败他最后一个劲敌马克森提乌斯时才宣告结束。

君士坦丁成为罗马帝国西部名正言顺的统治者，但是东部却由他的妹夫东部帝国奥古斯都李锡尼统治。公元323年，君士坦丁主动出击，将李锡尼围困在萨洛尼卡。公元324年，君士坦丁在亚德里雅那堡和克里索普利斯打败了李锡尼。从此，君士坦丁成为罗马帝国唯一

的君主，一直到公元 337 年他去世。

索利多的意思是厚重，但实际上它并不厚重。戴克里先统治时期，发行的金币是奥里斯。当时，奥里斯金币的重量是 1/60 罗马磅，即 5.45 克。公元 306 年，君士坦丁即位罗马帝国皇帝后，不再制造奥里斯金币，而是制造索利多金币。君士坦丁对金币实行改制，将金币的法定重量调整为 1/72 罗马磅，即 4.54 克，改称"索利多"。这个货币改制，执行的依旧是一种钱币减重的措施。

公元 325 年，君士坦丁的长子克里斯帕斯势力被削弱。君士坦丁立他的儿子君士坦丁二世与克里斯帕斯并列为恺撒（相当于中国古代的皇太子），并为君士坦丁二世打制索利多金币。

币 8-5　君士坦丁索利多金币①

注：该币生产于公元 325 年，重 4.47 克。金币的正面是君士坦丁二世月桂冠朝右佩甲胸像，周围币文"CONSTANTINVS · IVN · NOB · C"（君士坦丁·年轻高贵的恺撒）；背面是君士坦丁二世正面站像，一手持鹰首军旗，一手持权杖，右侧竖另一军旗，周围币文"PRINCIPI · IVVENTVTIS"（少年团元首），线下币文"SM · K"（圣币·克孜柯斯）。"K"表示克孜柯斯，是造币厂地。

---

① 李铁生：《古罗马币》，北京出版社 2013 年版，第 221 页。

八、减重弗里斯

戴克里先创建弗里斯币制，形成了一个非常奇怪的货币兑换比率，即 1 枚弗里斯铜币兑换 10 枚狄纳里银币。到了君士坦丁执政时期（公元 306—337 年），这个奇怪的比率因为弗里斯铜币的减值而被打破。

公元 307 年，君士坦丁开始制造弗里斯铜币。君士坦丁制造的弗里斯铜币的重量越来越小，呈现逐年持续下降的趋势（见表 8－1）。

表 8－1　君士坦丁统治时期弗里斯铜币重量情况

生产时间	重量（克）	造币厂
公元 307 年	10.77	阿奎里亚（今意大利）
公元 307—308 年	7.18	特里尔（今德国）
公元 310—313 年	4.75	特里尔（今德国）
公元 318—319 年	2.82	塞洛尼卡（今希腊）
公元 324—325 年	2.02	安条克（今叙利亚）

英国货币学家卡森说：

> 公元 307—313 年，弗里斯币的重量持续下降，而现在看来，这种重量的下降不是偶然的，而是具体的、逐步的，其生产标准由 1/32 罗马磅逐渐降到 1/36、1/40、1/48、1/72、1/96 罗马磅。[①]

1 罗马磅折合现代 327 克。所以，1/32 罗马磅的重量是 10.22 克，1/72 罗马磅的重量是 4.54 克。卡森讲的情形与实测各年度弗里斯古币

---

① ［英］R. A. G. 卡森：《罗马帝国货币史》，田圆译，法律出版社 2018 年版，第504 页。

的重量变化趋势基本相符。

除了重量下降之外，君士坦丁执政时期，弗里斯铜币的含银量也下降了。戴克里先创建弗里斯铜币制度时，弗里斯铜币的含银成色是 2.78%，即 1 罗马磅含银 8 斯克鲁普尔（scruple）。君士坦丁执政时期，弗里斯铜币的含银量只有戴克里先执政时期的一半，即降至 4 斯克鲁普尔。

斯克鲁普尔是古罗马的重量单位，1 罗马磅 = 12 盎司，1 盎司 = 24 斯克鲁普尔。所以，1 罗马磅 = 288 斯克鲁普尔。1 斯克鲁普尔的重量为 1.135 克。

英国货币学家卡森说：

> 从公元 310 年开始，君士坦丁一世控制下的造币厂生产的镀银青铜弗里斯币的纯度维持在每罗马磅 4 斯克鲁普尔银。[①]

君士坦丁执政时期，弗里斯铜币的含银量为每罗马磅 4 斯克鲁普尔，含银成色是 1.39%。

君士坦丁时期战争频繁，需要采用大规模虚币敛财的措施掠夺人民，由此得来的财富就用来支付战争费用。

九、米拉伦斯

公元 325 年，罗马帝国的皇帝君士坦丁生产了一种高纯度的新银币：轻米拉伦斯（light miliarensis），生产标准是 1/72 罗马磅，理论重量 4.54 克，平均重量 4.51 克。公元 337 年，君士坦丁去世不久，出现了一种被称为重米拉伦斯（heavy miliarensis）的新银币，生产标准是

---

① ［英］R. A. G. 卡森：《罗马帝国货币史》，田圆译，法律出版社 2018 年版，第 504 页。

1/60 罗马磅，理论重量 5. 45 克，平均重量 5. 37 克。

君士坦丁后期的米拉伦斯银币的重量逐步下降。

币 8 – 6　君士坦丁二世米拉伦斯银币①

注：该币生产于公元 337 年君士坦丁堡造币厂，重 3. 95 克。银币的正面是君士坦丁二世束头带头像，背面是四杆军旗并列，周围币文 "CONSTANTINVS · CAESAR"（君士坦丁 · 恺撒），线下币文 "C · L"（君士坦丁堡第十作坊）。

这是君士坦丁二世在其父君士坦丁去世前不久生产的传位币。这枚米拉伦斯应该是轻米拉伦斯，但是其重量已经达不到 4. 54 克，只有 3. 95 克。

十、西力克

西力克（siliqua）的意思是 "豆荚"。西力克币制是罗马帝国皇帝君士坦丁于公元 325 年创建的白银货币制度。

公元 325 年，罗马帝国的皇帝君士坦丁在生产轻米拉伦斯银币的同时，还生产了一种高纯度的新银币西力克。西力克理论重量为 1/96 罗马磅，即 3. 41 克。

① 李铁生：《古罗马币》，北京出版社 2013 年版，第 221 页。

　　在罗马帝国，西力克原本是奥里斯金币的分量，是 1/24 奥里斯金币的价值。此时，奥里斯金币的标准已经降到 1/60 罗马磅，即 5.45克。西力克是 1/24 奥里斯，即 0.227 克，是一个豆荚的重量。按照1/24 奥里斯金币的价值打制银币，西力克银币的白银重量为 3.41 克，即 1/96 罗马磅。

　　其间的金银比是 15（3.41÷0.227），即 1 单位黄金的价值等于 15单位白银。

　　君士坦丁统治后期，流通最广的是四倍西力克银币，其生产标准为 1/24 罗马磅，理论重量为 13.63 克。

　　君士坦提乌斯二世统治末期（公元 355 年前后），西力克银币的重量下降到 1/144 罗马磅，即 2.72 克。

币 8－7　君士坦丁五西力克银币①

　　注：该币生产于公元 330 年君士坦丁堡造币厂，重 17.56 克。银币的正面是君士坦丁一世束镶珠带头像；背面是君士坦丁堡女神戴城齿冠及头巾，手捧丰饶角及短权杖坐像，脚踏耕犁，两侧币文 "DN・CONSTANTINVS・MAX・TRIVMF・AVG"（我主・君士坦丁・最佳的三个儿子的奥古斯都），线下币文为 "M・CONS・E"（钱币・君士坦丁堡・第五作坊）。

　　①　李铁生：《古罗马币》，北京出版社 2013 年版，第 217 页。

此后，罗马帝国的各代皇帝们发行了许多种西力克银币。

十一、合金铜币

这里的合金铜币是指君士坦丁王朝（公元305—363年）发行的各类合金铜币，后人不知其名，只好采用铜（AE）的编号来表示，譬如：AE1、AE2、AE3、AE4等种类的货币。

公元348年，君士坦提乌斯二世和君士坦斯分治罗马，此时出现了一种新型的合金铜币。这种钱币出现的原因之一是庆祝罗马建城1100周年。现在的人们不知道这些钱币的名称，只好通过尺寸来分类，用AE1、AE2、AE3和AE4来表示它们。古罗马的币材主要有三种：铜（aes，AE）、银（argentum，AR）、金（aurum，AU）。罗马帝国奥里斯金币（aureus）的名称，便源于拉丁文"aurum"（金）；戴克里先创建阿根图银币（argenteus）的名称，便源于拉丁文"argentum"（银）。君士坦提乌斯二世制造的合金铜币，后人不知其名，只好采用铜（AE）的编号来命名。

君士坦丁的天下，是由他儿子君士坦提乌斯二世继承的（过程前文已述）。君士坦提乌斯二世发行的主要钱币，便是这种合金铜币。

公元348—354年，有三种可辨别的这类钱币被发行。①个头最大的，被称为大AE2铜币，打制标准为1/60罗马磅，理论重量5.45克，平均重量5.26克，银含量在2.53%左右；②稍小一点儿的，被称为小AE2铜币，打制标准为1/72罗马磅，理论重量4.54克，平均重量4.25克，银含量在1.11%左右；③个头最小的，被称为AE3铜币，打制标准为1/120罗马磅，理论重量2.73克，平均重量2.42克，银含量在0.25%左右。大AE2铜币、小AE2铜币和AE3铜币的背面币文都是"FEL TEMP REPARATIO"（重现幸福时光）。

币 8 – 8　君士坦提乌斯二世大 AE2 币①

注：该币生产于公元 348—350 年特里尔造币厂，重量 5.11 克。该币的正面是君士坦提乌斯二世束珠饰头带佩甲胸像，周围币文 "DN·CONSTANTIVS·PF·AVG"（我主·君士坦提乌斯·虔敬和幸运的·奥古斯都）；背面纹饰是君士坦提乌斯二世站立在战船上，一手持凤凰，一手持有 "基督符" 旗首的军旗，胜利女神维多利亚在后方掌舵，周围币文 "FEL·TEMP·REPARATIO"（重现幸福时光），线下币文 "TR·P"（特里尔·第一作坊）。

与此同时，君士坦斯一世也在制造合金铜币。

币 8 – 9　君士坦斯一世 AE3 铜币②

注：该币生产于公元 348—350 年锡斯基亚造币厂，重 2.33 克。铜币的正面是君士坦斯束珠饰头带佩甲胸像，周围币文 "DN·CONSTANS·PF·AVG"（我主·君士坦斯·虔敬和幸运的·奥古斯都）；背面纹饰是凤凰站在台阶上，口衔花环，周围币文 "FEL·TEMP·REPARATIO"（重现幸福时光），线下币文 "B·SIS"（第二作坊·锡斯基亚）。

---

① 李铁生：《古罗马币》，北京出版社 2013 年版，第 225 页。
② 李铁生：《古罗马币》，北京出版社 2013 年版，第 223 页。

君士坦丁的生母是海伦娜，继母是狄奥多拉——戴克里先并肩王马克西米安的继女。狄奥多拉给君士坦丁生了三个同父异母的弟弟，这三个弟弟的儿子们——达尔马提乌斯、汉尼巴里安努斯和尤利安二世都做过恺撒。

公元 355 年，君士坦提乌斯二世立狄奥多拉的第三个孙子尤利安二世为恺撒，并发行 AE4 铜币。AE4 铜币个儿最小，打制标准为 1/200 罗马磅，理论重量 1.64 克，平均重量 1.49 克，背面币文"SPES·REIPVBLICE"（共和国的希望）。

尤利安二世率领军队在前线进展顺利，军队拥立他为皇帝。公元 361 年，君士坦提乌斯二世带领军队前去讨伐尤利安二世，死于途中，尤利安二世便成为罗马帝国唯一的统治者。

此时，铜币轻小，所以尤利安二世发行 AE1 大铜币。这种铜币的制造标准为 1/36 罗马磅，理论重量 9.08 克，平均重量 9.00 克。在轻小铜币泛滥的时候制造的这种大钱，显然是一种虚币，1 枚大钱可以兑换多枚其他种类的轻小铜币。

尤利安二世学问渊博、才智过人、崇尚简朴，被后人认为是罗马帝国最好的皇帝。伯父君士坦丁皈依基督教，所有的亲人都在相互迫害中被残杀，尤利安二世将这事情归罪于基督教，所以成为一个叛教者。他甚至写了一本专著《加加利人的诡计》，用来抨击基督教。公元 363 年，他当了一年多时间的皇帝之后，被人用长矛刺死了。

此后，各类铜币都出现了不同程度的减重，AE4 铜币的平均重量从最初的 1.49 克降至 1.15 克。AE1 铜币、AE2 铜币、AE3 铜币逐步退出流通，只有 AE4 铜币作为最常用的铜币，一直流通到公元 476 年西罗马帝国灭亡，甚至在东罗马帝国时期也继续流通，只是平均重量逐渐下降到 1.13 克。

十二、百分币

百分币（centenarius）的意思是"一百"。百分币是马格嫩提乌斯发行的一种铜币。

马格嫩提乌斯是君士坦斯一世部下的将领。公元 350 年，马格嫩提乌斯被军人们拥戴为皇帝，君士坦斯一世则逃奔比利牛斯山区。于是，马格嫩提乌斯成为罗马帝国西部皇帝，并发行了百分币。公元 353 年，马格嫩提乌斯在与君士坦提乌斯二世的战争中兵败自杀。

币 8 – 10 马格嫩提乌斯百分铜币①

注：该币生产于公元 350 年安比阿农（今法国亚眠）造币厂，重 5.03 克。铜币的正面是马格嫩提乌斯光头衣袍佩甲胸像，头后有字母"A"，周围币文"DN·MAGNENTIVS·PF·AVG"（我主·马格嫩提乌斯·虔诚和幸运的·奥古斯都）；背面是两位胜利女神共持一支撑于立柱上的花环，上面有文字"VOT/V/MVLT/X"（誓愿五年·再愿十年），周围币文"VICTORIAE·DDNN AVG ET CAE"（我主奥古斯都们和恺撒们的胜利），线下币文"AMB"（安比阿农）。

十三、阿萨雷亚

阿萨雷亚（assarion）是货币单位，1 阿萨雷亚等于 4 查柯或者

① 李铁生：《古罗马币》，北京出版社 2013 年版，第 229 页。

1/2 奥波，常被用于罗马行省币的货币单位。

十四、罗马行省币

罗马行省币指的是自恺撒去世至戴克里先统治时期罗马各地方行省发行的钱币。

罗马行省币不是由罗马中央政府（罗马造币厂）打制发行，而是由各行省打制发行。这类钱币的正面一般是罗马皇帝或皇帝亲属的肖像，背面多是各地方特色风情，币文多采用希腊文或希腊化拉丁文，所以它们又被称为希腊式帝国时代钱币。罗马行省币主要为铜币。

币 8 – 11　色雷斯的卡拉卡拉五阿萨雷亚铜币①

注：该币生产于公元198—217 年帕塔里亚造币厂，重 14.7 克。铜币的正面是卡拉卡拉月桂冠衣袍佩甲胸像，周围希腊币文 "AVT·K·MAVP·ANTΩNEINOC"（最高统帅·恺撒·安敦尼）；背面是医神埃斯科拉庇俄斯手持蛇杖骑坐在双翼蟒蛇上右行，周围希腊币文 "OVΛΠAIC·ΠAVTAΛAIC"（奥林匹克·帕塔里亚）。

卡拉卡拉原名安敦尼，是罗马帝国塞维鲁王朝第二任元首，公元211—217 年在位。1 阿萨雷亚 = 4 查柯，5 阿萨雷亚 = 20 查柯。查柯是铜币，理论重量 2 克，20 查柯的理论重量就是 40 克。但是，罗马帝国在色雷斯行省发行的五阿萨雷亚铜币的重量只有 14.7 克，其显然属于虚币。虚币敛财是罗马帝国掠夺行省的重要手段。

---

① 李铁生：《古罗马币》，北京出版社 2013 年版，第 276 页。

十五、独立帝国币

公元 3 世纪，随着罗马军团对外扩张，罗马帝国的版图空前巨大。罗马帝国派驻外地的军官们，有时会违背罗马帝国的命令，自立为皇帝，在征服地区建立独立帝国，如罗马—高卢帝国、帕尔米拉王国、罗马—不列颠帝国等。

独立帝国具有军国主义的特点，战争需要军费，所以其发行的钱币往往是虚币，用以掠夺民间财富。此时这些独立帝国发行的钱币多属于安敦尼币，正面是独立帝国皇帝的肖像，头戴芒冠（双倍狄纳里银币的特征）；背面是表达美德的拟人像、神像或其他图饰。例如：

币 8 - 12　波斯图穆斯安敦尼银币①

注：该币生产于公元 266 年特里尔（位于今德国西南部）造币厂，重 3.59 克。银币的正面是波斯图穆斯芒冠肖像，周围币文 "IMP · CPOSTVMVS · AVG"（最高统帅·波斯图穆斯·奥古斯都）；背面是医神埃斯科拉庇俄斯裸露上身站像，左手持蛇杖，周围币文 "SALVS · AVG"（奥古斯都的健康）。

波斯图穆斯是罗马帝国在日耳曼的总督。公元 260 年，波斯图穆斯被部下军人拥立为皇帝（奥古斯都），建立了罗马—高卢帝国。

---

① 李铁生：《古罗马币》，北京出版社 2013 年版，第 179 页。

古 犹 太

石俊志

历史上，犹太民族是个不断迁徙的民族。在过去的4000年里，犹太人进行了4次大迁徙以及1800年的大流散。公元前20世纪至公元前18世纪，犹太先民生活在两河流域，采用两河流域的称量制度，重量单位是舍客勒和弥那。经历了迁徙迦南、迁徙埃及，到公元前13世纪，犹太先民逃离埃及、返回迦南时已经开始使用白银称量货币，货币单位是舍客勒。公元前10世纪前后，犹太民族在迦南创建出一派繁荣昌盛的景象。不久，犹太民族又被亚述、新巴比伦、波斯、希腊人相继统治。于是，当钱币在西方世界出现的时候，犹太民族只好使用外族统治者的钱币，而不是自己民族的钱币。直到公元前2世纪，犹太民族终于再次建立起自己的王朝——哈斯蒙尼王朝，并开始制造和使用自己的钱币。

一、古犹太的重量制度

古代世界里，当遭遇外族强敌入侵时，大多数民族选择接受被奴役，接受外民族文化并将本民族文化与外民族文化相融合。唯独犹太人，当遭遇外族强敌入侵时，他们选择迁徙。犹太人宁愿放弃自己的家园，也不放弃自己的文化。在过去的 4000 年里，犹太人进行了 4 次大迁徙以及 1800 年的大流散，成功地保留了独有的文化，维护了民族的存在。

公元前 20 世纪，犹太先民进行了第一次大迁徙，从阿拉伯半岛南部（今沙特阿拉伯、也门地区），向北进入两河流域（今伊拉克地区）。

犹太先民在两河流域生活了大约 200 年。此时，两河流域的称量制度已经相当成熟，有出土的《乌尔纳姆法典》为证。两河流域的重量单位是舍客勒和弥那。

公元前 18 世纪，犹太先民进行了第二次大迁徙，从两河流域向北进入迦南地区（今以色列地区），被当地人称为"希伯来人"（越河过来的人）。公元前 16 世纪，犹太先民进行了第三次大迁徙，从迦南地区向西进入埃及散居，遭到埃及法老的统治和压迫。公元前 13 世纪，犹太先民进行了第四次大迁徙，由摩西率领逃离埃及、返回迦南，创立犹太教。

《旧约·出埃及记》讲述了这段故事。在"出埃及记"第二十一章中讲到使用货币的地方有 6 处，其中用钱 4 处、用银 2 处。这里可能存在翻译不准确的问题，当时并没有人工制造的钱币，摩西律法中所说的"用钱"，应该就是用银，或者是使用其他种类的、犹太人认可的一般等价物商品。这段文中用钱的事情有：赎买婢女、赔偿殴伤

医疗及误工费用、赎刑、赔偿。譬如：

> 牛若触了奴仆，或是婢女，必将银子30舍客勒给他们的主人，也要用石头把牛打死。[①]

牛的主人没有管好牛，触死别人的奴仆或婢女，要赔偿30舍客勒白银，这是一种财产赔偿。如果触死自由民，牛的主人需要赔偿白银的数额一定更多，但是这里并没有看到明确的规定。发生这种情况，应该需要法官根据事情严重程度来确定处罚或赔偿的金额。

从这里看，犹太先民是使用白银称量货币的，白银称量货币的单位与两河流域白银称量货币的单位一样，都是舍客勒。现代的犹太国家——以色列国，流通纸币的单位仍然是舍客勒，但中文译为"谢克尔"。

犹太人逃离埃及、回到迦南后开始建立自己的国家。

公元前1028年，扫罗成为犹太历史上第一个国王。公元前1010年，犹大家族的大卫在南方希伯伦城建立王国，与扫罗王南北对峙。公元前1003年，大卫王击溃北方扫罗王的儿子伊施波，实现了南北统一。公元前1000年，大卫王定都耶路撒冷。

公元前930年，犹太民族分裂，北方成立了以色列王国，南方成立了犹大王国。公元前722年，亚述王萨尔贡占领撒玛利亚，以色列王国灭亡。公元前586年，新巴比伦王尼布甲尼撒攻陷耶路撒冷，犹大王国灭亡，犹太人被迁往巴比伦。公元前538年，波斯帝国击灭新巴比伦，波斯王居鲁士允许犹太人返回耶路撒冷。

公元前333年，古希腊马其顿国王亚历山大征服耶路撒冷，犹太人开始接受希腊人的统治。此后，犹太人处于两大希腊化王朝之间，

---

① 林志纯主编：《世界通史资料选辑》——《摩西律法关于奴隶和借贷的规定》，商务印书馆1962年版，第169页。

西面是托勒密王朝（今埃及地区），东面是塞琉古王朝（今叙利亚地区）。

二、普鲁塔

普鲁塔（prutah）是古犹太哈斯蒙尼王朝（公元前 141 年至公元前 63 年）发行的铜币，平均重量 2.5 克。

公元前 166 年，为反抗塞琉古王朝的暴政，哈斯蒙尼人马蒂亚·马卡比带领他的 5 个儿子发动了起义，与塞琉古军队开始战斗。公元前 141 年，马蒂亚·马卡比唯一幸存的儿子西蒙·马卡比被推选为犹太人的最高首领，开始了哈斯蒙尼王朝的统治。

经历了新巴比伦、波斯、希腊共 400 多年的异族统治，犹太人终于重新建立了自己的王朝。从此，犹太人努力扩张领土，强制推行犹太教，恢复了大卫王及其儿子所罗门王时期的繁盛。

所罗门王时期，世界上还没有出现钱币。犹太人建立哈斯蒙尼王朝时，世界上已经有了钱币，犹太人使用托勒密王朝和塞琉古王朝的钱币。既然建立了自己的王朝，犹太人就准备开始发行自己的钱币。

公元前 135 年，西蒙·马卡比被刺身亡，犹太人推选西蒙的儿子约翰·胡肯奴一世（John Hyrcanus Ⅰ）继任最高统帅和大祭司。约翰·胡肯奴一世动用了大卫王墓穴中藏了 900 年之久的储备，以 3000 他连得白银作为赎金，换得塞琉古军队从耶路撒冷撤兵。自此，犹太人的一切决定都能自行裁决，塞琉古王朝不再对犹太人施加任何影响。于是，约翰·胡肯奴一世开始发行自己的钱币。

币 9 - 1   约翰·胡肯奴一世普鲁塔铜币①

注：该币生产于公元前 135 年至公元前 104 年，重 2.5 克。铜币的正面文字是希伯来文"约拿单大祭司和犹太教公会"；背面是双丰饶角中有一石榴的纹饰。

据说，约拿单是扫罗王的儿子，大卫王的朋友。约拿单是希伯来文的读音，这个名字是希伯来男人常用的名字之一，相当于英文的约翰（John）。在这里，约拿单指约翰·胡肯奴一世。

公元前 135 年，在遥远的中国，正值西汉武帝时期，市场上流通的主要钱币是铭文"半两"的文帝四铢铜钱，重量大约为 2—2.8 克，均值为 2.4 克。目前发现出土的哈斯蒙尼王朝发行的普鲁塔铜币，重量在 2.5 克左右，与当时中国西汉时期的半两铜钱重量相近。

三、雷普顿

雷普顿（lepton）是古犹太哈斯蒙尼王朝发行的铜币，法定兑换 0.5 普鲁塔，平均重量 1.25 克。

————————

① 李铁生：《古罗马币》，北京出版社 2013 年版，第 322 页。

币 9 - 2　约翰·胡肯奴一世雷普顿铜币①

　　注：该币生产于公元前135年至公元前104年，重0.94克。铜币的正面文字是希伯来文"约拿单大祭司和犹太教公会"，文字中有棕榈枝；背面是百合花两侧有麦穗的纹饰。

四、舍客勒银币

　　舍客勒（shekel）银币是古犹太哈斯蒙尼王朝发行的银币，平均重量11.7克。

　　古犹太人采用两河流域的称量制度，其白银称量货币单位就是舍客勒，重量8.33克。但是，为什么哈斯蒙尼王朝的舍客勒银币重量为11.7克，而不是8.33克呢？其缘由如下：

　　哈斯蒙尼王朝采用小亚细亚半岛上的钱币制度。公元前7世纪，小亚细亚半岛上的吕底亚王国创建了琥珀金和金币制度，货币单位是斯塔特。后来，吕底亚王国又生产了斯塔特纯金币和斯塔特纯银币。斯塔特纯金币的理论重量为8.33克，即重量为1舍客勒。此时，黄金和白银的比价是1∶13.3，即1舍客勒黄金兑换13.3舍客勒白银。1枚斯塔特纯金币应该兑换8.33克×13.3＝110.8克白银。

　　①　李铁生：《古罗马币》，北京出版社2013年版，第322页。

吕底亚王国规定，1 枚斯塔特纯金币兑换 10 枚斯塔特纯银币。所以，1 枚斯塔特纯银币的理论重量就是 11.08 克。去掉成本和铸币税，1 枚斯塔特纯银币的重量应该在 11 克左右。然而，小亚细亚半岛希腊城邦的斯塔特纯银币的实际重量往往都超过 11 克。

位处迦南的古犹太聚居区，紧邻小亚细亚半岛，受到小亚细亚半岛币制的影响，采用了小亚细亚半岛斯塔特纯银币的制度，银币重量 11.7 克。在这里，舍客勒银币的意思不是重量为 1 舍客勒的银币，而是 "代表 1/10 舍客勒金币价值的银币"。

约翰·胡肯奴一世发行的钱币至少有三种类型：普鲁塔铜币、雷普顿铜币和舍客勒银币。1 枚舍客勒银币法定兑换 16 枚普鲁塔铜币，或者兑换 32 枚雷普顿铜币。普鲁塔铜币的重量均值为 2.5 克，舍客勒银币的重量均值为 11.7 克。

进而，2.5 克 × 16 ÷ 11.7 克 = 3.42。由此推定，在哈斯蒙尼王朝的货币制度中，1 单位白银等于 3.42 单位铜。

约翰·胡肯奴一世之后，哈斯蒙尼王朝的历代国王大多发行了钱币，钱币单位都采用了普鲁塔、雷普顿和舍客勒制度，但其文字及纹饰图案多有不同。

五、希律王的普鲁塔

约翰·胡肯奴一世统治时间为 30 年，犹太民族享受了这一时期的和平。公元前 104 年，约翰·胡肯奴一世去世，他的儿子犹大·亚利多布一世（Judah Aristbulus Ⅰ）继承王位，发行了少量钱币。一年之后，犹大·亚利多布一世病死，他的胞弟亚历山大·乔那伊（Alexander Jannaeu）即位。

乔那伊在普鲁塔的币文上采用了希腊文 "ΒΑΣΙΛΕΩΣ"（国王）

的字样，用来取代"大祭司"。乔那伊发行钱币的币文，既有希伯来文，又有希腊文。现有存世的这种普鲁塔正面是铁锚图纹，周围有希腊文"亚历山大国王"；背面是芒星图纹，其间有希伯来文"约拿单国王"。

公元前 76 年，乔那伊去世，他的妻子萨洛梅·亚历山德拉被立为王。亚历山德拉在位 9 年，发行了少量钱币。公元前 67 年，亚历山德拉去世，她的儿子们为争夺王位相互厮杀。为了战争，亚历山德拉的儿子胡肯奴二世（John Hyrcanus Ⅱ）和亚利多布二世（Aristbulus Ⅱ）都发行了钱币。

然而，兄弟争雄的局面没能维持多久。仅仅 4 年之后，公元前 63 年，罗马大将庞培攻陷耶路撒冷，哈斯蒙尼王朝灭亡，犹太人的复兴之梦又遭破灭。

胡肯奴二世及其具有阿拉伯血统的臣子安提帕特归顺了罗马，罗马人将哈斯蒙尼王朝的版图归入叙利亚行省。

公元前 40 年，亚利多布二世的儿子马蒂亚·安提贡为报杀父之仇，煽动帕提亚人攻入耶路撒冷。在帕提亚人的保护下，安提贡做了 3 年国王，发行了一些钱币。在安提贡发行的钱币上，安提贡极力表现犹太民族的传统特征，以表达其反抗罗马人和拯救哈斯蒙尼王朝的决心。

公元前 37 年，罗马人扶持安提帕特的儿子希律出任犹太国王，开始了希律家族作为罗马人傀儡对耶路撒冷的统治。希律王朝（公元前 37 年至公元 100 年）铸行的钱币仍然是普鲁塔铜币。

为了反抗罗马人的残暴统治，在此后的 172 年里，犹太人一次又一次地发动起义。公元 135 年，犹太人反抗罗马统治的又一次起义被残酷地镇压下去，50 万犹太人被屠杀，上千个村庄被夷为平地。从此，犹太人彻底告别了家园，拉开了犹太人长达 1800 年在异国他乡流

散的序幕。

币 9 - 3   希律·阿基劳斯普鲁塔铜币①

注：该币生产于公元前 4 年至公元 6 年耶路撒冷造币厂，重 2.72 克。铜币的正面为葡萄串，左侧是叶子，上方有希腊文"HPWΔOY"（希律）；背面是战士头盔，上方有双翎羽饰，左下为传令杖，下方有反写不清晰的币文"EΘNAPXOY"（国王）。

哈斯蒙尼王朝的普鲁塔，在历史的长河里只是昙花一现，从此不再被人们使用，并逐步被后人销熔。今天侥幸存世的普鲁塔，已经是钱币收藏家们囊中的稀有珍品。

六、犹地亚行省币

犹地亚（Judaea）又称"耶路撒冷山地""哈利勒山地"，位于今巴勒斯坦中部山区，公元前 10 世纪至公元 2 世纪是犹太人聚居的地方。公元前 996 年，大卫王统一了各地区犹太人部落，建都耶路撒冷。公元前 63 年，罗马大将庞培占领了耶路撒冷，哈斯蒙尼王朝归顺罗马。公元前 47 年，恺撒大帝任命哈斯蒙尼王朝约翰·胡肯奴二世为大

---

① 李铁生：《古罗马币》，北京出版社 2013 年版，第 324 页。

祭司，任命具有阿拉伯血统的安提帕特为摄政王。公元前37年，罗马元老院批准安提帕特的次子希律成立罗马附庸国"希律王朝"，实行全面罗马化。希律王朝共传8位君主，延续137年，各王均发行具有罗马风格的钱币。公元100年，希律王朝的末代君主希律·阿格里帕去世，希律王朝终结。

公元6年，罗马帝国废黜希律王朝的希律·阿基劳斯。从此，希律王朝在名义上仍然存在，但是犹地亚地区被罗马帝国改为行省，前后派驻七任司令官、八任总督。公元30年，提比略任罗马帝国元首时期，罗马帝国驻犹地亚第五任司令官彼拉多（Pilatus）将耶稣送上十字架。

犹地亚地区被改为罗马帝国的行省之后，犹地亚地区的造币厂生产了一些总督币，多是铜币，正面没有罗马元首的肖像。

后来，犹地亚地区的造币厂开始打制行省币。

犹地亚行省币大多是铜币，少数是银币，钱币正面有罗马帝国元首的肖像，周围有元首头衔的币文，一般是拉丁文或者希腊文。

币 9 - 4　提图斯铜币①

注：该币生产于公元79—81年恺撒利亚造币厂，重11.43克。铜币的正面是罗马帝国元首提图斯月桂冠肖像，周围币文"ΚΑΙΣΑΡ"（恺撒）；背面是战利品柱，右为被缚哭泣的犹太人，左为圆盾，币文"ΙΟVΔΑΙΑV·ΕΑΛΟΚVΙΑΣ"（蔑视犹地亚）。

---

① 李铁生：《古罗马币》，北京出版社2013年版，第328页。

七、舍客勒铜币

为了反抗罗马人的残暴统治，犹太人发动了多次起义。犹太人的第一次大规模起义历时 4 年（公元 66—70 年）。在此期间，犹太人发行了舍客勒银币、普鲁塔铜币和舍客勒铜币。

币 9 – 5   1/4 舍客勒铜币①

注：该币生产于公元 69—70 年，重 8.24 克。铜币的正面是香橼果，币文"拯救锡安"；背面是卢拉夫束，币文"第四年"。卢拉夫束是三种细长绿色植物扎成一束。

1/4 舍客勒铜币指的是价值 1/4 舍客勒白银的铜币。1/4 舍客勒白银即 2.08 克（8.33 克÷4）白银。8.24 克铜代表 1/4 舍客勒白银，1 单位白银就等于 3.96 单位铜（8.24÷2.08）。

这个比例与【舍客勒银币】词条中的："1 单位白银等于 3.42 单位铜"的比例大致相符。

---

① 李铁生：《古罗马币》，北京出版社 2013 年版，第 334 页。

八、塞拉银币

犹太人的第二次大规模起义历时 3 年（公元 132—135 年）。在此期间，犹太人发行了塞拉银币和苏兹银币。

塞拉（sela）即舍客勒，相当于希腊币制四德拉克马。

币 9 – 6　塞拉银币①

　注：该币生产于公元 133—134 年，重 13.69 克。银币的正面是耶路撒冷第二圣殿正面，上方有大卫之星（六角星），门柱内有约柜；背面中央为卢拉夫束，左侧小香橼，币文"自由以色列第二年"。约柜为犹太教圣物，内存上帝和摩西所立《摩西十诫》。

九、苏兹银币

苏兹银币（zuz）相当于罗马币制的狄纳里。

---

①　李铁生：《古罗马币》，北京出版社 2013 年版，第 335 页。

币 9 – 7　苏兹银币①

　　注：该币生产于公元 133—134 年，重 3. 15 克。银币的正面是花环内币文"以色列
王子西蒙"（西蒙指第二次大规模起义的领袖西蒙·科西巴）；背面是单耳水壶，右侧棕
榈枝，币文"自由以色列第二年"。

---

　　① 　李铁生：《古罗马币》，北京出版社 2013 年版，第 335 页。

帕 提 亚

武宝成

帕提亚帝国，又名安息帝国，是位于罗马帝国和中国汉朝之间丝绸之路上的西亚古国，其统治从公元前 247 年延续至公元 224 年。帝国在全盛时期疆域西达小亚细亚东南的幼发拉底河，东抵阿姆河，与当时的汉朝、罗马和贵霜并列为亚欧四大强国。

关于帕提亚的货币，《史记》中有颇为详细的记载："以银为钱，钱如其王面，王死辄更钱，效王面焉。"① 帕提亚货币以银币德拉克马为主，正面印着国王的肖像，国王死后，便要打制新的钱币。钱币背面印着造币厂标记或字母缩写、帝王称号及其他附属图案和标记。除此之外，对于日常生活中使用的小面额钱币，帕提亚打制了红铜币或青铜币查柯。金币也打制过，但仅作为纪念之用而非作

---

① 司马迁：《史记》卷一二三"大宛列传"。这里描述的是公元前 139 年张骞首次出使西域到达大月氏和巴克特里亚时所了解的情况，时值帕提亚弗拉特斯二世统治末年。

为通货。

　　在帝国早期，其货币具有明显的希腊化特征。这是因为帕提亚作为帝国发迹之地曾处于塞琉古王朝（公元前312至公元前64年）统治之下，后来独立并经过历代军事征服，最终控制了塞琉古王朝的大部分疆域。所以，其早期发行的钱币是以塞琉古钱币为基础的。然而，塞琉古的钱币又以亚历山大大帝的钱币为基础，而亚历山大大帝的钱币又以希腊雅典阿提卡重量铸币为基础①。所以，当帕提亚取代塞琉古之后，其早期发行的钱币受希腊文化影响较多。

　　在帝国后期，尤其公元10年阿尔达班二世（约公元10—38年在位）继位以后，钱币上的希腊艺术风格逐渐被当地伊朗艺术风格所取代。除此之外，由于帕提亚王朝源于草原游牧民族，其文化区别于希腊文化，这一点在钱币上也有所反映，如在帕提亚钱币背面，最典型的图形是弓箭手坐像，身着草原服饰，手握弓箭。该图形不仅被用于德拉克马银币，还出现在一些四德拉克马和铜币上。

　　公元224年，帕提亚末代君主阿尔达班四世（约公元216—224年在位）在新兴波斯第二帝国萨珊王朝的连年攻击下，最终兵败被杀，国亡。然而，在帕提亚帝国后期掀起的波斯文化热潮在萨珊王朝的钱币上继续得以发扬光大。

一、帕提亚德拉克马

　　德拉克马是帕提亚帝国最重要的货币。它是一种银币。从帝国建立到最后衰亡，该币名义上的标准重量是4克，实际重量一般为3.4—

---

　　① 古希腊世界通行的重量标准和货币标准之一，因雅典位于阿提卡半岛而得名。参见本书"第5辑·古希腊"词条之十三"阿提卡标准"释义。

4.2 克，打制于帝国底格里斯河东岸的所有造币厂，主要流通于伊朗
高原地带。

币 10 - 1　帕提亚德拉克马银币

　　注：该币打制于米特里达梯一世统治时期（约公元前 171 年至公元前 138 年），重
4.36 克，直径 19 毫米。钱币正面是国王头像，无须，面朝左，头戴斜顶风帽；背面是
弓箭手坐在圆锥形神石上，身着草原服饰，手握弓箭，面朝右，无边饰，身后有一列希
腊币文 "ΑΡΣΑΚΟΥ"（阿萨克斯）。

　　除了德拉克马，帝国于公元前 141 年征服底格里斯河畔的塞琉西
亚后还打制过德拉克马的倍数币——四德拉克马。该币仅流通于美索
不达米亚地区，最初含银量较高，重 14—16.5 克，一直打制到公元前
1 世纪中叶。之后，其含银量开始下降，且重量往往低于名义上的标
准重量 16 克。

　　德拉克马曾是古希腊和罗马的货币单位和重量单位。其重量在不
同时期和不同地区有所变化。在古希腊时期，罗德岛的 1 德拉克马约
重 3.8 克；位于阿提卡地区的雅典，早期 1 德拉克马的重量为 4.37
克；对于其他地区的希腊城邦，1 德拉克马有不同的标准。在古罗马
时期，1 德拉克马重 1/96 罗马磅，折合约 3.41 克，与古希腊时期相
比，重量明显下降。

币 10 - 2　帕提亚四德拉克马银币

注：该币打制于弗拉特斯二世统治时期（约公元前 138 年至公元前 127 年），重 16.42 克，直径 32 毫米。钱币正面为国王胸像，短须，面朝右，头戴带状王冠；背面男性神祇坐于王座，右手持头戴花环的胜利女神像，女神为其加冕，左手持盛着果实的丰饶角，花押位于底板左侧和下方，无边饰，四列希腊币文 "ΒΑΣΙΛΕΩΣ ΜΕΓΑΛΟΥ ΑΡΣΑΚΟΥ/ΝΙΚΙΦΟΡΟΥ"（阿萨克斯大王/胜利者）。

　　德拉克马币的出现最早可追溯至公元前 671 年至公元前 546 年出现在小亚细亚吕底亚王国的古币。它是一种金银合金币，重约 14 克，金银比例 3:1，俗称琥珀金。该币在小亚细亚出现后，其流通范围很快向东部波斯扩散，并横跨爱琴海抵达希腊本土以及地中海沿岸地区。

　　公元前 546 年，波斯第一帝国阿契美尼德王朝（公元前 550 年至公元前 330 年）灭亡了吕底亚王国，从此开始独立制币。它仿制吕底亚的钱币制造了金币大流克，重 8.1—8.3 克；银币西格罗斯，重 5.3—5.5 克。其中，1 大流克 = 20 西格罗斯。

　　公元前 330 年，希腊马其顿国王亚历山大大帝攻灭阿契美尼德王朝，并继承其疆域。在当时，不同希腊城邦使用的 1 德拉克马的重量标准不一致。其中，在雅典 1 德拉克马的重量是 4.37 克。亚历山大大帝很快发行了大量与希腊雅典 "猫头鹰" 钱币①重量一致的四德拉

———————————

①　该币正面是雅典女神，背面为其守护鸟猫头鹰图案，故被称为 "猫头鹰" 币。

克马银币。

亚历山大大帝于公元前323年去世之后，帝国在他的将军们之间被瓜分了。其中，东部地区落入了塞琉古之手，其建立了希腊化政权塞琉古王朝（公元前312年至公元前64年）。与其他"继业者"国家——托勒密王朝、马其顿本土，以及进一步分离出来的黑海沿岸和东方希腊化国家一样，塞琉古王朝继续发行阿提卡标准的德拉克马银币。

公元前247年，帕提亚在民族领袖阿萨克斯的带领下脱离了塞琉古的统治，建立了帕提亚帝国，经过历代军事征服，最终控制了塞琉古王朝的大部分疆域，在全盛时期甚至西达小亚细亚东南的幼发拉底河，东抵阿姆河。建国之后，帕提亚开始在塞琉古钱币的基础上继续发行希腊化钱币德拉克马。

帕提亚打制的德拉克马银币，其币图从阿萨克斯一世建国到王朝结束一直保持一致，少有变化，图案结合了希腊元素、波斯元素和游牧民族元素。钱币正面遵循希腊化国家的传统，印着当权君王的肖像，常常戴着带状王冠。有时戴着其他头饰，如风帽或冠状头饰，前者的原型是游牧民族的毡帽，由阿契美尼德王朝引入；后者是原创设计，形状似茶壶保温罩，镶有珍珠，也是典型的游牧民族装束。君王常常面朝左方，不过，有一些早期版别，遵照塞琉古王朝的传统，面朝右方。此外，还有一些零星的钱币，印着正面胸像。这些钱币的发行者可能是僭主，或至少不是来自阿萨克斯家族一脉的男性成员。

钱币背面，最典型的图形是波斯风格的弓箭手坐像，身着草原服饰，手握弓箭，体现了帕提亚作为一个草原游牧民族国家，尚武好战且以弓箭为主要武器。该图形不仅被用于不同系列的德拉克马银币，还出现在一些四德拉克马和铜币上。其中，年轻无须的弓箭手可能代表帕提亚王朝的开创者阿萨克斯一世，因为在德拉克马币上，他或坐在王座上，或坐在凳子上，或坐在圆锥形神石上。其中最后一种情形模仿了塞琉古王朝打制的印着阿波罗坐于圆锥形神石上的德拉克马①。此外，在早期的四德拉克马币上，我们有时还会发现希腊神祇，如得墨忒耳②的神像，或赫拉克勒斯③的站像，以及目前为止最常见的塞琉西亚命运女神堤喀④给坐于王座的国王加冕的图案。这些神祇的出现也是希腊元素在帕提亚钱币上的反映。

二、帕提亚奥波

奥波是帕提亚发行的一种小面额银币。除了德拉克马银币，帕提亚早期的君王们，包括米特里达梯一世（约公元前171年至公元前138年在位）、弗拉特斯二世（约公元前138年至公元前127年在位）和奥罗德斯二世（约公元前57年至公元前38年在位），还打制过一系列小面额银币，包括奥波、二奥波和三奥波等。

与德拉克马一样，奥波也曾是希腊和罗马的重量单位和货币单位。在古希腊，1奥波通常被认为等于1/6德拉克马，约0.72克，然而实际重量可能因地区而异。其中，雅典奥波币的重量通常接近0.72克的标准，而科林斯的奥波币则等于0.42克。在罗马统治下，1奥波等于1/48罗马盎司，折合约0.57克。

---

① 阿波罗，古希腊神话中的光明、预言、音乐和医药之神。
② 得墨忒耳，古希腊神话中司掌农业、谷物和丰收的女神。
③ 赫拉克勒斯，古希腊神话中的一位大力英雄。
④ 堤喀，古希腊神话中的命运女神。

币 10 - 3 帕提亚奥波银币

注：该币打制于米特里达梯一世统治时期（约公元前 171 年至公元前 138 年），重 0.71 克，直径 12 毫米。钱币正面是国王胸像，头戴风帽，面朝左；背面币图是弓箭手坐于圆锥形神石，头戴风帽，面朝右，右手持弓，无边饰，两列希腊币文 "ΑΡΣΑΚΟΥ ΒΑΣΙΛΕΩΣ"（阿萨克斯大王）。

帕提亚打制的奥波系列小银币沿袭了塞琉古王朝的马其顿币制或者更早的希腊雅典币制，即 1 奥波 = 1/6 德拉克马，三奥波 = 1/2 德拉克马。

在米特里达梯一世统治时期（约公元前 171 年至公元前 138 年），奥波银币首次出现，其币图多与德拉克马相同。米特里达梯一世继位后的几年间，帝国击败了东部邻居巴克特里亚和西边塞琉古王朝治下的叙利亚，疆域西至两河流域，北至里海，南至波斯湾。可以说，在他和他的继任者弗拉特斯二世统治时期，帕提亚的发展达到了巅峰。所以，小面额奥波币的出现体现了这一时期帝国经济的繁荣。

弗拉特斯二世（约公元前 138 年至公元前 127 年）发行的铸币，大多数的设计和币文承继于其父米特里达梯一世。然而，由于其继位时年纪尚幼，帝国曾短暂地由摄政王统治，所以，在弗拉特斯二世发行的所有铸币上，其肖像上的胡子都非常短。具体来讲，这时的奥波币，其正面币图为胸像，面朝左方，微微蓄着胡子。背面币图有两种，一种弓箭手坐于圆锥形神石，面朝右方，三行铭文和造币厂标记；另一种采用了希腊风格，是狄俄斯库里的软帽①。

弗拉特斯二世之后，时隔70年直到奥罗德斯二世统治时期（约公元前57年至公元前38年）才再次出现了奥波系列小银币，这也是小面额银质辅币最后一次出现。这些银币来自一些次要造币厂，且金属银的质量不佳。

币10-4　帕提亚二奥波银币

注：该币打制于奥罗德斯二世统治时期（约公元前57年至公元前38年），重1.23克，直径不详。钱币正面是国王胸像，蓄着尖尖的胡子，头戴带状王冠，前额有一颗疣明显可见，头像前方有一棕榈枝，边缘饰有连珠纹；背面币图是弓箭手坐于王座，无须，头戴风帽，面朝右，右手持有弓，身后无标记锚，花押位于弓下方，无边饰，四行希腊币文"ΒΑΣΙΛΕΩΣ ΒΑΣΙΛΕΩΝ/ΑΡΣΑΚΟΥ/ΔΙΚΑΙΟΥ"（众王之王/阿萨克斯/公平者）。

小面额银币的再次出现说明这一时期经济实力再次增强。这是因为，布匿战争以来，罗马军团几乎在所有主要战争中都取得了胜利。然而，公元前53年，在卡莱附近，帕提亚的将军苏莱纳将罗马军团围困。除了部分残兵败将，罗马3万士兵连同其主将克拉苏及其子都战死沙场或成为了阶下之囚。关于这一胜利，铸币上没有提及相关信息，但是自此之后，奥罗德斯发行的铸币数量大大增加，从中可以看出此

---

① 狄俄斯库里，古希腊罗马神话中的孪生神灵卡斯托尔和波吕克斯的统称。他们援救遇难船员，受人们祭献希望赐予顺风。后来宙斯把他们置于天空，成为双子星座。

战之后帕提亚国家经济实力的增强。

三、帕提亚查柯

　　查柯是帕提亚打制的用于地方交易的小面额铜币。这些铜币源自
希腊于公元前 400 年前后生产的查柯币，重 2 克或以上。1 枚奥波银币
可折合为 8 枚查柯铜币。除了单位查柯币，帕提亚还发行过 1/2 查柯，
二查柯、四查柯和八查柯等不同面值的铜币。

币 10 – 5　帕提亚四查柯铜币

　　注：该币打制于米特里达梯一世统治时期（约公元前 171 年至公元前 138 年），重
7.23 克，直径 22 毫米。钱币正面是国王胸像，面朝右，头戴带状王冠，币模有一定的
偏转，边缘饰有连珠纹；背面印着大象站像，无边饰，两行希腊币文 "ΒΑΣΙΛΕΩΣ
ΑΡΣΑΚΟΥ"（阿萨克斯大王）。

　　在整个帕提亚帝国统治时期，查柯币的金属含量呈下降趋势。公元
224 年，末代君主阿尔达班四世在新兴波斯第二帝国萨珊王朝的连年攻
击下，最终兵败被杀，国亡，此时查柯币的平均重量几乎不足 1 克。

　　有一例外，在塞琉西亚发行的青铜币查柯，其重量仍然接近早期标
准，这也许是数个世纪以来这座城市都拥有自主发行货币的特权的原因。

　　查柯币的正面图案大多和德拉克马银币相同。对于背面币图，与银币

相比，则更加丰富。除了最典型的弓箭手坐像图案，还出现过马的站像、女神站像和带着塔楼的城堡等。在特定时期，这些小面额钱币的背面图案似乎每年变换一次，尤其在苏萨地区，在埃克巴坦那可能亦如此。

　　其中，米特里达梯一世（约公元前 171 年至公元前 138 年）发行的单位查柯，背面币图有的是马向右行走像，有的是大象向右行走像，还有些是狄俄斯库里的软帽。其发行的二查柯，其背面币图有的是女神站像，面朝左，右手拿着花环，长棕榈枝位于左侧；有的是胜利女神朝右驱赶二马双轮战车像，有的是狄俄斯库里手持矛站像，有的是大象站像。其发行的四查柯，背面币图有的是胜利女神朝右驱赶二马双轮战车像，有的是弓箭置于匣中。其发行的八查柯，背面币图有的是狄俄斯库里向右方飞驰像，有的是大象站像。这些铜铸币主要来自埃克巴坦那和赫卡通皮洛斯两座造币厂。

币 10－6　帕提亚二查柯铜币

　　注：该币打制于弗拉特斯二世在位时期（约公元前 138 年至公元前 127 年），重 3.95 克，直径不详。该币正面为国王胸像，微微蓄着胡子，头戴带状王冠，边缘饰有连珠纹；背面为大象站像，面朝右，无边饰，三行希腊币文 “ΒΑΣΙΛΕΩΣ ΜΕΓΑΛΟΥ ΑΡΣΑΚΟΥ”（阿萨克斯大王）。

　　弗拉特斯二世（约公元前 138 年至公元前 127 年）也曾于塞琉西亚打制过查柯铜币，背面币图为大象站像，面朝右。该币的发行可能与弗拉特斯二世统治晚期入侵了美索不达米亚有关。不过，这次入侵并没有取得持久胜利。

弗拉特斯二世去世之后，将王位和游牧入侵者悉数留给了他的叔叔阿尔达班一世。阿尔达班一世（约公元前 127 年至公元前 124 年）在其短暂的统治时期，一直抗击游牧民族的入侵，最终重新获得了美索不达米亚的控制权，并在此地发行了四德拉克马。然而，这一时期只有苏萨造币厂生产了一些查柯币，塞琉西亚并没有查柯币流出。

阿尔达班一世的接班人米特里达梯二世（约公元前 123 年至公元前 88 年）是弗拉特斯二世去世后仅次于阿尔达班一世的帕提亚王位的第二继承人。从一开始，他就展现了非凡的军事才能。他将查拉塞尼的国王希斯帕尼斯逐出美索不达米亚后，用自己的币模，对后者的铸币进行了复打。所以，塞琉西亚造币厂再次打制了一些铜币二查柯，其背面币图是丰饶角。

此后，在瓦尔达内斯一世（约公元 40—47 年）统治时期，塞琉西亚再次打制了单位查柯和二查柯，背面币图包括女子坐在天鹅支撑的王座上和老鹰站像等。

四、爱希腊者

在帕提亚钱币背面印着帝王称号和赞语。早期钱币上出现了希腊文 "ΦΙΛΕΛΛΗΝΑΣ" 这一赞语，即 "爱希腊者"。在古代，这一词语主要用来描述喜欢古希腊文化的非希腊人和维护其文化的希腊人。以亲希腊而闻名的统治者包括阿玛西斯①、希腊化时代的僭主菲

---

① 阿玛西斯（Amasis）也称雅赫摩斯二世，古埃及第二十六王朝法老，于公元前 570 年至公元前 526 年在位，他是埃及被波斯征服以前最后一位伟大的统治者。

218   世界古代货币词汇

莱的杰森①，以及罗马皇帝尼禄、哈德良、马库斯·奥勒留和叛教者
朱利安。

币 10 - 7   帕提亚四德拉克马银币

    注：该币打制于米特里达梯一世统治时期（约公元前 171 年至公元前 138 年），重
13.82 克，直径不详。钱币正面为国王胸像，有须，头戴带状王冠，面朝右，边缘饰有
线珠文；背面印着希拉克略裸身站像，面朝左，手持酒杯、狮子毛皮和棍棒，花押位于
底板左侧，边缘有希腊字母"ΓΟΡ"，无边饰，四行希腊币文"ΒΑΣΙΛΕΩΣ ΜΕΓΑΛΟΥ
ΑΡΣΑΚΟΥ/ΦΙΛΕΛΛΗΝΟΣ"（阿萨克斯大王/爱希腊者）。

    根据帕提亚对希腊文化的态度，可将帕提亚历史分为两个阶段，
第一个阶段是"爱希腊"时代，大约从公元前 248 年一直持续至公元
12 年。此阶段的帕提亚经历了建国、发展和壮大。帕提亚虽然是在塞
琉古王朝东部领土的基础上建立的，并长期与希腊—马其顿人为敌，
但一方面囿于自身文化的落后，另一方面因与希腊化世界的密切接触，
普遍认可希腊的政治和文化遗产，并试图与境内外希腊人建立友好关
系来巩固和扩大自己的统治。所以，从建国伊始，新王发行的铸币自
然而然地采用了希腊风格的铸币原型，正面为国王无须头像，背面印

──────────

    ①　菲莱的杰森（Jason of Pherae）在马其顿的菲利普二世上台之前，于公元前 370
年被任命为色萨利的国王。

着希腊语铭文。在特里达梯一世统治时期（公元前 171 年至公元前 138 年），帝国疆域不断扩张，由地区性的王国变成了堪与罗马、贵霜和汉朝并列的大帝国。这期间钱币上不仅有希腊币文和希腊式束头，在塞琉西亚发行的铸币上还首次出现了"阿萨克斯，伟大的国王，爱希腊者"这一赞语。此后，"爱希腊者"成为帕提亚钱币铭文的一种定式。

币 10 - 8　帕提亚德拉克马银币

注：该币打制于米特里达梯二世在位时期（约公元前 123 年至公元前 88 年），重 4 克，直径不详。钱币正面为国王胸像，长须，头戴冠状王冠，边缘饰有连珠纹；背面币图为弓箭手坐于王座，无须，头戴风帽，面朝右，右手持弓，无边饰，六行希腊币文 " ΒΑΣΙΛΕΩΣ　ΒΑΣΙΛΕΩΝ/ΑΡΣΑΚΟΥ/ΔΙΚΑΙΟΥ/ΕΥΕΡΓΕΤΟΥ/ΚΑΙ　ΦΙΛΕΛΛΗΝ " （众王之王/阿萨克斯/公正/慈善/爱希腊者）。

第二个阶段是"反希腊"时代，标志起始事件是公元 10 年阿尔达班二世（公元 10—38 年在位）的继位。此前，随着罗马与帕提亚的扩张，两国逐渐走向正面对抗。从克拉苏于公元前 54 年入侵帕提亚到公元前 34 年安东尼第二次入侵帕提亚失败为止，罗马与帕提亚已持续战争了 20 年。公元 8 年，早前被送到罗马作为人质的王子沃诺奈斯一世继位，波斯贵族不满沃诺奈斯一世同情罗马人，于是转而支持阿尔达班二世登上王位。此后，在反对外来文化的思潮下，帕提亚见证了宗教、艺术甚至服饰上波斯文化的全面复兴。在钱币方面，阿尔达班二世重新启用了传统的货币样式，德拉克马币上再次出现了国王长发肖像和弓箭手。在一些大个头银币上，他更是直接省略了"爱希腊者"这一赞语。

币 10 – 9　帕提亚德拉马克银币

注：该币打制于阿尔达班二世在位期间（公元10—38 年），重3.48 克，直径20 毫米。钱币正面为国王胸像，中长度方须，头戴带状王冠，头发几乎垂直，边缘饰有连珠纹；背面币图为弓箭手坐于王座，无须，有手持弓，弓下方有花押，希腊币文"ΒΑΣΙΛΕΩΣ ΒΑΣΙΛΕΩΝ/ΑΡΣΑΚΟΥ/ΕΥΕΡΓΕΤΟΥ/ΔΙΚΑΙΟΣ/ΕΠΙΦΑΝΟΥΣ/ΦΙΛΕΛΛΗΝΟΣ"（众王之王/阿萨克斯/慈善/公正/显贵/爱希腊者）。

币 10 – 10　帕提亚四德拉克马银币

注：该币打制于阿尔达班二世在位期间（公元10—38 年），重12.58 克，直径不详。钱币正面印着国王胸像，蓄着长胡子，波浪形头发，边缘饰有连珠纹，头像前方有年份标记"ΔΛΤ"（334）；背面国王坐于王座，左手从提喀手中接过棕榈枝，提喀手持权杖，二者之间有一男性跪像，向国王进献王冠，希腊币文"ΒΑΣΙΛΕΩΣ/ΒΑΣΙΛΕΩΝ/ΕΥΕΡΓΕΤΟΥ/ΑΡΣΑΚΟΥ"（众王之王/公正/阿萨克斯）。

　　然而，希腊文化的影响力并没有因此在帕提亚帝国境内消失。为了与境内外的希腊人、希腊化的其他民族沟通，帕提亚人一直采用希腊语作为官方语言，宫廷也以说希腊语为荣。国王瓦尔达内斯一世（公元 40—47 年在位）能用希腊语与来访的希腊哲学家阿波罗尼乌斯（约公元 15—100 年）流利交谈，并自诩精通希腊语犹如他的本地语一样。此外，直到公元 1 世纪初，国王的信件仍用标准希腊语写成。

五、阿萨克斯

　　"阿萨克斯"是帕提亚钱币背面普遍使用的帝王称号，其希腊字母表达是"ΑΡΣΑΚΟΥ"。该词来源于帕提亚开国之君阿萨克斯一世（公元前 247 年至公元前 217 年在位）。作为里海东南方达赫地区三大部落之一帕尔尼部落的首领，阿尔萨斯在公元前 247 年击败塞琉古的帕提亚总督安德拉戈拉斯建立了新的帕提亚帝国。在接下来的统治时期，他不仅巩固了帝国在该地区的统治，并成功阻止了塞琉古试图重新征服帕提亚的努力。由于他的成就，历代帕提亚君主均使用他的名字作为帝王的尊称。

　　丁谦在《蓬莱轩地理学丛书》提到"有阿赛西者，于西迁元二百五十年（秦孝文王元年）起兵，据波斯中举巴提亚省，自立为巴提亚国，其王世以阿赛西第几为号。汉人误王名为国名，称为安息；安息者，阿赛西转音也"①。也就是说，汉人因"阿萨克斯"这一称号的普遍使用，误以为王名为国名，根据发音转译，称其国为安息。《史记》中记载："安息在大月氏西可数千里"，"条支在安息西数千里，

---

① 　丁谦：《蓬莱轩地理学丛书》，北京图书馆出版社 2008 年版。

临西海"①。《汉书》也记载道："安息国，王治番兜城，去长安万一千六百里。不属都护。北与康居、东与乌弋山离、西与条支接。"② 文中所称安息帝国，即帕提亚帝国。

币 10 – 11   帕提亚德拉克马银币

注：该币打制于阿萨克斯一世统治时期（公元前 247 年至公元前 211 年），重 4.18 克，直径不详。钱币的正面印着国王头像，无须，头戴风帽，饰有连珠纹；背面弓箭手坐于无靠背王座，无须，头戴风帽，左手持弓，边缘饰有连珠纹，两行希腊币文 "ΑΡΣΑΚΟΥ／ΑΥΤΟΚΡΑΤΟΡΟΣ"（阿萨克斯／独立执政）。

帕提亚钱币上的帝王称号"阿萨克斯"或单独使用，或与其他帝王称号和赞语一起出现。例如，在阿萨克斯一世（公元前 247 年至公元前 217 年）发行的德拉马克银币的背面，曾出现币文"阿萨克斯／独立执政"（ΑΡΣΑΚΟΥ ΑΥΤΟΚΡΑΤΟΡΟΣ）。在米特里达梯一世（公元前 171 年至公元前 132 年）发行的德拉马克币上，出现了币文"国王阿萨克斯"（ΑΡΣΑΚΟΥ ΒΑΣΙΛΕΩΣ），在其发行的四德拉马克币上出现了币文"阿萨克斯大王爱希腊者"（ΒΑΣΙΛΕΩΣ ΜΕΓΑΛΟΥ ΑΡΣΑΚΟΥ ΦΙΛΕΛΛΗΝΟΣ）。

---

① 司马迁：《史记》卷一二三"大宛列传"。
② 班固：《汉书》卷九六上"西域传"。

六、帕提亚钱币上的"众王之王"

在帕提亚钱币背面，曾出现过"众王之王"这一君王称号，用希腊语表达是"ΒΑΣΙΛΕΩΣ ΒΑΣΙΛΕΩΝ"。这个称号的使用，可以追溯至古代两河流域的古巴比伦帝国。公元前 18 世纪，巴比伦王朝的汉穆拉比在《汉穆拉比法典》中自称"众王之统治者"。在中亚述时期，国王图库尔蒂—尼努尔塔一世（公元前 1233 年至公元前 1197 年在位）也引入了该称号。随后，许多中东国王都使用过这一称号，包括波斯阿契美尼德王朝、帕提亚帝国、萨珊帝国、亚美尼亚和本都的国王。在希腊化国家中，仅希腊—巴克特里亚国王攸克拉提斯曾在自己的钱币上使用过。

币 10 – 12　帕提亚德拉克马银币

注：该币打制于米特拉达梯二世在位期间（约公元前 123 年至公元前 88 年），重 4.17 克，直径 21 毫米。钱币的正面印着国王胸像，长须，头戴带状王冠，边缘饰有连珠纹；背面的币图是弓箭手坐于王座，无须，头戴风帽，面朝右，右手持弓，五行希腊币文"ΒΑΣΙΛΕΩΣ ΒΑΣΙΛΕΩΝ/ΜΕΓΑΛΟΥ ΑΡΣΑΚΟΥ/ΕΠΙΦΑΝΟΥΣ"（众王之王/阿萨克斯大王/显贵）。

起初，帕提亚建国者阿萨克斯一世发行的铸币使用了"专制君主"这一称号。按照塞琉古的传统，这一称谓蕴含着"选举产生的将

军"之意。后来，米特里达梯一世（公元前 171 年至公元前 132 年）
首次采用了"众王之王"这一头衔，尽管他很少使用。米特拉达梯二
世（约公元前 123 年至公元前 88 年）在大约公元前 109 年，继铸币上
引入新的称号"显贵者"（希腊币文：ΕΠΙΦΑΝΟΥΣ）之后，进一步
使用了称号"众王之王"（希腊币文：ΒΑΣΙΛΕΩΣ ΒΑΣΙΛΕΩΝ），使
身份变得更加尊贵。尤其在公元前 111 年，米特拉达梯二世开始广泛
使用这一称号，一直持续至公元前 91 年，包括在他发行的造币上。后
来的继任者，如米特里达梯三世（约公元前 57 年至公元前 54 年）、奥
罗德斯二世（约公元前 57 年至公元前 38 年）等均使用过这一称号。

帕提亚的君主自称"众王之王"体现了希腊风格向波斯风格的转
变，因为这一称号在波斯第一帝国阿契美尼德王朝时期曾被广泛使用。
不过，米特里达梯二世及其继任者对这个头衔的使用可能不是旧阿契
美尼德帝国头衔的复兴，因为它是在米特里达梯二世征服美索不达米
亚后近十年才使用的。所以，这一称号的出现可能是巴比伦的抄写员
将他们自己祖先的头衔授予了帕提亚国王①。然而，不管米特里达梯
二世是如何获得这个头衔的，他确实采取了有意识的举措将自己视为
阿契美尼德传统的继承者和修复者，例如，他在钱币上引入了波斯样
式的皇冠，并几次向西挺进前阿契美尼德的疆域。

事实上，"众王之王"这一头衔的使用非常符合帕提亚的权力结
构。与早期的阿契美尼德王朝相比，帕提亚帝国的政府以权力分散见
称。《史记》中记载："安息在大月氏西可数千里……城邑如大宛。其
属小大数百城，地方数千里，最为大国。"② 历史学家普林尼曾记载：
安帝国一共由十八个王国组成，它们曾是其行省，其中十一个被称为

---

① Shayegan, M. Rahim, "Arsacids and Sasanians: Political Ideology in Post-Hellenistic and Late Antique Persia", Cambridge University Press, 2011.

② 司马迁：《史记》卷一二三"大宛列传"。

上行省，其余七个小国被称为下行省①。地处偏远的小国享有自治地位，但作为回报他们需"承认安息帝王的主权，并向中央缴纳贡金及提供军事援助"②，故称其为"众王之王"，乃名副其实矣。

七、皇室之疣

在帕提亚钱币上有一个非常有趣的现象，即从奥罗德斯二世（公元前 57 年至公元前 38 年在位）开始，国王肖像眉毛上方常常有一颗明显的疣，即中医中的千日疮，俗称刺瘊、瘊子。

币 10 – 13　帕提亚四德拉克马银币

注：该币打制于奥罗德斯二世统治时期（约公元前 57 年至公元前 38 年），重 14.97 克，直径 30 毫米。钱币的正面是国王胸像，短须，头戴带状王冠，前额有一颗疣，边缘饰有连珠纹；背面的币图是男性头戴带状王冠坐于王座，面朝右，堤喀站在其前方，面朝左，左手持权杖，右手向国王进献棕榈枝，底板边缘有希腊字母"ΠΑ"和花押，无边饰，七行希腊币文"ΒΑΣΙΛΕΩΣ ΒΑΣΙΛΕΩΝ/ΑΡΣΑΚΟΥ/ΕΥΕΡΓΕΤΟΥ/ΔΙΚΑΙΟΥ/ΕΠΙΦΑΝΟΥΣ/ΦΙΛΕΛΛΗΝΟΣ"（众王之王/阿萨克斯/慈善/公正/显贵/爱希腊者）。

关于帕提亚钱币上君王肖像面部"疣"的出现，是因为遗传的生

---

① 普林尼：《自然史》，李铁匠译，上海三联书店 2018 年版。

② Brosius，Maria：The Persians：An Introduction，London & New York：Routledge，2006.

理现象，还是出于象征意义，一直是学术争论的焦点。相关医学文献也一直在猜测疣的性质及其出现的原因。一方面，由于这一特征并没有出现在所有钱币上，所以它们不太可能是装饰性的或象征性的①。例如，约公元6—39年，铸币上的标记"疣"消失了，直到瓦尔达内斯一世在位期间，眉毛上的疣才再次出现。另一方面，作为一种罕见的良性肿瘤，疣通常出现在面部，在女性中更常见。虽然有家族遗传倾向，但不太可能在后代的多位男性国王身上表现出来②。所以，它的出现似乎又是象征性的，可能在于强调其君主血统的纯正③。例如，瓦尔达内斯一世在钱币上引入"疣"，可能是因为仅他母亲这一脉来自阿萨克斯家族。所以，瓦尔达内斯一世需要强调其王位的合法性。再者，篡位者瓦尔达内斯二世（约公元55—58年）在大个头银币上也使用了标记"疣"，这是皇室之"疣"最后一次出现在帕提亚铸币上。

在其他古钱币上也出现过类似的例子，例如罗马皇帝马克西米努斯一世（公元235—238年）的硬币肖像，面容宽大、下颌突出，文学方面的证据显示他患有肢端肥大症④。然而，这种基于有限证据的回顾性诊断很容易受到批评，因为我们没有可靠的方法来复原古代统治者的真实面貌。虽然在某些情况下可以通过观察雕塑进行判断，但这

---

① Penn RG："Medicine on Ancient Greek and Roman Coins"，London，Seaby，BT Batsford Ltd，1994.

② Hart GD："Trichoepithelioma and the Kings of Ancient Parthia"，Canadian Medical Association Journal，1966，92，pp. 547 – 549.

③ Todman D.："Warts and the kings of Parthia：An Ancient Representation of Hereditary Neurofibromatosis Depicted in Coins"，Journal of the History of the Neurosciences，2008，17（2），pp. 141 – 146.

④ Klawans H. L.："The Acromegaly of Maximinus I：The Possible Influence of a Pituitary Tumour in the Life and Death of a Roman Emperor"，In F. Clifford Rose and WF Bynum，eds.，"Historical Aspects of the Neurosciences"，New York，Raven Press，1982，pp. 317 – 326.

对于帕提亚的国王来说很难做到。

八、权力之锚

在银币德拉克马和铜币查柯的正背面底板上，有时印着辅助标记"锚"。例如，在米特里达梯二世（约公元前 123 年至公元前 88 年）打制的查柯币上印着标记"锚"。萨纳特鲁斯（约公元前 75 年）在伊朗高原铸币厂打制的德拉克马，其正面胸像后方也有图案"锚"，在铜币上也发现了类似的图案。最后，在奥罗德斯二世（约公元前 57 年至公元前 38 年）发行的德拉克马银币和铜币上也出现了"锚"。

币 10 – 14　帕提亚德拉克马银币

注：该币打制于奥罗德斯二世统治时期（约公元前 57 年至公元前 38 年），重 4. 17 克，直径 20 毫米。钱币的正面印着国王胸像，短须，头戴带状王冠，前方有星形，后方有月牙，额头上疣明显，边缘饰有一圈连珠纹；背面的币图为弓箭手坐于王座，无须，头戴风帽，面朝右，右手持弓，王座后方有标记"锚"，弓下方有希腊字母"NI"（造币厂尼萨），无边饰，希腊币文七行"ΒΑΣΙΛΕΩΣ ΒΑΣΙΛΕΩΝ ΑΡΣΑΚΟΥ ΦΙΛΟΠΑΤΟΡΟΣ ΔΙΚΑΙΟΥ ΕΠΙΦΑΝΟΥΣ ΦΙΛΕΛΛΗΝΟΣ"（众王之王/阿萨克斯/爱父者/公正/显贵/爱希腊者）。

此外，在自治城邦发行的货币上也出现了这一标记。例如，在帕提亚攻下美索不达米亚之后，当地发行的铜币大多仅印有市政图像和铭文，这说明其制币具有一定的独立性。此外，当地官员还负责监管仅王室有权打制的四德拉克马币的生产。在这些铸币的正面，通常印着在塞琉西亚盛行的堤喀的肖像。有一版查柯币，正面为堤喀头像，面朝右，背面为标记"锚"，约打制于公元前 5 年。

标记"锚"的使用可以追溯至塞琉古时期，可以说其是塞琉古文化在帕提亚钱币上的反映。这是因为"锚"曾是塞琉古权力的象征。塞琉古王朝的建立者是塞琉古一世。相传其父亲是太阳神阿波罗。阿波罗在塞琉古一世的母亲劳迪丝的梦中，给了她一个刻着船锚图形的戒指。梦醒后，她在床上找到了这枚戒指。不久之后，塞琉古出生，他的身体上也有一个船锚标记。此后，塞琉古的子孙后代都拥有这个胎记。

九、百门之城

在帕提亚钱币背面，有时印着造币厂名称，用希腊字母缩写或花押表示，一般位于弓箭手坐像下方。帝国在赫卡通皮洛斯、塞琉西亚及埃克巴坦那都设有皇室造币厂，尼萨可能也设有一所皇家造币厂。其中"百门之城"指的是赫卡通皮洛斯，希腊名字"Hecatompylos"，意思是"一百个门"。这个名称通常用于拥有比传统四门更多的城市，可以理解为"多门"，说明城市之大和繁华。赫卡通皮洛斯，即今伊朗达姆干，《汉书》作番兜城，《后汉书》作和椟城。《汉书》记载："安息国，王治番兜城，去长安万一千六百里。不属都护。北与康居、东与乌弋山离、西与条支接。土地风气，物类所有，民俗与乌弋、罽宾同。"①《后汉书》记载："安息国，居和椟城，去洛阳二万五千里。

---

①　班固：《汉书》卷九六（上）"西域传"。

北与康居接，南与乌弋山离接。"① 文中"番兜城"和"和椟城"即
"百门之城"赫卡通皮洛斯。

币 10 - 15　帕提亚德拉克马银币

注：该币打制于米特里达梯一世统治时期（约公元前 171 年至公元前 138 年），重
4. 14 克，直径不详。钱币的正面是国王胸像，无须，面朝左，头戴风帽，边缘饰有连珠
纹；背面的币图是弓箭手坐在圆锥形神石，面朝右，头戴风帽，右手持弓，边缘有字母
"N"，代表造币厂尼萨，无边饰，两行希腊币文"ΑΡΣΑΚΟΥ ΒΑΣΙΛΕΩΣ"（阿萨克斯
大王）。

公元前 330 年的夏天，亚历山大大帝曾在这里停留。在他去世后，
赫卡通皮洛斯成为塞琉古帝国的一部分。帕尔尼部落在阿萨克斯一世
的带领下于公元前 237 年占领了这座城市，并使其成为帕提亚帝国的
首都。阿萨克斯一世（约公元前 247 年至公元前 211 年）、阿萨克斯二
世（约公元前 211 年至公元前 191 年）和米特里达梯一世（约公元前
171 年至公元前 132 年）三位君王在位期间，赫卡通皮洛斯发行了银
币和铜币。

公元前 209 年，塞琉古国王安条克三世入侵帕提亚并攻下赫卡通
皮洛斯，阿萨克斯二世被迫承认塞琉古为宗主国，于是帕提亚货币的

———————

① 范晔：《后汉书》卷八八"西域传"。

样式变得与其他处于塞琉古控制之下的省份铸币一样。直至约公元前189年安条克三世被罗马人击败，帕提亚才重新获得独立发行货币的机会。后来，在米特里达梯一世统治时期，该城发行了大量铸币。此后，没有再出现印有该城标记的钱币。

这是因为随着国土的扩张，帕提亚的首都逐渐西移。其实，帕提亚在立国初期（公元前3世纪中期）建都尼萨，后来都城才西移至"百门之城"赫卡通皮洛斯。相对后来的帝国版图而言，尼萨和赫卡通皮洛斯均位于帝国东部。此后，帝国又进一步迁都至中部的埃克巴坦那。再后来，为了对抗罗马，公元前90年又来到底格里斯河东岸的泰西封，与塞琉西亚隔河相望。由于泰西封气候温和，帕提亚国王通常在这里过冬，故把它作为冬都，而阿尔万山脚下的避暑胜地埃克巴坦那则被当作夏都。

十、阿拉米语

帕提亚钱币上的币文主要是希腊文，尤其在塞琉西亚发行的铸币上，我们没有发现其他语言。然而，对于坐落于伊朗高原上的造币厂而言，阿拉米文（Aramaic）从一开始就被采用，后来才开始慢慢使用帕提亚巴列维文（Pahlavi）。这是因为，在奥罗德斯二世统治之前，币文一直变化多样，且越来越复杂。之后，币文开始标准化，至少德拉克马的情形如此。不久之后，币文演变成不可辨识的希腊文，最终不得不辅以可辨识的中古波斯语——帕提亚巴列维文。尤其是沃洛吉斯三世（约公元105—147年）以后，帕提亚钱币背面币文中经常出现巴列维文。

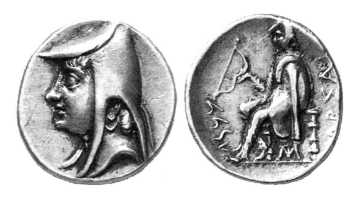

币 10 - 16　帕提亚德拉克马银币

　　注：该币打制于阿萨克斯一世统治时期（公元前 247 年至公元前 211 年），重 4.04
克，直径不详。钱币的正面图案是胸像，无须，面朝左，头戴风帽，边缘饰有连珠纹；
背面图案是弓箭手坐于无靠背王座，无须，头戴风帽，面朝左，左手持弓，标记"MT"
位于座位下方，边缘饰有连珠纹，弓下方有一行阿拉米语币文"ﾉﾚﾉﾚﾉ"，弓箭手后方
有一行希腊币文"ΑΡΣΑΚ［ΟΥ］"（阿萨克斯）。

币 10 - 17　帕提亚德拉克马银币

　　注：该币打制于沃洛吉斯四世在位时期（约公元 147—191 年），重 3.9 克，直径
19.5 毫米。钱币的正面是国王胸像，面朝左，有须，头戴冠状王冠带护耳片，边缘饰有
连珠纹；背面是弓箭手坐于王座，无须，头戴典型的波斯总督头饰，面朝右，右手持
弓，前方无小球，弓下方有花押，币文同时使用了巴列维文和希腊文。

阿拉米语又称亚兰语，是一种有近3000年历史的古老语言，属闪含语系闪米特语族西支，与希伯来语和阿拉伯语相近。阿拉米或亚兰这个词来自挪亚的孙儿、闪的儿子亚兰。公元前25世纪至公元前6世纪，早期的闪米特语——阿卡德语的两种方言——亚述语和巴比伦语在中东广为通行。其间，在公元前12世纪，位于黎凡特北部和底格里斯河谷北部地区的以阿拉米语为母语的亚兰人，开始大量迁入现在的叙利亚、伊拉克和东土耳其地区，并建立了一系列王国。阿拉米语因此变得越来越重要，开始在整个地中海东部的沿海地区传播，一直传播到底格里斯河的东部。在新亚述帝国（公元前911年至公元前605年）时期，它更是被用作帝国通用语言。到了公元前6世纪，阿拉米语已逐渐取代了亚述语和巴比伦语，成为中东的共同语言，其中"帝国阿拉米语"成为了阿契美尼德王朝（公元前539年至公元前330年）政府、日常生活和商业的通用语言。

帕提亚帝国推翻塞琉古王朝之后，采用了两个世纪前波斯阿契美尼德王朝宫廷的仪式、习俗和政府架构。随着"帝国阿拉米语"在公职和神职人员之间的广泛使用，承袭自阿拉米语的巴列维语（Pahlavi）最终传播到帕提亚帝国的各个角落。"Pahlavi"一词源自词语"parthav"或"parthau"，意思是帕提亚，其曾是塞琉古治下的一个郡，也是帕提亚帝国最初崛起之地。

具体而言，巴列维的文字系统与阿拉米的语言和文字有如下关联：首先，它的文字源自阿拉米文。其次，它有很多单词与阿拉米语相同，呈现为表意文字或语标。也就是说，它们被写成阿拉米语，但发音不同，文字被理解为帕提亚语。帕提亚帝国灭亡后，巴列维语成为了萨珊帝国（公元226—652年）的官方语言，直到9世纪呼罗珊的塔希尔人开始用阿拉伯文字代替巴列维文字以书写波斯语。

十一、塞琉古纪年

　　绝大多数帕提亚钱币上没有明确的年份和日期标记。不过，弗拉特斯四世（公元前 38 年至公元前 2 年）以后，从塞琉西亚流出的四德拉克马币上出现了纪年，甚至月份。例如，在梯里达底一世（约公元前 29 年至公元前 27 年）发行的四德拉克马币的背面，堤喀女神身后印着年份标记"CNΣ"，即"286"，表示公元前 27 年；同时棕榈枝上方印着月份标记"ΞA"，表示 3 月。沃诺奈斯一世（约公元 8—12年）在塞琉西亚发行的四德拉克马币，其背面胜利女神前方印着年份标记"BKT"，即公元 10 年。

币 10 - 18　帕提亚四德拉克马银币

　　注：该币打制于梯里达底一世统治时期（约公元前 29 年至公元前 27 年），重 11.61克，直径不详。钱币的正面是胸像，面朝左，中等长度锥形胡须，头戴带状王冠，头发有四个波浪，边缘饰有连珠纹；背面的币图是男性头戴带状王冠坐于王座，面朝右，堤喀站在前面，右手向国王进献棕榈枝，左手握着权杖，堤喀臂膊上方有小球，身后有希腊字母"CNΣ"，同时棕榈枝上方印着标记"ΞA"，底板边缘印着希腊字母"ΦΙΛΟΡΩΜΑΙΟΥ"（爱罗马者），七行希腊币文"ΒΑΣΙΛΕΩΣ ΒΑΣΙΛΕΩΝ/ΑΡΣΑΚΟΥ/ΕΥΕΡΓΕΤΟΥ/ΑΥΤΟΚΡΑΤΟΡ/ΕΠΙΦΑΝΟΥΣ ΦΙΛΕΛΛΗΝΟΣ"（众王之王/阿萨克斯/慈善/独立执政者/显贵/爱希腊者）。

这些铸币上的年份都采用了塞琉古纪年。塞琉古纪年的拉丁语表达是"Anno Graecorum",字面意思是"希腊年",字母简写为"AG",是塞琉古帝国以及之后受希腊文化影响的古代国家所采用的一种纪年。该纪年以塞琉古一世被流放到埃及后于公元前312年重新征服巴比伦这一事件作为纪年元年。该事件也被塞琉古和之后的塞琉古王室看作塞琉古帝国建立的标志。

为了计算塞琉古历法对应的公元历年份,需区分以下两种情形:①如果用塞琉古历法表示的年份数字是312或更小,则用313减去该数字,得到的数字便是公元纪年公元前年份;②如果用塞琉古历法表示的年份数字是313或更大,则用该数字减去312,得到的数字便是公元纪年公元后年份。

铸币上的月份标记一般采用的是马其顿版本的塞琉古历法,即以10月为岁首。所以,按照马其顿版本的塞琉古历法,公元前312年10月为纪年起点。除了马其顿历法,前塞琉古帝国多使用巴比伦历,即岁首为4月。马其顿历法和巴比伦历法皆属阴历,为了防止与太阳历四季脱节,都采用了闰法,即每隔一定年份增加一个月。有一小组来自塞琉西亚的铜币,据推测其所采用的日期大约是以公元前311年4月为纪元,这一月份正是巴比伦新年所在月份。然而,我们很难依据这一个别案例推断所有的帕提亚铸币都采用了这一历法,尤其在采用312年10月为纪年起点也有其合理性的情况下。

除了来自塞琉西亚的钱币有日期标记外,有两枚来自埃克巴坦那的铸币也皆有日期标记,其中一枚是阿尔达班一世(约公元前127年至公元前124年)发行的德拉克马,另一枚是无名币。不过,其所采用的纪年和历法比较特别,是帕提亚历法和巴比伦纪年的结合。帕提亚历法是帕提亚帝国所采用的日期记载体系,其仿照了塞琉古国的纪年法,同样以某一特定事件的发生时间为起点。具体而言,帕提亚历法以公元前247年阿萨克斯一世当选为部落酋长这一事件为起点，即以王朝建立之年为纪年元年，同时以4月为岁首。

币 10 – 19　帕提亚德拉克马银币

注：该币打制于阿尔达班一世统治期间（约公元前127年至公元前124年），重4.05克。钱币的正面是国王胸像，面朝左，头戴带状王冠，胸像后方有花押，边缘饰有连珠纹；背面的币图是弓箭手坐于圆锥形神石，面朝右，无须，头戴风帽，右手持弓，底板边缘有标记"EKP"（帕提亚纪年125年），无边饰，五行希腊币文"ΒΑΣΙΛΕΩΣ／ΜΕΓΑΛΟΥ／ΑΡΣΑΚΟΥ／ΦΙΛΑΔΕΛΦΟΥ／ΦΙΛΕΛΛΗΝΟΣ"（阿萨克斯大王／爱兄弟者／爱希腊者）。

中亚古国货币词汇

刘文科

古代中亚的货币史始于亚历山大大帝的征服。亚历山大的东征，给中亚带来了希腊文明，希腊式的钱币与货币体系也被带到中亚。

在亚历山大去世后，他的帝国被他的部下分裂为三个王国，分别是托勒密的托勒密王朝，塞琉古的塞琉古王朝以及安提柯统治下的马其顿王朝。这三个王国，是超出希腊地理范畴的由希腊人统治的国家，在历史上被称为希腊化国家。

当塞琉古在取得亚历山大帝国东部各省的统治权之后，于公元前293年任命安条克为总督，管理塞琉古王朝北部诸省，其中中亚河中地区与阿富汗北部地区就在他的统治之下①。后来，他继任了塞琉古王朝的王位，史称安条克一世。

---

① 蓝琪主编：《中亚史》（第一卷），商务印书馆2018年版，第148页。

在东部，索格底亚那和巴克特里亚总督狄奥多塔斯（Diodotus Ⅰ）发起了独立运动，公元前 246 年，这里彻底被分裂出来①。狄奥多塔斯的分离运动，可以从钱币上体现出来②。他在巴克特里亚以安条克二世的名义发行的金币上，已经换上了自己的肖像。自公元前 246 年起，至公元前 135 年，巴克特里亚及兴都库什山以北地区建立了希腊人统治的巴克特里亚王国。

公元前 171 年，攸克拉提德斯夺取了巴克特里亚的政权。实际上，希腊人在巴克特里亚与印度的统治，自此分裂为两个相对独立的王朝世系。尽管其间也有交错，但大体上，兴都库什山以北为攸克拉提德斯的世系，而兴都库什山以南为德米特里的世系。兴都库什山以南的希腊王国，史称印度—希腊王国，延续时间略长于山北的希腊—巴克特里亚王国。

塞种人部落是古老的伊朗语系游牧民族。对这一驰骋于欧亚草原上的大部落，中国古人称为塞种；波斯人称为"Sakā""Sacae"（塞卡），希腊人称为"Σκύθαι"（斯基泰）。

公元前 7 世纪末，上述塞种四部已出现在伊犁河楚河流域。塞种四部在我国先秦典籍中就已经有过记载，他们分别是允姓之戎、禺知、大夏和莎车③。公元前 623 年，秦穆公称霸西戎，拓地千里，或因此引起了塞种人诸部落西迁。其中，禺知西迁者可能只是其中小部分，留在故地者最终发展成一个强盛的部族，即大月氏的前身——月氏④。塞种人不仅西迁到西域地区，还继续向西迁入河中地区，并向南迁徙，

---

① H. G. Rawlinson, Bactra: *The History of a Forgotten Empire*, Westholme Publishing, 2013, p. 57.

② 蓝琪主编：《中亚史》（第一卷），商务印书馆 2018 年版，第 148 页。

③ 余太山：《古族新考》，商务印书馆 2012 年版。

④ 余太山：《贵霜史研究》，商务印书馆 2015 年版，第 11 页。

最远到达兴都库什山南的印度西北部地区，成为称霸中亚的民族。

贵霜王朝具体兴起于什么时间，目前学界并无定论。公元前 140 年左右，吐火罗部攻灭希腊—巴克特里亚王国建立大夏国，此后不到十余年，大夏国"臣畜"月氏。也就是说，公元前 120 年之前，大月氏人就已经征服了大夏国。"后百余岁"，贵霜翕侯丘就却攻灭四翕侯，统一贵霜，贵霜王朝从此兴起。大致来看，贵霜王朝始于公元 1 世纪贵霜翕侯的兴起。

贵霜王朝兴起后，中亚局势逐渐稳定，希腊人与塞种人的影响逐渐弱化。

贵霜王朝国祚三百年。此后，在中亚的土地上，又相继出现了贵霜—萨珊、寄多罗、笈多等大小国家，以及北方游牧民族的嚈哒王朝。

一、中亚的德拉克马

德拉克马是希腊城邦的重量单位。后来，德拉克马成为希腊城邦称量货币的单位。起初，希腊各城邦的重量标准并不一致。随着城邦之间经济贸易的不断发展，科林斯标准的 4.3 克逐渐成为德拉克马的标准重量。公元前 6 世纪，雅典出现了四德拉克马银币，按照科林斯标准，四德拉克马重 17.2 克。

希腊城邦逐渐开始出现了以德拉克马为基本单位的银币，包括 1/2 德拉克马、德拉克马、二德拉克马、四德拉克马、十德拉克马等。

公元前 4 世纪，亚历山大东征，并将希腊标准的四德拉克马银币体制传播到希腊世界以及西亚和中亚。随着亚历山大大帝的去世，希腊化国家托勒密王朝、塞琉古王朝以及中亚的希腊—巴克特里亚王国纷纷继承了四德拉克马银币的体制。

币 11 – 1　塞琉古二世四德拉克马银币

注：钱币正面为塞琉古二世头像；钱币背面为持箭站立的阿波罗，两侧币文为希腊语 "ΒΑΣΙΛΕΩΣ ΣΕΛΕΥΚΟΥ"（塞琉古国王）。

币 11 – 2　巴克特里亚狄奥多塔斯四德拉克马银币

注：钱币正面为狄奥多塔斯（一世或二世）的头像。钱币背面为宙斯的反身像，宙斯身旁为希腊语币文 "ΒΑΣΙΛΕΩΣ ΔΙΟΔΟΤΟΥ"（国王狄奥多塔斯）。

随着希腊人在东亚地区势力的衰落，当地的银币含银量也逐渐减少。此后中亚地区的塞种人模仿希腊人继续打制四德拉克马银币。但是，此种银币的含银量降低，重量也不再采用希腊标准的 17 克左右，而是印度标准的 9.5 克左右。

币 11 – 3　罽宾毛厄斯四德拉克马银币

注：该银币采用印度标准，重 9.22 克。钱币正面为宙斯向左站着，手持节杖，四周围绕着希腊语币文："ΒΑΣΙΛΕΩΣ ΒΑΣΙΛΕΩΝ ΜΕΓΑΛΟΥ/ΜΑΥΟΥ"（伟大的众王之王，毛厄斯）；背面为胜利女神向右站着，手持花环与月桂，四周环绕着佉卢文币文（中文意思为"伟大的众王之王，毛厄斯"）。

再后来，贵霜称霸中亚，从塞种人那里继承了四德拉克马的体制，但是由原来的银币改为铜币，作为日常流通的小额货币使用。

二、第纳尔

贵霜王朝第三代君王阎膏珍时期，帝国从动荡走向稳定。贵霜人看到了丝路贸易带来的好处，并积极参与到贸易中。此前，曾有大量罗马帝国的金币涌入。罗马帝国图拉真时期（公元 98—117 年），曾有罗马史家记录了从印度来到罗马的使团①。

阎膏珍首先进行了货币改革。在阎膏珍之前，贵霜基本沿袭了印度—希腊王国的货币传统，采用银币和铜币复本位货币制度。印度—

---

① 〔匈〕哈尔马塔主编：《中亚文明史（第二卷）：定居文明与游牧文明的发展》，徐文堪、芮传明译，中译出版社 2016 年版，第 239 页。

希腊王国采用的是印度标准的银币和铜币。银币的基本币种为四德拉克马，重 9.68 克。除四德拉克马之外，银币还包括德拉克马、1/2 德拉克马。铜币的基本货币为二查柯，重 5 克左右。除二查柯外，铜币还包括八查柯、四查柯与查柯。

　　阎膏珍时期，开始采用罗马银币的名称发行金币。贵霜是印度地区第一个发行金币的国家①。阎膏珍时期对应着罗马帝国的图拉真与哈德良时期，此时正是罗马帝国的鼎盛时期。罗马帝国的金币被称为奥里斯，奥古斯都时期，其理论重量为 8.0 克，即 1/40 罗马磅，实际上平均重量为 7.95 克。从公元 82 年开始，图密善皇帝发行的奥里斯币的重量标准采用尼禄改革前的 7.8 克，但后来又再次降到 7.55 克。7.55 克的标准被涅尔瓦皇帝沿用，却在图拉真皇帝早期被弃用，他重新采用尼禄改革后的 1/45 罗马磅的标准制造奥里斯币，理论重量为 7.25 克，这一标准在这一时期一直被沿用。阎膏珍时期发行的金币，采用的是奥古斯都时期的标准，即 1/40 罗马磅，实际重量为 7.95 克。但是，贵霜的金币并不采用罗马帝国金币的名称，即奥里斯，而是采用罗马帝国银币的名称，即狄纳里。② 贵霜晚期的巴克特里亚语（贵霜语）文书中写道：

　　　　^{20}ολο κιριωδηιο αλο αζαδο πιδορωφσο ληρινδηιο σιδανο ραλικο μαυοσινδηιο ταδανο ^{21} λαυινδηιο ταοανο αβο αογανο γαζνο ζαροζιδγο κ' **διναρο** οδο δαφρηλο φαρο παδαρλο-（^{20}使另一个［女人］成［我们之］妻，或占有一个自由的［女人为］妻，而 *Ralik* 未同意，那么，^{21}［我们］将给予皇家财库 20 狄纳里

---

　　①　［英］Joe Cribb、Barrie Cook、Ian Carradice：《世界各国铸币史》，刘森译，中华书局 2005 年版，第 348 页。

　　②　R. A. G. Carson, *Coins of the Roman Empire*, Routledge, 1990, p. 231.

金币，并给予对方同样的数量。)①

贵霜的金币 δινaρο，中文可译为"第纳尔"，这个名称源自罗马帝国银币名称"denarius"，这个单词又源于拉丁文"dini"（10）。罗马共和国时期，1 狄纳里 = 10 阿斯铜币。奥古斯都时期银币的重量标准为 1/84 罗马磅，理论重量为 3.89 克。从重量上看，贵霜的金币第纳尔，显然不是按照罗马的银币狄纳里标准打制的。

贵霜王朝发行的金币，包括 15.5 克左右的二第纳尔、7.95 克的第纳尔，以及 2.0 克左右的 1/4 第纳尔。第纳尔在后世中亚及西亚产生了重要而长久的影响。

三、希腊标准

与称量货币不同，古希腊的货币具有标准的形制与重量。希腊钱币是采用打制的工艺完成的，也就是由一个空白的钱币坯子，放在上下两个币模之间，然后用锤子敲打币模，使币模上的图案引压在钱币坯子上。打制钱币利用了金银等贵金属的易延展性，但是也同时产生了大小不一致或钱币边缘不完整的情况。然而，由于打制的过程钱币的金属重量不会损失，所以打制完成后的钱币重量是相当一致的。这种一定形制和重量的货币，可以被称为数量货币。

古代希腊世界货币的基本单位是德拉克马与奥波，还存在一种被称为标准重量的斯达特（Starter，标准重量）的币制。

古代希腊不同的城邦或是城邦联盟，形成了不同的钱币重量标准

---

① ［英］尼古拉斯·辛姆斯 – 威廉姆斯：《阿富汗北部的巴克特里亚文献》，兰州大学出版社 2014 年版，第 75 页。注：上角的数字表示所在原文的行数。

（见表 11 - 1）。古希腊钱币共有 16 种主要的币制。① 例如，公元前 5
世纪至公元前 4 世纪，埃伊那（Aegina）标准的斯达特银币重 12.4 克
左右，为二德拉克马，也就是每德拉克马 6.2 克，希腊大陆部分的多
数地区、爱琴海诸岛和克里特岛普遍采用这一标准。阿提卡（Attic）
标准的四德拉克马银币重 17.2 克，每德拉克马 4.3 克，这一标准通用
于雅典及其联盟、埃维亚岛和西西里岛。科林斯（Corinth）及其在希
腊西北部的殖民地使用科林斯标准的斯达特，重 8.6 克，为三德拉克
马。在南意大利，若干原本由来自伯罗奔尼撒的阿哈伊亚（Achaean）
希腊人殖民的城邦使用 8 克重斯达特，价值三德拉克马。东方还使用
其他重量标准，如公元前 4 世纪，希俄斯岛（Chios）、罗德岛
（Rhodes）和其他许多城邦使用 15.3 克重的四德拉克马；而与此同时，
波斯舍客勒（shekel）或双西格罗（siglos）重 11 克，腓尼基舍客勒重
14 克。②

表 11 - 1　古希腊币制

地区	斯达特	四德拉克马	德拉克马	奥波
米利都	14.2 克			
弗卡依亚	16 克			
吕底亚	11 克			
阿提卡		17.2 克	4.3 克	0.72 克
科林斯	8.6 克		2.9 克 = 1/3 斯达特	

① 曾晨宇：《古希腊钱币史》，文物出版社 2019 年版，第 76 页。
② ［英］伊恩·卡拉代斯：《古希腊货币史》，黄希韦译，法律出版社 2017 年版，
第 4 页。

续表

地区	斯达特	四德拉克马	德拉克马	奥波
埃伊那	12.4 克		6.2 克 = 1/2 斯达特	1 克
萨摩斯		13.4 克/13 克		
莱希亚	8.3—8.6 克/ 9.5—10 克			
柯西拉	11.6 克			
坎帕尼亚	7.5 克			
罗德岛		15.6 克		

资料来源：曾晨宇：《古希腊钱币史》，文物出版社 2019 年版，第 76 – 79 页。

古希腊各城邦的货币以银币为主，金币并不多见。每一种币制下，金币、银币的重量都相等，其价值取决于金和银之间的兑换比率。公元前 440 年左右，雅典的金银兑换比率为 1∶14；公元前 434 年左右，该比率变为 1∶17；公元前 409 年左右，该比率变为 1∶11—1∶12；公元前 380 年左右，该比率变为 1∶12；公元前 305 年左右，该比率变为 1∶10。[①]

希腊—巴克特里亚王国与印度—希腊王国的货币体系直接承袭了塞琉古王国的币制，但是很快又开启了本土化的过程。

希腊币制采用的是阿提卡标准。金币为斯达特，重 8.48 克，包括四斯达特、斯达特和 1/4 斯达特三种。1 斯达特在重量上等于 2 德拉克马；在价值上，金银兑换比为 1∶48。银币基本货币为四德拉克马，重 16.96 克。银币还包括德拉克马、1/2 德拉克马和奥波。在价

---

① 曾晨宇：《古希腊钱币史》，文物出版社 2019 年版，第 81 – 82 页。

值上，6 奥波 = 1 德拉克马。铜币的基本货币为二查柯，重 8.48 克。铜币还包括六查柯、三查柯与查柯。在价值上，8 查柯 = 1 奥波。但是，在这个动荡的时代，有的时候也发行过超常规的钱币。例如，公元前 85 年至公元前 75 年在位的阿蒙塔斯（Amyntas）就曾经发行过阿提卡标准的廿德拉克马，此种钱币被认为是希腊世界钱币的巨无霸。

币 11 - 4　希腊—巴克特里亚阿蒙塔斯廿德拉克马银币

注：该币采用阿提卡标准，重 85 克。银币的正面为阿蒙塔斯头盔像，四周为连珠纹；背面为坐在宝座上的宙斯，一手捧着雅典娜，币文为希腊语"ΒΑΣΙΛΕΩΣ ΝΙΚΑΤΟΡΟΣ／ΑΜΥΝΤΟΥ"（国王，胜利者，阿蒙塔斯）。

四、印度标准

德米特里长期生活在兴都库什山以南，而山北则遇到了攸克拉提德斯的反叛。公元前 171 年，攸克拉提德斯夺取了巴克特里亚的政权。实际上，希腊人在巴克特里亚与印度的统治，自此分裂为两个相对独立的王朝世系，尽管其间也有交错，但大体上兴都库什山以北为攸克拉提德斯的世系，兴都库什山以南为德米特里的世系。兴都库什山以南的希腊王国，史称印度—希腊王国，延续时间略长于山北的希腊—

巴克特里亚王国。

由于德米特里长期生活在印度地区，所以他发行的钱币上就已经开始融入了印度的文化因素。首先，是钱币上德米特里的肖像是头戴大象皮，不像以前的赫拉克勒斯那样头戴狮子皮。

币 11 - 5　希腊—巴克特里亚德米特里四德拉克马银币

注：银币正面为头戴象皮的德米特里头像；背面为希腊语币文 "ΒΑΣΙΛΕΩΣ ΔΗΜΗΤΡΙΟΥ"（德米特里国王）；背面纹饰为手持狮子皮和木棒的赫拉克勒斯。

其次，德米特里时期的钱币上开始出现佉卢文。佉卢文最早起源于古代犍陀罗，是公元前 3 世纪印度孔雀王朝的阿育王时期的文字，全称 "佉卢虱底文"（Kharosthi），最早在印度西北部和今巴基斯坦、阿富汗一带使用。

由此可见，德米特里时期，希腊文化与印度文化开始渐渐融合，希腊式钱币也开始了它的印度化过程。钱币不仅保持了正面国王像、背面神祇像的基本模式，而且开创了正反双语环绕的新样式。

币 11 - 6　希腊—巴克特里亚德米特里德拉克马银币

注：钱币正面为国王头像，钱币四周为希腊语币文 "ΒΑΣΙΛΕΩΣ ΑΝΙΚΗΤΟΥ ΔΗΜΗΤΡΙΟΥ"（不可战胜的国王德米特里）；背面为手持闪电的宙斯，环绕的是佉卢文币文（中文意思为 "不可战胜的德米特里国王"）。

印度—希腊王国的世系比较混乱，即使根据历史文献和钱币学的证据也无法得到所有人都认同的结果，但还是要提到以下两位统治者的名字。

第一位是阿波罗多斯一世（Apollodotus Ⅰ）。大约在公元前 156年，也就是他统治的早期，在兴都库什山以南发行了阿提卡标准的半德拉克马银币，名义重量为 2.12 克，实际重量为 1.74 克，但是当地并不流行。他很快就放弃了这种钱币，改为发行孔雀王朝方形钱币样式，并采用了印度标准的 2.45 克。这种钱币的正面为印度的大象，背面为印度的瘤牛。但是，阿波罗多斯一世发行的两面皆为印度象征纹饰的钱币仅是十分短暂的尝试。此后印度—希腊王国再也没有发行过这种两面都是印度象征纹饰的钱币。①

---

① ［意］朱莉阿诺：《西北印度地区希腊至前贵霜时代的钱币》，载［意］卡列宁等编著：《犍陀罗艺术谈源》，上海古籍出版社 2016 年版，第 61 页。

币 11 – 7   印度—希腊阿波罗多斯一世方形德拉克马钱币

注：钱币的正面为向右的大象，环绕着希腊文币文 "ΒΑΣΙΛΕΩΣ ΑΠΟΛΛΟΔΟΤΟΥ ΣΩΤΗΡΟΣ"（国王阿波罗多斯，救世主）；背面为向右的瘤牛，环绕着佉卢文币文（中文意思为"大王阿波罗多斯，救世主"）。

第二位是米南德一世（Menander Ⅰ）。他是印度文化的推崇者以及佛教的推广者。这位希腊国王曾经出现在印度佛教的经典中。佛教经典《弥难陀王问经》即是他向一位僧侣那先比丘问道的集子，其中描述米南德是个博学的雄辩之士，拥有优秀的能力和坚定的决心，并知晓许多印度知识，国家强大且富有。这部佛经汉译本为《那先比丘经》。经中载：

那先问王：王本生何国？王言：我本生大秦国，国名阿荔散。那先问王：阿荔散去是间几里？王言：去是二千由旬，合八万里。

这里所指的大秦国，就是中国古人对西方世界的泛称，而阿荔散则应当是亚历山大城的对译。米南德一世时，已经很少发行阿提卡标准的钱币，改为采用印度标准。

币 11－8　印度—希腊米南德一世四德拉克马银币

　　注：银币的正面为米南德一世戴头盔向右的头像，环绕着希腊语币文"ΒΑΣΙΛΕΩΣ ΣΩΤΗΡΟΣ MENANΔΡΟΥ"（国王米南德，救世主）；背面为戴着头盔的雅典娜朝向左方，环绕着佉卢文币文（中文意思为"大王，救世主"）。

　　印度币制是本土的货币体系，银币的基本货币单位是卡夏帕那，重 3.5 克，含银量 79%。铜币的基本货币单位也称卡夏帕那，重 8.5 克。在重量上，1 卡夏帕那 = 4 查柯。印度币制的形状和重量都对希腊—巴克特里亚王国与印度—希腊王国的货币产生了影响，尤其是对犍陀罗地区的印度—希腊王国影响更大。

五、双语币

　　双语币一面为希腊文，另一面为佉卢文。这种做法显然是出于中亚地区文化不断融合、各民族共同生活的需要。

　　双语币制采用的是印度标准。金币为斯达特，重 8.48 克。金币除了斯达特，还有 1/8 斯达特。印度标准银的基本货币为四德拉克马，重 9.68 克。银币还包括德拉克马、1/2 德拉克马。铜币的基本货币为二查柯，重 5 克左右。铜币还包括八查柯、四查柯与查柯。在价值上，8 查柯 = 1 奥波。

六、希腊—巴克特里亚币

公元前 4 世纪随亚历山大大帝远征巴克特里亚的希腊人，在中亚的巴克特里亚地区建立了希腊人的王国。从此，希腊式的钱币就被带到了这里。在币制上，巴克特里亚希腊人的钱币采取了阿提卡标准；在纹饰上，与古典希腊城邦时代的钱币有所不同，而是继承了塞琉古王国的钱币传统，即钱币正面为国王像，钱币背面为神祇像。

最早在巴克特里亚发动政变脱离塞琉古王国的是索格底亚那和巴克特里亚总督狄奥多塔斯，起初，他还以塞琉古国王安条克二世的名义发行钱币，尽管此时他已经将头像换成了自己的。此后又出现了以狄奥多塔斯名义发行的钱币，但是并不确定是狄奥多塔斯一世，还是狄奥多塔斯二世。

巴克特里亚的希腊人，在王国中设立了许多造币厂，其中包括位于索格底亚那的赫时（Chach，今哈萨克斯坦塔什干）造币厂，位于阿姆河以南的木鹿（Merv，今土库曼斯坦马雷）造币厂，位于巴克特里亚的巴尔赫（Balkh，今阿富汗北部马扎里沙里夫）造币厂、巴米扬（Bamian，今阿富汗西北巴米扬）造币厂、潘吉希尔（Panjishir，今阿富汗喀布尔东北部潘吉希尔谷）造币厂、迦毕试（Kapisa，今阿富汗喀布尔北部恰里卡尔一带）造币厂、阿拉霍西亚（Arachosia，今阿富汗坎大哈省）造币厂①。这些造币厂制作了大量精美的希腊式钱币。不同的造币厂有不同的花押字记号。例如，"PK"组合的花押字代表潘吉希尔造币厂；"Φ"或者"ΛΦ"组合的花押字代表木鹿造币厂。

---

① 李铁生：《古中亚币》，北京出版社 2008 年版，第 36 页。

币 11－9　希腊—巴克特里亚王国攸提德谟斯四德拉克马银币

注：钱币的正面是攸提德谟斯向右的头像；背面为希腊语币文 "ΒΑΣΙΛΕΩΣ ΕΥΘΥΔΗΜΟΥ"（国王攸提德谟斯），纹饰为坐在石头上的赫拉克勒斯，造币厂的花押字为 "ΡΚ"。

七、印度—希腊币

希腊人早在亚历山大大帝时期就进入了印度西北部。亚历山大大帝的钱币上已经出现了象征印度的大象。而安提马克斯的钱币上出现了海神波塞冬，这也许说明他率领的希腊人到达了印度洋。

印度—希腊式钱币基本上是希腊风格的，制作钱币的工匠来自希腊或是受过希腊化训练。当时在帕罗帕米萨代、犍陀罗和塔克西拉铸造出来的钱币，不可能是印度人设计或雕刻的①。

希腊人在印度的历史上，米南德时期是最辉煌的。虽然此时由于塞种人的入侵，希腊人失去了在巴克特里亚的故土，然而，他们在这里为自己赢得了一个更大、更富饶的王国。这一王国的中心是印度河河谷以及广大的、灌溉条件良好的旁遮普平原。在北边，王国的领土

① ［英］约翰·马歇尔：《塔克西拉》，秦立彦译，云南人民出版社 2002 年版，第 1109 页。

包括印度河以外的犍陀罗和东阿拉霍西亚，西南大概包括卡奇（Kacchā）和须剌国（Surāshtra）以及更远的沿海地区，一直到巴里加扎（Brygaza）海港。米南德在印度支持了佛教，因为佛教对一个有知识的希腊人的吸引力，无疑要超过婆罗门教的吸引力。但是米南德支持佛教是一个策略性的考虑，因为希腊人和佛教徒有一个共同的敌人，就是巽迦国王补沙弥多罗。正是这种同仇敌忾的情绪使他们结合在了一起。这也正是米南德的钱币上出现"ΣΩΤΗΡΟΣ"（救世主）的原因。同时，米南德的钱币上还出现了印度的轮子图案，并像印度君主一样，声称自己拥有"转轮王"的称号①。

币 11 - 10　　印度—希腊米南德一世方形铜币

注：钱币的正面中心为佛教的法轮，四周为希腊语币文"ΒΑΣΙΛΕΩΣ ΣΩΤΗΡΟΣ ΜΕΝΑΝΔΡΟΥ"（国王，救世主，米南德）；背面纹饰为棕榈枝，三面有佉卢文币文（中文意思为"国王，救世主，米南德"）。

相对于在巴克特里亚，希腊人在印度时更加注重在钱币上表现本地的文化，如在钱币上出现了双语的币文，以及印度的狮子、大象、瘤牛等。相对而言，巴克特里亚的希腊式货币在艺术性上要远高于印

────────────

① ［英］约翰·马歇尔：《塔克西拉》，秦立彦译，云南人民出版社2002年版，第40 - 41页。

度的希腊式货币，甚至于其中的部分精品，希腊本土或其他希腊世界的货币都无法与之匹敌。这些钱币可能专门出自一个造币家族。但很明显，他们没有到达印度①。

八、塞种人钱币

斯特拉博《地理学》中记载，从希腊人手中夺去了巴克特里亚的是 Asii、Pasiani、Tochari 和 Sacarauli 四个部落。② 这段历史发生在公元前 140 年前后。如前所述，Pasiani（Πασιανι）可视为 Gasiani（Γασιανι）之讹。③ 如此一来，塞种四部应为 Asii、Gasiani、Tochari 和 Sacarauli。反映在中国的《史记》等典籍中，就成为了诸西域国家。这些国家，有的采取农耕方式，成为"土著"，有的依然游牧，为"行国"。大宛为 Tochari 部建立的农耕国家；乌孙为 Asii 部建立的游牧国家；康居为 Gasiani 部建立的游牧国家；奄蔡为 Asii 部建立的游牧国家。这些国家，有的处在哈萨克斯坦草原地区，有的已经到达中亚的河中地区，有的南下消灭了希腊人的巴克特里亚王国，还有的越过兴都库什山建立了塞种人王国。

在这一段时期，民族迁徙频繁，政权更迭不断。人们所发现的钱币也相当混乱。总体来说，这一时段的货币是希腊人的钱币逐渐减少，并且发行地逐渐从巴克特里亚变为兴都库什山以南地区；在兴都库什

① ［英］约翰·马歇尔：《塔克西拉》，秦立彦译，云南人民出版社 2002 年版，第 1109 页。

② ［古希腊］斯特拉博：《地理学》，李铁匠译，上海三联书店 2014 年版，第 760 – 761 页。斯特拉博大约生活在公元前 64 年至公元 23 年。《地理学》记载了他生前所知道的历史和地理学知识。故而，《地理学》的记载应止于公元前后。

③ J. Marquart, Ēānšahr, Berlin：1901，p. 206. 转引自余太山：《贵霜史研究》，商务印书馆 2015 年版，第 9 页。

山以北地区，尽管希腊式钱币继续存在，但显然已经不是希腊人发行的了——无论是从钱币上王的头像与称号，还是从钱币粗劣的制作上，都可以看出明显的差别。关于此时的货币，并无完整的资料可循，学界也说法不一。有许多钱币应归入大月氏"臣畜"大夏之后，而非塞种人西迁时留下的钱币。这里仅举一例——索格底亚那发现的塞种人钱币。[①]

币 11 - 11　塞种人在索格底亚那发行的钱币

注：钱币的正面为右向的长发半身像，戴王冠；背面为坐着的赫拉克勒斯，四周为阿拉米语币文（中文意思为"伟大的索格底亚那统治者"）。

九、大月氏钱币

公元前 130 年张骞到达大夏国之前，大月氏就已经"臣畜"了在此前攻灭希腊—巴克特里亚王国。故而，严格来说，能够归入大月氏的钱币，应该是在这个时间之后，且在贵霜王朝的丘就却兴起之前。

大月氏的钱币可以分为前期和后期。从钱币学的角度观察，前期，

---

① 寅龙：《贵霜王朝及其后继国硬币》，自版，第 91 页。

希腊语在当地仍然被使用，且钱币上的神祇仍然是希腊的赫拉克勒斯。

币 11 – 12　大月氏王帕泊斯奥波银币

注：该币重 0.46 克。银币的正面为戴头盔的王像；背面纹饰为赫拉克勒斯，两边为希腊语币文"ΠABHC"（帕泊斯）。

后期的大月氏王的钱币上仍然使用希腊语币文，但是钱币背面的纹饰第一次出现了非希腊系的神祇——娜娜。

币 11 – 13　大月氏王萨巴尔 1/2 德拉克马银币

注：该币重 1.84 克。钱币的正面为戴头盔的王像，环绕着希腊语币文"CAΠAΛBIZHC"（萨巴尔）；背面为向右站着的狮子以及月牙和山的纹饰，环绕着希腊语币文"NANAIA"（娜娜）。

大月氏钱币基本上是模仿希腊—巴克特里亚的银币，这些钱币的重量也和希腊—巴克特里亚一样有奥波、四德拉克马和 1/2 德拉克马。奥波重 0.7—1 克，四德拉克马大约重 16 克，而 1/2 德拉克马大约重 2 克。所有钱币采用希腊人的阿提卡标准。①

十、印度—塞种人钱币

在公元前 140 年前后大月氏西迁并南下兴都库什山之前，就有塞种人来到印度。到达这里的塞种人，和希腊人进行了长时间的拉锯式的领土争夺。塞种人先后在兴都库什山以南的呾叉始罗和犍陀罗建立政权，史称印度—塞种国家，即中国史籍中的罽宾。从钱币序列的角度观察，目前一般认为，毛厄斯是第一位印度—塞种国家的王。

币 11 – 14　罽宾毛厄斯四德拉克马银币

注：该币采用印度标准，重 9.22 克。钱币的正面为宙斯向左站着，手持节杖，四周围绕着希腊语币文 "ΒΑΣΙΛΕΩΣ ΒΑΣΙΛΕΩΝ ΜΕΓΑΛΟΥ/ΜΑΥΟΥ"（伟大的众王之王，毛厄斯）；背面为胜利女神向右站着，手持花环与月桂，四周环绕着佉卢文币文（中文意思为 "伟大的众王之王，毛厄斯"）。

---

① 杜维善：《贵霜帝国之钱币》，上海古籍出版社 2012 年版，第 47 页。

毛厄斯征服了印度的许多疆域。他的钱币上的纹饰已经具有了地方特点，可以代表王国内的不同地图：持闪电的宙斯和赫拉克勒斯代表阿拉霍西亚；坐在宝座上的宙斯代表帕罗帕米萨；印度瘤牛代表犍陀罗；大象和狮子代表塔克西拉；雅典娜代表西旁遮普。①

　　毛厄斯之后，希腊王子阴末赴（一说为赫马厄斯（Hermaeus）的对译，一说为阿波罗多斯二世（Apollodotua Ⅱ）的对译）联手汉人从塞种人手中夺回罽宾领土。但不久之后，塞种人阿泽斯（Azes）又从希腊人手中夺取了罽宾。

　　阿泽斯本是乌弋山离国的国王。乌弋山离国，是塞种人从安息人手中夺取领土并建立的政权。公元前 58 年至公元前 18 年，乌弋山离在沃诺内斯（Vonones）统治之下，以锡斯坦为中心，并逐渐向东发展，疆域包括阿拉霍西亚（今坎大哈）和喀布尔河谷。②《汉书·西域传》载：

> 　　乌弋山离国，王去长安万二千二百里。不属都护。户口胜兵，大国也。东北至都护治所六十日行，东与罽宾、北与扑挑、西与犁靬、条支接。

　　《汉书·西域传》中还特别提到，乌弋山离"其钱独文为人头，幕为骑马"。意思是正面为头像，背面为骑马的像。中国史书所描述的基本符合，只是正背面正好相反。

---

　　①　［英］约翰·马歇尔：《塔克西拉》，秦立彦译，云南人民出版社 2002 年版，第 1118 页。

　　②　蓝琪主编：《中亚史》（第一卷），商务印书馆 2018 年版，第 246 页。

币 11－15　乌弋山离沃诺内斯四德拉克马银币

注：该币采用印度标准，重 9. 75 克。钱币的正面为国王策马持矛像，四周为希腊语币文 "ΒΑΣΙΛΕΩΣ ΒΑΣΙΛΕΩΝ ΜΕΓΑΛΟΥ/ΟΝΩΝΟΥ"（伟大的众王之王，沃诺内斯）；背面为宙斯手持闪电和权杖的站立像，四周为佉卢文币文（中文意思为 "伟大国王的兄弟，公正者，斯帕拉雷希斯"）。

后来，乌弋山离国王阿泽斯继续向东扩张，从希腊人手中夺取了塞种人故土罽宾。为了纪念此事，他创立了自己的 "阿泽斯纪元"[①]。中国古代文献中对罽宾的记载比较翔实。《汉书·西域传》载：

> 罽宾地平，温和，有目宿、杂草、奇木、檀、槐、梓、竹、漆。种五谷、蒲陶诸果，粪治园田。地下湿，生稻，冬食生菜。其民巧，雕文刻镂，治宫室，织罽，刺文绣，好酒食。有金、银、铜、锡，以为器。市列。以金银为钱，文为骑马，幕为人面。出封牛、水牛、象、大狗、沐猴、孔爵、珠玑、珊瑚、虏魄、璧流离。它畜与诸国同。

其中，"以金银为钱，文为骑马，幕为人面" 非常形象地说明了当时的钱币样式。

---

① 蓝琪主编：《中亚史》（第一卷），商务印书馆 2018 年版，第 239 页。

在阿泽斯之后，罽宾国又经历了阿季利塞斯（Azilises）、阿泽斯二世（Azes Ⅱ）等。罽宾国在阿泽斯二世时期国势衰微，公元 1 世纪初期逐渐为大月氏攻灭。

十一、贵霜币

　　丘就却一般被认为是贵霜王朝的第一位君主，从钱币学的角度看，丘就却经历了从翕侯到大王的转变。总体来看，丘就却时期的货币，银币以四德拉克马为主，但是重量标准并不统一。在兴都库什山以北托名的"贵霜翕侯"（"赫利欧斯"银币）四德拉克马银币，重量为 15 克左右。以赫马厄斯名义发行的四德拉克马银币，材质上看应该属于铜币，采取减重的印度标准，重量为 7 克左右。罗马风格肖像的二查柯铜币也采用了减重的标准，重量不到 3 克。

　　丘就却时期的钱币呈现出明显的混乱局面，而维马·塔克图时期的钱币，尽管以"众王之王·大救星"纹饰的钱币为特征，但也有地方性差异。这种局面在接下里的阎膏珍时期发生了扭转。

　　阎膏珍时期，贵霜从动荡走向稳定。贵霜人看到了丝路贸易带来的好处，并积极参与到贸易中。此前，曾有大量罗马帝国的金币涌入。罗马帝国图拉真时期（公元 98—117 年），曾有罗马史家记录了从印度来到罗马的使团。① 阎膏珍也决定开始发行自己的金币。

　　阎膏珍进行了货币改革。在阎膏珍之前，贵霜基本沿袭了印度—希腊王国的货币传统，采用银币和铜币复本位货币制度。前面说过，印度—希腊王国采用的是印度标准的银币和铜币。银币的基本币种为

①　[匈] 哈尔马塔主编：《中亚文明史（第二卷）：定居文明与游牧文明的发展》，徐文堪、芮传明译，中译出版社 2016 年版，第 239 页。

四德拉克马，重9.68克，还包括德拉克马、1/2德拉克马。铜币的基本货币为二查柯，重5克左右，还包括八查柯、四查柯与查柯。

阎膏珍时期，开始采用罗马银币的名称发行金币。贵霜是印度地区第一个发行金币的国家。① 阎膏珍时期发行的金币，采用的是奥古斯都时期的标准，即1/40罗马磅，实际重量为7.95克。但是，贵霜的金币并不采用罗马帝国金币的名称，即奥里斯，而是采用罗马帝国银币的名称，即狄纳里，中文可译为第纳尔。② 阎膏珍发行的金币，包括15.5克左右的二第纳尔，7.95克的第纳尔，以及2.0克左右的1/4第纳尔。

阎膏珍继位后，以罗马银币的名称命名自己的金币，同时统一了钱币的纹饰，开创了贵霜式的钱币。

阎膏珍发行的钱币最初只有希腊语币文，后来加上了佉卢文，成为双语币文。钱币上的阎膏珍，身着伊朗式的长袍——卡弗旦（Kaftan），开胸长及膝盖，质地为丝绸，薄而透明，衣袖有紧袖和宽袖两种，宽袖只见于中后期发行的钱币上，袍底折边是平行的，中后期出现弧形袍底折边；袍内穿圆领衫，褶皱长裤，腰间有皮带；脚穿长头靴，型式特殊。钱币上的君王左手执权杖，右手深入祭坛作供养状。祭坛后有三叉戟，戟杆中部坎上月牙状战斧，无飘带。君王像左边有族徽。最初的钱币背面没有币文，但是有一圈圆点和黍秆的外缘，这种外缘常见于希腊人的钱币。圈内为湿婆和瘤牛，左边有"圣牛足迹"的徽记。阎膏珍最初发行的这种铜币，采用的是希腊阿提卡标准，重量为16.5—17克。③ 这种最初在巴克特里亚打制的铜币，从纹饰上

---

① ［英］Joe Cribb、Barrie Cook、Ian Carradice：《世界各国铸币史》，刘森译，中华书局2005年版，第348页。

② R. A. G. Carson, *Coins of the Roman Empire*, Routledge, 1990, p. 231.

③ 杜维善：《贵霜帝国之钱币》，上海古籍出版社2012年版，第23页。

看，已经奠定了贵霜钱币的基础。

币 11－16　贵霜阎膏珍四德拉克马铜币

　　注：钱币的正面为阎膏珍向左的站立像，右侧有族徽，四周为希腊语币文 "BACIΛEYC BACIΛEΩN CWTHP MEΓAC OOHMO KAΔΦICHC"（众王之王，大救星，维马·卡德菲斯）；背面为站着的湿婆，身后为瘤牛，左边为圣牛徽记。

　　接下来的贵霜其他君王的钱币，正面都为贵霜风格的君王像，而背面则为贵霜王朝的各种神祇，这种币制就正式确立下来。

　　在重量上，阎膏珍也开启了以 8 克左右为金币基本重量的标准，这种重量标准也一直在贵霜王朝延续下去。

十二、贵霜—萨珊的贵霜式货币

　　贵霜—萨珊的货币，大部分是一种杯子状（cup-shaped）的金币。这些金币将来自波斯萨珊帝国的图案与贵霜的货币传统混合在一起。①萨珊帝国的货币自成体系，沿袭了波斯祖先的传统，与安息王朝一样，银币的主要单位为德拉克马，重量约为 4 克，含银量较高。金币则与

---

　　①　John M. Rosenfield, *The Dynastic Arts of the Kushans*, University of California Press, 1967, p. 117.

罗马的奥里斯相仿，重量约为 7 克，称为第纳尔。后来罗马帝国发行新的金币索利多，萨珊效仿其发行了 4.5 克重的第纳尔金币。萨珊的铜币种类稀少，可以分为两类：一类是阿尔达希尔一世和他的继任者发行的，体积较大，外表美观；另一类是体积较小的一种铜币，在沙普尔二世之后鲜有发行。萨珊王朝银矿匮乏，他们以此前安息王朝的德拉克马银币做坯子，将其锻造成薄片，这样一来此前的币文和纹饰就不见了，之后再用本朝模具打制成新的银币。① 萨珊钱币的正面通常为君主的半身像，因各位君主王冠的不同，可以比较方便地分辨出钱币的归属；背面通常为琐罗亚斯德教的祭坛或是其他宗教场面的纹饰。

　　贵霜钱币对贵霜—萨珊的钱币也有深远的影响。因为我们可以看到许多源自波调时期钱币的萨珊沙钱币。尤其是波调的湿婆瘤牛纹饰的钱币，对贵霜沙钱币的影响非常大。

币 11 - 17　贵霜沙奥尔米兹德第纳尔金币

　　注：钱币的正面为贵霜服饰的王，头发为伊朗式，王一手持权杖，一手作祭祀状，希腊文贵霜语币文 "ΩΥΡΟΜΟΖΔΟ ΟΟΖΟΡΚΟ ϷΑΟΝΑΝΟϷΑΟ ΚΟϷΑΝΟ"（奥尔米兹德大帝，众王之王，贵霜）；背面为湿婆与瘤牛，但是湿婆是有胡子的。

————————

　　① ［英］大卫·赛尔伍德、飞利浦·惠廷、理查德·威廉姆斯：《萨珊王朝货币史》，付瑶译，中国金融出版社 2019 年版，第 10 - 13 页。

尽管钱币上的王的称谓有了变化，服饰也有了变化，湿婆还长出了胡子，但是仍然无法否认它与波调钱币的紧密传承关系。

币 11 – 18　贵霜沙奥尔米兹德第纳尔金币

　　注：钱币的正面为萨珊式着装的王，头戴狮子盔，头发为伊朗式，长长的胡须下面套着一个戒指，王一手持权杖，一手作祭祀状，希腊文贵霜语币文 "ΩΥΡΟΜΟΖΔΟ OOZOPKO þAONANOþAO KOþANO"（奥尔米兹德大帝，众王之王，贵霜）；背面为湿婆与瘤牛，但是湿婆是有胡子的。

　　从这种类型的钱币也可以看出，钱币正面的王像正在逐渐伊朗化。

十三、寄多罗—贵霜货币

中国史籍对中亚的记载一直没有中断。《魏书·西域传》载：

　　大月氏国，都卢监氏城，在弗敌沙西，去代一万四千五百里。北与蠕蠕接，数为所侵，遂西徙都薄罗城，去弗敌沙二千一百里。其王寄多罗勇武，遂兴师越大山，南侵北天竺，自乾陀罗以北五国尽役属之。

　　根据《魏书》的记载，在公元 5 世纪时，有一个名叫寄多罗的大月氏王，因为被北方的蠕蠕（柔然）侵伐，故而向西迁徙至薄罗城。由于中国古人习惯称贵霜人为大月氏，故而，寄多罗王是否为贵霜王亦是一个疑问。

　　从时间上来看，《魏书》中关于西域情况的记载，主要依据的是北魏太延年间董琬、高明关于西域的报告。他们归国的年份是公元437年，这应当是寄多罗王相关事迹的时间下限。[①] 公元230年左右，萨珊就开始攻伐贵霜人的西部领土，并且在当地设置贵霜沙作为地方统领。因此从那时开始，贵霜人在兴都库什山以北的势力应当已经逐渐退却。按照《魏书》的记载，寄多罗王居于贵霜（大月氏）国都故地"卢监氏城"，并且兴师越过兴都库什山，攻取犍陀罗以北地区。从这一点来看，他应该不是来自印度河东边的东贵霜人。

　　此外，寄多罗王也不应是贵霜—萨珊的贵霜沙。西方史籍也曾多次提到这个寄多罗王。其中，拉丁作家阿米安努斯·马尔塞来努斯记载了公元350年，匈尼特人，即寄多罗人作为萨珊君主沙普尔二世的盟军在叙利亚进行了战斗；希腊作家称其为寄多罗匈人，即"称为寄多罗的匈人"；在印度编年史中称他们为匈那人；在亚美尼亚文献中称他们为匈卡人和贵霜人。[②] 在这些记载中，萨珊王朝并没有将寄多罗看作属国的统领，而是将其与匈奴人等同。

　　从钱币学证据看，寄多罗人曾短暂在索格底亚那出现过。有寄多罗名字的钱币，是在撒马尔罕制造的，但是数量很少。他们还仿照萨珊王朝的钱币制造自己的钱币。这时，萨珊王朝有可能是寄多罗国家的宗主国。[③] 但是，寄多罗国在后来应当是攻占了贵霜—萨珊国，因为公元438年左右，萨珊君主伊嗣俟一世即位后，曾表示要"远征东

　　① 余太山：《贵霜史研究》，商务印书馆2015年版，第101页。
　　② ［俄］李特文斯基主编：《中亚文明史》（第三卷），中译出版社2017年版，第107页。
　　③ ［俄］李特文斯基主编：《中亚文明史》（第三卷），中译出版社2017年版，第109页。

方，再次平定贵霜人的国家"。伊嗣俟一世"突然侵入也被称作贵霜人的匈人的国家，战争持续了两年，却未能征服他们"。这些都被亚美尼亚史籍所载。[①]

此后，由于匈奴人的侵伐，寄多罗王无奈西迁，他应当是丧失了兴都库什山以北巴克特里亚地区和索格底亚那地区的领土，但是还保有兴都库什山以南的东部领土。《魏书·西域传》载：

> 小月氏国，都富楼沙城。其王本大月氏王寄多罗子也。寄多罗为匈奴所逐，西徙后令其子守此城，因号小月氏焉。在波路西南，去代一万六千六百里。先居西平、张掖之间，被服颇与羌同。其俗以金银钱为货。随畜牧移徙，亦类匈奴。

总体而言，有学者考证，寄多罗有可能兴起于贵霜—萨珊衰落之际，在统一吐火罗斯坦后兴师南下，征服了犍陀罗以北五国。其后，由于嚈哒人入侵，寄多罗不敌，遂率部西徙。[②] 由于嚈哒人的阻隔，寄多罗国家一分为二，西部的是大月氏国，都城在薄罗城；寄多罗王的儿子在富楼沙城建都，为小月氏国。

如前所述，《魏书·西域传》载，小月氏国"其俗以金银钱为货"。从考古发现的可以初步被确定为寄多罗国的货币来看，的确是这样的。

寄多罗王朝货币的总体特点是，他们在每个被征服的地区采用当地的货币。因此，目前被发现的可以被称为寄多罗王朝的货币，可以分为以下四类：第一类是寄多罗人在索格底亚那发行的小银币。这些小银币仿照早期索格底亚那的货币设计，正面是脸向右的统治者头像，并且有索格底亚那文字写的"kydr"（寄多罗）；背面是弓箭手的立像。

---

① 余太山：《贵霜史研究》，商务印书馆 2015 年版，第 102 页。
② 余太山：《贵霜史研究》，商务印书馆 2015 年版，第 124 页。

第二类是在吐火罗斯坦发行的狄纳里金币。这些金币是仿制的贵霜—萨珊王朝的样式，但其渊源可以追溯到波调时期的湿婆与瘤牛纹饰的金币。寄多罗王朝在吐火罗斯坦发行的金币上有贵霜语的币文"ΒΑΓΟ ΚΙΔΡΟ ΟΟΖΟΡΚΟ ΚΟþΑΝΟ þΑΥΟ"（神，寄多罗大帝，贵霜沙）。第三类是在犍陀罗及其周围地区发行的萨珊式银币。这些银币的正面是统治者向右或向前的半身像；背面则是萨珊钱币的传统样式——两个站立的人中间有一个火坛。铜币也是这样设计的。这些萨珊式钱币，据推测是造币厂的工匠在寄多罗被嚈哒人赶出吐火罗斯坦后来到犍陀罗地区制造的。[①] 第四类是在印度发行的狄纳里金币。其是模仿贵霜波调时期金币背面为阿尔多克修纹饰的那一种，但是这些钱币的正面则用婆罗米文标注了统治者的名字。[②]

第四类在印度发行的金币，被包含在一组用婆罗米语书写的"Gadahara"的钱币中。这组钱币源自波调时期背面为阿尔多克修的纹饰的狄纳里金币，重量约为 7.8 克，但是钱币上没有贵霜语币文。"Gadahara"是指一个国王还是一个王朝名没有明确的答案。"Gadahara"系列钱币有一个共同的特点，就是在正面肖像的手臂下面，都会有另外的婆罗米语铭文，包括"Yasada""Piroz""Kirada"和"Samudragupta"。其中，"Yasada"与"Samudragupta"这两个名字应当属于另一个王朝——笈多王朝。"Kirada"则广泛被认为是寄多罗，"Piroz"则是"Kirada"的儿子。

---

① ［英］约翰·马歇尔：《塔克西拉》，秦立彦译，云南人民出版社 2002 年版，第 1142 页。

② ［俄］李特文斯基主编：《中亚文明史》（第三卷），中译出版社 2017 年版，第 117－120 页。

币 11－19　寄多罗—贵霜第纳尔金币

注：钱币的正面为戴着王冠、衣着华丽的君王的立像，左手持权杖，右手作祭祀状，右边为婆罗米语币文"*Gadahara*"，手臂下为婆罗米语币文"*kirada*"（寄多罗？），左边为婆罗米语币文"*kushana*"（贵霜）和"*ru*"；背面为坐着的阿尔杜克修手拿丰饶角，右侧空白处有婆罗米语币文"*yasha*"，左边有族徽。

　　寄多罗王朝也按照当地的习惯发行铜币。作为日常生活中的小额货币，铜币的发行量较大①。这些铜币在嚈哒人到来前以及到来后的很长一段时间都在流通②。

　　总体来说，寄多罗人和丘就却一样没有意识到铸币的政治意义。也正因如此，绝大多数寄多罗王朝的铜币上并没有统治者的名字。但是寄多罗人的货币系统并没有干扰处于其统治之下的当地人的经济生活，相反形成了保持当地贸易已有传统的有利条件③。

十四、嚈哒币

　　嚈哒人是公元 4 世纪出现在中亚地区的游牧民族。我国史书《梁书·滑国传》《北史·嚈哒传》都曾有所记载。西方学者称嚈哒人为

---

　　①③　［俄］李特文斯基主编：《中亚文明史》（第三卷），中译出版社 2017 年版，第120 页。

　　②　［英］约翰·马歇尔：《塔克西拉》，秦立彦译，云南人民出版社 2002 年版，第1137 页。

"白匈奴"，此因该民族白色皮肤、身材高大。公元 5 世纪中期，嚈哒人开始了征伐扩张，南下占领了贵霜王朝的巴克特拉。此后嚈哒人不断与萨珊波斯作战并取得胜利。嚈哒人势力最大时，曾臣畜和田、喀什、塔里木盆地南北两道小国，并南下兴都库什山，占领喀布尔河谷、犍陀罗、旁遮普，其版图曾一度超越贵霜王朝。公元 6 世纪中期，嚈哒人不敌萨珊与突厥人联军，从此在历史中消失。

《周书·异域传下》说嚈哒人"其俗有兄弟共娶一妻"。在阿富汗巴克特里亚出土的文书中，有一份完整的婚姻文书，该份文书既记载了兄弟共娶一妻的习俗，又记载了其中的货币使用情况。如下：

（兹于）110 年 Ahrezhn 月 Abamukhwin 日晚，此婚姻契约写于[2]Rob 城名为 Steb 的辖区，[3]经 Asteb 之自由民，证人（及）（在文件上）盖印者认定，彼等亲见本文件并[4]于此签名，未亲见本文件者，签（名）于另一写本，[5]（即）当辖区长官 Wind-ormuzd Kulagan 之面，[6]当 Waraz-ormuzd Khwasrawgan 之面，当 Abdabuk Pabugan 之面，当 Aspal-mir[7]Yolikan 之面，当工匠大师 Bag-bandag 之面，以及当其他 Steb 自由民，[8]证人（与）（在文件上）加盖（自己）印章的人之面。（因而该）声明是自由且自愿的，由（我），Zamod 之子 Bag-farn,[9]以及（我等），Bag-farn 的亲生儿子 Bab 和 Piduk，他们二人现与[10]Ninduk Okhshbadugan 一起自由服役——做出。现在：我，Bag-farn，要求你,[11]Far-wesh，和你，Nog-sanind，以这位名叫 Ralik 的女士，为拥有充分权力的儿媳,[12]（作为）（我的）儿子们，Bab 和 Piduk 之妻，因此，我 Bag-farn，将[13]把这里记述的名叫 Ralik 的女士视为儿媳，当作儿媳对待，在我们现有的每个家,[14]以及我们将建立的家庭里，都将作为儿媳对待,[15]正如世俗的既定惯例。和（由我们），Bab 和 Piduk 做出的声明。我们接受[16] Ralik——我，Bab，和（我），Piduk——（为）妻，当作妻子对待，在我们现有每个家[17]以及我们将来建立的家里，（当作）拥有权力的女人，正如世俗既定之惯例。[18]我，Bab，和我，Piduk，将无权使另一个（女人）成为（我们的妻子），亦不能[19]占有一个自由的（女人为）妾，而 Ralik 未同意此事；若我，Bab，或我，Piduk[20]使另一个（女人）成为（我们之）妻，或占有一个自由的（女人为）妾，而 Ralik 未同意，那么[21]（我们）将给予皇家财库 20 狄纳里金币，并给予对方同样数量。[22]该声明由（我们）Muzda-waninnd 之子 Ninduk、Ninduk 之子 Yamsh-bandag 与 Pap 及 Yat 做出，[23]他们的房屋名为 Okhshbadugan，我们自己请求 Ralik，[24]关于此事，我们一致同意，（我们）将无权——我 Ninduk，我 Yamsh-[25]bandag，我 Pap，以及我 Yat——指派责任和任务给 Ralik，亦不能指派（给）任何将来由 Ralik 生育的孩子。[26]若 Ralik 生育儿子，她将独自拥有，[27]她亦可使他如（他的）祖父和父亲一样自由（履行）义务;[28]若生育女儿，即使父、母及家族同意送出（她），那么[29]他们可以送出她。若我 Ninduk，或我 Yamsh-bangdag，或我 Pap，或我 Yat，未这样做，[30]或若（我们）指派责任和任务给 Ralik，或（我们）如此要求，[31]关于 Ralik 之后代们，（孩子）做我们的婢女或奴隶，而非自由服役[32]如同（它的）祖父和父亲，那么（我们）将给予皇家财库 20 狄纳里金币之罚金，[33]并给予对方同样之数额，我们的要求与争论亦因此无效。[34]嫁妆（包括）一条毛毯、一直枕头、一……、……外衣、一……、[35]两只手镯、两……、三双鞋子、两口羊、……三量度器

［小麦］。³⁶……①

从这份出土文书中我们可以看出，在婚姻文书中，金钱可以作为一种保证存在。如果夫再娶妻或是未经妻同意纳妾，则需要向对方支付违约金 20 第纳尔，并同时支付给政府 20 第纳尔作为罚金。如果按照当时 1 第纳尔重 7.8 克计算，40 第纳尔重 312 克，这在今天也不是一个小数目。

从这份婚姻文书中也可以看到当时一个有趣的婚姻习俗，也就是 Ralik 嫁给了 Bab 和 Piduk 兄弟二人为妻。一妻二夫，并且还不许可再娶妻纳妾，的确是一个不常见的婚姻制度。这种婚姻制度，中国史籍曾认为是嚈哒人的。

嚈哒人没有形成自己独立的钱币体系，现存主要为银币，通常为重 3.5 克的德拉克马。嚈哒币包括仿萨珊钱币、仿贵霜钱币以及萨珊戳记币，但也有包含自身民族特色的"阿尔雄"型嚈哒币和"那色波"型嚈哒币。

十五、笈多王朝币

笈多王国是贵霜王朝衰落之时，从印度的恒河河间地区下部兴起的政权。② 公元 320 年左右，笈多王国第一位重要的国王旃陀罗·笈多即位，并开始自称"众王之王"。很明显，这个名字来自贵霜人。

旃陀罗·笈多在即位初期迎娶了栗呫婆人的公主鸠摩罗·德维。

---

① ［英］尼古拉斯·辛姆斯－威廉姆斯：《阿富汗北部的巴克特里亚文献》，兰州大学出版社 2014 年版，第 217－219 页。注：上角数字代表原文的行数。

② ［俄］李特文斯基主编：《中亚文明史》（第三卷），中译出版社 2017 年版，第 175 页。

栗呫婆人是公元 4 世纪初期统治摩揭陀地区的古老氏族。[①] 旃陀罗·笈多对这次联姻非常自豪，他发行了一种王与后双人币。这说明旃陀罗·笈多很快就明白了铸币的政治意义。

币 11 - 20　笈多王朝旃陀罗·笈多一世第纳尔金币

注：钱币的正面为旃陀罗·笈多与鸠摩罗·德维的立像，王与后深情地对视，王的头后有光圈，左边为婆罗米语币文 "*Sri Kumaradevi*"（斯里鸠摩罗·德维），右边为婆罗米语币文 "*Chandra/gupta*"（旃陀罗·笈多）；背面为女神（杜尔加？）坐在一头卧着的狮子上，手持丰饶角和法器，右边为币文 "*Lichchhavayah*"（栗呫婆人之女）。

公元 350 年旃陀罗·笈多去世后，沙摩陀罗·笈多继承了王位。沙摩陀罗·笈多在位时，笈多王朝直接的控制区域限于恒河流域，与此同时，沙摩陀罗·笈多同前任国王一样要征服王国西部的塞种人。[②]

公元 375 年旃陀罗·笈多二世继承了沙摩陀罗·笈多的王位，在位大约 40 年。旃陀罗·笈多二世时是笈多王朝的鼎盛时期，他开始自称"超日王"（*Vikramah*）。

旃陀罗·笈多二世之后是鸠摩罗·笈多和塞建陀·笈多。公元

---

①② ［俄］李特文斯基主编：《中亚文明史》（第三卷），中译出版社 2017 年版，第 176 页。

467 年塞建陀·笈多去世后，在嚈哒人的反复入侵之下，笈多王朝逐渐走向衰落。此后笈多王朝的历史就不再清晰。公元 6 世纪中叶，笈多王朝最终解体。①

笈多王朝发行了大量金币，以至于每个时代的诗人都把这一现象比喻为"金雨"。② 但这些"金雨"很明显源于贵霜人的金币，更确切地说，源于贵霜王朝波调时期的阿尔多克修纹饰的第纳尔金币。

币 11－21　笈多王朝沙摩陀罗·笈多第纳尔金币

注：钱币的正面为向左站着的国王，右手持揭路荼（金翅鸟）权杖，左手持权杖，手臂下有婆罗米语铭文"*Samudra*"（沙摩陀罗），右侧为半圆状婆罗米语币文；背面为坐在宝座上的拉克希米女神，手持丰饶角和法器，右边为婆罗米语币文"*Parākramah*"（英勇的战士）。

在笈多王朝早期的钱币上，正如前述的沙摩陀罗·笈多的金币，在重量上与贵霜时期的相仿，为 7.5 克左右。钱币正面为祭祀的国王，与贵霜钱币上的国王非常相似，穿着和贵霜王一样的长外套和裤子，但是已经不再戴贵霜人的尖帽，而是改戴印度的王冠。贵霜

① ［俄］李特文斯基主编：《中亚文明史》（第三卷），中译出版社 2017 年版，第 178 页。

② ［印］帕尔梅什瓦里·拉尔·笈多：《印度货币史》，石俊志译，法律出版社 2018 年版，第 70 页。

人手中的三叉戟换成了笈多人手中的揭路荼——这是笈多王朝的族徽。① 钱币上的币文全部改为婆罗米语，这一点在贵霜王朝晚期就已经出现。钱币的背面，尽管看上去仍然很像贵霜钱币上的阿尔多克修手持丰饶角，但实际上是印度教的拉克希米——毗湿奴的妻子，也是象征财富的女神。钱币背面不再写神祇的名称，而是写国王的尊称。

笈多王朝的金币在贵霜王波调的阿尔多克修纹饰金币的基础上发展出了自己非常独特的金币类型，尽管正面仍然为站立的王像，背面仍然为坐着的女神，但是钱币纹饰的雕刻更加生动并且赋予立体感。一方面，在贵霜王朝时期，发达的犍陀罗艺术对贵霜钱币上的纹饰雕刻并未产生实质性的影响；但是在笈多王朝时期，源自马图拉的雕刻艺术显然在钱币上产生了非常大的影响。另一方面，在笈多王朝时期，印度教成为王朝最重要的宗教，只是与贵霜人崇拜湿婆有所不同，笈多人更加尊崇印度教中的另一位大神毗湿奴。笈多王朝钱币的纹饰上未见印度教以外的神祇，印度教的宗教雕刻艺术也因此能够产生更大的影响。

笈多王国的钱币在制作上要优于贵霜钱币，而且更具独创性。② 钱币正面并不局限于王的立像——这也是打破了贵霜晚期金币上王像的传统。许多生动的画面刻画了王丰富多彩的一面，如骑战象，猎狮子、猎犀牛，或是骑马的图案。钱币背面，则大多数为拉克希米的纹饰，但也远远超出了贵霜钱币上为坐在宝座上的女神这种单一的形式。总体而言，贵霜阿尔多克修纹饰的金币只是在源头上促成了笈多金币的产生，但最终它仅为笈多众多钱币样式中的一种而已。

---

①② ［印］帕尔梅什瓦里·拉尔·笈多：《印度货币史》，石俊志译，法律出版社2018 年版，第 70 页。

十六、粟特币

粟特，即索格底亚那，是古代生活在阿姆河与锡尔河之间的泽拉夫尚河流域的民族。由于其地处中西文明交汇之处，所以深受东西方文明的影响。历史上，粟特曾是波斯阿契美尼德王朝的一个行省，后来又受希腊—巴克特里亚王国、帕提亚王国、贵霜王朝、萨珊王朝、嚈哒王朝的控制。但作为东西贸易要冲，其商贸一直十分发达。以上诸种因素综合影响，使粟特币呈现出杂乱、多样的色彩。

粟特币前期为打制币，仿制希腊式钱币。通常为银币，重量从1克到8克不等。通常正面为王像，背面为神祇。

随着粟特民族力量的不断强大，公元5世纪左右，粟特人开始发行比较稳定的货币，7世纪日臻完善。该种货币仿唐朝开元通宝，为圆形方孔钱。

粟特圆形方孔钱重量通常为1—3克，直径约25毫米。正面方孔两侧为徽记，背面为粟特文王名。

十七、汉佉二体钱

汉佉二体钱，亦称和田马钱，是汉代西域国家发行的一种双语币。

从外形上看，这种钱币反映了鲜明的中外交流的历史印记。一方面，钱币正面为马的纹饰，四周为通行于中亚地区的佉卢文；另一方面，钱币背面为汉字，并按大小标明"重廿四铢铜钱"和"六钱铢"。

第一，我们从重量方面来考察。汉代1斤=250克=16两，1两=15.625克；1两=24铢，1铢=0.651克。因而，汉代五铢钱理论重量为3.26克，而"重廿四铢铜钱"的汉佉二体钱理论重量为15.625克，

"六铢钱"理论重量为 3.9 克。现实中，研究表明，"重廿四铢铜钱"的实际重量在 18.50—22.30 克；"六铢钱"的实际重量在 3.81—4.18 克。①

第二，从时间和地域上看，汉佉二体钱归属于西汉末年东汉初期的莎车国与于阗国，因为钱币上的佉卢文显示"shatiraja"（莎车王）和"yutiraja"（于阗王）。

第三，汉佉二体钱不似汉地为铸造的铜币，而是打制的铜币。从纹饰上看，汉佉二体钱正面纹饰为典型的中亚塞种人钱币风格的骏马和双峰驼，四周环绕着佉卢文；背面为花式写法的汉字，如"平六字""穴六字""大六字""元六字"。因而，从制币工艺和纹饰艺术特点来看，汉佉二体钱模仿中亚钱币的成分更高。

第四，从钱币上的佉卢文上来看，其中有一个称谓是"maharaja rajatiraja"（大王、众王之王）。"maharaja"是一个源自希腊的称谓，在希腊化时期，希腊—巴克特里亚王国的国王就开始自称"大王"，如攸克拉提德斯。后来的阿波罗多斯、米南德等均自称"大王"。"rajatiraja"则是一个源自波斯的君王称号，此称谓流传到中亚，被贵霜诸王采用，并且成为贵霜诸王钱币上鲜明特征。由此可见，打制汉佉二体钱的莎车王、于阗王，采用了中亚对君王的惯常称谓。值得注意的是，与此同时，贵霜王丘就却还在钱币上自称"天子"。但汉佉二体钱上并没有出现。有学者认为，此种区别表明，贵霜当时希望与汉朝平起平坐，因而也自称"天子"；而莎车、于阗受汉朝管辖，不敢妄称"天子"。②

---

①　周侗：《汉佉二体钱（和田马钱）新探》，河北人民出版社 2018 年版，第 21 - 22 页。
②　袁炜：《从汉佉二体钱上佉卢文铭文看于阗国与东汉、贵霜的关系》，载《中国钱币》2016 年第 4 期。

第五，从重量上看，此种汉佉二体钱已经明确标识了与汉地五铢钱的兑换关系，即"六铢钱"与五铢钱的兑换关系为6：5，而"重廿四铢铜钱"与五铢钱的兑换关系为24：5。有学者指出，汉代1锱＝6铢，此处正好符合"六铢钱"的本意，即"六铢钱"的重量为1锱，等于3.9克；而汉代1两＝24铢，此处正好又符合"重廿四铢铜钱"的本意，即"重廿四铢铜钱"的重量为1两，等于15.6克。① 然而，不无疑问的是，既然汉佉二体钱希望能够与汉地五铢钱直接兑换，甚至连兑换关系都写明，为什么不直接采取五铢的重量？联系当时的历史背景，或许汉佉二体钱采用的是贵霜币制的德拉克马的重量和四德拉克马的重量。如前所述，"重廿四铢铜钱"的理论重量是15.625克，但实际重量在18.50—22.30克，高出了理论重量，这大约符合阎膏珍时期四德拉克马铜币的重量；"六铢钱"的理论重量是3.9克，但实际重量在3.81—4.18克，这也符合阎膏珍时期德拉克马的重量。从货币理论上来讲，一般都是理论重量高于实际重量，很少出现实际重量更高的情况。结论可能是，汉佉二体钱实际重量是为了与贵霜的四德拉克马和德拉克马铜币保持一致。我们可以设想汉佉二体钱与贵霜的四德拉克马铜币或德拉克马铜币可以直接同种类钱币兑换。但是，汉代黄金1斤可换10000枚五铢钱，也就是值50000铢。汉佉二体钱要用30铢铜币（按照18.50—22.30克的中间值）换取24铢铜币的价值，也就是每1斤黄金要多付出417铢铜。这一点，既可以解释为西域与中原之间的黄金差价，也可以解释为两地之间的汇率。

---

① 周偈：《汉佉二体钱（和田马钱）新探》，河北人民出版社2018年版，第146页。

十八、翕侯

翕侯是贵霜领袖最初的名字，也是他们在钱币上的自称。

"翕侯"是塞种人的一种贵族称谓，类似于中原地区的"王"。最早见于记载者为乌孙的布就翕侯，其时间在公元前 177 年以前不久。康居亦有翕侯，可见于《汉书·陈汤传》（字作"歙"）的记载。在后来的突厥语民族中也出现过类似的称谓，即"叶护"。在中原地区，早在尧帝时代，也曾出现过类似的称谓。《汉书·五帝本纪》载："乃命羲、和，敬顺昊天，数法日月星辰，敬授民时。"其中，"羲和"的称谓与"翕侯"音似。

贵霜王朝始于贵霜翕侯丘就却攻灭其他四翕侯。《后汉书·西域传》载：

> 贵霜翎侯丘就却攻灭四翕侯，自立为王，国号贵霜。

考古发现的"贵霜翕侯丘就却"的钱币也印证了中国史籍的记载（见表 11 - 2）。

表 11 - 2　丘就却钱币上的翕侯①

钱币类型	地点	语言	文字	翕侯（属格形式）
仿赫尔马攸斯	贝格拉姆	犍陀罗语 印度雅语	佉卢文 佉卢文	yavugasa yavuġasya
奥古斯都头像	塔克西拉	希腊语	希腊文	ZAOOY（zaöou）
		犍陀罗语	佉卢文	yaüasa

---

① ［英］克力勃：《丘就却及其贵霜翎侯头衔》，袁炜译，载《吐鲁番学研》2019 年第 1 期。

续表

钱币类型	地点	语言	文字	翕侯（属格形式）
国王坐像		犍陀罗语	佉卢文	yaüasa
武士	不明	犍陀罗语	佉卢文	yaüsa
"赫拉欧斯"	巴克特里亚	希腊语	希腊文	HIAOY（ēiaou） HIAIOY（ēiaiou）

在贵霜翕侯时期的汉朝，"侯"作为一个爵位，通常和地名联系在一起，这意味着被授予"侯"的贵族，与封建制度有关。而《汉书》中提到的汉朝授予西域甚至更远处内亚贵族"侯"这一头衔，则是给这些贵族以尊敬的地位，并主要适用于受匈奴掠夺的一些贵族角色。如辅国侯、击胡侯和安国侯。在《后汉书》中，这些头衔的使用也有记录，并提及其他头衔，如汉朝授予忠诚的被暗杀的于阗王之子"守节侯"的头衔。有学者认为，"翕侯"这一称谓，并非地方贵族或地方王侯的意思，而是汉朝授予与汉朝结盟的游牧国家领袖的头衔，意为"同盟的贵族"。① 因此，"翕侯"的含义，可能并不仅仅是贵族称谓，还代表一种同盟关系。

十九、天子

《礼记·曲礼》曰："君天下曰天子。"郑玄注云："天下，谓外及四海也。今汉于蛮夷称天子，于王侯称皇帝。"在汉人的观念中，"天子"是针对四海蛮夷的称谓，是中原王朝"天下"体系中的最高领袖。

---

① ［英］克力勃：《丘就却及其贵霜翕侯头衔》，袁炜译，载《吐鲁番学研》2019年第1期。

贵霜王朝早在丘就却时期，佉卢文的币文中就出现了"*devaputrasa*"这一称谓，直译的话是"神之子"，但是更多学者倾向认为其是"天子"的意思。

唐代张守节所作《史记正义》中《大宛列传》中转万震《南州志》云，月氏"在天竺北可七千里，地高燥而远。国王称'天子'"。由此可见，月氏人自称"天子"已是为中国人所知的。

贵霜人自称"天子"，除了因其祖先来自中国，有效仿中国人的意思之外，还意在说明自己和汉朝是并列的关系。《汉书·西域列传》中明确记载：

> 最凡国五十。自译长、城长、君、监、吏、大禄、百工、千长、都尉、且渠、当户、将、相至侯、王，皆佩汉印绶，凡三百七十六人。而康居、大月氏、安息、罽宾、乌弋之属，皆以绝远不在数中，其来贡献则相与报，不督录总领也。

由此可见，贵霜从丘就却时期起，实力不断增强，兼并邻国，自此便以自己为中心，也仿效中国建立天下体系。自丘就却时起，历代贵霜君王均自称"天子"，直到迦腻色伽一世改革货币，统一采用"众王之王"的称谓。这一改变也可能与公元 1 世纪末期贵霜在与东汉的争霸中战败有关。

二十、大王

贵霜诸王钱币上经常出现的一个称谓就是"大王"。希腊语币文是"ΒΑΣΙΛΕΩΣ ΜΕΓΑΛΟΥ"；佉卢文币文（拉丁语转译）是"*Maharayasa*"。这个称谓，既是受到希腊传统的影响，又是受到印度传统的影响。

在希腊化时期，希腊—巴克特里亚王国的国王就开始自称"大王"，如攸克拉提德斯。后来的阿波罗多斯、米南德等均自称"大王"。塞种人王阿泽斯一世也自称"大王"。远在西边的安息国王米特里达梯二世也自称"大王"。实际上，称"大王"乃是波斯人的传统，其更远可追溯至波斯的阿契美尼德王朝，甚至更远的巴比伦王朝。但是，直接产生影响的，还是希腊人钱币上的"ΒΑΣΙΛΕΩΣ ΜΕΓΑΛΟΥ"（大王）。

我们知道，希腊语和梵语同属印欧语系。在印欧语系中有一个共同的词根"maga"，也就是表示伟大的意思。在希腊语中，这个词是"μεγαλου"；拉丁语中为"magnus"。在梵语中，类似的词根是"Mahā"。"Mahā"在汉语中常译为"摩诃"。《六祖法宝坛经·般若品第二》中说："何名摩诃？摩诃是大。""摩诃"在梵语中很常见，如《摩诃婆罗多》（Mahābhārata）。佛教中，"摩诃"一词更为常见，如"摩诃般若""摩诃迦叶"。在梵语中，"大王"就是"maharajasa"。印度—希腊米南德一世的四德拉克马银币正面的希腊语币文为"ΒΑΣΙΛΕΩΣ ΣΩΤΗΡΟΣ ΜΕΝΑΝΔΡΟΥ"（国王米南德，救世主），背面的佉卢文币文则为"maharajasa tratara"（大王，救世主）。从这个意义上说，贵霜人也有可能从希腊人那里间接地采取了印度人的称号。

二十一、中亚钱币上的"众王之王"

贵霜钱币上最具特色的币文就是"众王之王"。这个币文，用希腊语写是"ΒΑΣΙΛΕΩΣ ΒΑΣΙΛΕΩΝ"，佉卢文（拉丁语转译）为"rajadirajasa"，贵霜语为"þAO NANO þAO"。

"众王之王"可以追溯到古巴比伦王朝。公元前18世纪，巴比伦王朝的汉穆拉比在《汉穆拉比法典》中自称"众王之统治者""众王之神""众王之君主""众王之首"。波斯阿契美尼德王朝的大流士在贝希斯铭文中也称自己为"众王之王"。

在钱币上，最早可以追溯到公元前 110 年左右安息国王米特拉达提二世发行的部分钱币上的希腊语币文。亚美尼亚和本都国王都曾受安息影响，在不同的历史语境中自称"众王之王"，发行相应钱币。[①]希腊—巴克特里亚王国中，似乎只有攸克拉提斯曾在自己的钱币上自称"众王之王"。但是，在当时的塞种人王毛厄斯、阿泽斯、沃诺内斯的钱币上，也开始采用"众王之王"。贵霜王朝自丘就却时起就一直使用这个称谓。

钱币上"众王之王"的称谓无疑自波斯的安息王朝逐渐东传，通过塞种人的钱币，间接影响到贵霜人的钱币，以至于贵霜人之后的贵霜—萨珊钱币、寄多罗—贵霜钱币上也都有这个称谓。这个称谓源自西亚，盛行于西亚、中亚，甚至西域，我们可以将其看作雅利安人伊朗语族的一个特有的政治传统。当一个国家称霸一方时，君王采取这种称谓来昭示自己的帝国势力。

总体来说，钱币上"翕侯""天子""大王""众王之王"等称谓，不能仅仅孤立地看各自国家的内部，也要同时关注这个国家所处的时代及其与邻国的关系。例如，在约公元 210 年的东汉末年，鄯善王童格罗伽也以法卢文自称"大王、众王之王、伟大的征服者、具有道法者、王、童格罗伽天子"，是因为此时东汉和贵霜已经衰落，东汉势力退出西域，贵霜也无力染指塔里木盆地，故鄯善王才敢如此自称。公元 1 世纪末 2 世纪初，于阗国王以五铢钱和贵霜钱币为范本，发行

①　李潇：《帕提亚"众王之王"钱币的起源、发展及影响》，载《西域研究》2019年第 3 期。

了汉佉二体钱，其上自称"众王之王"，这说明了在汉佉二体钱铸行时，于阗国并不隶属于贵霜王朝，其与贵霜是一种平等的关系。而于阗国在铸行汉佉二体钱时没有使用原型钱币上"天子"一词，则说明于阗国作为汉朝的属国，不能使用与汉朝皇帝相同的称号。①

---

① 袁炜：《从汉佉二体钱上佉卢文铭文看于阗国与东汉、贵霜的关系》，载《中国钱币》2016 年第 4 期。

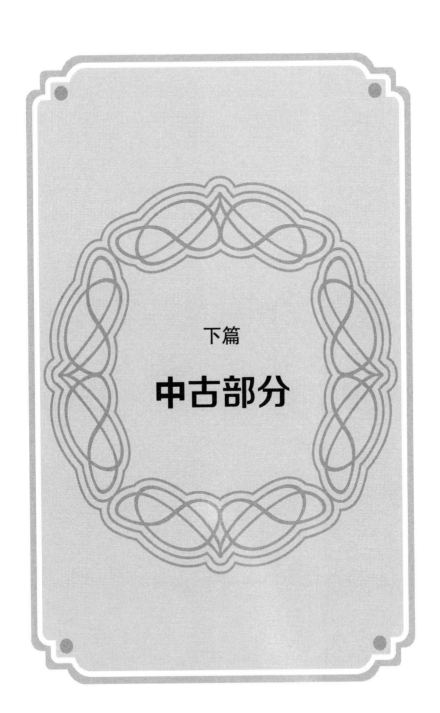

下篇

中古部分

中古中国

石俊志

我们将中国货币史的上古时期界定为自夏朝建立（公元前 2070 年），经历夏、商、西周、春秋战国，至秦始皇统一中国（公元前 221 年）为止的总共 1849 年；将中国货币史的中古时期界定为自秦始皇建立中央集权、皇帝专制的政治体制（公元前 221 年），至辛亥革命、皇帝专制制度结束（公元 1911 年）为止的总共 2132 年。

一、金布律

1975 年，考古发掘在湖北省孝感市云梦县睡虎地秦墓中发现秦律竹简《金布律》。

《金布律》是战国晚期秦国和秦朝的货币法律，是迄今为止我们知道的中国最早的货币立法。《金布律》的核心内容有三：一是政府制造的货币可以轻小、质量可以低劣，百姓必须接受；二是百姓制造的货币必须符合法律规定的定式、质量，否则禁止作为货币流通；三是规定了三币并行的货币制度。

《金布律》第1条规定：

> 官府受钱者，千钱一畚，以丞、令印印。不盈千者，亦封印之。钱善不善，杂实之。出钱，献封丞、令，乃发用之。百姓市用钱，美恶杂之，勿敢异。①

[官府收入钱币，以1000枚钱装为一畚，用其丞、令官员的印封缄。钱数不满1000枚的，也应封缄。钱质好的和不好的，应装在一起。出钱时，要把印封呈献丞、令验视，然后启封使用。百姓在使用钱币交易商品时，钱币不论质量好坏，要一起通用，不准对好坏钱币进行选择。]

这就是朝廷通过法令赋予铜钱特别是不足值的小钱或者磨损、残坏的劣质铜钱法定流通的能力。官府收取铜钱时，不得拒绝劣质铜钱。百姓交易用钱，也不得拒绝劣质铜钱。

《金布律》第2条规定：

> 布袤八尺，福（幅）广二尺五寸。布恶，其广袤不如式者，不行。②

[布的长度8尺，幅宽2尺5寸。布的质量不好，长宽不合标准，不得作为货币流通。]

百姓用麻织造的布币，尺寸不合规定、质量不好，不得作为货币流通。

---

① 睡虎地秦墓竹简整理小组：《睡虎地秦墓竹简》，文物出版社1978年版，第55页。

② 睡虎地秦墓竹简整理小组：《睡虎地秦墓竹简》，文物出版社1978年版，第56页。

《金布律》所制定的规则，是货币发展产生的必然规律。政府垄断制造的货币，依靠政府的信用充当货币职能，能够以此作为税收手段，可以不足值，因此呈现信用化的趋势；百姓分散制造的货币，依靠币材本身价值充当货币职能，必须足值，因此保持称量货币的性质。

《金布律》第 3 条规定：

> 钱十一当一布。其出入钱以当金、布，以律。①

[11 钱折合 1 布。如果出入钱来折合黄金或布，其折算比率应按法律的规定。]

《金布律》规定了政府制造的铜钱货币的行用规则和百姓制造的麻布货币的行用规则，百姓与政府之间收付黄金货币或者麻布货币，可以用铜钱折收，三者之间的比价有法律的规定。

政府规定了三种货币之间的法定比价，或者是法定比价的计算方法，便是确定了三币并行的货币制度。

二、三币制

秦始皇灭六国、统一天下，书同文、车同轨，统一度量衡，统一货币。秦始皇统一货币的方式，是将各诸侯国的各种货币废黜，专行战国晚期秦国的三币制——黄金、麻布和铜钱并行的货币制度。

司马迁说：

> 及至秦，中一国之币为（三）{二} 等，黄金以镒名，为上币；铜钱识曰半两，重如其文，为下币。②

---

① 睡虎地秦墓竹简整理小组：《睡虎地秦墓竹简》，文物出版社 1978 年版，第 56 页。

② 《史记》卷三〇《平准书》，中华书局 1959 年版，第 1442 页。

[到了秦朝，把全国的货币统一为三等，黄金以"镒"为单位，称为上币；铜钱铭文"半两"，重量与铭文相符合，称为下币。]

这段文字虽然说到将全国的货币统一为三等，却只提到二等——上币黄金和下币铜钱，缺少了中币用麻织造的"布币"，因此引起后世学者的许多争论。直到 1975 年，考古发掘在湖北省孝感市云梦县睡虎地秦墓中发现秦律竹简《金布律》，才证实了战国晚期秦国用麻织造的"布币"的存在。

秦始皇统一货币，并不是将所有货币统一为铜钱，而是将其他诸侯国的货币废黜，只留下战国晚期秦国的三种类型货币：一是黄金，是称量货币，交易时需要称量，称量单位是"镒"；二是布币，是原始数量货币，既可以用作货币，也可以用作衣料，交易时不需要称量，货币单位是"布"，标准形制为"布袤八尺，福广二尺五寸"；三是铜钱，铭文"半两"，是数量货币，交易时不需要称量，货币单位是"枚"。

然而，秦朝存在的时间甚短，只有 15 年，便在全国大起义的风暴中灭亡了。

三、榆荚半两钱

榆荚半两钱是指楚汉战争期间出现的一种小型半两钱。公元前 205 年，汉王刘邦开放百姓铸钱。

> 为秦钱重难用，更令民铸钱，一黄金一斤①。

秦朝是禁止百姓铸钱的。刘邦开放百姓铸钱，理由是"秦钱重难

---

① 《史记》卷三〇《平准书》，中华书局 1959 年版，第 1417 页。

用"。既然秦钱重难用，那就不必铸造像秦钱一样重的半两钱。并且，铸造小钱，百姓乐得从中渔利。于是，铜钱越铸越小，导致小钱泛滥。这一时期，所铸小型半两钱被后人称为"榆荚半两钱"。榆荚半两钱体轻薄、制恶小，形同榆荚。

公元前 202 年，楚汉战争结束，刘邦建立了汉朝，做了皇帝。此后，刘邦恢复了"盗铸钱令"，重申禁止百姓铸造铜钱的法令。然而，榆荚半两钱的泛滥却没有从此结束，反而愈演愈烈。榆荚半两钱的泛滥，历经刘邦、汉惠帝、吕后，直到汉文帝时期仍然没有得到解决。

　　荚钱益多，轻，乃更铸四铢钱，其文为半两，令民纵得自铸钱①。

公元前 175 年，汉文帝命令百姓自由铸造铭文"半两"的铜钱，法定重量四铢，官督民铸，终于解决了榆荚半两钱泛滥的问题。

四、二币制

从三币制转为二币制，发生在秦汉之际。秦统一天下，为商品市场的全国统一提供了条件，丝织帛的生产迅速发展，麻织布的使用出现萎缩。于是，麻织造的布币的衣料用途减少，布币的原始数量货币功能削弱。

麻织造的布币逐步退出市场的同时，丝织造的帛并没有能够接替麻织造的布币的原始货币职能，原因是帛的品种出现了多元化，帛素缯锦、绫罗绸缎，各式各样的丝织品出现了，不再像麻织造的布币那样品种单一、价值稳定。所以，帛没有能够接替布的原始货币职能。

---

① 《史记》卷三〇《平准书》，中华书局 1959 年版，第 1419 页。

但是，帛的衣料用途和财富储藏功能在汉朝是十分显著的。秦律中，麻织造的布币是作为法定货币的。汉律中，布帛不再作为法定货币出现。

汉朝实行二币并行的货币制度：黄金作为称量货币，交易时需要称量，称量单位是斤和两；铜钱作为数量货币，交易时不需要称量，货币单位是"枚"。

五、钱律

1983 年底 1984 年初，湖北江陵张家山二四七号汉墓出土了 1236 枚竹简，其中有久佚的汉律。律令简文中，有一枚简的背面，明文载有"二年律令"四字。经考证，二年律令中的"二年"当指汉高后二年（公元前 186 年）。二年律令中有《钱律》八条，其主要内容有三：一是保护政府制造的不足值铜钱的流通；二是禁止百姓销毁政府制造的铜钱；三是对伪造黄金者处以徒刑。

《钱律》第 1 条规定：

> 钱径十分寸八以上，虽缺铢，文章颇可智（知），而非殊折及铅钱也，皆为行钱。金不青赤者，为行金。敢择不取行钱、金者，罚金四两。[1]

[铜钱直径达到 0.8 寸以上者，虽有磨损，铭文可辨，而不是断碎或铅钱，都是流通法币。金不是伪金，就是流通法金。拒绝接受流通法币的，或拒绝接受流通法金的，应该接受处罚，罚金四两。]

《钱律》规定，法律打击的对象，不是使用劣质铜钱的人，而是

---

① 朱红林：《张家山汉简〈二年律令〉集释》，社会科学文献出版社 2005 年版，第 134 页。

不肯接受劣质铜钱的人，原因是这些劣质铜钱是政府制造的，依靠政府信用行使货币职能，而不是依靠币材本身价值行使货币职能。

《钱律》第 2 条规定：

> 故毁销行钱以为铜、它物者，坐臧（赃）为盗。①

［故意销毁法定流通的铜钱，将其熔为铜材料或制造成其他铜器物者，要按"盗"的罪名处罚。］

虽然汉代已经扭转了秦代重刑主义的立法思想，但对盗的处罚依然十分严厉。

《钱律》第 8 条规定：

> 为伪金者，黥为城旦舂。②

［对伪造黄金者的处罚为脸上刺字并罚做城旦舂的劳役。］

以其他金属假充黄金，即是伪金。黄金也是法定流通货币，所以，对伪造黄金者要处以黥刑及徒刑。42 年后，到了汉景帝中元六年（公元前 144 年），对伪造黄金者的处罚加重，处以死刑。《汉书·景帝纪》载：定铸钱伪黄金弃市律。③

六、白鹿皮币

公元前 119 年，汉武帝的军队与匈奴的军队进入决战，为了筹集军费，汉朝发行白鹿皮币，一张白鹿皮币法定兑换 40 万枚半两钱。

皇家苑囿中养着白鹿。杀鹿取皮裁成一尺见方，四周绣上水草文，

---

①②　张家山二四七号汉墓竹简整理小组：《张家山汉墓竹简》，文物出版社 2006 年版，第 35 页。

③　《汉书》卷五《景帝纪》，中华书局 1962 年版，第 148 页。

便是可以兑换 40 万枚半两钱的白鹿皮币。

"币"这个词的意思是礼品。白鹿皮币的用途也是作为礼品，并非作为价值尺度或者流通手段。所以，白鹿皮币并非真正意义上的货币。汉武帝发行白鹿皮币，旨在收敛钱财用于战争，而贵族们则是用白鹿皮币作为礼品。这种礼品并不是送出去的，而是贵族们拿在手里相互问候使用的。拿在手里的不仅是白鹿皮币，更重要的是白鹿皮币包裹着的玉璧。

汉武帝要向贵族们收钱，当然要找一些冠冕堂皇的理由。

根据《周礼·秋官·小行人》的记载，玉作为礼品使用，是与其他物品相配合共同构成的"币"。六种玉与六种物配合成为六种币，用来和好诸侯。圭配合以马；璋配合以虎豹皮；璧配合以帛；琮配合以锦；琥配合以绣；璜配合以黼。战国以后，人们苦于战争，苦于诸侯之间的尔虞我诈，百姓无所适从，无不渴望恢复周礼。汉武帝以恢复周礼为名，发行了白鹿皮币，自然无人反对。

但是，大农令（相当于当今的财政部长）提出意见：玉璧是主要礼器，价值数千枚半两钱，包裹玉璧的皮币定价 40 万枚半两钱，这岂不是本末倒置？大农令不配合，汉武帝很生气。于是，大农令被找出一个罪名处死了，罪名定为"腹诽"。腹诽的意思就是嘴上不说，而心怀不满。从此以后，大臣们就一味拍马屁，不再给汉武帝提意见了。

七、白金三品

公元前 119 年，汉武帝的军队与匈奴的军队进入决战，为了筹集军费，汉王朝发行白鹿皮币，用来向贵族收敛钱财。除了白鹿皮币，汉王朝还发行白金三品，用来向百姓收敛钱财。

汉武帝发行的白金三品，是使用皇室库存的白银和锡合铸的三种钱币。白金的形制为圆、方、椭，应合天、地、人，币上花文亦分三种：天用文龙、地用文马、人用文龟。文龙的白金钱币重量八两，每枚价值 3000 枚半两钱；文马的白金钱币重量略低，每枚价值 500 枚半两钱；文龟的白金钱币重量更低，每枚价值 300 枚半两钱。由于白鹿皮币和白金三品的材料都出自皇室，属于皇家财产，而不是出自朝廷财政的"大农"，因此通过兑换收敛的半两钱自然归皇家所有而非朝廷财政所有。汉武帝得到这些钱，主要用于赏赐将士、掌控军队，而支持战争的开支，还要靠朝廷财政和地方财政来解决，因此，发行白鹿皮币和白金三品的币制改革虽然搜刮了上至王族宗亲的私人财产、下至黎民百姓的民脂民膏，但仍然没有有效地解决战时财政的困难。相反，虚币敛财的做法更令民间经济遭受重创。百姓为谋生计，不得不铤而走险私铸"白金"，私铸"白金"人数多到以百万计。

　　　　自造白金五铢钱后五岁，赦吏民之坐盗铸金钱死者数十万人。
　　其不发觉相杀害者，不可胜计。赦自出者百余万人。然不能半自
　　出，天下大抵无虑皆铸金钱矣。犯者众，吏不能尽诛取①。

　　[开始铸造白金和五铢钱后的第五年，赦免官吏和百姓中因犯盗铸金钱而被判处死刑的人共数十万。没有被官府发觉却互相残杀的人不可胜数。赦免了自首的一百多万人。可是自首的人还不到一半，天下没有什么让朝廷忧虑的事情，只剩下盗铸金钱的事情了。犯法的人太多，官吏不能对其全部捕杀。]

八、五铢钱

　　汉武帝搞垮了半两钱制度，就改建五铢钱制度。这件事情被人们

----

①　《史记》卷三〇《平准书》，中华书局 1959 年版，第 1433 页。

称为"废两改铢"，即废黜半两钱，专行五铢钱。"废两改铢"并不是一下子做成的，而是经历了几个阶段的改革过程。

汉武帝发行白鹿皮币和白金三品的同时，还发行了三铢钱，这是"废两改铢"的第一步。此时的半两钱是文帝四铢，汉武帝发行的三铢钱实重3铢，文重相符，与文帝四铢钱并行流通。两币并行，各自代表的价值相同，所以引发了百姓对三铢钱的盗铸。第二年（公元前118年）：

> 有司言三铢钱轻，易奸诈，乃更请诸郡国铸五铢钱①。

［有关部门说，三铸钱轻，引发盗铸，所以奏请朝廷令各郡国铸五铢钱。］

五铢钱重，铸造成本过高，郡国铸造五铢钱是亏本的事情。所以，郡国五铢钱不仅质量低劣，夹杂铅锡，而且轻小，不足五铢。所以，公元前116年，大臣们又提出新的建议：

> 郡国多奸铸钱，钱多轻，而公卿请令京师铸钟官赤侧，一当五，赋官用非赤侧不得行②。

钟官是朝廷的铸钱机构，赤侧是说钱的周边颜色为红色。这种钱是中央朝廷铸造的，法定一枚兑换五枚旧钱。为了支持这种钱的市场价值，朝廷收税只收这种钱，不收其他种类的钱。人们为了纳税，不得不使用5枚兑换1枚的比例，用旧钱来换取钟官赤侧五铢钱。

到了公元前113年，战争已经结束6年，国家经济有了明显的好转，朝廷有钱了，就废止了各种旧币，统一由上林三官铸造合乎规制的五铢钱。

---

① 《史记》卷三〇《平准书》，中华书局1959年版，第1429页。
② 《史记》卷三〇《平准书》，中华书局1959年版，第1434页。

于是悉禁郡国无铸钱，专令上林三官铸。钱即多，而令天下非三官钱不得行。诸郡国所前铸钱皆废销之，输入其铜三官①。

从此，五铢钱制度正式建立，成为全国统一的钱币。

九、取息过律

汉武帝时期，法律规定了关于货币借贷的最高利率上限，放款人超过法律规定的利率上限收取利息，将会受到严厉的处罚。

汉武帝之前，中国古代的货币借贷常常是取一偿二，属于典型的高利贷。《管子》一书成文于西汉时期，对战国以来高利贷盘剥农民的情形做了如下描述：

凡农者月不足而岁有余者也，而上征暴急无时，则民倍贷以给上之征矣②。

[凡是从事农业的人，按月计算则收入不足，按年计算才会有盈余。但是朝廷征税紧急，又不根据时节，农民只好以加倍的利息去借贷，用来支付朝廷赋税。]

到了汉文帝时期，市场上仍然流行借一还二的高利贷。晁错说：

勤劳如此，尚复被水旱之灾，急政暴 [赋]，赋敛不时，朝令而暮改。当具有者半贾而卖，亡者取倍称之息，于是有卖田宅鬻子孙以偿责者矣③。

[这样辛勤劳苦，况且再遇到水旱天灾，加上官府催逼赋税、残

---

① 《史记》卷三〇《平准书》，中华书局 1959 年版，第 1434－1435 页。
② 戴望：《管子校正》卷一五《治国》，中华书局 1954 年版，第 262 页。
③ 《汉书》卷二四上《食货志上》，中华书局 1962 年版，第 1132 页。

暴横虐，征收又没有定时，早上下命令，晚上就要改，等到准备缴纳时，有东西可卖的人只好半价出售，没有东西可卖的人就以加倍的利息去借贷。于是，就出现了卖田地、卖房屋甚至卖子孙来还债的事情。]

魏如淳注："取一偿二谓倍称。"倍称之息，就是借一个钱，要还两个钱，这是典型的高利贷。现代许多学者在讲到秦汉时期的货币借贷时说，这种倍称之息便是年利率100%。其实不然，农民偿还贷款的时间应该是秋收之后，但借贷的发生一定不是上一年的秋天，而是当年的春天。这种借贷的期限，是从春天到秋天的大约半年之内。所以说，半年付倍称之息，年利率就是200%。

当然，在特殊时期，还会发生更高的利率。

汉景帝三年（公元前154年），爆发了吴楚七国之乱，长安列侯封君为筹措军费借款，出现了"息什倍"，即1000%的高利贷。

> 吴楚七国兵起时，长安中列侯封君行从军旅，赍贷子钱，子钱家以为侯邑国在关东，关东成败未决，莫肯与。唯无盐氏出捐千金贷，其息什。三月，吴楚平。一岁之中，则无盐氏之息什倍，用此富埒关中①。

[吴、楚等七国起兵反叛时，长安城中的列侯封君为了跟随部队作战，向高利贷者借钱。高利贷者想到列侯封君的封地在关东，关东战局成败未定，就不肯借钱。唯有无盐氏拿出1000斤黄金借给他们，利息是本钱的10倍。3个月后，西汉朝廷平定了吴、楚等国的叛乱。于是，无盐氏在一年之中就得到了相当于本钱10倍的利息，由此成为关中最大的富翁。]

---

① 《史记》卷一二九《货殖列传》，中华书局1959年版，第3281页。

西汉初期，商品经济迅速发展，货币借贷活动空前繁荣。在这种情况下，汉朝法律对货币借贷活动的保护就越来越严谨。汉朝法律对货币借贷的保护可以分为两个方面：

第一，保护放款人的利益，对欠债逾期或欠债不还者给予法律制裁，严格保护债权，使货币借贷活动得以可持续发展。早在汉武帝的祖父汉文帝执政时期，法律对债权的保护就已经十分到位，即便是贵族，欠债不还超过法定的拖欠期限，也会受到严厉的制裁。河阳严侯陈涓的子嗣陈信，拖欠贷款超过 6 个月，受到免除爵位的处罚。

孝文元年，信嗣，三年，坐不偿人责过六月，免①。

[汉文帝元年（公元前 179 年），陈信继承了陈涓河阳严侯的爵位。汉文帝三年（公元前 177 年），陈信因借钱不还，拖欠债务超过 6 个月，受到免除爵位的惩罚。]

第二，保护借款人的利益，设置利率上限，降低高利贷对借款人的盘剥程度，从而保证社会的和谐稳定。汉武帝时期，法律规定了关于货币借贷的最高利率上限，放款人超过法律规定的利率上限收取利息，将会受到严厉的处罚。

汉武帝元鼎元年（公元前 116 年），旁光侯刘殷坐贷子钱不占租，取息过律，会赦，免②。

[旁光侯刘殷，放贷收息不纳税，并且收取利息超过法律规定的最高利率上限，两罪并罚，比较严重。但是，恰逢元鼎元年"夏五月，赦天下"，从宽处理，刘殷受到免除爵位的处罚。]

---

① 《汉书》卷一六《高惠高后文功臣表第四》，中华书局 1962 年版，第 561 页。
② 《汉书》卷十五上《王子侯表第三上》，中华书局 1962 年版，第 447 页。

十、虚币大钱

虚币大钱是指用重量大于普通铜钱的大钱充当多个普通铜钱使用的敛财办法。目前见到最早的虚币大钱，是我们大家比较熟悉的历史名人刘备发行的"直百钱"。

汉献帝建安十九年（公元214年），刘备攻打益州的刘璋，包围了成都。为鼓舞士气，刘备与将士们约定，如果攻下成都，刘璋的资财悉归众将士所有，刘备分文不拿。结果士气大振，成都被攻破，刘备也履行了承诺。但是，还没等到刘备拿到刘璋的财富充盈军费，部队的给养就出现了严重的问题。左将军西曹掾刘巴建议刘备铸造直百钱，命令官吏用直百钱收购物资。刘备接受了刘巴的建议，几个月后，刘备的库府里就装满了物资。

目前已经出土的刘备蜀汉政权铸行的直百钱有两种类型：一种铭文"直百五铢"；另一种铭文"直百"。刘备最初铸行的钱币应该是"直百五铢"钱。一般五铢钱的铭文是横文两字，右"五"左"铢"。

币 12 – 1   直百五铢

"直百五铢"钱是在一般五铢钱正常铭文的基础上添加竖文两字，上"直"下"百"。

"直百"钱则只铸铭横文两字，右"直"左"百"。1950 年以后，蜀汉政权铸行的直百钱在湖南、湖北、江苏、四川、北京等地三国魏晋南北朝墓葬中常有出土。根据对出土实物的测量，"直百五铢"钱重量一般为 8.0—9.5 克（14.0—16.6 铢）[1]，有轻者不足 3 克（5.2 铢）。"直百"钱重量约为 2 克（3.5 铢），小者不足 0.5 克（0.9 铢）。"直百五铢"钱体重形大，应该是刘备初行直百钱的品种，当时每枚兑换 100 枚五铢钱。此后，蜀汉政权继续铸造直百钱，并逐步实施减重措施。"直百"钱应是"直百五铢"钱减重后的异变品种。

刘备铸行直百钱，以不足 10 铢青铜代表 500 铢青铜，有效地抢掠民间资财，数月之间就使府库里装满了物资。刘备铸行直百钱所获的价值，就用来支持所需的军事开支。

刘备率先铸行虚币大钱二十多年之后，孙权效仿刘备也铸行了虚币大钱。与刘备相比较，孙权铸行的虚币大钱面额更大、价值更虚。嘉禾五年（公元 236 年），孙权铸行"大泉五百"；赤乌元年（公元 238 年）又铸行"大泉当千"。"大泉五百"的铭文是竖文两字及横文两字，上"大"、下"泉"、右"五"、左"百"。"大泉当千"的铭文是顺时针四字，上"大"、右"泉"、下"当"、左"千"。

根据对出土实物的测量，"大泉五百"重量约为 12 克（20.9 铢），后来逐步减至 8 克（14.0 铢）左右。"大泉当千"初铸时重量约为 20 克（34.9 铢），以后逐步减至 11 克（19.2 铢）左右。

---

① 三国两晋南北朝时期，1 斤折合现代 220 克，1 铢相当于现代 0.5729 克。

币 12 – 2　大泉当千

　　刘备铸造的虚币大钱，每枚要与百姓兑换 100 枚五铢钱。二十多年后，孙权铸造的虚币大钱，每枚要与百姓兑换 500 枚或 1000 枚五铢钱。刘备铸行虚币大钱是在汉献帝时期，彼时曹操已经被封为魏公，孙权据有江东，而刘备仅据荆州，正在按照诸葛亮《隆中对》的策划攻打益州，铸行虚币大钱是因为战争的需要。孙权铸行虚币大钱是在汉献帝已经把皇帝的位子禅让给了曹氏以后，曹操的孙子曹叡在位为帝，刘备之子刘禅和孙权也在位为帝。此时，三国鼎立的局面已成，天下久无大战，孙权之所以铸行虚币大钱，是因为经略辽东。辽东与东吴之间，横隔着一个强大的敌对政权——曹魏。因此，为了绕过曹魏统治地区，东吴与辽东的交往就只能通过海上，即跨越黄海。跨海往来花费巨大，所以孙权需要通过铸行虚币大钱掠夺民间的财富来补充财政的不足。

　　钱币流通在魏晋时期出现了衰败，自南北朝时期开始逐步复苏。南朝与北朝相比较，南朝的经济状况优于北朝。所以，朝廷以新旧钱币兑换手段从民间掠夺财富时，南朝和北朝采取了各自不同的方式。南朝采取的方式主要是钱币减重，即朝廷持续降低新铸钱币的重量，用较少的青铜来铸造更多的钱币，从而换取民间更多的财富。北朝则采用了铸行虚币大钱的方式，大幅度地加强新铸钱币的信用货币性质，用来兑换更多的旧钱币，从而更大幅度地掠夺民间财富，其中最为典

型的案例就是北周王朝铸行的"布泉""五行大布"和"永通万国"。

北周王朝铸行虚币大钱获得的利益用来扩大军队、支付军饷。公元 576 年，周武帝发动了统一北方的战争，北周和北齐在平阳展开激战，齐军大败。第二年，北周军队俘获齐后主，北齐灭亡。此后不久，北周转为隋朝，南下攻打南陈，结束了南北朝长期对峙的局面。

铸行虚币大钱掠夺民间财富用来支持战争，是三国魏晋南北朝时期货币制度变化的一个特点。刘备铸行直百钱，为三国魏晋南北朝时期各王朝铸行虚币大钱起到了示范的作用。然而，纵观历史长河，铸行虚币大钱的方式并非刘备所首创，西汉末年的王莽就曾大规模地铸行虚币大钱，从而将国家推入战争的深渊。铸行虚币大钱不仅可以搅乱经济秩序，将国家推入战争，也可以将社会财富集中起来，用来消灭军事强敌。但是，朝廷铸行虚币大钱掠夺人民财富导致人民陷入极度的痛苦之中，终究要受到历史的惩罚，并为后世人民所唾弃。

十一、大钱当两

"大钱当两"指的是用一枚较大的金属钱币，法定价值两枚流通中的钱币，以此来节约造币金属的政策措施。

大钱当两最早发生在南北朝时期，是由刘宋王朝的江夏王刘义恭提出来的。

当时，刘宋王朝流行的钱币是铭文"四铢"、法定重量四铢的铜钱。刘宋王朝统治下的南朝，商品经济日渐繁荣，四铢铜钱越铸越小，百姓盗铸有利可图。市场上，刘宋四铢与各类古钱混合流通。古钱主要是各朝的五铢钱，特别是曹魏时期的五铢钱。因为五铢钱个儿大，所以百姓剪凿五铢更铸四铢。为了解决这个问题，江夏王提出一个办法——大钱当两。

采用大钱当两的措施，政府不需冶铜铸钱，铜钱流通总量便可以增加，不仅可以解决铜钱供应不足的问题，还可以消灭剪凿古钱的现象。于是，朝廷采纳了江夏王的建议。

五铢古钱比四铢新钱稍大，可以兑换两枚四铢新钱。所以，事情发生了逆转，盗铸五铢的利益比盗铸四铢的利益更大。结果不言而喻，大钱当两的法令下达之后，百姓们不再盗铸四铢小钱，而是盗铸五铢大钱了。

于是，朝廷废黜了大钱当两的方法。

十二、十钱一两

到了唐朝，"钱"这个字有了新的含义，成为1/10两的重量单位。

公元621年，唐太祖李渊始铸"开元通宝"，五铢钱制度从此终结。开元通宝法定：

> 径八分，重二铢四絫，积十文重一两，一千文重六斤四两[1]。

10文重1两，即10钱重量1两，1000枚铜钱的重量是100两，即6斤4两。1枚开元通宝的法定重量为2铢4絫。这里所说的2铢4絫，是指北朝的2铢4絫，而非南朝的2铢4絫。北朝的1斤为660克，1两为41.25克，1铢为1.7188克。南朝的1斤为220克，1两为13.75克，1铢为0.5729克。唐朝的重量基本继承北朝的制度，只是略重一点，1斤重667克。

唐朝源于北朝拓跋鲜卑，北魏分为东魏、西魏，西魏转为北周，北周转为隋朝。隋朝消灭了南陈，结束了南北朝对峙的局面。此后，

---

① 《旧唐书》卷四八《食货上》，中华书局1975年版，第2094页。

隋朝被起义军推翻，隋朝的太原留守唐国公李渊就建立了唐朝。唐朝政权源于北朝，所以，唐朝继承了北朝的制度。

根据丘光明、邱隆、杨平先生的考证，唐代 1 斤折合现代 662—672 克。我们可以取其中值，即唐代 1 斤大约折合现代 667 克。

唐朝 1 斤为 667 克，1 两为 41.69 克，1 铢为 1.7370 克。铢以下还有一个单位——絫，即 1/10 铢，重量为 0.1737 克。

唐朝 1 两为 41.69 克，即 24 铢。开元通宝重量 2 铢 4 絫，即 1/10 两，折合现代 4.169 克。

开元通宝的铸行，影响了我国的重量单位。唐朝以前的重量单位是斤、两、铢、絫。1 斤为 16 两，1 两为 24 铢，1 铢为 10 絫。开元通宝钱制规定，10 钱为 1 两。此后，"钱"逐步被人们接受为重量单位，代表过去的 2 铢 4 絫。

开元通宝钱制的建立是我国货币史上的一件大事。从此，纪重钱制度宣告结束，通宝钱制度宣告开始，铜钱流通的特点和规则也随之出现了新的变化。开元通宝并非年号钱，此时朝廷的年号是武德，而不是开元。开元通宝钱是"通宝"或是"元宝"，学者对此有不同的认识。《新唐书·食货志》和《旧唐书·食货志》均称这种钱为"开元通宝"，而《唐六典》和《通典》则称这种钱为"开通元宝"。因此，学界产生了两种对立的看法。《唐会要·泉货》云：

> 武德四年七月十日，废五铢钱，行开元通宝钱……其词先上后下次左后右读之。自上及左回环读之，其义亦通，流俗谓之"开通元宝"钱①。

这里的意思是说，"开元通宝"是正宗的读法，而"开通元宝"

---

① （宋）王溥：《唐会要》卷八九《泉货》，商务印书馆 1936 年版，第 1622 - 1623 页。

是流俗的读法。

唐代的重量单位有大小制之分，大制每斤折合现代 667 克，小制每斤折合现代 222 克。唐代重量的大制继承了北朝的重量单位标准；唐代重量的小制继承了南朝重量单位的标准。中医文化流于南朝，医药处方散于民间，难以修改，所以，唐代医药用称继续采用小制。《通典》云："调钟律，测晷景，合汤药及冠冕制，用小升、小两，自余公私用大升、大两。"① 虽然唐朝明文规定医药称重时要用小制，实际上是大、小制并用，或者逐渐用大制替代了小制。

"钱"成为重量单位，与"分"作为重量单位并行。"分"原本是 1/2 的意思。

> 分，别也。从刀。刀以分别物也②。

合二为一，谓之"两"；一分为二，谓之"分"。所以，1 两为 4 分。

南朝名医陶弘景著《本草经集注》云：

> 古称唯有铢两，而无分名，今则以百黍为铢，六铢为分，四分为两，十六两为斤③。

他的意思是说，1 斤 = 16 两 = 64 分 = 384 铢。其中，1 两 = 4 分，1 分 = 6 铢。

晋代名医葛洪著《肘后备急方》云：

> 龙骨三分，梨芦二分，巴豆一分④。

---

① 《通典》卷六《食货六》，中华书局 1988 年版，第 108 页。
② 汤可敬：《说文解字今释》，岳麓书院 1997 年版，第 159 页。
③ 陶弘景：《本草经集注》。转引自丘光明、邱隆、杨平：《中国科学技术史（度量衡卷）》，科学出版社 2001 年版，第 338 页。
④ 葛洪：《肘后备急方》，人民卫生出版社 1956 年版，第 34 页。

　　从这里可以看出，"分"在晋代已经被用于重量单位，南朝时为
1/4 两。到了唐朝，"分"仍然是 1/4 两，折合 2.5 钱。这一点可以从
出土铭文重量的金银器物上看出。出土唐代金银器物，有铸铭重量单
位文字者，多为"两""分""钱"等。"分"的数量有 1 分、2 分、3
分，未见有 4 分及 4 分以上者，这说明唐代的"分"仍然是 1/4 两，
而不是后世的 1/10"钱"。

　　"钱"成为重量单位是从唐初期朝廷对钱币颁布重量管理的法律
而形成的。但是，在唐代初期，"钱"作为重量单位并不是法律规定
的，而是民间约定俗成的。唐代法律规定的重量单位，依旧是"斤"
"两""铢"制度。《唐六典》云：

　　　　凡权衡以秬黍中者百黍之重为铢，二十四铢为两，三两为大
　　两，十六两为斤①。

　　尽管如此，"钱"作为重量单位在唐代还是被民间广泛地接受了，
近代出土的唐代许多金银器物上面铭文有"若干两若干钱"的字样。
通宝钱的重量，采用的是大两的 1/10。唐代的大两相当于现代 41.69
克；唐代开元通宝的法定重量应为 1/10 两，相当于现代 4.169 克。

十三、捉钱令史

　　捉钱令史是个官职，是唐太宗李世民时期设置的官职。捉钱令史
的工作是专职下海经商，为衙门赚钱，在朝廷无力支付官员俸禄时期，
赚钱维持官员们的生活。

　　从隋朝末年李渊起兵，至贞观时期的对外战争，战争持续了三十

---

　　① 《唐六典》卷三《尚书户部》，中华书局 1992 年版，第 81 页。

多年。大唐王朝战争所费钱财无数，财税枯竭，只好赚一点儿小钱来补偿。贞观十五年，唐太宗带领朝廷发放高利贷，赚了一点儿利息。

唐太宗发放高利贷的方法不是组织放贷公司，而是任命借钱主体。先确定借钱主体，然后对其贷款，真可谓扩大金融业务的奇招妙术。老百姓是借不起钱的，或者说借了钱也是还不起的。唐太宗就组织各级官府衙门来借钱，每个衙门里任命九名工作人员作为自然人借钱主体，官方职称叫作"捉钱令史"。每个"捉钱令史"要从朝廷借取50000文钱，每年向朝廷缴纳利息48000文钱，年利率为96%。这个利率水平恰好没有突破前朝祖宗们关于取息不应超过本钱的道德标准，所以唐太宗的高利贷业务做得冠冕堂皇、心安理得。

为了鼓励"捉钱令史"们还款付息的积极性，唐太宗将他们纳入吏部候补，缴满1年的利息就可以任命实缺官职。为了得到实缺官职，"捉钱令史"们借贷兴趣高涨，争先恐后。唐太宗的高利贷业务也就做得风生水起、有声有色。

唐太宗发放高利贷，不仅是为了赚点儿小钱，更重要的是当时文武百官没有工资，各级官府衙门行政开支不足，朝廷发放高利贷所得的利息，可用于给百官发放工资以及各级官府衙门的日常行政开支。

有了本钱和朝廷的指令，"捉钱令史"们就开始打着朝廷的旗号下海经商，与百姓交易。官员与百姓交易，各自代表的利益不同，各自的法律地位也不相同。用一句现代的法律语言来说，两者之间的关系，不是平等民事主体之间的关系。百姓与官员交易不能平等，百姓自然很不情愿，无奈官方势大权重，只得勉强顺从。然而，"捉钱令史"们背着朝廷的高利贷，不赚钱是不行的，必须交易，必须赚钱，有条件要做，没有条件创造条件也要做。于是，强买强卖之风兴起，商品经济随之愈加衰败。

凶残的"捉钱令史"借助朝廷政令的东风，可以从民间弄到许多

钱。善良的"捉钱令史"不愿从民间弄钱，就自掏腰包缴足高利贷的利息，也可以补授实缺官职。于是，"捉钱令史"就成为做官的捷径，引起知识分子官员们的强烈不满。

作为高级知识分子官员的褚遂良坐不住了，上书皇帝，反对关于"捉钱令史"的设置。褚遂良指出，京师有七十多个官府衙门，现在设置六百多位"捉钱令史"，一年以后都可以实授官职。如此下去，用不了多久，官员的位置都要被"捉钱令史"占满。朝廷学府培养的知识分子，地方挑选的知识分子，优中选优地择出品德高尚者来做官，还免不了有些人营私舞弊。现在使用"捉钱令史"，培养出这些逐利之徒，个个都给官职，利用职权盘剥百姓，以后如何得了。

唐太宗正在标榜崇尚任贤纳谏、广开言路、兼听则明的开明政治，得到褚遂良的奏章之后，立刻批准同意：

　　太宗乃罢捉钱令史，复诏给百官俸①。

"捉钱令史"们停止下海经商，返回原岗位工作。唐太宗百官们的工资，也不再依靠官员们下海经商所得，唐太宗命令朝廷给百官发放俸禄。

唐太宗闻过则喜，广泛纳谏，大部分意见都能够接受。褚遂良反对设置"捉钱令史"，唐太宗就取消了"捉钱令史"。过了一些时日，到了贞观二十二年，又有人提意见，说捉钱令史经商是个好办法。唐太宗知错能改，纳谏如流，又恢复了"捉钱令史"的设置。

十四、虚钱

虚钱并不是不足值的大钱，而是概念上的钱。中国古代虚钱的概

---

①　《新唐书》卷五五《食货五》，中华书局 1975 年版，第 1395 页。

念，起源于唐朝肃宗上元年间。

唐玄宗天宝十四年（公元 755 年），北方边镇胡人将领安禄山以诛杀奸臣杨国忠为名，在范阳起兵南下。安禄山的军队所向披靡，迅速攻占了洛阳。战争进行到第二年，唐玄宗放弃长安，率禁军仓皇西逃。在逃亡的路上，禁军哗变，杀死权臣杨国忠。禁军将士们逼迫唐玄宗缢杀杨贵妃之后，簇拥唐玄宗继续西逃。同时，太子李亨在灵武即位，是为唐肃宗，遥尊唐玄宗为太上皇。

当时战乱严重，河北被叛军割据，河南、山东、荆襄和剑南都驻有各路平叛军队，这些地区的赋税都不上缴朝廷。因此，朝廷用于战争的费用全部由淮南和江南百姓承担。各路军队时常叛乱，叛军和朝廷军队各自纵兵抢掠百姓，江淮人民饱受劫难。战争使田地荒芜，江淮地区饥荒严重，饿殍遍野。为给战争募资，朝廷加紧搜刮民财，设立名目繁多的苛捐杂税。

连年不断的战争耗费了朝廷和民间大量的物资，各地节度使乘机扩大地方军事割据力量，藩镇与朝廷对峙的局面逐步生成。民间穷苦，百姓流离失所，大量死亡。朝廷穷苦，就要想办法从民间掠取钱财。然而，战争使朝廷财税枯竭。税既枯竭，朝廷从民间掠取物资的办法，就只有铸行大钱了。

唐肃宗乾元元年（公元 758 年），正值朝廷组织军队围剿叛军时，担任铸钱使的第五琦奏请朝廷铸行"乾元重宝"大钱。"乾元重宝"法定直径 1 寸，每千枚法重 10 斤。1 枚"乾元重宝"法定兑换 10 枚流通中的"开元通宝"。"开元通宝"法定直径 8 分，每千枚法重 6 斤 4 两。在直径和重量两方面，"乾元重宝"比"开元通宝"都要大一些。但是，1 枚"乾元重宝"法定兑换 10 枚"开元通宝"，按含铜量计算，朝廷用 10 斤铜就可以从民间兑换 64 斤铜。所以，铸行"乾元重宝"就成为朝廷发财的捷径，是朝廷为了支持战争而从民间掠取钱财的有

效措施。

战争需要钱财，从民间掠财，也需要冠冕堂皇的理由。唐肃宗颁诏批准了第五琦的建议，他不仅下令铸行"乾元重宝"大钱，以一当十，并且详细阐述了铸行"乾元重宝"大钱的理由：一是改革币制有先例可循，只要有利于朝廷，也有利于百姓，就可以做；二是国家有难，朝廷缺钱，需要大家出力，汉武帝时也有过类似的措施；三是朝廷改铸新钱，但不废旧钱，大家日子照常过，这也是效法古人。

于是，货币改制顺利进行，"乾元重宝"钱与"开元通宝"钱二品并行流通。朝廷以少换多，收敛了大量的钱财。

铸行"乾元重宝"钱，朝廷敛财的目的达到，得偿所愿。朝廷所得的价值，被用来有效地支持"保卫国家"的战争。出主意的第五琦不久之后便被升任宰相。

铸大钱的办法真好用，好得出乎意料。第二年，第五琦乘胜扩大战果，下令铸行法定兑换 50 枚"开元通宝"的大钱，仍然铭文"乾元重宝"，只是加大了重量，加厚了外郭。这种大钱，法定直径 1 寸 2 分，每千钱重量 12 斤，由于外郭厚重，所以被人们称为"重棱钱"或"重轮钱"。

于是，"重棱钱""乾元重宝""开元通宝"三品并行流通，"重棱钱"最大、最重。朝廷仅用 12 斤铜铸造 1000 枚"重棱钱"，就可以从民间兑换 50000 枚"开元通宝"，其含铜重量可达 320 斤，朝廷从中获利数十倍。因此，朝廷只要不断地销毁旧钱更造"重棱钱"，很快就可以将民间资财大部分划为己有。同时，市场上大钱充斥，引起严重的通货膨胀，每斗米的价格居然涨到 7000 文钱。百姓平生积蓄的"开元通宝"，瞬间缩水，几乎化为乌有。市场上的粮食物资，被官兵用大钱洗劫一空。许多百姓饿死，尸体布满道路。为了活下去，百姓们不得不开始盗铸大钱。

这种情形如同汉武帝铸行白金三品和王莽铸行大泉五十时的状况。但是，汉武帝和王莽都是帝王，权威无上，错了也无人敢来问责。而第五琦只是宰相，难辞其咎。第五琦搞乱了币制，不久就丢掉了宰相的职务，被贬到忠州去做长史。

唐肃宗将第五琦赶出朝廷，并不意味着朝廷不缺钱了。相反，唐肃宗立刻要求百官研究钱币改制的问题。经过讨论，百官认为新钱不宜销毁更铸，但可以改变兑换率。上元元年（公元760年），朝廷下令改变"重棱钱""乾元重宝""开元通宝"之间的法定兑换率。1枚"重棱钱"法定兑换30枚"开元通宝"；1枚"乾元重宝"法定兑换10枚"开元通宝"；1枚"开元通宝"旧钱法定也兑换10枚"开元通宝"。

这是一个很奇怪的安排，它实现了名目货币与金属货币在概念上的分离，1枚金属货币的名目价值被法定为10枚它本身的价值。从此，中国古代钱币出现了"虚钱"与"实钱"名称的区别。

> 上元元年，减重轮钱以一当三十，开元旧钱与乾元十当钱，皆以一当十，碾磑鬻受，得为实钱，虚钱交易皆用十当钱，由是钱有虚实之名①。

商品买卖时需要用名目货币即虚钱来计价，实际要用金属货币即实钱本身来交割。此时出现的虚钱，不同于过去朝代的大钱。过去朝代的虚币大钱，是不足值的大钱，即朝廷铸行比流通中旧钱略大、略重的钱，法定其与流通中旧钱的兑换比率，以一当多地兑换流通中的旧钱，从而实现掠取民财的目的。而此时出现的虚钱，则是朝廷直接对流通中的旧钱宣布法定价值，以一当多地代表旧钱本身行使大钱职

---

① 《新唐书》卷五四《食货四》，中华书局1975年版，第1387页。

能，使旧钱实钱代表更多的旧钱虚钱。这种奇怪的货币制度，是在唐肃宗的宰相第五琦连续铸行大钱之后产生的，其目的也是掠取民财，支持战争。

但是，这种货币制度安排使大家很不容易理解，唐肃宗不得不下诏书予以说明。在诏书中，唐肃宗讲了一番大道理之后说，目前的钱币流通确实出现了比较严重的问题，物价上涨，人心不安。为了化解矛盾，我们可以采用折中的办法：那个当五十的钱，当得太多啦！我们给它减一减，当三十好啦！新钱还是当十好啦，旧钱也当十好啦，大家都当十，应该没有什么矛盾了吧？但是，这办法是不是好使，咱们心里也没有底，先在京城和京城附近的地区试行一下，各州地方等着朝廷的指示吧。唐肃宗在京城和京城附近地区进行实验，不久就有了下文。在实验开始后的第二个月，朝廷就宣布将"重棱钱"的价格从每枚 50 枚虚钱降低到每枚 30 枚虚钱，并且通告全国执行。宝应元年（公元 762 年），唐玄宗和唐肃宗先后去世，朝廷对钱币流通又进行了全面的改制："乾元重宝"从 1 枚法定兑换 10 枚虚钱改为法定兑换两枚"开元通宝"实钱；"重棱钱"被分为大小两种，分别可以兑换 2 枚和 3 枚"开元通宝"实钱。不久，朝廷又将所有钱币的价格统一起来，全部以一兑一地进入流通，虚钱的概念从此被停止使用。

十五、钱荒

"钱荒"是指古代市场铜钱极度缺乏引起的生产和交换难以为继的状况。中国古代第一次严重的钱荒，发生在唐德宗统治时期。

唐德宗即位后不足三个月，就破格任命杨炎为宰相。杨炎一上任即奏请实行两税法。建中元年（公元 780 年）正月，唐德宗采纳了杨炎的建议，颁行"两税法"。

两税法的许多内容，如夏秋两税、据贫富征钱、按亩计税等，在唐德宗的父亲唐代宗时就已有之。杨炎两税法的不同，主要在于两个方面：一是改"量入为出"为"量出以制入"；二是改"以粮绢计税"为"以钱计税"。过去朝廷征税，由于在均田制的基础上，人均耕种面积一样，故只按人头征收粮绢为税。朝廷量入为出，根据税收数量制订开支计划。杨炎会忽悠，一边高呼减少百姓负担，取消按人头征收粮绢税的定额，一边又让朝廷按实际需要向百姓征税。并且，过去百姓自己生产什么，就以什么计税，而现在统统要缴纳铜钱，百姓需要先将产品出售，换得铜钱以纳税。

　　大唐帝国，适逢乱世，用钱的地方太多。就在两税法实施的当年，朝廷就"量出为入"，征得铜钱大约300亿文，较唐朝经济最鼎盛的唐玄宗天宝年间每年不过20亿文铜钱的税收，多达15倍。天宝年间纳税户口约900万户，经过安史之乱，建中元年纳税户口下降到300万户。折算下来，实行两税法时，平均每户缴纳铜钱的数量达到天宝年间平均每户缴纳铜钱数量的45倍。两税法实是看不见的利器，将民间的铜钱一扫而光，钱荒由此出现，百姓有钱也不敢花，藏着留待明年纳税之用；朝廷积极备战，用铜钱从境内外市场收购军用物资，并发放军饷。建中二年（公元781年），削藩战争爆发，朝廷的军队虽连战连捷，但耗资巨大。两税法收敛的300亿文铜钱杯水车薪，在备战初期就已用掉大半，仅十多个月后，"量出以制入"便已失效，百姓手里已分文皆无了。朝廷转而向商贾借贷，商贾不情愿，官府就用大棒伺候，打得商人们上了吊，终于筹得20亿文铜钱，也仅够两月军费。建中四年6月，朝廷终将商人的铜钱搜刮干净，便又采纳判度支赵赞的建议征收间架税，凡居于房内之人，每大间交2000文钱，中间交1000文钱，小间交500文钱，再次筹得大约30亿文铜钱。自此，民间铜钱被搜刮殆尽，朝廷连军饷也发不出了。领不到军饷的军队开始哗

变，京师长安被哗变的军人占领，唐德宗率群臣逃到咸阳。哗变的军人拥立朱泚在长安做了大秦皇帝，唐德宗再逃至汉中。后来唐德宗不得不布告天下，承认错误，赦免叛乱，表扬勤王的军队，终于收住了逃跑的脚步。

两税法的实施，带来了钱荒。钱荒的出现和持续，给唐朝繁荣的商品经济带来了毁灭性的打击。

建中二年（公元781年），即实行两税法的第二年，杨炎被唐德宗贬赴崖州，罪名是阴谋害死同僚大臣刘晏，途中被唐德宗的特使追上赐死。

钱荒即为铜钱之荒，民间无钱，物价自然暴跌。百姓出售产品，却无人有钱来买，致使农商破产，百姓生活潦倒不堪。不仅如此，由于百姓手中无钱，商品交换只好退回到以物易物的原始方式。这是货币经济的严重倒退，是对以货币为媒介的商品经济的严重打击。唐德宗之后，继任几代皇帝虽多次下诏钱帛兼用，绫、罗、绢、布、粟均为法定货币，但皆未能挽救商品经济的衰退。从唐德宗的军队哗变开始，大唐王朝慢慢失去了中央集权的统治力量，地方藩镇势力日益强大，大唐帝国从此处于风雨飘摇之中。

钱荒还使社会财富流向特殊利益阶层，地方官吏借朝廷之名逼迫百姓以钱纳税，社会豪强趁机发放高利贷谋取暴利。同时，百姓手头无钱，朝廷只好再次改收粮绢为税，但由于物价暴跌，百姓缴纳粮绢的数量比两税法之前增加了数倍。于是，社会贫富差距进一步加大，社会矛盾也进一步激化。

钱荒对历史的发展产生了诸多影响，其中有一点非常突出，即中国货币法制的重点从此出现了划时代的转变。过去的一千年中，中国历代王朝货币法制的重点都是限制百姓盗铸铜钱，抑制由于铜钱过多引发的通货膨胀。唐代钱荒的爆发，使货币法制的重点转向限制百姓

销毁铜钱，抑制由于铜钱过少引发的通货紧缩。为此，朝廷还采取了一系列法律措施。譬如，开放民间采矿冶铜，以供朝廷铸造铜钱，增加铜钱的供给。再如，禁止百姓销毁铜钱铸造铜器，禁止百姓蓄钱和挟钱出境，以限制铜钱流失。唐朝关于货币法制重点的转变，影响到后世各个王朝的货币立法。到了宋代，宋朝将抑制铜钱减少的法律进一步制度化，形成了一整套保护铜钱流通总量的法律法规。

唐德宗去世后，其子唐顺宗继位，但因风疾不能说话，只做了六个月哑巴皇帝就再次传位给太子，即唐宪宗。唐宪宗很得太宗遗风，将老爸奉为太上皇，自己集中力量消灭藩镇，并且很有建树，创建了类似"贞观之治"的"元和中兴"。藩镇势力不敌朝廷，只好拱手称臣。唐宪宗打仗同样需要钱，"以钱计税"的办法也被继续沿用，以便从百姓手里搜刮钱财物资。后来，唐宪宗因重用宦官，在宫廷斗争中被宦官刺死，朝廷迎来了下一位皇帝，是为唐穆宗。

唐穆宗时期，已是赐死杨炎40年之后了。此时战争已经平息，唐穆宗专心舞蹈和杂耍。又是一个姓杨的人，名叫杨于陵的户部尚书出来说话。杨于陵选择的时机较好，成功地废黜了"以钱计税"的办法，解决了百姓赋税过重的问题。自此，为患民间40年的钱荒问题终于得到了初步的缓解。

十六、交子务

交子务是北宋时期朝廷设立的专门管理纸币的机构，其职能类似现代的中央银行。

中国古代的纸币源于唐代的飞钱。但是，飞钱并不是官方发行的纸币，而是民间使用的一种商业汇票，代表铜钱行使支付手段的职能，一般只能一次性使用。飞钱流通的基本原则是"合券乃取之"，即经核对飞钱"券合"方可交付货物或支付铜钱。

"券"兴起于秦汉时期，是竹木片制作的，在上面刻出记号，用刀一剖为二，双方各持一片，使用时两片记号合对无误，即为"券合"。南北朝时期，人们已经开始用纸制造券了。唐代的飞钱，便是用纸制造的一种券，债权人和债务人各持半张纸券，两半纸券合对无误，即可交付货物或支付铜钱。

唐末五代，群雄割据，天下战乱不休，飞钱业务的发展受到影响，逐步转化为"便换"。北宋初期，商品经济恢复，便换业得以发展。宋太祖开宝三年（公元 970 年），朝廷设立便钱务，商人可以纳钱取券。朝廷敕令诸州官府，商人持券兑现，应在当日兑付。宋太宗至道末年（公元 997 年），商人便钱规模达到 170 余万贯。宋真宗天禧末年（公元 1021 年），商人便钱规模又增加了 130 万贯。但是，便换并不是纸币，而是一种飞钱，具有商业汇票的性质，可以用来支付货款或兑付现钱。

正当便换流行的时候，一种类似现代纸币的东西产生了，它就是北宋初期四川民间出现的交子。唐末五代，四川出现了一个军事割据政权——后蜀，铸行铁钱。宋太祖乾德三年（公元 965 年），宋军攻入四川，后蜀帝孟昶上表投降，后蜀纳入宋王朝版图。由于铜材和铜钱都很缺乏，宋朝允许蜀地继续使用铁钱。铁钱沉重运输不便，民间便出现了代替铁钱流通的纸币——交子。

宋真宗咸平六年（公元 1003 年）4 月至景德三年（公元 1006 年）7 月，张詠在益州任知州，对交子的流通进行整顿规范：一是规定交子的货币单位为"缗"，即每单位的交子，代表一千枚铁钱行使流通职能；二是规定交子的有效流通期限为三年，三年一界，到期以旧换新；三是规定交子集中统一发行，将民间分散发行集中为授权 16 户富民联合发行，从而加强了交子的兑现能力。

　　不久之后，联合发行交子的 16 户富民财力衰弱，不能为交子兑现，出现了诉讼。宋真宗大中祥符末年（公元 1016 年），薛田为益州转运使，请求朝廷设立交子务，将交子的发行收归官营，以稳定交子的价值和流通。但是，薛田的建议没有被朝廷采纳。五年之后，益州知州寇瑊便奏请朝廷废除民间交子铺。

　　从文献记载的这些情况来看，16 户富民联合发行交子，一定是利用收兑的现钱支持了自己的产业，结果使客户持有的交子不能兑现，于是发生了诉讼。薛田主张将民间交子的发行收归官营，是为了依靠国力，支持交子的兑换能力和维持其价值稳定。但是，薛田的主张没有得到朝廷的认可。既然朝廷不同意对交子实行官营，寇瑊就提出了另外一个办法，即废除民间营办的交子铺。寇瑊提出的办法，也能够避免富商发行交子侵害使用者的利益。但是，与薛田的主张一样，寇瑊的主张也没有得到朝廷的认可。

　　宋真宗去世后，太子即位，是为宋仁宗，皇太后刘娥掌握着朝廷的权力。此时，寇瑊被调离益州，薛田继任益州知州。于是，薛田再次提出交子官营的建议。朝廷命令薛田与益州转运使张若谷研究此事的利弊，再写出报告呈报朝廷。经过认真的研究，薛田和张若谷提出，废除交子将造成贸易的不便，最好是将交子的发行收归官营，禁止民间发行交子。朝廷又命令梓州路提点刑狱官王继明与薛田、张若谷共同研究，结论还是需要将交子收归官营。

　　这一次，薛田不仅主张将交子收归官营，而且提出了交子官营的具体实施方案：一是建议成立益州交子务，专营交子的发行和管理；二是请朝廷铸造益州交子务铜印，授权益州交子务使用；三是提出了关于交子的印制、账务登记、库存等管理方法；四是建议官方收取百分之三的印制费，此项费用在百姓用铁钱向交子务兑换交子时扣除。

　　宋仁宗天圣元年（公元 1023 年），朝廷批准了薛田等人的奏折，

下令建立益州交子务，专门经营和管理交子的发行和收兑。从此，私交子转为官交子，交子就具备了法定流通货币的性质。既然是法定流通货币，就要有相关的法律规范。于是，北宋王朝制定了交子发行及流通的基本法规制度：一是发行限额制度；二是发行准备制度；三是定期界兑制度；四是流通区域限定制度。

北宋王朝规定，每界交子发行限额为 1256340 缗，即代表 125634 万文铁钱流通；发行准备为 36 万缗（3.6 亿文铁钱）用于交子的兑现，发行准备率约为 28%；交子三年一界，界满以旧换新，兑换期自发行的第二年起至第三年止。此后，北宋官营交子的发行限额长期保持不变，发行准备也长期不变，这种情形延续了 80 多年，直到宋徽宗大观年间（公元 1107—1110 年）宋军攻打西夏，朝廷为补充军费而大量增发交子，交子的发行限额制度才遭到破坏。

北宋王朝还实行了交子流通区域限定制度。初期，交子的流通区域被限制在四川蜀地。后来，交子的流通区域曾多次被允许扩大到陕西境内，又多次被收缩回蜀地。宋徽宗时，交子的流通区域从蜀地扩展到陕西、京西北、淮南等路。

十七、钱禁

钱禁主要是指禁止百姓挟钱出境或者毁钱铸器。唐代出现钱荒之后，朝廷特别强调禁止百姓挟钱出境或者毁钱铸器。到了宋朝，王安石废除钱禁，宋朝即出现了中国古代第二次严重的钱荒。

广义地说，钱禁是关于钱币的禁止性法令，一则禁止百姓铸造铜钱；二则禁止百姓挟钱出境或者毁钱铸器。禁止百姓铸钱主要是为了维护朝廷对铜钱的垄断铸造，保证朝廷专享铸币利益；禁止百姓挟钱出境或者毁钱铸器，则是为了防止货币流失，避免因货币流通总量减少而引发的货币短缺型经济萧条。

北宋王朝之所以颁行钱禁法令，禁止百姓挟钱出境或者毁钱铸器，一是缘于唐代的钱荒问题，二是由于北宋时期商品经济的发展，社会对货币流通总量的需求大幅度增加。

"钱荒"始于唐代中叶唐德宗颁行的"两税法"。钱荒爆发之后，由于禁止毁钱铸器，铜器便成为稀缺的奢侈品，铜器和铜材的价格暴涨，铸造铜钱的利益随之消失，无论官方还是民间，都不愿铸造铜钱，所以货币短缺成为常态，严重地限制了商品经济的发展。直至北宋初期，这种局面仍未改变，朝廷只好沿袭唐朝的货币立法，重点放在维持铜钱流通总量、严禁百姓挟钱出境、严禁百姓毁钱铸器等方面。宋太祖赵匡胤登基之后，敕令百姓不得挟钱出境，挟钱十贯以上出境者，处以死刑。80年后，宋仁宗攻打西夏，大败于三川口，宋王朝进一步严肃法令，挟钱一贯以上出境者，处以死刑。对于毁钱铸器的行为，宋王朝也采用了极端严厉的打击措施，即对违禁者也是处以死刑。宋太宗曾颁布诏书，对毁钱铸器者处以斩首的刑罚。

北宋初期的货币立法虽然如此严厉，但铜钱还是不够用，朝廷不得不铸造大量的铜钱。北宋王朝由此成为中国古代铸造铜钱最多的王朝。随着铜钱的持续性短缺，北宋发行了纸币——交子。

宋神宗熙宁七年（公元1074年），王安石变法废除了钱禁法令，但并未废除禁止百姓铸钱的法令，只是废除了禁止百姓挟钱出境及毁钱铸器的法令，结果造成流通中铜钱总量大幅度减少，很快就引发了钱荒。

废除钱禁法令，并非当时北宋君臣们盲目废旧立新的结果，而是经过王安石认真思考策划，作为变法运动中的重要环节提出并实施的。王安石变法的核心目的是富国强兵，对于如何通过变法来富国强兵，他借鉴了战国时期的成功经验。战国时期的国际贸易思想是鼓励进口，

即鼓励金属货币流出、物资流入。如果中国物资价格高于外国，如外国每釜粟米价格 100 钱，中国每釜粟米价格 1000 钱，就可以使外国的粟米迅速流入我国。既然要打仗，粮食、马匹、军装、军械最为重要。金属货币流出，换取军事物资流入，战争胜利后，占领了外国的国土，金属货币便仍在我国的占领区内流通。王安石是饱学之士，自然深知物资在战争时期对于战争胜负的重要性。因此，要使外国的军用物资流入本国，就要开放钱禁，允许铜钱流出，才能换取大量的物资流入。

王安石变法的内容集中在三个方面：理财、强兵和育才，三者中首要的是理财。为了发展生产，王安石实行了农田水利法和青苗法；为了朝廷的增收节支，王安石实行了方田均税法和均输法；为了从民间征收更多的铜钱，王安石实行了免役法和市易法。免役法允许百姓通过缴纳铜钱给官府来免除劳役；市易法是官府将库存物资交给商人，商人出售物资后还款给官府，年息 40%。通过免役法和市易法，朝廷从民间收获了大量的铜钱。王安石的理财思想是收敛民间财富，补充朝廷军用。此思想由来已久，早在宋仁宗时期就已经考虑成熟。王安石的变法正是贯彻了他的这一思想：一是参考历史成功的经验，效法先王之政；二是收天下之财，以供天下之费。

王安石关于开放货币管制、废除钱禁法令的思想，并非当时社会上的主流思想，而关于"收天下之财以供天下之费"的主张也并没有得到朝野普遍的认同。重视国际贸易及占有金属货币财富的重商主义思想，在北宋时期已经被人们广泛接受。到了南宋时期，这种重商主义思想又传入金朝。当时，金朝人购买南宋的茶叶，使金朝每年有 30 万两白银流出国境。金宣宗元光二年（公元 1223 年），金朝立法禁止白银流出国境，违禁者徒五年。总之，北宋时期人们已经认识到占有金属货币在国际贸易中的重要意义。所以，王安石废除钱禁法令遭到许多知识分子的反对。

王安石废除钱禁法令之后，由于铜钱开始毫无阻碍地外流，同时有大量铜钱被销毁铸器，再加上免役法又使铜钱从民间流向朝廷，所以很快就爆发了钱荒。

钱荒造成的第一个重要影响是导致商品生产的衰退。由于百姓生产产品物资，官府生产铜钱货币，钱荒造成钱贵物贱，所以百姓售出自己的大部分产品，仍不足以缴纳官府规定的赋税，结果是十室九空，全民穷困，商品生产遭到阻断。苏轼对此评价说：

> 免役之害，掊敛民财，十室九空，钱聚于上，而下有钱荒之患①。

钱荒造成的第二个重要影响是物价迅速下降，商品交换遭到阻断。分析其原因，司马光强调免役法是造成铜钱流入官府的因素。司马光说：

> 比年以来，物价愈贱，而闾阎愈困，所以然者，钱皆聚于官中，民间乏钱——故也②。

钱荒造成的第三个重要影响是朝廷支配社会财富的能力增强。宋钦宗时期给事中孙傅说：

> 祖宗法惠民，熙、丰法惠国③。

北宋前期的法律对百姓有利，王安石变法对国家有利。朝廷支配社会财富的能力增强了，就拥有了发动战争的军费；百姓的财富减少了，百姓就愿意当兵吃饷。所以富国和强兵两项变法目标都实现了，

① 《苏东坡奏议集》卷三《辩试馆职策问札子》。转引自萧清：《中国古代货币史》，人民出版社1986年版，第288页。

② 《温国文正公文集》卷四七《乞罢免役状》。转引自萧清：《中国古代货币史》，人民出版社1986年版，第288页。

③ 《宋史》卷三五三《孙傅传》，中华书局1985年版，第11137页。

于是宋神宗就发动了对西夏的战争。元丰四年（公元 1081 年），宋神宗下令攻打西夏，宋军攻打灵州及永乐城，死亡士卒、民夫六十万，大败而归。

就在王安石废除钱禁法令的当年，宋神宗的生母流着眼泪、面对神宗大骂王安石变法乱天下。王安石的学生郑侠也送上"流民图"，称流民扶老携幼充满道路，一个个身无完衣，吃草根、食树皮，惨不忍睹，要求朝廷全面废除新法。于是，王安石宰相被免，贬知江宁府。王安石走后，资历很老的大臣张方平便上书要求恢复钱禁。但是，宋神宗并没有理睬张方平，一年以后重新起用王安石为宰相，变法运动在斗争中跌宕起伏地进行下去。十年后，宋神宗去世，其子赵煦继位，是为宋哲宗。宋哲宗即位后不久，就按照宋仁宗《嘉祐编敕》的法条恢复了钱禁法令。

不料，宋哲宗英年早逝，弟弟宋徽宗上台，而后北宋王朝灭亡。

十八、钱引

北宋王朝后期，纸币交子发生了严重的通货膨胀，宋徽宗为了挽救纸币危局，改交子为钱引。

钱引这个词的意思是领取铜钱的凭证，朝廷声称这个纸币是钱引，即可以领取铜钱的凭证，以此来增强纸币的信用和流通能力。

交子是中国古代官方最早发行的纸币。西汉的白鹿皮币，是贵族使用的礼品。唐代的飞钱，是民间使用的商业汇票。北宋王朝的交子系由官方发行，可以多次流转使用，是真正意义上的纸币。

北宋时期，商品经济空前繁盛，成为继东汉、中唐之后中国古代商品经济发展的又一次高峰。在中国古代历史上，北宋是铸造铜钱最多的朝代，但相对于高速增长的商品经济而言，货币总量仍然严重不足。于是，铁钱流通的四川地区率先出现了民间发行的纸币——交子。

宋仁宗天圣元年（公元 1023 年），朝廷批准了薛田等人的奏折，下令将民间纸币交子的发行收归官营，建立益州交子务，专门经营和管理交子的发行和收兑。从此，私交子转为官交子，交子就具备了法定流通货币的性质。

纸币交子流通制度维持了 80 多年，由于宋夏战争，宋徽宗滥发纸币，造成交子严重的通货膨胀，所以不得不改交子为钱引。

北宋初期的战争，主要是对辽国的战争。北宋中期、后期的战争，则主要是对西夏的战争。宋仁宗、宋神宗和宋徽宗三个皇帝，先后发动了对西夏的大规模战争。几十年中，战争时断时续，对宋夏双方社会政治和社会经济都产生了巨大的影响。

西夏位于大宋国境的西北，是由党项民族建立的政权。宝元元年（公元 1038 年），党项民族首领李元昊建立西夏王朝，派使者通告宋朝。对于李元昊的分庭抗礼，宋仁宗出兵讨伐。宋军三战三败于三川口、好水川及定川砦。战争进行到庆历三年（公元 1043 年），西夏虽然屡战屡胜，但军费开支过大，财用不给，物价暴涨，人民无法生活，只好与宋朝议和。到了宋神宗时期，王安石变法，富国强兵，为攻打西夏准备了充足的军事物资和兵源。元丰四年（公元 1081 年），宋神宗发动了对西夏的大规模战争，双方投入士卒、民夫以百万计，先战于灵州，后战于永乐城，宋军连战连败，死亡士卒、民夫六十多万。宋神宗欲立盖世功业的梦想破灭，不久便忧郁病死。宋神宗的儿子赵煦即皇帝位，是为宋哲宗。十几年后，宋哲宗英年早逝，没有儿子，皇位就传给了异母弟宋徽宗。

宋徽宗不仅能诗会画，打起仗来也远胜于他的列位先辈。崇宁元年（公元 1102 年），宋徽宗即位后两年，便发动了对西夏的战争。在宋徽宗的战略部署下，宋军连战连捷。崇宁二年（公元 1103 年），童

贯、王厚攻克湟州（今青海乐都）；崇宁三年（公元 1104 年），王厚接连攻下鄯州（今青海西宁）、廊州（今青海贵德）。为了攻打西夏，宋徽宗增发交子以助军费，交子发行量达到每界发行限额的二十倍之多，以致形成了严重的通货膨胀。交子界满，以旧更新时，新交子收兑旧交子以一兑四，即旧交子贬值 75%，只剩下 25% 的价值。但是，新交子发行之后，仍然不能兑换足量的现钱，所以继续贬值下去。

大观元年（公元 1107 年），攻打西夏战后不久，宋徽宗诏令改交子为钱引，改交子务为钱引务。这样做是为了提高纸币的信用等级。"交子"的意思是用于交换的凭证，而"钱引"的意思则是可以用来提取铜钱的凭证。当时市场上还有盐引和茶引，分别是提取食盐的物权凭证和提取茶叶的物权凭证。朝廷发行的钱引，其含义是可以提取铜钱的物权凭证，有利于人们增强对其流通价值的信心。

宋徽宗改变了纸币的名称，却没有改变纸币的性质，钱引并不能从官府兑换出铜钱。于是，宋徽宗改交子为钱引之后，纸币继续贬值。大观年间，法定兑换 1000 文铜钱的 1 缗钱引，只能兑换十余文铜钱。大观四年（公元 1110 年），张商英代替蔡京为相，宋徽宗诏令恢复纸币的发行限额，经过长期的努力，直到宣和年间（公元 1119—1125 年），钱引的价值才逐渐得到恢复。

政和四年（公元 1114 年），童贯被任命为陕西经略使，总领六路军队，再次讨伐西夏。长期的战争，使社会生产遭受重大的打击，同时又消耗了大量的生命和社会财富，人民生活日益贫困，朝廷财税枯竭。宋徽宗只好在盐和茶的交易上增加税钱，与私盐贩、私茶贩夺利，很快就引发了方腊起义。

宣和二年（公元 1120 年），宋徽宗派童贯率军围剿方腊。宣和四年（公元 1122 年），宋徽宗派童贯率军攻打辽国燕京。宣和五年（公元 1123 年），金太祖完颜阿骨打去世，他的弟弟吴乞买即位，立刻整兵备战，南下攻宋。面对强敌，宋徽宗无奈下诏罪己，取消花石纲，不再收藏奇花异石，但是仍然挡不住金军的南下，只好禅位给他的儿子宋钦宗。靖康二年（公元1127年），金兵攻入开封，虏宋徽宗、宋钦宗北去，北宋灭亡。

金军南下击灭北宋，宋朝退避江南转为南宋。南宋的统治地区包括四川，所以钱引继续在四川流通。但是，随着战争规模的进一步扩大，钱引的发行也就突破了原定的限额。南宋高宗建炎年间（公元1127—1130年），张浚以知枢密院宣抚川蜀，命赵开为随军转运使，在秦州设钱引务，在兴州鼓铸铜钱。此后，赵开大量制造钱引，使钱引数量达到4190万缗，超过限额大约33倍。赵开大量发行纸币，却没有引发通货膨胀，而是引发了百姓对纸币的盗制。

宋徽宗增发交子，并没有增加发行准备，交子数量增多却不能兑现，所以迅速贬值。宋徽宗改交子为钱引，并没有改变这种局面。《宋史·食货下三》云：

> 大观中，不蓄本钱而增造无艺，至引一缗而当钱十数[①]。

赵开在四川发行钱引，增设了银绢作为钱引的发行准备。官卖银绢，允许百姓用钱引购买银绢。百姓需要向官府缴纳各种赋税，赵开允许百姓采用钱引缴纳。因此，赵开采取的措施保证了钱引价值的稳定。

南宋宁宗开禧二年（公元1206年），韩侂胄指挥宋军大规模出击，北伐金国，结果宋军大败。为了军备和战争的消费，南宋王朝大量发行纸币，纸币进入恶性通货膨胀时期。当时南宋统治地区流通的纸币，主要是东南地区流通的会子，以及四川地区流通的钱引，两者都出现

---

① 《宋史》卷一八一《食货下三》，中华书局1985年版，第4405－4406页。

了比较严重的通货膨胀。

宋理宗端平元年（公元 1234 年），南宋王朝再演宋徽宗联金灭辽的故事，但这次是联蒙灭金，金国果然被宋蒙联合击灭。第二年，宋蒙战争全面爆发，此后数十年战火不息，纸币的问题也就愈加严重。宋理宗宝祐四年（公元 1256 年），四川宣抚使李伯曾上《救蜀楮密奏》，指出四川钱引存在的问题，建议将四川发行纸币的权力上缴朝廷。当年，朝廷下令使用封椿库新造的四川会子收兑钱引。自北宋徽宗更交子为钱引，至南宋理宗诏令使用会子收兑钱引，钱引共流通约150 年，终于完成了历史使命，退出了流通领域。

十九、钱钞兼行

钱钞兼行是指铜钱与纸币并行的货币制度。元朝实行单一纸币流通制度，但是钱钞兼行的呼声贯穿元朝始终，从未间断。

元朝每个新皇帝即位或更改年号时，大多铸造一些年号铜钱，以示传统，所铸铜钱并不在民间大量流通使用。元朝基本上实行的是单一纸币流通制度。尽管如此，元朝期间仍有许多人主张钱钞兼行，即铜钱与代表铜钱流通的纸币并行流通。因此，是否采用钱钞兼行，始终是元朝货币制度争论的焦点。

最早提出钱钞兼行的人，是忽必烈的中书右丞卢世荣。至元二十一年（公元 1284 年），由于中统宝钞贬值，总制院桑哥推荐卢世荣出任中书右丞，主持整治钞法。卢世荣工作了四个月，完善了纸币管理体系，并提出钱钞兼行的主张。卢世荣奏：

> ……自王文统诛后，钞法虚弊。为今之计，莫若依汉、唐故事，括铜铸至元钱，及制绫券，与钞参行。因以所织绫券上之。

世祖曰："便宜之事，当速行之。"①

卢世荣没有解释为什么要采用钱钞兼行，只是说纸币的流通有问题。此次钱钞兼行的时间甚短，卢世荣就在宫廷斗争中丢了性命。针对纸币宝钞贬值问题，卢世荣的主要主张是增加朝廷的财富储藏以支持纸币宝钞的可兑换性。宝钞是朝廷发行的，但是朝廷没有足够的财富储藏来保证宝钞的可兑换性。所以，需要扩大朝廷财政收入，增加朝廷的财富储藏，从而支持宝钞对金、银、实物的兑换。忽必烈也需要朝廷财政收入扩大，于是立刻接受了卢世荣的观点，并且将这件事情交给卢世荣去办理。然而，穷人的财产都拿出来也不能满足朝廷的需求，卢世荣只好向富人贵族下手。于是，许多人向忽必烈告状，说卢世荣的办法不灵，误国害民。财税货币政策的效果需要有一段滞后期才能显现，敌人没有给卢世荣解释的时间，就开始了激烈的攻击。卢世荣只工作了四个月，就被革职问罪，进了监狱。有人对忽必烈说，卢世荣在监狱里养着很费粮食。忽必烈就下旨杀掉了卢世荣，将卢世荣身上的肉喂鸟了。明朝宋濂编著《元史》，卢世荣在《奸臣传》中供后世人们咒骂。但是，卢世荣的主张对后世产生了重要的影响，后世关于钱钞兼行的建议延绵不绝，直至元朝灭亡。

忽必烈的户部员外郎胡祗遹著有《紫山大全集》，其中《宝钞法》一文阐述了他反对钱钞兼行的思想。胡祗遹认为，宝钞的价值稳定，除了需要发行和储备的物权价值充足，还需要保证没有其他货币的掺杂干扰。一旦有两种货币并行流通，必然会出现劣币驱逐良币的问题。况且，鼓铸铜钱成本很高，得不偿失。商品有两种货币标价，更是多添混乱。前朝实行钱钞兼行，弊病大家都已经见过。金朝实行铜钱与交钞并行的制度，百姓将铜钱藏起来，将交钞花出去，结果是铜钱贵

---

① 《元史》卷二○五《奸臣·卢世荣传》，中华书局 1976 年版，第 4566 页。

而交钞贱，百姓用交钞向官府兑换铜钱，官府却不能保持诚信给予兑付。

此后，主张钱钞兼行的代表人物有郑介夫、程钜夫等。既然有许多人建议实行钱钞兼行，元朝在元武宗至大三年（公元 1310 年），终于开始铸造"至大通宝"铜钱和"大元通宝"铜钱，实施了钱钞兼行制度。

忽必烈八十岁去世时，太子真金早已不在人世，真金的儿子铁穆耳即位。十几年后，铁穆耳去世，太子德寿也莫名其妙地死了，铁穆耳的侄子海山就当了皇帝，是为元武宗。海山只当了三年皇帝就因酒色过度而病死。但是在这三年里，他也做了不少的荒唐事，其中之一便是钱钞兼行。

元武宗时，中统宝钞和至元宝钞的通货膨胀越加严重。为了保证宝钞与白银的可兑换性，至大二年（公元 1309 年），元武宗发行至大银钞，面值自二釐至二两共 13 种。元武宗规定，至大银钞 1 两兑换白银 1 两，兑换至元宝钞 5 贯，兑换中统宝钞 25 贯。忽必烈最初发行中统宝钞，规定中统宝钞 2 贯兑换白银 1 两，至此，中统宝钞法定贬值了 12.5 倍。

至大三年（公元 1310 年），元武宗设立资国院、泉货监，负责铸行并管理铜钱。于是，朝廷开始大量铸行"至大通宝"，至大通宝 1 文折合银钞 1 釐，即 1‰两。同时，朝廷又大量铸行"大元通宝"，大元通宝 1 文折合"至大通宝"10 文。除了新铸铜钱之外，元武宗诏令历代古旧铜钱均可流通，与至大通宝等值使用。宋朝的当五、当三、折二等旧钱，诏令按照原来的名目价值流通。

元武宗沉湎酒色，不久就病死了，他的同母弟弟爱育黎拔力八达即位，是为元仁宗。此时，多元化货币制度的弊病已经显现，冶铜铸币的成本也使元王朝不能忍受，爱育黎拔力八达即位后立刻废止了各类铜钱的流通，同时也废止了至大银钞的流通，恢复了中统宝钞与至元宝钞并行流通的单一纸币流通制度。元武宗实行的钱钞兼行到此结束，其实施时间仅为一年有余。

中统宝钞与至元宝钞的流通一直延续到元朝的灭亡。然而，就在元朝灭亡的前夕，元朝末代皇帝元顺帝在位期间，宰相脱脱又进行了一次钱钞兼行的尝试。

元顺帝至正十年（公元1350年），朝廷发生了一场钱钞兼行的辩论，结果是又一次铸行铜钱，与中统宝钞、至元宝钞并行流通。

这场辩论是由右丞相脱脱发起的。脱脱打算变更钞法，召集中书省、枢密院、御史台的有关官员，以及集贤院和翰林院的学者们共同开会讨论变更钞法的可行性。吏部尚书哲笃为了迎合脱脱的意思，建议改变钞法，以纸钞1贯文代替铜钱1000文为保证，铸造至正通宝铜钱，铜钱为子，代表纸币流通。同时，印制至正交钞。大家唯唯诺诺，不敢说话。这时候，集贤大学士兼国子监祭酒吕思诚出来坚决反对。吕思诚认为，钱钞的使用方法，应该是以虚币代表实币进入流通，岂能本末倒置，用实币代表虚币流通。况且，将历代古旧铜钱、至正铜钱、中统宝钞、至元宝钞和至正交钞五种货币并行流通，其中有实币也有虚币，百姓若藏实币而支出虚币，对朝廷是很不利的。

左司都事武祺解释说，至元宝钞中有许多是假钞，所以我们要更改钞法。吕思诚反驳道，至元宝钞并不假，是有人造假。如果发行至正交钞，一样会有人造假。至元宝钞就像一个老亲戚，老老少少都认识他；至正交钞就像个新亲戚，虽然不敢不认这个亲，但是大家不认识他。所以，若印行至正交钞，造假钞的情况会更多。何况，祖宗的规矩，岂能轻易就改变呢。双方争来论去，武祺再次提出钱钞兼行，吕思诚就责骂武祺没有专业知识，一味巴结宰相。

双方意见不能统一，宰相脱脱倾向于改革钞法。于是，草拟方案上报元顺帝。元顺帝诏令批准改革意见。元顺帝指出，中统宝钞以"文"为货币单位，虽然当时没有铸行铜钱，钱钞兼行的意思已经有了。后来印制了至元宝钞，1 贯代表铜钱 5 贯，名义上是代表铜钱流通，实际上并没有铜钱流通。年长日久，宝钞就成了虚币，物价就出现了上涨，所以必须改革。元顺帝批准铸行至正通宝铜钱，与至元宝钞、中统宝钞及历代各类古旧铜钱并行流通。元顺帝还批准了印制至正交钞，至正交钞 1 贯法定兑换铜钱 1000 文，兑换至元宝钞 2 贯。

至正十一年（公元 1351 年），朝廷成立了宝泉提举司，主持铸造至正通宝钱，并印制至正交钞，令民间通用。未过多久，就发生了严重的通货膨胀，经济危机爆发，物价上升了 10 倍。当年，全国性农民大起义爆发。形势如此严峻，元朝的宫廷斗争却愈演愈烈。为了立太子的事情，脱脱被元顺帝的宠臣哈麻与奇氏皇后联手诬害，被削去官职，流放云南。不久之后，哈麻矫诏用毒酒将脱脱毒死。元朝军队与农民起义军的战斗长期持久，日益激烈。朝廷需要军储供给，赏赐犒劳，所以大量印制交钞。结果是纸钞泛滥，民间无法使用纸钞，商品交换转向以物易物的方式，朝廷财政也就陷入了无能为力的困境。

不久，在农民起义军的攻打下，元顺帝逃离大都，元朝从此灭亡。

二十、驰用银之禁

"驰用银之禁"的意思，就是放开禁止白银作为货币使用的法令。

中国自古法律禁止白银作为货币使用。秦始皇统一中国，便下令全国范围内禁止白银作为货币使用。

> 而珠玉、龟贝、银锡之属为器饰宝藏，不为币。然各随时而

轻重无常①。

[而珠玉、龟贝、银锡之类的东西，作为装饰品或宝藏品，不是货币，各自的价值随市场价格变化而变化。]

到了唐朝，白银仍被用作宝藏手段，不能用作货币，铜钱和布帛才是货币。《唐六典》云："金银之属谓之宝，钱帛之属谓之货。"宋朝经济达到中国古代商品经济的顶峰，白银呈现货币化的趋势。但是好景不长，蒙古人的入侵阻断了中国古代商品经济的发展，白银又一次被严令禁止作为货币使用。

元朝实行单一纸币制度，禁止金银及铜钱作为货币使用。朱元璋建立明朝，发行大明通行宝钞，比照元朝的办法，禁止百姓使用金银作为货币，违反者要被治罪。

禁民间不得以金银物货交易，违者罪之；以金银易钞者听②。

[禁止百姓用金银物货进行交易，违反者要被治罪，用金银换纸币则可以。]

明朝中期，大明通行宝钞发生了严重的通货膨胀，同时铜钱总量较少，不能满足市场需求，于是朝廷不得不解除银禁，允许百姓使用白银交易，以救货币危局。正统元年（公元1436年），明英宗下令放开禁止白银作为货币使用的法令。

英宗即位，收赋有米麦折银之令，遂减诸纳钞者，而以米银钱当钞，弛用银之禁。朝野率皆用银，其小者乃用钱，惟折官俸用钞，钞壅不行③。

---

① 《史记》卷三〇《平准书》，中华书局1959年版，第1442页。
② 《明史》卷八一《食货五·钱钞》，中华书局1974年版，第1962页。
③ 《明史》卷八一《食货五·钱钞》，中华书局1974年版，第1964页。

[明英宗即位后，征收赋税中有对粮食折收银两的命令，于是减少了各种纳钞的规定，而以米、银、钱替代大明通行宝钞，放开禁止白银作为货币使用的法令。朝廷、百姓都使用银两交易，价值小的商品用铜钱交易，只有官员俸禄折发宝钞，宝钞积压不能流通。]

明英宗就是那个在土木堡被瓦剌人活捉的皇帝，后来被放回来，夺门之变复辟帝位，是个非常有故事的皇帝。明英宗不仅解除了银禁，而且将南畿、浙江、江西、湖广、福建、广东、广西等地的田赋米麦四百多万石折征银两，即所谓"金花银"。从此，白银成为法定的税收货币。

明英宗解除银禁，于是朝野皆用白银，白银的货币功能迅速提升。到了嘉靖四年（公元 1525 年）：

> 钞久不行，钱已大壅，益专用银矣①。

[这时大明通行宝钞长期不能流通，铜钱流通也受阻，人们就更加专一使用银两。]

在此期间，官俸军饷、赋税征收各项，由收支钱钞逐步转为收支白银。明世宗嘉靖八年（公元 1529 年），户部尚书李瓒应诏报告仓场六事。其中一事为：

> 各处解到库银率多细碎，易起盗端。乞行各府州县，今后务将成锭起解，并记年月及官吏、银匠姓名②。

[各地方押解送往库府的白银大多散碎，容易被盗取。请行文到各地方官府，今后必须将碎银熔铸成锭，并铭文铸造年月、负责官员及

---

①　《明史》卷八一《食货五·钱钞》，中华书局 1974 年版，第 1965 页。

②　《明世宗实录》卷九八《嘉靖八年二月壬辰》。转引自叶世昌：《中国金融通史》，中国金融出版社 2002 年版，第 429 页。

银匠的姓名。]

嘉靖皇帝批准了李瓒的建议，命令地方解送京师的银两都要倾注成锭，并铭文铸造年月、负责官员及银匠的姓名。

从此，银两有了规定的成色、重量和单位，又定为纳税货币和朝廷财政收支的计算单位。至此，银两货币制度正式确立。

明神宗万历九年（公元 1581 年），明王朝实行"一条鞭法"，使白银货币流通更为繁盛。

一条鞭法的核心内容是赋役合并、正杂统筹、计亩征银。一条鞭法计亩收银，强化了白银作为主要流通货币的作用，使银两货币制度得到进一步的巩固。一条鞭法化繁为简，纳税人无法确切知道所纳何税、该纳多少，所以给收税官带来了作弊的机会。同时，朝廷增税方法也得到简化，只说亩增若干，即可获得所需财赋。所以，万历中后期频繁发动战争，肆意增派赋税，很快就引发了声势浩大的农民起义。万历皇帝去世后 20 余年，李自成的农民起义军就攻进北京，大明王朝土崩瓦解。

明清之际的三大思想家黄宗羲、顾炎武、王夫之都认为，明朝的灭亡、外族的入主，都怪白银的流通。黄宗羲认为用银为天下之大害："后之圣王而欲天下安富，其必废金银乎"①。顾炎武认为计亩征银是"穷民之根，匮财之源，启盗之门"②。王夫之认为用银"使天下之害不可讫……奸者逞，愿者消，召攘夺而弃本务，饥不可食，寒不可衣，而走死天下者，唯银也"③。

---

① 《讲求财用疏》《明经世文编》卷二九九。转引自叶世昌：《中国金融通史》，中国金融出版社 2002 年版，第 438 页。

② 《顾亭林诗文集》《钱粮论下》。转引自叶世昌：《中国金融通史》，中国金融出版社 2002 年版，第 438 页。

③ 《续通鉴论卷》二〇《太宗》一二。转引自叶世昌：《中国金融通史》，中国金融出版社 2002 年版，第 439 页。

然而，无论思想家们如何透过现象看本质，如何感慨世人的浅薄，社会还是不以人们的意志为转移地跌宕起伏地演变着。白银已经成为主要流通货币，银两货币制度日益成熟。及至清朝，银两货币制度更加得到巩固，成为天经地义的货币制度。

二十一、制钱

　　为了区别他朝铸造的铜钱，本朝铸造的铜钱被称为"制钱"。制钱制度起源于明朝中期。

　　皇帝专制时期，皇帝的命令具有最高的法律效力，皇帝的命令称"制"。制钱的意思就是法币，即法定流通的货币。

　　元朝实行单一纸币制度，禁止铜钱流通。1368 年，朱元璋推翻元朝统治，建立明朝，力图恢复汉唐铜钱流通制度。但是，明朝实行军国主义，铜材用途甚多，铜钱不敷使用，朱元璋无奈发行"大明通行宝钞"，让纸币与铜钱并行流通。

　　数十年后，大明通行宝钞发生了严重的通货膨胀，同时铜钱总量较少，不能满足市场需求，于是朝廷不得不解除银禁，允许百姓使用白银交易，以救货币危局。正统元年（公元 1436 年），明英宗下令放开禁止白银作为货币使用的法令。

　　放开白银的货币职能，仍不能满足市场需求。于是，明孝宗弘治元年（公元 1488 年），白银跃为主要流通货币 52 年之后，明王朝恢复了铜钱的铸造，并确立了"制钱"的概念。

　　　　弘治元年……户部请鼓铸，乃复开局铸钱。凡纳赎收税，历代钱、制钱各收其半；无制钱即收旧钱，二以当一。制钱者，国朝钱也。①

［明孝宗弘治元年（公元 1488 年）……户部奏请铸造铜钱，于是又设局铸钱。凡是献纳、赎罪、税收，采用历代旧钱和制钱各收一半；没有制钱的也可收旧钱，2 枚旧钱当 1 枚制钱使用。所谓制钱，就是指明朝当朝铸造的铜钱。］

中国古代的铜钱，具有一定的信用货币性质，依靠朝廷的信用和法律的强制进入流通。既然铜钱代表朝廷的信用，大明王朝对本朝铸行的铜钱自然要承担责任，依法保护其流通。所以，纳、赎、收税、官府收支，必须接受本朝铸行的铜钱。对于前朝铸行的铜钱，大明王朝可以不负责任。但是，由于当时铜钱流通数量较少，不敷使用，明朝法律允许前朝旧钱与本朝新钱并行流通。弘治元年（公元 1488 年），为了提高本朝铸行铜钱的法律地位，旧钱的法定价值被打折扣，只值本朝铸行铜钱一半的价值。

尽管制钱的概念至明代中期开始出现，但是它包含了大明王朝各个时期铸行的所有铜钱，不仅包括弘治年间之后朝廷铸行的铜钱，还包括明朝前期自洪武以来各个时期铸行的铜钱。

明朝的制钱制度延续到清朝覆灭为止。明清两代铜钱法律制度的主要特点，就是强调本朝铸造铜钱的法定货币地位，保护本朝铸造铜钱的流通能力和流通价值。

明朝灭亡之后，清朝继续实行制钱流通制度。但是，白银作为主要流通货币的地位已经不可扭转，并形成烦琐复杂的银两货币制度。清王朝铸行的铜钱主要作为日常生活小额支付之用。清代后期，西方列强的政治、经济、文化入侵，打破了清王朝因循守旧的局面，社会矛盾日益激化，终于爆发了太平天国的大规模起义。为助军用，清王

① 《明史》卷八一《食货五·钱钞》，中华书局 1974 年版，第 1964－1965 页。

朝于咸丰三年（公元 1853 年）铸行当百、当千等虚币大钱，引发了民间大规模的盗铸。于是，钱法大乱，制钱制度遭受了最后一次致命的打击，从此一蹶不振。

外国银圆的渗入，促进了中国民间仿铸银圆的流通。清代末年，清王朝终于开始采用机器制造银圆和铜圆。于是，银圆和铜圆迅速充斥市场，制钱的货币地位继续下降。不久，清王朝灭亡，中华民国成立，制钱便彻底地退出了流通。

二十二、钞票

钞票指清朝咸丰皇帝 1853 年发行的代表铜钱流通的钞（又称宝钞）和代表白银流通的票（又称银票）。

1850 年，道光皇帝去世，他的儿子奕詝继位，是为清文宗，就是大家常说的咸丰皇帝。人们更加熟悉的慈禧太后，就是咸丰皇帝的懿贵妃，此时还没有进宫。1851 年 1 月，咸丰皇帝刚登基不久，就爆发了太平天国的金田起义。咸丰皇帝在位 11 年里，清朝的军队与太平军的战争一直在继续。战争造成清王朝财税枯竭，为解决朝廷费用不足的问题，咸丰皇帝不得不发行了两种官方纸币：一种代表铜钱流通，称为宝钞；另一种代表白银流通，称为银票。两者的统称便是"钞票"。公元 1856 年，第二次鸦片战争爆发，英法联军攻入北京，火烧圆明园，咸丰皇帝逃往热河，第二年就病死在热河行宫。

爱新觉罗氏领导的明末女真民族，是宋代女真的后裔。

宋代女真击灭北宋，建立了金朝，曾发行纸币交钞。金朝的纸币交钞引发了严重的通货膨胀，导致经济崩溃，影响了金朝的统治基础。明朝末年，爱新觉罗氏率领女真民族攻入中原，建立了清朝。接受金朝交钞失败的教训，清朝基本上不发行纸币。

咸丰三年（公元 1853 年），太平天国战争已经持续两年多了，东南富庶地区已经被太平军占领，清王朝财税枯竭，咸丰皇帝谕令户部认真研究发行纸币事宜，尽快实施。当年 5 月，清王朝开始印制银票，由花沙纳和王茂荫会同户部堂官主持此事。

　　银票亦称官票，用高丽纸印制，代表白银流通，可以按成支付官府各项税课捐项，最初发行有一两、五两、十两和五十两共四种，每次发行限额比照顺治八年的制度，为 12 万两。银票上端写有满汉两种文字的"户部官票"，中间竖文代表白银的数量，右边是银票标号，左边是发行日期。

　　当年 11 月，清朝廷颁行钱钞章程，钱钞与银票并行流通。钱钞又称宝钞，代表铜钱流通，最初发行有五百文、一千文、一千五百文和两千文四种，可以按成支付各种税课捐项，钱钞 2000 文抵换官票银 1 两。

　　咸丰四年（公元 1854 年）3 月，王茂荫上《条陈钞法窒碍难行折》指出宝钞流通中的问题："兵丁之领钞者难于易钱市物，商贾之用钞者难于易银置货。"王茂荫不仅提出了问题，还提出了解决问题的办法，即允许钞票兑换铜钱或白银。使王茂荫名扬天下的，不是他奏请朝廷允许纸币兑现，而是他自请议处。王茂荫发现纸币流通中问题很多：军人领取军饷纸币却很难使用，所以怨声载道；商人们因纸币流通而遭受了许多损失，更是怀恨在心。王茂荫因为当初主张朝廷发行纸币，所以自认是这困境的始作俑者，向朝廷自请处分，以谢天下。咸丰皇帝见了王茂荫的奏折大发雷霆，下谕内阁，将王茂荫大骂一通。这件事闹得满城风雨，以致驻北京的俄国公使馆写了一篇《关于中国的调查研究》，传到欧洲各国。马克思在《资本论》中说：

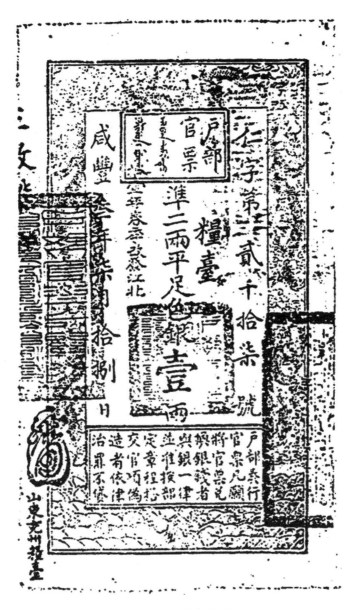

币 12 – 3　户部官票

理财官王茂荫有一次上条陈给天子，暗中要把不兑现的钞票化为可以兑现的银行券。1854 年 4 月，大臣审议的报告中，对于他的计划曾痛加指斥。①

　　然而，钞票的问题却是愈演愈烈，终于到了无法维系的地步。

　　咸丰十年（公元 1860 年），银票 1 两仅值 200 文铜钱，实银值钱 6000 文有余，银票的价值已经贬值到实银的 3％。咸丰十一年（公元 1861 年），宝钞也大幅度贬值，跌价到仅面值的 3％，不久便停止了流通。

　　同治元年（公元 1862 年），朝廷批准户部的奏折，朝廷财政收入停止收取钞票。

---

　　①　马克思：《资本论》（第一卷），人民出版社 1975 年版，第 146－147 页。

中古印度

张雪峰

印度货币史的上古时期，自哈拉巴文明（公元前 2500 年至公元前 1500 年）起，经历吠陀时代、列国时代，至孔雀王朝结束（公元前 185 年），总共 2315 年。

印度货币史的中古时期，自孔雀王朝结束，至公元 1498 年葡萄牙人达·伽马在印度的卡利卡特登陆，开启了欧洲人对印度的殖民侵略为止，总共 1683 年。

从货币史的角度看，欧洲人殖民印度后的货币流通状态与此前的货币流通状态有着明显的不同。此前，印度货币以当地各王朝货币为主，即便阿拉伯人、突厥人入主印度半岛，入侵者在货币方面仍处于中古时期，尚未进入近代时期。此后，荷兰、法国、英国相继殖民印度，这些国家在货币史上已经进入近代时期。此时，印度货币转为以宗主国货币为主，宗主国货币与印度过去各地区各王朝货币有着明显的区别。因此，我们将印度货币史中古部分与近代部分的分期，界定在公元 1498 年，即欧洲人开始殖民印度的这一年。但是，欧洲人殖民印度之后，印度许多地区还存在着土

邦，继续使用本土的货币。此外，印度各地区各王朝的各种货币流通仍有延续，我们把这些本土货币也纳入中古印度货币范畴。

一、莲花币

莲花币在印度南部地区流通。雅达瓦王朝（公元9世纪至14世纪）是印度南部的一个印度教王朝。

公元10世纪末11世纪初，居住在印度南部的迈索尔和卡纳拉地区的卡达姆巴人使用压印式铸币技术铸造了银币和铜币，被称为莲花币（padma-tanka）。其工艺是把金币放在坯子的中央，用带莲花标记的冲头戳印，有时候由于压印的力度过大，钱币都凹进去了，然后在莲花标记的四周，用不同的冲头打上其他标记或文字。用压印式技术铸造银币和铜币在公元前就出现了，被称为"压印式金币"，因为这些钱币中间大都印有一朵莲花，只有小部分钱币上没有莲花，所以为了区别于古老的压印式钱币，学者们将卡达姆巴人用同样工艺铸造的钱币称为"莲花币"。

币13-1　莲花币金币

注：该币生产于雅达瓦王朝，重3.80克。

二、伽色尼迪拉姆

伽色尼王朝（公元 962—1186 年）是统治阿富汗东南部突厥人的伊斯兰王朝，又称"哥疾宁王朝""伽兹尼王朝"。伽色尼王朝是由中亚萨曼王朝的突厥族奴隶出身的将领艾勒卜特勤（公元？—977 年）建立的。伽色尼王朝最著名的统治者是第三任君主纳里帕提·马哈茂德（公元 999—1030 年）。

伽色尼迪拉姆（dirham）是纳里帕提·马哈茂德（nripati Mahamud）在伊斯兰纪元 418—419 年（约公元 1028—1029 年）把旁遮普省吞并后，在拉合尔（Lahore，马哈茂德将其命名为"Mahmudpur"，马哈茂德普尔）发行的银币。这些货币的正面印有清真言，伴随着古阿拉伯语的库菲克（Kufic）书写体印着的铭文"Amin-un-daulāwa amin-ul-millat bismillah al-dirham zarb be Mahmudpurzarbsanh 418/419）；背面是用萨达文字印着清真言的梵文翻译——"Avyaktamekam Muhammad avātara" 和发行者的名字纳里帕提·马哈茂德。钱币上的清真言的梵语译文翻译得较为自由，伊斯兰教概念中的阿拉真主在这里被译为阿亚克塔（Avyakta，意思是"无形的"），反映了对伊斯兰教和印度哲学的理解。

币 13 - 2　马哈茂德迪拉姆银币

注：该币重 3.35 克。

三、吉塔尔

吉塔尔（jitals）由喀布尔沙希王朝（公元850—1026年）发行，重约3.2克，其中一面铸有公牛或骑士，是阿富汗、巴基斯坦和印度北部的日常用币，后来演变成由银、比朗合金和铜制成。吉塔尔在此后多个地区和多个王朝都有流通。一些带有阿拉伯铭文的硬币也属于吉塔尔类别。德里苏丹发行比朗合金硬币后，吉塔尔被废除。

币 13 – 3　喀布尔沙希王朝铜吉塔尔

注：该币生产于公元8世纪。

币 13 – 4　喀布尔沙希王朝银吉塔尔

注：该币生产于公元750—900年。

币 13 - 5　后喀布尔沙希王朝比朗吉塔尔

注：该币生产于公元 900—1200 年。

四、坦卡

　　德里苏丹国（公元 1206—1526 年）共存在了 320 年，是 13—16
世纪突厥人和阿富汗人军事贵族统治北印度的伊斯兰教区域性封建国
家的统称，由于先后有 5 个王朝在德里进行过统治，而且这些王朝的
首都始终位于德里，故而被统称为德里苏丹国。公元 1526 年，德里苏
丹国被莫卧儿王朝取代。

　　卡吉尔王朝（公元 1290—1320 年）是德里苏丹国的第 2 个王朝。
卡吉尔王朝的第 3 任君主阿拉乌德·丁·穆罕默德·沙（公元 1296—
1316 年）在位期间发行了大量钱币，他和他的继任者库特卜乌丁·穆
巴拉克·沙都发行了金银坦卡。

　　坦卡（tanka）也称天罡币，这个名称有硬币的意思，梵语为
"Nanaka Tanka"。在古印度历史上很多货币都被称为坦卡。

　　到了德里苏丹国的第 3 个王朝——图格鲁克王朝时期，公元 1329
年穆罕默德·本·图格鲁克（Muhammad bin Tughluq）实行货币改革

后，铜制的坦卡正式被使用，它的价值与皇家金库中的金银储备有关，之后又用银子铸造。另外，穆罕默德·本·图格鲁克还发行了重170格令的老式坦卡。

到了德里苏丹国的第4个王朝——萨依德王朝时期，第一任君主贾拉勒丁·穆罕默德·沙（公元1414—1421年）发行的10坦卡钱币，可能是印度已知最早的多面额货币。

在莫卧儿王朝统治时期，很多地区把他们发行的货币称为坦卡，阿克巴发行了名为"坦卡"的货币，是达姆的两倍重（664格令）。钱币正面铸有面值和阿克巴·沙即国王字样，背面则铸有造币厂名称和铸币日期。

孟加拉是坦卡的主要使用地，后来演变成了孟加拉语的"塔卡"，孟加拉人把钱统称为"塔卡"，而不是像其他伊斯兰国家那样叫第纳尔。郑和下西洋时也发现孟加拉使用银质塔卡。在东巴基斯坦和西巴基斯坦还没有分裂时，西巴基斯坦货币上有使用孟加拉语和乌尔都语的双语铭文，这种货币在东巴基斯坦被称为塔卡，在西巴基斯坦被称为卢比。公元1971年孟加拉国独立后，孟加拉国塔卡成为孟加拉国的官方货币。印度卢比在印度的西孟加拉邦和特里普拉邦也被俗称为塔卡。

币13-6 穆巴拉克金坦卡

注：该币重11克。

币 13 - 7　贾拉尔丁·菲鲁兹银坦卡

注：该币重 10.78 克。

币 13 - 8　阿拉乌德丁·卡吉尔银坦卡

注：该币重 11.05 克。

币 13 - 9　黑兹尔汗·赛义德比朗坦卡

注：该币重 9 克。

五、卡尼

卡尔吉王朝时期（公元 1290—1320 年）发行了被称为"卡尼"（kāni）或"加尼"（gānī）的合金钱币。菲鲁兹·卡尔吉和阿拉乌德丁·卡尔吉的合金钱币背面保留着巴尔班钱币采用的双语铭文；同时，阿拉乌德丁·卡尔吉还采用了另一种钱币，两面分别印着他的名字和头衔，他的继任者沿袭了这一做法。后来，库特卜乌丁·穆巴拉克·沙都增加了更多的合金钱币类型。这些被称为"卡尼"或"加尼"的合金钱币分别有多种面值——艾格加尼（1）、杜加尼（2）、焦加尼（4）、察加尼（6）、阿萨加尼（8）、巴拉加尼（12）、焦比萨加尼（24）和阿塔里斯加尼（48）。这些加尼钱币的重量都是一样的，即使价值高达 8 加尼，重量都是 56.7 格令，价值的不同取决于银和铜的比例。根据塔库尔·佩鲁提供的信息，艾格加尼含有 95% 的铜和 5% 的银；焦加尼含有 9.75% 的银；察加尼含有 16.4% 的银；另外三种面值稍大的钱币，含更多的银，与钱币价值成正比。一个奇怪的现象是，钱币上没有注明钱币的面额，对于普通人来讲，仅靠肉眼观察很难区分重量相同但是价值不同的钱币。因此，不同类型的钱币是不是真的代表不同的面值，还不能完全确定。

币 13－10　阿拉乌德丁·卡吉尔比朗 6 加尼

注：该币重 3.36 克。

币 13 - 11　穆巴拉克比朗 4 加尼

注：该币重 3.41 克。

币 13 - 12　阿拉乌德丁·卡吉尔比朗 2 加尼

注：该币重 3.54 克。

币 13 - 13　贾拉尔丁·菲鲁兹比朗 2 加尼

注：该币重 3.33 克。

六、达姆

加尼在卡尔吉王朝时期被称作基泰，在卡尔吉王朝以后被称作达姆（dam）。

到了莫卧儿王朝，阿克巴发行的铜达姆重1托拉8玛沙8苏尔赫，相当于323格令（20.93克）。40达姆相当于1卢比。阿克巴在位的第44年，发行达姆拉（damra，四分之一）、达姆里（damri，八分之一）等为达姆的辅币。随后，发行了名为"坦卡"的新货币，坦卡是达姆的两倍重，因此它实际上就是两达姆。随着这一新面额货币的发行，达姆变为了"坦卡"的辅币，被称为"尼姆坦卡"（nim-tankah，半坦卡）。

币 13－14　阿克巴铜 1/2 达姆

注：该币重 10.45 克。

币 13 – 15 阿克巴铜达姆

注：该币重 20.23 克。

七、阿迪力

图格鲁克王朝（公元 1320—1414 年）是德里苏丹国的第 3 个王朝。图格鲁克王朝的第二任君王穆罕默德·本·图格鲁克（公元 1325—1351 年）发行了重 144 格令（9.33 克）的阿迪力（adli）银币，在他统治的前三年中，市面上似乎同时流通着银坦卡和阿迪力。

币 13 – 16 穆罕默德·本·图格鲁克银阿迪力

注：该币重 9.10 克。

八、图格鲁克比朗合金

图格鲁克王朝铸行的比朗合金（billon），是由不同比例的银和铜混合而成的，含铜少的钱币呈白色，含银少的钱币呈铜色，其使用可追溯到公元前 6 世纪古希腊一些城市用 60% 的铜和 40% 的银制成的硬币。公元 2 世纪，罗马帝国也曾用比朗合金制造钱币。印度—萨珊钱币和嘉德西亚钱币大多数情况下也是用比朗合金铸造的。

图格鲁克王朝的第一任君王吉亚斯·乌德·丁·图格鲁克沿袭了卡尔吉钱币的图案，用金、银、比朗合金和铜发行钱币。1327 年以后，比朗坦卡成为图格鲁克王朝的主要货币。1451 年，巴洛尔·洛提建立了洛提王朝（公元 1451—1526 年），因为流通的金币和银币的数量已经很少，所以巴洛尔·洛提决定将其完全淘汰，在市场上只用比朗合金币和铜币。1540 年，舍尔沙建立了苏尔王朝，发行了银币和铜币，将混合金属比朗合金钱币彻底从印度钱币中去除。

九、卢比

卢比（rupiya）是由苏尔王朝的第一任君王舍尔沙于 1542 年发行的，名字来源于梵文"raupya"，意为银制品，一枚银卢比是 178 格令（约 11.66 克）。1775 年，二谢拉斐尔姆钱币上引用了单词"卢比"，此后，货币的面额开始以卢比计算。卢比在莫卧儿王朝、马拉地王朝、东印度公司和英国殖民印度时期一直在使用，后演变为近代印度货币。

币 13 - 17　银卢比

注：该币重 11.41 克。钱币正面为维多利亚女王。

十、派萨

　　派萨（paisa，复数形式为 paise）源于梵文"padāṁśa"，意为 1/4 基础，是和卢比同时期在苏尔王朝发行的铜币，40 派萨 = 1 卢比。其重量各不相同，比如，纳诺尔造币厂的钱币，重约 328—329 格令（21.25—21.32 克），而丘纳尔造币厂的钱币重 304 格令（19.70 克）。

币 13 -18　贾拉尔丁·菲鲁兹铜派萨

注：该币重 4.57 克。

十一、沙鲁克希

沙鲁克希（shahrukhi）是帖木儿帝国的统治者沙鲁克在公元 15 世纪早期发行的货币，在整个中亚地区和波斯广泛流通，同时也是河中地区昔班尼王朝统治者青睐的货币。这些货币薄而宽，重约 72 格令（4.67 克）。货币正面是清真言以及四位哈里发的名字和称号，清真言用圆圈围起来，哈里发的名字和称号印在边缘处；货币背面是国王的名字，边缘处铸有头衔，此外还有造币厂的名称和铸造日期。

莫卧儿帝国（公元 1526—1858 年）的巴布尔、胡马雍和阿克巴发行了银质"沙鲁克希"，他们都在货币上铸有带名字和头衔的铭文。巴布尔在其统治区域内如阿格拉、章普尔、喀布尔和拉合尔等地发行了沙鲁克希，人们还发现他在统治区外如巴达赫尚、撒马尔罕和喀布尔等地也发行了一些沙鲁克希，并且加有一些特殊的标记。胡马雍在阿格拉、喀布尔、拉合尔、钱伯尼尔和坎大哈都发行了沙鲁克希，还

币 13 – 19　胡马雍银沙鲁克希

注：该币重 4.64 克。

在阿格拉发行了沙鲁克希样式的金币。阿克巴的沙鲁克希只在拉合尔流通，但在昔班尼王朝的沙鲁克希之上另外加盖了"阿迪尔·阿克巴"字样的标记，并加印上日期，日期被放置在一个卵形或梨形区域内。

十二、摩赫

　　莫卧儿帝国的阿克巴曾发行过金币、银币和铜币，其中金币被称作摩赫（muhar），重 11 玛沙，相当于 168—170 格令（10.89—11.02克），29 卢比相当于 1 金摩赫。阿克巴发行过面额为 100 摩赫、50 摩赫、25 摩赫、20 摩赫、12 摩赫、10 摩赫、5 摩赫、4 摩赫、3 摩赫和2 摩赫的金币，每单位摩赫价值 9 卢比或 10 卢比。每一种都有各自的名字，如 100 摩赫叫"山沙"，50 摩赫叫"拉哈斯"，25 摩赫叫"奥特玛"，20 摩赫叫"宾萨特"等。公元 1605 年阿克巴去世，贾汉季登上王位，但在次年才举行正式加冕仪式。他下令在他加冕之前不准以他的名义发行货币，但并不是所有的造币厂都严格遵守了这一命令。这一时期，阿格拉发行了铸有阿克巴肖像的金币摩赫，金币上铸有"贾汉季第一年"的年号和伊斯兰教纪年。

　　迈索尔王朝的提普·苏丹在位的 16 年期间发行了摩赫金币和半摩赫金币。约 1765 年，孟买也发行了金币，为摩赫、1/2 摩赫和 1/4 摩赫。1815 年，南印度的马德拉斯引进了一种英国样式的摩赫金币，摩赫货币和半摩赫货币的正面有公司的纹章和铭文"英国东印度公司"，背面是波斯铭文。1835 年，加尔各答造币厂委员会发行了价值 30 卢比的 2 摩赫和价值 15 卢比的摩赫。

币13-20   巴哈杜尔·沙金摩赫

注：该币重11.1克。

十三、焦坦卡

贾汉季统治初期由阿哈默德巴德造币厂发行的铜币，被称为焦坦卡（chau-tanki）。铜币采用的是阿克巴货币的样式，只是把"阿克巴·沙"换为了"萨利米·沙"（Salimi Shah）。第二年，该造币厂发行的货币正面是"Sikka-Jahangir"（锡卡—贾汉季），背面是"Sikka Rawan i"（流通币）字样。该造币厂后期发行的货币正面仍是"锡卡—贾汉季"字样，背面则变为了造币厂名称和铸造日期。后一种样式被大多数造币厂争相模仿，一些货币的其中一面可以看到单词"raij"（流通）、"raij-ul-wakt"（当前流通）或"rawanshud"（流通中）。这些货币一直流通到贾汉季统治结束（公元1627年11月6日），其继任者沙贾汗登上王位之后马上宣布：若有人使用这些货币，将会被处死刑，同时下令将这些货币投入造币厂重铸。因此这类货币数量非常稀少，分散于印度国内及国外的各大博物馆，受到收藏者的青睐。

十四、托拉

莫卧儿王朝的统治者铸造了一些高面值的金币和银币，即托拉（tora），用来赠与大使及其他达官贵人。这些货币的面额从 2 托拉到1000 托拉不等。《阿克巴实录》提及阿克巴曾铸造这种钱币，贾汉季的《贾汉季自传》也曾提及贾汉季铸造了这种货币，许多外国旅行家也对此有所记录。

十五、纳姆

迈索尔王朝（公元 1399—1947 年）地处印度南部，直至欧洲殖民印度时期，迈索尔王朝作为土邦国家继续存在至印度独立。

1761 年，迈索尔王朝将军海德尔·阿里掌权时，莫卧儿的金币和维查耶纳伽尔类型的货币同时流通，后者尤其受大众欢迎。因此，他在纳加尔发行的法纳姆（fanam），正面保留了传统的哈拉·高利肖像，只在粗糙的背面放入了自己名字的波斯文首字母"HE"。他的儿子提普·苏丹也发行了法纳姆。1799 年，迈索尔王朝回到克利须那罗阇·沃德亚尔手中之后发行了法纳姆，和维查耶纳伽尔货币一样，正面是坐着的哈拉·高利，背面是国王的那加里文名字"斯里·克利须那罗阇"。

丹麦的克里斯汀五世（公元 1670—1699 年）在位期间，丹麦东方印度公司在印度发行银币"法诺"，即法纳姆，已知最早的"法诺"是 1683 年发行的。"法诺"币符合当时南印度流行的货币体制，1755年，"法诺"币被一种名为"洛耶林"的新币取代。不过这只是名义上的变化，新币的面额和法诺一样，即相当于 1/8 的普通"锡卡"卢比或 80 "卡斯"铜币。1816 年，其名称变回"法诺"，并沿用至 1818

年停止发行。

英国东印度公司在公元 1700—1750 年发行了 3 法纳姆、2 法纳姆、法纳姆、1/2 法纳姆，货币一面有一个球体，一边印有字母"CCE"的十字架，另一面用泰米尔文标注了面额，这种货币持续流通至 1812 年。

币 13 – 21　银法纳姆

注：该币生产于马德拉斯，重 1.00 克。

十六、卡什

迈索尔王朝的提普·苏丹（公元 1782—1799 年在位）发行了四十卡什（cash）、二十卡什、十卡什、五卡什和二卡什的铜币。荷兰东印度公司在纳帕帕特发行的十五卡什、十卡什、四卡什、二卡什和卡什铜币，一面铸有"VOC"加上代表纳帕帕特的字母"N"，另一面铸有分成两行的泰米尔语铭文"Nekapattanam"（勒卡巴塔纳姆），该地还发行了一些与这些铜币相似的卡什铅币。1646 年以前，在荷兰占领印度时期，普利卡特发行了卡什和二卡什货币，钱币正面有公司的标记，其上方有字母"P"，代表普利卡特；货币上那加里铭文"RatnirihParaga"，其义不明。货币背面的波斯铭文"苏丹·阿卜杜拉"，应该指的是高康达国王。18 世纪时普利卡特的卡什货币，正面铸有"PALEACATTA"（帕拉卡塔）和字母"G"，这个字母很可能代表当地的要塞"戈利里亚"。

英国东印度公司在马德拉斯也发行了面值为四十卡什、二十卡什、十卡什、五卡什、二又二分之一卡什的货币，一面用英语、罗马数字、波斯文标示面额，另一面有泰米尔文和泰卢固铭文。货币上没有日期，但它们大概发行于公元 18 世纪末 19 世纪初。货币的正面印有东印度公司的纹章、"EASTINDIACOMPANY"（东印度公司）字样和日期，背面是波斯铭文、英文面值和面值的罗马数字。波斯铭文提及了卡什的面值，提及该卡什相当于多少富鲁斯。

币 13 - 22　铜二十五卡什

注：该币重 10.67 克。

币 13 - 23　克里希那罗阇·沃德亚铜二十卡什

注：该币重 8.82 克。

币 13 - 24　铜十二又二分之一卡什

注：该币重 5.57 克。

币 13 - 25　克里希那罗阇·沃德亚铜十卡什

注：该币重 4.40 克。

币 13 - 26　铜六又四分之一卡什

注：该币重 2.82 克。

币 13 - 27　克里希那罗阇·沃德亚铜五卡什

注：该币重 2.07 克。

十七、法路卡

迈索尔王朝的提普·苏丹在位的 16 年期间发行了诸多货币，他把相当于 1/4 摩赫的金塔币叫作法路卡（faruqi）。

十八、海达里

迈索尔王朝的提普·苏丹把两卢比叫作海达里（haidari）。

十九、佐赫拉

迈索尔王朝的提普·苏丹把二十卡什叫作佐赫拉（zohra）。

拜 占 庭

武宝成

　　拜占庭帝国，又名东罗马帝国，是位于丝绸之路西端的千年帝国。公元395年，罗马帝国皇帝狄奥多西一世逝世，帝国被一分为二，其中，东部地区一般被称为拜占庭帝国。公元1453年，奥斯曼土耳其攻陷帝国首都君士坦丁堡，拜占庭帝国正式灭亡。

　　拜占庭货币体系的建立可追溯到公元1世纪罗马帝国奥古斯都时期，甚至更早些时候。具体来讲，在奥古斯都时期，货币体系由传统的金币奥里斯、银币第纳里和铜币赛斯特提、都蓬第和阿斯构成。后来，在4世纪君士坦丁统治时期，帝国启用由金币索利多、银币米拉伦斯和铜币弗里斯构成的新的货币体系。公元5世纪时，帝国政治灾难接连不断，经济危机接踵而至，这使得君士坦丁改革后的货币体系残存无几。此时的银币，在日常生活中已被弃用。对于铜币，也只剩下弗里斯铜币的最小面额的辅币——比小拇指的指甲盖还小的努姆斯仍在使用。不过，金币索利多及其辅币却幸存了下来，被人们一如既往地使用着。最后，在公元 498 年，阿纳斯塔修斯进行货币改革，以小铜币努米为基础，铸造了新的大个头弗里斯铜币及其辅币。至此，由金币索利多和铜币弗里斯及一系列辅币组成的早期拜占庭货币体系正式建立。

然而，随着时间的推移，在公元 7 世纪，该货币体系中的铜币部分几近崩溃，这时的弗里斯铜币其实就是一块样式凄惨且被反复敲打的碎金属，而部分小面额铜辅币已不再打制。同时，一种新的银币赫克格拉姆于公元 615 年被引入。在公元 8 世纪利奥三世的统治结束后，金币也仅剩下了索利多，辅币塞米斯和特里米斯除了作为纪念币仍在打制之外，实际上已停止了生产。公元 720 年，又一种新的银币米拉瑞逊被引入。从公元 10 世纪下半叶开始，拜占庭帝国货币体系的核心——索利多金币进一步被分拆成了两种面值的造币：希斯塔麦伦和特塔特伦。后来，它们不断地贬值，其中前者成为了碟形币，这也是后期拜占庭造币的常规形制。到了公元 11 世纪，上述两种金币又被称为"海伯龙"的优质金币取而代之，同时金银合金币和银铜合金币构成了低面值货币体系。在拜占庭帝国最后两百年里，海伯龙金币质量也不断下降，最终不再打制。取而代之的是银币的两次复兴：第一次约发生在公元 1302 年，由安德罗尼库斯二世推出了银币巴斯里肯；第二次发生在约翰五世统治晚期，出现了重约 9 克的斯塔夫雷银币。

总的来讲，在数百年间，拜占庭造币都主要由金币和铜币构成。然而，随着由弗里斯铜币和索利多金币及其辅币构成的货币体系的崩溃，在拜占庭晚期，银币也开始进入流通领域。

一、努姆斯

努姆斯（nummus）作为一种铜币，是拜占庭早期钱币的最低面额。钱币的正面通常印有在位皇帝的肖像，背面是皇帝花押。
"nummus" 一词来自多利安式的希腊古语 "noummos"，最初用于描述
意大利南部某些地区的银币。在罗马共和国后期和帝国早期，它还被
作为 "硬币" 的通用词。

在戴克里先时期，努姆斯的重量是 1/32 罗马磅，即大约 10 克，
直径为 30 毫米，为银铜合金币，含银量约 4%[①]。到君士坦丁时代，
它变小了，几乎不含银，与金币索利多的兑换比率为 1:6000。公元 5
世纪时，拜占庭政治灾难接连不断，经济危机接踵而至，流通中的努
姆斯不断贬值，不仅打制粗糙，个头比小拇指的指甲盖还小，重量通
常不到 1 克。在公元 445 年，其与金币索利多的兑换比率上升至
1:7200。在利奥一世统治时期，努姆斯的重量更是减半，与金币索利
多的比率上升到 1:12000。截至公元 498 年前夕，1 索利多约可折合为
16800 枚努姆斯铜币。

公元 498 年，阿纳斯塔修斯一世进行了货币改革，引入了努姆斯
的倍数币，其中价值 40 努姆斯的铜币被称为弗里斯。至此，努姆斯成
为了拜占庭最低面额的硬币。在公元 6 世纪，连续的军事征伐和金融危
机导致青铜铸币的重量进一步减少，努姆斯逐渐退出流通领域。其中，
在查士丁二世时期，努姆斯最后一次出现。5 努姆斯铜币在莫里斯于公
元 582 年继位后，便几乎不再制造了。此后，术语努姆斯继续用作记账
货币，成为 1/6000 索利多的理论单位，并在口语中表示 "零钱"。

二、弗里斯

弗里斯（follis）作为一种铜币，是拜占庭在公元 6 世纪最重要的

---

① 该币在当时的官方名称是努姆斯，直到最近它才被钱币学家称为弗里斯。

钱币种类之一。"follis"在拉丁语中的意思是"袋子"，在古代曾指装有特定数量铸币的密封袋。公元 294 年，戴克里先引入大型银铜合金币努姆斯，后被钱币学家描述为弗里斯。不过，这可能是因为该币表面覆盖着一层薄薄的银，而"follis"对应的古希腊词"φολίς"意思为一层薄薄的金属。

直到公元 498 年，随着阿纳斯塔修斯的铸币改革，价值 40 努姆斯的弗里斯作为大型青铜币被重新引入，实际重量约 9 克，大概相当于 1/36 罗马磅，背面币图仅由用希腊数字 M（40）表示的价值标记构成，与金币索利多的兑换比率为 1∶420。除此之外，他还发行了价值 20 努姆斯的 1/2 弗里斯铜币和价值 10 努姆斯的 1/4 弗里斯铜币。公元 512 年，阿纳斯塔修斯又将这些铜币的重量翻番，发行了重型弗里斯铜币，以便在面值序列中插入 1/8 弗里斯的铜币。

币 14 - 1　弗里斯铜币

注：该币打制于阿纳斯塔修斯统治时期（公元 491—518 年），重 17.18 克，直径 33 毫米。钱币正面是帝王胸像，币文"DN/ANASTASIVS/PP/AVG"（我主阿纳斯塔修斯·万岁奥古斯都）；背面印着价值标记"M"，代表 40，标记上方、左方和右方皆有一个十字架，下方有造币厂标记"ANTX"、分币厂标记"A"。

资料来源：http://www.wildwinds.com/coins/sb/i.html。

阿纳斯塔修斯创造的重型弗里斯铜币及其辅币，在发行之后仍流通了百年有余。在查士丁尼统治时期，弗里斯的尺寸继续变大。在公元539 年的造币改革中，弗里斯铜币重量增至约 22 克，直径增至约 40 毫米。同时，其币值也增加了，与索利多金币的兑换比率从 1：210 降到1：180。然而，该币的打制仅持续了四年，公元 542 年之后，它的重量开始变轻，以至于在该世纪末，1/8 弗里斯铜币因重量太轻而不再打制。

公元 7 世纪，拜占庭帝国饱受波斯人、阿拉伯人和斯拉夫人的蹂躏，灾难不断。这其间弗里斯铜币其实就是一块样式凄惨且反复被打制的碎金属，其重量只有它在公元 540 年的一小部分，设计和做工都非常粗糙。到皇帝君士坦斯二世统治时期（公元 641—668 年），弗里斯仅重 3 克。弗里斯的辅币，包括 1/2 弗里斯和 1/4 弗里斯只是断断续续地被少量发行，1/8 弗里斯铜币仅在希拉克略统治早期和君士坦丁四世统治时期的东部地区被打制。

公元 8 世纪，阿纳斯塔修斯建立的铜币的面额体系正式结束了。印有价值标记"K"（20）和"I"（10）的弗里斯铜币的辅币，最后一次打制发生在君士坦丁五世时期（公元 741—775 年）。后来的 1/2 弗里斯铜币，只是简单地复制了弗里斯的币图，不过尺寸缩小了一半，且无实际意义的价值标记"M"，在迈克尔二世统治结束后便没有被继续使用了。对于弗里斯铜币本身而言，其尺寸和重量都发生了许多变化。利奥三世曾一度增加它的重量，不过，这项改革维持的时间很短暂。

公元 9 世纪，迈克尔二世又重新发行了一种重型弗里斯铜币，而狄奥菲鲁斯则打破了自阿纳斯塔修斯一世以来的传统：在弗里斯铜币上，用几条穿梭的线条构成的铭文取代了原先的价值标记"M"，这一新的做法一直持续到尼基弗鲁斯二世去世（公元 969 年）。在 10 世纪下半叶至 11 世纪上半叶的大部分时间中，铜币大而重。巴西尔二世曾一度把铜币的重量恢复到近 20 克，即为它在 6 世纪时的重量。11 世纪下半叶，随着低成色银铜合金币的使用，厚重的弗里斯铜币消失于流通市场。

三、索利多

索利多（solidus）是拜占庭在公元 11 世纪之前重要的金币。"solidus"的原意是"厚重"。在希腊化时期和在拜占庭经济中，索利多金币还常常被称为诺米斯玛（nomisma），即指"任何被习惯、法律等指定的或普通使用的事物"。

索利多最早是罗马帝国晚期发行的一种金币，由戴克里先在公元 301 年推出，重 1/60 罗马磅，即 5.45 克。然而，其当时的发行规模很小，只作为纪念币有过少量的生产。直到公元 310 年君士坦丁一世货币改革后，索利多才开始广泛流通，并永久地取代了传统金币奥里斯。君士坦丁将索利多的法定重量降为 1/72 罗马磅，即 4.54 克，含金量 95.8% 左右，1 索利多约可折合为 6000 努姆斯。

币 14 - 2　索利多金币

注：该币打制于查士丁尼一世统治时期（公元 527—565 年），重 4.45 克，直径 20 毫米。钱币正面是帝王头戴盔甲胸像，手持十字宝球和盾牌，币文"DN/IVSTINIANVS/PP/AVI"（我主查士丁尼·万岁奥古斯都）；背面是天使像（男性），手持十字宝球和长十字架，右侧有芒星，币文"VICTORIA/AVGGG"，下方有标记"CONOB"（君士坦丁堡足金）。

资料来源：https：//www.wildwinds.com/coins/byz/justinian_ I/i.html。

自君士坦丁大帝货币改革后，索利多金币被广泛用于流通、储备、税收、纳贡、官员们的工资支付和国际贸易。此后，直到公元 10 世纪，在近 700 年间，索利多的重量、尺寸和纯度基本保持不变，成为了整个地中海经济圈最具信誉的国际货币。

直到公元 11 世纪，索利多才发生了重大的变化。在尼基弗鲁斯二世统治时期（公元 963—969 年），它被分拆成了两种面值的造币：希斯塔麦伦和特塔特伦。起初，这两种金币都沿用了诺米斯玛的称号，只是在重量上有所不同；但是后来，在巴西尔二世在位时，它们的形制开始有所不同，希斯塔麦伦变得大而薄，而特塔特伦却变得小而厚。再后来，这两种金币不断贬值，被阿莱克修斯一世在公元 1092 年引入金币海伯龙取而代之。

四、塞米斯

塞米斯（semissis/semis）是拜占庭早期的一种小面额金币，价值 1/2 索利多金币，重约 2.3 克。前缀"semi"的意思是"一半"，故该币名称来源于其与金币索利多的兑换比率。在罗马共和国时期，也有一种名叫"塞米斯"的小面额铜币，价值铜币阿斯的一半。

在公元 7 世纪之前，与金币索利多相比，作为辅币的塞米斯在拜占庭帝国虽被持续打制，但相对不是很重要。通常，每个统治者在位时期，仅会打制一种类型的塞米斯，而不像索利多那样，不断地变化样式，其正面铭文通常照搬了索利多的铭文。

在公元 8 世纪，塞米斯金币在东部地区便不再是日常使用的货币。尤其是在利奥三世（公元 717—741 年）统治结束后，其除了作为纪念币仍在打制之外，实际上已停止生产，最后一版已知版别来自巴西尔一世统治时期（公元 867—886 年）。相比之下，在西部较守旧的省份，由于当地银币的匮乏，塞米斯的生产一直持续到公元 878 年西西里岛造币厂的关闭。

币 14 - 3　塞米斯金币

　　注：该币打制于阿纳斯塔修斯统治时期（公元491—518年），重2.25克。钱币正面
是帝王侧身像，面朝右，币文"DN/ANASTASIVS/PP/AVG"（我主阿纳斯塔修斯·万
岁奥古斯都）；背面是胜利女神坐像，面朝右，膝盖上方有标记"XXXX"，左侧有芒
星，右侧是倒置的"P"，币文"VICTORIA/AVCC"，下方有标记"CONOB"（君士坦
丁堡足金）。

五、特里米斯

　　特里米斯（tremissis）是拜占庭早期的一种小面额金币，价值 1/3
索利多金币，重约 1.52 克。前缀"tremi"的意思是"三分之一"，同
塞米斯一样，其名称与金币索利多的兑换比率有关。在法兰克语资料
中，特里米斯有时被称为屈莱恩（triens）。

　　在罗马共和国时期，也有一种名叫"屈莱恩"的小面额铜币，价
值铜币阿斯的 1/3。然而，作为索利多辅币的特里米斯金币最早由罗
马皇帝狄奥多西一世于公元 380 年左右引入，并在公元 5—7 世纪与塞
米斯金币一样广泛流通。其中，在公元 6 世纪，特里米斯金币只使用
过两种背面币图：第一种，胜利女神手持花环和十字宝球，向右侧走，

且看向后方；第二种，平头十字架。由于塞米斯和特里米斯的正面币
图常常相同，所以特里米斯偶尔会直接使用塞米斯金币的正面印模，
这使得在特里米斯金币上，时有部分铭文印在了币坯外面。

币 14 – 4   特里米斯金币

注：该币打制于查士丁尼一世统治时期（公元 527—565 年）罗马造币厂，重量不
详。钱币正面是帝王侧面像，面朝右，币文 "DN/IVSTINIANVS/PP/AVG"（我主查士
丁尼·万岁奥古斯都）；背面是胜利女神向右行走像，手持花环和十字宝球，币文
"VICTORIA/AVCC"，下方有标记 "CONOB"（君士坦丁堡足金）。

特里米斯金币的打制一直持续到利奥三世统治时期（公元 717—
741 年），此后便作为纪念币偶尔在东部地区打制。在巴西尔一世统治
（公元 867—741 年）之后，它就消失了。不过，与塞米斯一样，在西
部较守旧的省份，由于当地银币的匮乏，特里米斯的生产一直持续到
公元 878 年西西里岛造币厂的关闭。

六、碟形币

碟形币（scyphate）是公元 11—14 世纪出现的凹面拜占庭钱币的
统称。在诸多资料中，"scyphate" 一词被解释为源自希腊词
"skyphos"，意思是 "杯"，它被广泛应用于拜占庭帝国晚期凹面的碟

形币或杯状币。不过，仔细考究，这应该是个误称，因为在公元 11 世纪的意大利文件中，"SCYPHATE"这个词并不是指凹面币，早在公元 1024 年凹形币尚未引入之前，希斯塔麦伦在意大利南部就被称为"scifati"，而该词的真正词源可能为"shuffi"，来源于阿拉伯语"shafah"，意为边缘或周边，专指巴西尔二世及其继任者们发行的边缘独特的希斯塔麦伦金币。事实上，在帝国东部，凹面银铜合金币通常被描述为"特拉奇"（trachy），其来源于希腊词"rpaxv"，字面意思是"粗糙"，这里取其"不平"之意。

七、特塔特伦

特塔特伦（tetarteron）是公元 10 世纪下半叶出现的一种轻质拜占庭金币。该币由皇帝尼基弗鲁斯二世引入，它的发行标志着传统索利多金币时代的正式结束。最初，它可以看作是一种减重的索利多金币，其外观与传统索利多金币并无不同之处。但后来，在巴西尔二世在位时，它的币坯变得又小又厚，直径仅为 17—19 毫米，重约 4.10 克，比全重诺米斯玛轻 2 克拉。这也可以解释其名字的由来，因为在希腊语中，前缀"tetra"表示"四分之一"，而大多数特塔特伦金币的名义重量为特里米斯金币的 1/4，比 1 索利多金币轻些。

公元 963—1028 年打制的特塔特伦数量似乎十分有限，它们所起到的流通媒介作用不是很大。公元 11 世纪 30 年代，该币的发行被叫停。不过，在君士坦丁九世统治时期（公元 1000—1055 年），它又重新开始发行，到了迈克尔七世统治时期（公元 1071—1078 年），特塔特伦金币和希斯塔麦伦金币的发行数量已大致相当。然而，随着公元 11 世纪 70 年代曼齐克特之战后危机的爆发，金币加速贬值，纯度持续下降，特塔特伦降为仅约 8 克拉，很难称之为金币。不过，特塔特伦的币面依旧是扁平的。到了阿莱克修斯一世时期，因特塔特伦无法继续贬值，不得不在公元1092年停止发行，转而推出一种新的名叫海伯龙的金币。

币14-5　特塔特伦金币

注：该币打制于罗曼努斯四世统治时期（公元1068—1071年），重4克，直径18毫米。钱币正面币图为玛丽正面胸像；背面为罗曼努斯和妻子欧多西娅胸像，其中罗曼努斯有胡须，位于左侧，欧多西娅位于右侧，中间是十字宝球，币文"+RWMAN S EVDK"。

资料来源：https：//www.wildwinds.com/coins/byz/romanus_ IV/i. html。

此外，阿莱克修斯一世在公元12世纪曾大量发行过一种小型扁平铜币。由于其币面样式与公元11世纪的特塔特伦很相似，故也被称为特塔特伦。这一称呼最初是在拉丁文献中被证实的，沙特尔的富尔彻在叙述同时代的第一次十字军东征时提到：阿莱克修斯一世将金币和银币分发给长官，而将叫作"塔特伦"的铜币散发给了士兵。此后，特塔特伦作为一种扁平铜币，其打制活动仍在继续，直到安德罗尼库斯二世统治时期（公元1282—1328年），特塔特伦币被称为"阿萨瑞"的扁平铜币取而代之。

八、希斯塔麦伦

希斯塔麦伦（histamenon）是公元10世纪下半叶尼基弗鲁斯二世

统治时期对标准重量金币的称呼。在公元 12 世纪，拉丁作家将其拼写缩成了 stamenon。最初，该币的外观与传统全重索利多金币并无不同之处，这也解释了其名称来源，因为前缀 "hista" 的意思是 "全重"。

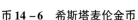

币 14-6　希斯塔麦伦金币

注：该币打制于巴西尔二世统治时期（公元 976—1025 年），重 4.4 克，直径 22 毫米。钱币正面为基督胸像，背面为巴西尔二世和君士坦丁八世胸像，币文 " + bASIL C CONSTANT b R"（巴西尔和君士坦丁/罗马国王）。

资料来源：https://www.wildwinds.com/coins/byz/basil_ II/t.html。

在巴西尔二世在位时（公元 962—1025 年），希斯塔麦伦币变得大而薄，直径为 26—28 毫米，尺寸几乎是 10 世纪诺米斯玛金币的两倍。从 11 世纪 30 年代开始，希斯塔麦伦币减重，到公元 1081 年，希斯塔麦伦变成了金银合金币，重量只有 8 克拉。在君士坦丁九世统治时期（公元 1042—1055 年），希斯塔麦伦逐渐从平面币过渡到凹面币。到了 11 世纪 50 年代，凹面成为了它的常规形制。在阿莱克修斯一世统治时期（公元 1081—1118 年），因希斯塔麦伦无法继续贬值，不得不在公元 1092 年停止发行，转而推出一种新的名叫海伯龙的金币。

此外，在拜占庭科穆宁王朝统治后期（公元 1081—1185 年），曾发行过一种低成色的凹面银铜合金币，因其和阿莱克修斯一世改革前最后一次发行的完全不含金的希斯塔麦伦的外观很相像，故也被称为

希斯塔麦伦。该币含银量大约为 6% 或 7%，价值仅是全重海伯龙的
1/48。在公元 12 世纪下半叶，由于不断地贬值，该币相对于海伯龙金
币的价值稳步下降。在公元 1190—1199 年，其价值逐渐跌为海伯龙金
币的 1/120 和 1/184。

九、海伯龙

海伯龙（hyperpyron）是一种全重诺米斯玛金币，币面呈凹形，由
阿莱克修斯一世于公元 1092 年引入，理论重量 4.45 克，实际重量非常
不规律，纯度仅 20.5 克拉。"hista" 这个词原本来源于 "ὑπέρ"（上）
和 "πύρ"（火）两个词，意为 "高纯度的"。这是因为，即便海伯龙并
不完全是纯金，但其纯度也远高于被其取代的减重金币——希斯塔麦伦
和特塔特伦，且具有令人满意的金色外观。在公元 12 世纪拉丁文拼写
"perperum" 及其变体的影响下，它还会被缩写为 "perpero"。

币 14 - 7　海伯龙金币

注：该币打制于阿莱克修斯一世统治时期（公元 1081—1118 年），重 4.25 克。钱币
正面是基督坐像，币文 " + KE ROHQEI/IC-XC"；背面是阿莱克修斯一世正面站像，手
持权杖和十字宝球，左侧币文 "A LE XIW DEC PO TH"，右侧币文 "TW KO MNH
NW"。

　　该币的纯度在公元 1092—1204 年一直保持不变。最初 1 海伯龙等于 3 枚金银合金特拉奇，或 48 枚银铜合金特拉奇，或 864 枚铜币特塔特伦。后来，由于合金币的贬值，其与两种金银合金币的兑换比率分别上升为 1∶12 和 1∶384。公元 1204 年，拉丁人占领了君士坦丁堡，此后流亡中的拜占庭人建立了诸多小政权，其中仅尼西亚王国发行过金币海伯龙。公元 1261 年，迈克尔八世（公元 1261—1282 年）在君士坦丁堡重新启用了减重的海伯龙金币。公元 1270 年，海伯龙币的纯度在 16 克拉到 16¾ 克拉之间。在之后两位继任者的统治期内，该币的质量每况愈下，不断贬值，最终停止了打制，取而代之的是一种被称为斯塔夫雷的重型银币，价值 1/2 海伯龙。海伯龙金币的最后一次常规发行可追溯至约公元 1350 年，即约翰五世和约翰六世共帝期间。从此之后，它仅作为记账货币存在，1 海伯龙折合 24 克拉。

十、赫克格拉姆

　　赫克格拉姆（hexagram）是拜占庭皇帝希拉克略于公元 615 年引进的一种新银币，重 6.83 克，币坯形状几乎不规则。前缀"hexa"表示 6，代表 6 斯克鲁普尔，所以它因其重量而得名。然而，其与索利多金币之间的准确的兑换比率不能确定。

　　在公元 6 世纪下半叶，随着弗里斯铜币质量的下降和小面额铜质辅币的消失，赫克格拉姆在 7 世纪初应运而生，其使用主要限于帝国东部。它比帝国早期银币第纳里和 4 世纪时所谓的"斯力克"银币重很多。与拜占庭帝国采用君主制一样，赫克格拉姆银币在某种程度上也代表着希腊文化的复兴。在该币存续期间，其背面币图几乎都是立于三级阶梯之上的带球十字架。公元 681 年之后，除了满足仪典之需，赫克格拉姆银币便不再打制了。

十一、米拉瑞逊

　　米拉瑞逊（miliaresion）是赫克格拉姆币之后出现的一种基本银币。货币学家通常将之用于利奥三世推出的薄而宽阔的银币及与之具有相似特征的货币。"miliaresion" 的拉丁语表达是 "miliarensis"，最早被用于描述公元 4 世纪罗马皇帝君士坦丁发行的一种高纯度银币，理论重量 1/72 罗马磅，即 4.54 克，折合 1000 努姆斯。直到 8 世纪初，为了取代希拉克略王朝时期的赫克格拉姆银币，利奥三世于公元 720 年重新引入了米拉瑞逊银币，理论重 1/144 罗马磅，即 2.27 克，与索利多的兑换比率为 12:1，即 2 克拉。不过，这仅是名义上的价值，该币的实际含银量要小很多。与先前所有的拜占庭货币相比，其厚度甚是单薄，最初作为纪念币发行，但在使用过程中不断被用来满足经济需要，久而久之，就变成一种流通货币。

币 14 - 8　米拉瑞逊银币

　　注：该币打制于巴西尔二世统治时期（公元 976—1025 年），重 2.20 克，直径 27 毫米。钱币正面为巴西尔二世和君士坦丁正面胸像，巴西尔位于左侧，君士坦丁位于右侧；背面 5 行币文 " + bASILI S CwNSTAN PORFVROS PISTV bAS RwMAIW"。

　　该币发行了将近 3 个世纪，期间重量多次发生变化，在马其顿王朝时期，其重量增至 1/108 罗马磅，即 3.03 克。大约在公元 11 世纪伊始，米拉瑞逊银币的成色开始走下坡路，与此同时还出现了价值 2/3 米拉瑞逊和 1/3 米拉瑞逊的银质辅币。相比之下，其主要币图没有发生变化，设计内容参照了阿拉伯迪拉姆币的币图，正面由五行横穿底板的铭文构成，内容包含皇帝的名字和头衔，取代了原来的肖像图。在大约公元 1080 年，米拉瑞逊在流通中的重要性已显著下降。在公元 1092 年之后，该币停止打制，仅作为记账单位继续存在，其与海伯龙金币之间的兑换比率仍遵循旧制，即 12 米拉瑞逊银币相当于 1 枚海伯龙金币。

十二、三头币

三头币（tricephalon）这一术语在拜占庭钱学中经常被使用，有时会被简写为"Γκα"。公元 11 世纪，它被用来指欧多西娅于公元 1067 年发行的印有她和两个儿子站像的希斯塔麦伦；在伊萨克二世的一份外交文书中，它被用来指一面印有圣母，另一面印有皇帝和圣迈克尔的海伯龙。12 世纪时，它常被用于价值 1/3 海伯龙的金银合金特拉奇。

它被用于 1/3 海伯龙的历史，可追溯至阿莱克修斯一世于公元 1092 年的首次主要发行。当时，1/3 海伯龙币与海伯龙币一样，皆一面印有圣母坐像，另一面印有皇帝站像。然而，在 1/3 海伯龙币上，圣母手中还拿着印有基督像的纪念章，所以，该币印有三"头"，而非两"头"。此后，"三头币"就渐渐地变成了这种面额货币的常用名。

此外，在公元 14 世纪初期，"三头币"还被用来指印有安德罗尼库斯二世和迈克尔九世跪拜基督的海伯龙。

十三、艾斯伯

艾斯伯（aspron）是拜占庭晚期的一种银币。"aspron"的拉丁语表达是"asper"，最初的意思为"粗糙的"，后来为"新鲜的""干净的"和"白的"等。在公元12世纪，它开始被用于称呼银铜合金币特拉奇，有时也会被用于称呼金银合金币特拉奇。在公元13—15世纪，艾斯伯这一名称再次被用于银币。十字军攻陷君士坦丁堡之后，流亡中的拜占庭人建立了小政权——特拉布宗王国。由于其地理位置距离君士坦丁堡较远，所以其发行的造币自成一脉，主要由大量扁平的银币构成。这些银币在当时被称为艾斯伯。

币14-9　艾斯伯银币

注：该币打制于特拉布宗王国曼努埃尔二世统治时期（公元1238—1263年），直径23毫米，重2.93克。钱币正面是圣尤金尼厄斯站像，手持长十字架，币文"OAGI-eVG［eNI］"（圣尤金尼厄斯）；背面是曼努埃尔一世正面站像，上方有"上帝之手"。

资料来源：https：//www.wildwinds.com/coins/byz/trebizonds/t.html。

该币从曼努埃尔一世统治期（公元1218—1263年）开始打制。起先，货币个头较大，直径达27毫米，币面呈凹形；后来，个头变小，成为直径20毫米的扁平货币。钱币一面印着圣尤金尼厄斯像，另一面是皇帝的站像或骑马像。圣尤金尼厄斯是一位当地的英雄人物，死于戴克里先时期，后成为了城市的守护神。这些币图与君士坦丁堡的造币无关，但在形制方面，与罗姆的塞尔柱家族和小亚美尼亚地区打制的银币迪拉姆相仿。此外，艾斯伯重约 3 克，与传统迪拉姆的重量相同。

十四、巴斯里肯

巴斯里肯（basilicon）是拜占庭皇帝安德罗尼库斯二世于公元 1302 年推出的一种银币。该币的纯度值为 11 盎司 8 打兰，即 94.4%，其原型是威尼斯格罗索银币，二者的重量和纯度相同，在流通中可以交替使用。在公元 10 世纪之前，银币在拜占庭货币中一直扮演着不起眼的角色。然而，该币的引入与当时银币的兴起相伴而生。

币 14 - 10　巴斯里肯银币

注：该币打制于安德罗尼库斯二世统治时期（公元 1282—1328 年），重 2.10 克，直径 18 毫米。钱币正面是基督坐像，背面是安德罗尼库斯二世和迈克尔九世站像。

资料来源：https：//www.wildwinds.com/coins/byz/andronicus_ II/i.html。

该币产生之初，与海伯龙之间的兑换比率是 12:1，这意味着像旧币米拉瑞逊一样，1 巴斯里肯价值 2 克拉。后来，随着金属银的价格波动，其与伯海龙之间的兑换比率降至 12.5:1 或 13:1，有时甚至降至 15:1。在公元 13 世纪 30 年代，其重量大幅下降，从原来的 2.2 克减重到约 1.25 克，但是同时海伯龙金币的纯度也进一步降低至 11 克拉。安德罗尼库斯三世去世后，巴斯里肯币又继续发行了 15 年，历经约翰五世未成年时的统治时期（公元 1341—1347 年）、约翰五世和约翰六世共治时期（公元 1347—1353 年）以及约翰六世的独治时期（公元 1353—1354 年），比 13 世纪初要轻得多，甚至低于 1 克，且货币质量往往因币坯太薄而不佳。公元 14 世纪中期以后，一种价值 1/2 海伯龙的被称为斯塔夫雷的银币取代了巴斯里肯银币。

十五、斯塔夫雷

斯塔夫雷（stavraton）是拜占庭在最后一个世纪中发行的一种重型银币。该币最初重约 8.5 克，后降至 7.4 克，其原始设计模仿了格罗索银币，即币面中央的图案设计被双圈铭文所环绕。作为整个拜占庭货币史中用于日常流通的最重的银币，它的出现取代了流通中最高面额的海伯龙金币。

币 14 - 11   斯塔夫雷银币

注：该币打制于约翰八世统治时期（公元 1423—1448 年），重 6.73 克，直径 25 毫米。钱币正面是耶稣胸像，背面是约翰八世胸像。

资料来源：https：//www.wildwinds.com/coins/byz/john_ VIII/t.html。

这一名称最早被用于称呼公元 11 世纪中叶出现的印有皇帝手持十

字权杖的西斯塔麦伦金币。在公元 14 世纪晚期和 15 世纪上半叶，出现了一种价值 1/2 海伯龙的银币，因其铭文字首为一个十字架，对应的希腊语为 "STAVROS"，故被称为斯塔夫雷。与之相伴的小面额辅币包括价值 1/2 斯塔夫雷和 1/8 斯塔夫雷的银币。其中，1/2 斯塔夫雷的重量最初为 4.4 克，后慢慢降至 3.7 克。该币及其辅币一直存续到拜占庭帝国的最终灭亡。

十六、阿萨瑞

阿萨瑞（assaria）是拜占庭在公元 13 世纪末和 14 世纪上半叶流通的一种扁平铜币。在新约中，"阿萨瑞" 一词被用来指流通中面额最小的货币。该币最早由安德罗尼库斯二世于公元 1294 年引入，个头不大，直径大约一英寸，重约 2 克。

币 14 - 12　阿萨瑞银币

注：该币打制于安德罗尼库斯二世统治时期（公元 1282—1328 年），重 2.03 克，直径 20 毫米。钱币正面是大天使迈尔克正面站像，背面是安德罗尼库斯二世和约翰五世正面站像。

资料来源：https：//www.wildwinds.com/coins/byz/andronicus_ II/i.html。

该币的打制一直持续到 14 世纪 50 年代，除了在迈克尔去世后的公元 14 世纪 20 年代有过中断。其间，币模有一些变化，但重量没有明显变化。在安德罗尼库斯三世统治时期，每年改变一次币图的做法被摒弃了。除了在帖撒罗尼迦打制的印有约翰五世和安娜肖像的货币，其他货币似乎均打制于君士坦丁堡。在公元 14 世纪最后 25 年，两种不同面额的铜币取代了阿萨瑞币，其中一种比阿萨瑞币更小更厚，但重量几乎相同，另一种的直径约 12 毫米，重量在 1 克以下。君士坦丁堡的拉丁商人们分别将它们称为"托内斯"（tornesi）和"弗拉瑞"（follari）。

十七、城市造币

城市造币（politikon）是拜占庭在公元 14 世纪中叶发行的一种小型银铜合金币或铜币，因其币文中含希腊语"＋ΠΟΛΙΤΚΟΝ"（城市的）一词而得名。这些城市造币通常为银铜合金币，纯度约 25%，重量在 0.5—1 克。此外，还有一些是铜币，重约 2 克。其中，银铜合金币可被列入 14 世纪中叶的托内斯币的一般类型，重量为 0.6—0.8 克，直径为 17 毫米，银含量为 20%—25%。最初，它们是凹的，但后来变为平的，与金币海伯龙的比率可能是 1∶96。

大多数城市造币是无名的，只有三枚印有皇帝像：第一枚正面印着安德罗尼库斯三世和一个圣徒的站像；第二枚印着约翰五世；第三枚印着约翰五世和另一个人，萨巴蒂尔将这个人的名字读为"MAN"［曼（努埃尔）］，但其实他更有可能是约翰六世。币文字母个头很大，且常常环绕着十字架或圣母胸像分布。长期以来，这些造币的铭文"＋ΠΟΛΙΤΙΚΟΝ"背后的含义以及铸造地点一直存在争议。无名币的打制始于公元 13 世纪 40 年代，可能结束于 13 世纪 50 年代。

币 14－13　城市造币

注：该币打制于公元 1328—1354 年，无名币，重 0. 51 克。钱币正面是四塔城楼，背面是币文"＋POLITIKON"。

资料来源：https：//www. wildwinds. com/coins/byz/anon_ politikon/t. html。

十八、君士坦丁堡足金

在罗马帝国晚期和拜占庭帝国早期，金币具有很高的纯度，"CONOB"（君士坦丁堡足金）是早期拜占庭金币上的传统铭文。字母"CON"是"constantinople"的缩写，表示君士坦丁堡；"OB"是"obryzum"的缩写，表示足金。该标记最初出现在君士坦丁堡造币厂生产的金币上。

在公元 5 世纪，帝国东部可打制金币的地区，事实上仅限于君士坦丁堡了，故"CONOB"就是所使用的造币厂标记。到了 6 世纪，地方行省的造币厂重新开始大规模生产金币，然而，由于当时在金币上使用标记"CONOB"的做法已深入民心，所以各地纷纷因循旧制，继续沿用了这个标记，帖撒罗尼迦、罗马、拉文纳以及迦太基等造币厂，皆沿用了标记"CONOB"。除了"CONOB"标记之外，还有很多与之类似的字母组合。这些标记通常由字母"OB"与造币厂名称首字母组

合而成。该做法一直持续至公元 7 世纪。然而，进入公元 8 世纪，在
利奥三世统治时期（公元 717—741 年），传统铭文"CON"和
"CONOB"便都不再继续使用。尤其是公元 11 世纪中叶以后，首都地
区金币的成色开始不断下降，造币成分中加入了不同比例的银或银铜
混合物，这一铭文的使用更是失去了现实意义。

中古西班牙

宋 海

西班牙位于欧洲西南部的伊比利亚半岛，地处欧洲与北非的交界处。约从公元前 1000 年开始，来自中北欧的凯尔特人从北部进入伊比利亚半岛。之后腓尼基人、希腊人、迦太基人等也先后进入伊比利亚半岛，建城设立定居点。

公元前 218 年，罗马人大举入侵西班牙，开始征服伊比利亚半岛；公元前 19 年，罗马军队控制了整个伊比利亚半岛，在此后长达 500 年的时间里，西班牙成为罗马帝国的一个行省。公元 5 世纪，罗马帝国开始走向崩溃，西哥特人入侵西班牙，建立了西哥特王国。公元 409 年，部分苏维汇人同汪尔人、阿兰人一起从高卢侵入伊比利亚半岛，在半岛西北部建立了苏维汇王国。公元 585 年，苏维汇王国被西哥特人征服。

公元 711 年，阿拉伯人入侵西班牙，赢得了瓜达莱特战役大捷。此后，阿拉伯人只用了 37 年时间便征服了伊比利亚半岛，从此西班牙开始了为期近 800 年的伊斯兰统治。

　　但是，阿拉伯人入侵后，西班牙北部地区出现了几个基督教王国，它们各霸一方，形成了封建割据，并在抗击阿拉伯人入侵和收复失地运动中逐渐发展壮大。阿斯图里亚斯王国是西哥特王国灭亡之后伊比利亚半岛西北部兴起的第一个基督教王国，之后又有莱昂王国、卡斯蒂利亚王国、纳瓦拉王国、阿拉贡王国崛起。后来卡斯蒂利亚女王伊莎贝拉与阿拉贡王国的王子费尔南多基督教结婚。西班牙进入宗教界和史学界称颂的"天主教双王"时代，史称西班牙的黄金时代。这一时期为西班牙的统一奠定了基础。

　　公元 1516 年，卡洛斯一世以特拉斯塔马拉家族外孙的资格继承了卡斯蒂利亚王国、莱昂王国、阿拉贡王国和纳瓦拉等王国的王位，建立了欧洲最早统一中央王权共主邦联的国家，即哈布斯堡王朝。自此西班牙统一。

　　西班牙货币史第一阶段是希腊迦太基的德拉克马币；第二阶段是罗马的狄纳里币和索利多币；第三阶段是阿拉伯人的第纳尔、迪拉姆和法尔币；第四阶段是"天主教双王"时代之前各王国的货币；第五阶段为"天主教双王"时期的币制改革；第六阶段是哈布斯堡王朝的货币；第七阶段是波旁王朝的货币。

　　对西班牙中古货币史的划分，学界有两种意见：一种是从公元 476 年西罗马帝国灭亡算起；另一种是从公元 711 年阿拉伯人入侵西班牙算起。

一、西哥特币

西哥特币只有金币——苏埃尔多币和特列恩特币。前者源自罗马

的索利多币，后者则源自屈莱恩币。由于当时资源稀缺，制造的是镀
金银币或金比例极低的金银混合币，以致有些币现在全变白了。西哥
特币起先以西罗马皇帝的名义制造，后来以东罗马皇帝的名义制造。
钱币学家通过对比出自同一币模的两枚苏埃尔多币发现，一枚有西罗
马皇帝马约里安（公元457—461年）的名字，另一枚有东罗马皇帝利
奥一世（公元457—474年）的名字，可以判断西罗马皇帝名字被东罗
马皇帝名字替代的确切时间是公元461年。这很可能与导致西罗马帝
国灭亡的灾难性事件有关。之后的索利多币有阿纳斯塔修斯（公元
491—518年）和查士丁一世（公元518—527年）的名字，币图是面
左的维多利亚女神像。最早的特列恩特币是在狄奥多雷多时期（公元
449—451年）以瓦伦提尼安三世（公元425—455年）的名义制造的。
正面是面右的皇帝胸像；背面有两种币图：一种是苏维汇式的月桂中
间的十字架；另一种是手持长十字架面向左的维多利亚女神像。从亚
拉里克二世（公元484—507年）开始模仿阿纳斯塔修斯皇帝的特列恩
特币。公元419年的币图是维多利亚女神面向右手持棕榈枝和花环。
后来，因不断地模仿仿制品，币图越来越走形，到利奥维吉尔德时期，
已经完全成了几何图案，极为粗陋。因此，在利奥维吉尔德主政时期
又制造了三种币图的特列恩特币，成色和币图改进了很多。其中第一
种币的金纯度为18开，币图是面右的维多利亚女胸像，制造时间应在
578年之前。维特里克上位后，金纯度在16开和14开之间浮动，到了
辛达斯文托—雷克斯文德共治时期又升到18开。瓦慕巴执政后，占主
导地位的是14开的币种，并有继续下降的趋势，最后的特列恩特就全
是银的了。

币 15 - 1   利奥维吉尔德主政时期特列恩特币

二、苏维汇币

苏维汇币有金币和银币。流通的铜币是曾经的罗马帝国币。苏维汇制币模仿的是罗马帝国币，但重量轻。原本 4.54 克重的苏埃尔多金币的重量降到 3.60—3.75 克。苏埃尔多币的正面布图是西罗马皇帝霍诺留（公元 395—423 年）面向右的胸像，币文讲的也是他；背面是一个站着的人像，右手持军旗，左手握维多利亚女神像，脚线下是"CONOB"，意思是君士坦丁堡足金。特列恩特币是以苏维汇皇帝之名制造的，币重 1.15—1.25 克，钱币正面是面向右的君王胸像，背面是在两枚月桂之间的十字架。

银币很稀少，到目前为止仅发现 3 枚。最古老的一枚在巴黎古币收藏室，币重只有 1.85 克。西利克银币正面为币文"DN HONORIVS P F AVG"（我主霍诺留，虔敬幸福的奥古斯都）和该皇帝束带披紫金袍面右的胸像；背面为币文"IVSSI RICHIARI REGES"（雷夏里奥国王）和被月桂环绕的拉丁十字架，十字架两边分别是"B""R"（布拉加拉的缩写）。因此，这枚西利克银币是雷夏里奥时期的，从统治年代推算，这枚银币制于 455—456 年。

三、哈里发王国货币

第纳尔金币是西班牙哈里发王国制造并流通的货币，是那个年代
欧洲最珍贵的货币之一，伊斯兰教历 316 年即公元 928 年开始制造的。
在阿卜杜勒三世和哈卡姆二世时期，第纳尔金币的成色是 89.5%—
97.9%。金币包括第纳尔、1/2 第纳尔和 1/3 第纳尔。每磅黄金制 84
枚第纳尔金币，每枚重 3.9 克；币上有哈里发的名字，之前是头衔伊
玛目，之后是信士的长官和每位哈里发的尊号。

币 15 - 2　西班牙哈里发王国第纳尔金币

四、穆拉比特币

穆拉比特币与哈里发币类似，穆拉比特王也将他们的名字刻在币
上，币的正面是头衔，经常还有王储的名字。每磅黄金造 84 枚第纳尔
金币，每枚重 3.88 克。基督教民把它叫作穆拉比特币，其最终成为计
价货币。后来穆拉比特币演变为马拉维迪币（MARAVEDIS），其正面
中央的两行字是信仰告白的开头，第三行是先知使命的开头，第四行

是埃米尔的名字；边饰是《古兰经》第三章第 79 节。背面四行字：
ALIMAM／ABD／ALLAH／AUWIRAUMUMININ（伊玛目／阿卜／杜拉／信
士的长官），边饰是年份。穆拉比特银币体系的标准单位是 2 克重的迪
拉姆。这种币非常少见，其等分辅币名为奎拉特，分为 1 克、1/2 克、
1/4 克、1/8 克和 1/16 克五种，其币文重复第纳尔的主题。

币 15－3　穆罕默德·伊本·萨阿德的第纳尔金币

币 15－4　阿里·伊本·优素福的银等分辅币

五、穆瓦西德王朝币

穆瓦西德王朝币分为金币和银币。多乌拉金币：单位重 2.30 克，
其 2 倍币重 4.60 克。出币率为 327 克金制 70 枚多乌拉金币。这种币制

对后来的卡斯蒂利亚的货币影响很大。在卡斯蒂利亚，自费尔南多三世开始仿制这种币，直到 1497 年"天主教双王"时期的币制改革。金币的分币是 1/4 多乌拉金币。迪拉姆银币：单位重 1.50 克，也制半迪拉姆银币。穆瓦西德王朝币很容易识别，因为币的形状奇特——银币是方形的，金币是内方外圆。币面字体从库法体变为纳斯赫体，"笔法多曲线，识别较困难"。钱币的特点是没有造币年份，少有造币厂标记。

多乌拉的等分币正面首先是信仰告白或其开头，然后是先知使命。方框外依次是祈祷语、祝福语、《古兰经》的章节、有关人物的信息、君王的名字。

币 15 – 5　穆瓦西德王朝迪拉姆银币

币 15 – 6　穆瓦西德王朝多乌拉金币

六、迪内罗银币

迪内罗银币是西班牙"天主教双王"时期之前的加洛林帝国时期的加泰罗尼亚的货币，由丕平三世（矮子丕平，公元714—768年）发行，源自罗马的狄纳里银币。

以银币为基础的货币体系制造的标准单位是迪内罗，12迪内罗＝1苏埃尔多，25苏埃尔多重327克，即1罗马磅。苏埃尔多和磅是计价单位。

公元755年，1磅减至22苏埃尔多，迪内罗币约重1.28克。受阿拉伯的影响，币形趋于大直径、薄币坯。币图是占据整个币面的大字母：R（国王）、P（丕平）和R（国王）、F（法兰克人的）。丕平三世的儿子查理大帝（公元768—814年）沿用了此币制。

公元774年，查理大帝建立新币制：磅重374克，每磅分为20苏埃尔多，1苏埃尔多＝12迪内罗，每迪内罗重1.55—1.60克。磅和苏埃尔多是计价单位。支付货币是迪内罗和币值等于半迪内罗的奥波，两种币均为纯银币，成色为11.5迪，也就是这个时代能达到的最高纯度（95.8%），这个币制扩展到整个帝国。无论是它的进位方式还是换算关系，都在西班牙甚至许多欧洲国家持续使用。例如，英国的金币是英镑，文献中简写为L，是磅"LIBRA"的首写字母，等分为20先令，1先令相当于1苏埃尔多，每先令等分为12便士，账目中写作D，即"DENARIUS"的首写字母。在币图方面，查理大帝也创造了一些强烈影响其他国家的主题，如用国王名字的花押字、等长十字架和神殿之门。神殿之门后来变形为法国图尔的图尔币和路易九世1266年的格罗斯币的经典币图。

币 15 - 7　加洛林王朝巴塞罗那伯爵领地的迪内罗币

币 15 - 8　拉蒙·贝伦格尔四世统治时期的迪内罗币

七、雷阿尔银币

胡安二世的第一次婚姻是与纳瓦拉女王布兰卡结婚，并将纳瓦拉王国收并，到他去世后重又分裂。为了第二任妻子胡安娜·恩里克斯的儿子费尔南多，他剥夺了长子卡洛斯的王位继承权，与加泰罗尼亚开战，战后于公元 1475 年在萨拉戈萨制造了重约 3.20 克的雷阿尔银币。钱币正面是头戴皇冠的面向前的胸像，币文是"JOANNE'S DEI

GRACIA REX"（胡安蒙恩为国王）；背面是条纹盾徽，上方有十字架，两侧分别是"I"和"C"，周边币文是"ARAGON NA SI VA MAI"（阿拉贡和王冠联合王国其他王国：纳瓦拉、西西里、巴伦西亚、马略卡的缩写）。根据胸像两侧的标记，雷阿尔银币可区分为3个连续的系列：狮子—鱼，加泰罗尼亚语的鱼是PEIX，同根词的PEIXONAT（佩克斯索奈特）家族是国王的司库；C—鱼；狮子—C，狮子是另一位家族继承人卡拉塔尤的路易斯·桑切斯。

　　天主教双王进行币制改革时也制造了雷阿尔银币，出币率为每马克67雷阿尔，成色不低于11迪4格令。此外还制造1/2雷阿尔、1/4雷阿尔、1/8雷阿尔。币图一面为王国标志，另一面有国王的标志枷锁和女王的标志箭，币文为"FERNANDVS ET ELISA-BET REX ET REGINA CASTELLAE ET LEGIONIS ET ARAGONVM ET SICILIE ET GRANATA-E"（卡斯蒂利亚、莱昂、阿拉贡、西西里及格拉纳达国王费尔南多和女王伊莎贝拉）。1/2雷阿尔和1/4雷阿尔的一面是枷锁，另一面是箭，币文同上。1/8雷阿尔是正方形，每面都有一位国王名字的首写字母，上方都有皇冠。

币15－9　雷阿尔币

币 15 – 10　1/8 雷阿尔币

币 15 – 11　1/2 雷阿尔币

八、天主教双王币制改革

　　公元 1468 年卡斯蒂利亚国王恩里克四世的王储阿方索王子去世，反对恩里克四世（史称"无能恩里克"）的贵族们推举恩里克四世的妹妹伊莎贝拉为王储。伊莎贝拉于公元 1469 年与阿拉贡的王储费尔南多结婚。公元 1474 年恩里克四世去世，伊莎贝拉继承王位。公元 1479 年胡安二世去世，费尔南多继位。从此天主教两位国王的结合将卡斯蒂利亚和阿拉贡从政治上联合了起来，他们是西班牙帝国的真正缔造者。他们于1492年征服格拉纳达，公元1512年征服纳瓦拉。特别值得一提的是，公元1492年10月12日，由伊莎贝拉女王资助和派出的哥伦布发现了美洲，为西班牙开启了最辉煌、最持久的殖民时代。

　　天主教双王于公元1475年和1497年分别进行了币制改革。第一次币制改革是针对恩里克四世时期造成的货币混乱局面，当时仅法定的银铜合金币就超过15种。总体而言，这次改革仅仅是给当时使用的卡斯蒂利亚货币重新定值，使金和银的成色恰如其分。例如，1475年2月20日在《国王意旨》中推出了一份货币比价表：卡斯蒂利亚的恩里凯为435马拉维迪；绶带多乌拉为335马拉维迪；阿拉贡的弗罗林为240马拉维迪；卡斯蒂利亚的雷阿尔银币为30马拉维迪；3勃兰卡等于1马拉维迪；而其他更差的勃兰卡要6枚才能等于1马拉维迪。又如，1475年6月26日，女王给塞维利亚造币厂的信函里写道：我命令你们造金币和银币，金币的成色按照我哥哥恩里克国王在世时造的卡斯特亚诺金币的成色……出币率每马克25枚，每枚重量不低于2枚卡斯特亚诺金币的重量，命名为埃克斯塞伦特（EXCELENTE，意为"优质"）币。并造……半埃克斯塞伦特币……和100枚重1马克的1/4埃克斯塞伦特币……成色为23.75开……银币为雷阿尔，成色为11迪4格令，每马克出67枚……每枚埃克斯塞伦特等于2卡斯特亚诺……再如，1480年1月28日颁布的《托雷多法令》规定了以下换算关系：金币单位是埃克斯塞伦特，即2卡斯特亚诺值960马拉维迪；半埃克斯塞伦特或1卡斯特亚诺值480马拉维迪；绶带多乌拉值360马拉维迪；杜卡多和葡萄牙的克鲁萨多值365马拉维迪；阿拉贡的弗罗林值265马拉维迪；雷阿尔银币值31马拉维迪。

　　第二次币制改革是根据《梅迪纳乡村特别法》起始于1497年6月13日，这次改革影响更加深远。金币采用阿拉贡杜卡多的币制，把杜卡多 2 倍的重量作为 10 标准单位。之所以改变标准单位，是因为"发现杜卡多是所有王国和基督教徒的省中最普遍的货币，也是交易中使用最多的货币"。银币虽然改变了币图，但却保持了过去币制的成色和出币率。银铜合金币制造的是勃兰卡。

通过币制改革，天主教双王尽早停止了劣币的流通，使金币、银币和银铜合金币三种货币币值成比例，使其流通呈良性状态。

九、埃克斯塞伦特币

埃克斯塞伦特金币是天主教双王币制改革的产物。埃克斯塞伦特金币重 9.20 克，23.75 开金；正面是两位国王的坐像，背面是圣约翰鹰守护着两个盾徽，一个盾徽里是卡斯蒂利亚和莱昂的标志性图案，另一个有阿拉贡和西西里的标志；币文："FERDINANDVS ET ELISABETH DEI GRACIA REX ET REGINA CASTELLE LEGIONIS"（费尔南多和伊莎贝拉蒙恩为卡斯蒂利亚莱昂国王和女王）和"SNBVMBRA ALARVM TVARVM PROTEGE NOS DOMINE"（《诗篇》第 16 篇第 8 节）。4.60 克的半埃克斯塞伦特币和 2.30 克的 1/4 埃克斯塞伦特币的正面都是面对面的胸像，币文为"QVOS DEVS CONIVNGIT HOMO NON SEPARET"（《马太福音》第 19 章第 6 节）；背面是上有王冠的盾徽，盾徽被分隔的四个象限里是城堡和狮子的图案。

根据《梅迪纳乡村特别法》进行第二次币制改革后的金币叫格拉纳达埃克斯塞伦特金币，采用了阿拉贡杜卡多的币制，把 2 倍杜卡多的重量作为标准单位。在币图的盾徽中出现格拉纳达的标志，币文是"BVB VMBRA ALARVM TVARVM PROTEGE NOS DOMINE"。出币率为每马克 32⅔枚，每枚重 7 克。成色不低于 23¾开。币图正面是面对面的两个胸像和两国王的名字，背面是鹰守护的西班牙君主国家的大盾徽。半埃克塞伦特出币率是每马克 65⅓ 枚，每枚重 3.50 克。

币 15 - 12　格拉纳达埃克斯塞伦特金币

十、夸尔蒂约币

夸尔蒂约币是腓力二世统治时期（公元 1556—1598 年）根据 1566 年颁布的《新图版特别法》制造的银铜合金币，含银量较高，2.5 迪 2 格令，即 62 格令。出币率为每马克 80 枚，每枚重 2.87 克，币值 8.5 马拉维迪。币图一面是城堡，另一面是狮子，城堡和狮子分别放在一个上有王冠的盾徽里，周边文字是西班牙的名字。

币 15 - 13　夸尔蒂约币

十一、克罗埃特

克罗埃特是卡洛斯二世（公元 1665—1700 年）统治时期制造的唯一货币，重量在 2.75 克左右，出币率为每马克 84 枚，成色是 11 迪 4 格令。克罗埃特币的币图分两组：第一组是胸像在缘线内，造于公元 1674—1688 年，有两种币文："CAROS"和"CARLO"，前者有 1674 年、1675 年、1677 年、1682 年、1687 年和 1688 年制造的，后者只有 1674 年、1675 年和 1677 年制造的；第二组没有缘线，胸像直到币的下边缘，造于公元 1693—1698 年。

币 15 - 14　克罗埃特币

十二、两半球和海洋比索

两半球和海洋比索是西班牙波旁王朝腓力五世（公元 1701—1728 年）统治时期在美洲殖民地制造的系列钱币。腓力五世统治的大部分时期，在美洲殖民地造币厂制造的金币和银币都保留了传统币图。公元 1728 年 6 月 9 日王朝发布了新规定，从出币率、成色到币图均做了

彻底的改变。规定美洲银币的成色是 11 迪，雷阿尔的出币率为每马克
68 枚，每枚重 3.38 克，因而优于宗主国的银币（成色 10 迪，出币率
77 枚）。当年 9 月 8 日又规定八雷阿尔在美洲的币值从 9.5 银雷阿尔涨
到 10 银雷阿尔。规定推出的新币图正面是上加王冠的圆形盾徽，分隔
的四个象限里是城堡和狮子，中央有百合花，下端有石榴，两侧是检
定员的标志和币值；背面是"两半球"上只有一顶皇冠，下边是波
浪，两边是上加皇冠的柱子；币文："PHILIP V D GHISPAN ET IND
REX"（腓力五世蒙恩为西班牙和西印度国王）/ "VT RAQUEL
VNVM"（年份和造币厂）。这就是被世人称为"两半球和海洋比索"
的系列钱币。英国人和美国人从广义上称其为八雷阿尔，从特定意义
上称其为双柱银元。钱币学家希尔伟特·佩雷斯曾说："在世界历史
上，没有任何货币如此广泛地在两半球流通。从戈壁荒漠到亚马孙河
和哈得逊河沿岸，从中国的长城到大陆，都流通这种钱币，因为两半
球不仅是一种漂亮的货币，而且重量和成色稳定。从公元 1776 年到 18
世纪末，该钱币是美利坚合众国用作本国货币单位的唯一一种银币，
直到公元 1794 年出现第一枚美元。"

十三、阿尔迪特币

阿尔迪特币是波旁王朝费尔南多六世统治时期（公元 1746—1759
年）为解决加泰罗尼亚小硬币缺少问题而制造的辅币。正面是上加王
冠的盾徽，四个象限里只有城堡和狮子，背面上加王冠的盾徽的四个
象限里是十字架和条纹，币文："FERDINANDVS VI D G"（费尔南多
六世蒙恩）/ "CATALOG PRINCE PS"（为加泰罗尼亚公爵）。币下
部标注年份为 1754 年或 1755 年。币重 3.00 克，出币率每卡斯蒂利亚
马克 76 枚；22.5 阿尔迪特值 1 雷阿尔。

币 15 - 15　阿尔迪特币

十四、比塞塔币

比塞塔币是西班牙巴塞罗那拿破仑统治时期制造的货币。由于战争需求，公元 1808 年 8 月 21 日巴塞罗那开了一家造币厂，该厂制造的钱币及币名都是西班牙前所未有的——比塞塔。比塞塔分金币、银币和银铜合金币。1811 年 11 月 29 日授权制造的币值为 20 比塞塔的金币，成色为 20.7 开，也就是纯度为 86.4%，币重 6.70 克。因为加泰罗尼亚与美洲的长期贸易往来，人们用比塞塔表示二雷阿尔银币。事实上，四雷阿尔银铜合金币（即二雷阿尔银币或比塞塔）的 5 倍币是二十雷阿尔银铜合金币，也就是十雷阿尔银币或五比塞塔。这些钱币上都有巴塞罗那盾徽的印章或标记，每种钱币都配上简单的装饰图案；金币和银币有饰边。

币 15 - 16　比塞塔币

日　本

孟郁聪

相比于欧亚大陆上的诸多文明古国，日本铸行钱币的时间相对较晚。虽然日本学界在其史籍中找到了一些早期铸行钱币的蛛丝马迹，但公认的第一枚日本钱币"和同开珎"实际上直到公元708年才首次铸造。一般而言，日本古代指镰仓幕府成立之前（公元1185年之前）；中世包括镰仓时代、南北朝时代和室町时代（公元1185—1573年）；近世包括安土桃山时代和江户时代（公元1573—1868年）。明治维新之后，日本改革落后的封建制度，走上了发展资本主义的道路，进入近现代。我们所论及的日本古代货币史，始于"和同开珎"的铸造，终于明治维新，涉及上述日本古代、中世、近世，总共约1160年。

一、和同开珎

和同开珎是公认的日本官铸的第一枚铜币。公元708

年日本武藏国向朝廷献上自然铜，同年日本朝廷将年号从"庆云"改为"和铜"，并设置了催铸钱司开始发行"和同开珎"铜币。该币规制基本统一，为直径 8 分（24 毫米）、重量 1 匁（3.75 克），官铸时间达 52 年。其大小和重量规制成为之后日本官铸货币的规范。

（a）古和同开珎　　　　　　（b）新和同开珎

币 16 - 1　和同开珎

二、皇朝十二钱

从奈良年间到平安年间，在总共约 250 年之中，包括和同开珎在内的十二种钱币都是由官府铸币司铸造的，被统称为皇朝十二钱或者本朝十二钱（见表 16 - 1）。皇朝十二钱的直径和重量基本上逐渐减少，官定名义币值却不断增加，导致选钱（区别使用良钱、恶钱）和私铸钱的横行，也导致了物价的暴涨，最终导致官铸货币信用无法维系。958 年之后日本进入持续六百余年的无官铸货币时代。

表 16-1　皇朝十二钱

名称	始铸年份（公历）		天皇名	直径（分）	重量（匁）
和同开珎	和铜元年	708 年	元明	8	
万年通宝	天平宝字四年	760 年	淳仁	8 强	1.2
神功开宝	天平神护元年	765 年	称德	8 强	1.5
隆平永宝	延历十五年	796 年	桓武	8 强	0.9
富寿神宝	弘仁九年	818 年	嵯峨	7.58 强	0.7
承和昌宝	承和二年	835 年	仁明	6.58 强	0.5 强
长年大宝	嘉祥元年	848 年	仁明	6 强	0.5
饶益神宝	贞观元年	859 年	清和	6 强	0.6 强
贞观永宝	贞观十二年	870 年	清和	6 强	0.6 强
宽平大宝	宽平二年	890 年	宇多	6 强	0.6 强
延喜通宝	延喜七年	907 年	醍醐	6	0.6 强
乾元大宝	天德二年	958 年	村上		

　　注：因官方铸行钱币时常常没有公布重量，所以表中所有钱币重量为现代测量数据。由于年代已久导致的氧化增重，表中钱币重量均会略重于其原本重量。

币 16-2　万年通宝　　　　　**币 16-3　神功开宝**

币 16 - 4　隆平永宝

币 16 - 5　富寿神宝

币 16 - 6　承和昌宝

币 16 - 7　长年大宝

币 16 - 8　饶益神宝

币 16 - 9　贞观永宝

币 16 – 10　宽平大宝　　　　　　币 16 – 11　延喜通宝

币 16 – 12　乾元大宝

三、南镣

南镣也称南廷、南挺、南庭，古代日本银币名称。"镣"出自中国古词典《尔雅》中"白金谓之银，其美者谓之镣"的典故。"南"据说出自中国南方荆州、扬州附近多产白银的典故，意思为纯银。日本首次出产白银的记录载于《日本书纪》。天武天皇三年（公元674年）对马国司守忍海造大国报告称该国首次出产白银，且很快进贡。此后，白银也开始像黄金一样在日本作为称量货币使用，主要是与砂金一并用作赠礼。从平安末期开始，"南廷"这个词较为常用，即为"南镣一廷"的意思。"廷"源自中国唐代对一定形状金、银块的称呼，该字在日本古代也常被写作"挺""庭"，在中国则常被写作"铤"。南廷并无固定的形状和重量，价值由其重量决定，重量单位多以"两"表示。

四、永乐钱

中国明代发行的永乐通宝，曾作为战国时代日本关东地区的主要流通货币。永乐通宝始铸于明成祖永乐六年（公元 1408 年），于永乐九年左右开始大批铸造并作为贸易货币大量对外使用。该币金属成分为铜 72%、铅 16%、锡 10% 等，品质较好，因此从战国时代日本关东地区混乱的货币中脱颖而出，被当时统治日本关东地区的北条氏于天文十九年（公元 1550 年）选作计价和换算的基准货币。德川氏在入主关东后，延续了北条氏的做法，直至宽永十三年（公元 1636 年）德川幕府铸造发行宽永通宝以后才停止使用永乐通宝。在此期间，永乐通宝也曾在日本被大量仿铸，比如背面铸有"治""木"等字的版别。

币 16 – 13　永乐钱

五、大判、小判

　　大判金、小判金均是日本战国末期到江户时期的通用金币，具有一定的形状、重量和防伪标识。大判一枚的标注重量为 10 两，小判一枚为 1 两，但由于不断减重，大判、小判的实际重量往往小于标注重量。根据古籍记载，最早的官铸大判、小判可能是战国时期前田利家受封为加州、能州、越州三州守护时，利用加贺泽山村金矿生产的原料铸造。现存最早的官铸大判、小判实物，是战国时期丰臣秀吉于天正十六年（公元 1588 年）铸造的"铭之菱大判"（或称"天正菱大判"），以及其中形状略长的一种"天正长大判"。该大判因其上下标有的菱形极印而得名，品位较高，约为 74%，重量为 44 匁（165 克）。此后，丰臣秀吉又铸造了重量为 1 匁 2 分（4.5 克）的"太阁圆步金"（俗称"太阁袖小判"）。德川家康于文禄四年（公元 1595 年）铸造了被称为"墨判金"的小判，其中江户铸造的叫武藏墨书小判，骏府铸造的叫骏河墨书小判，其表面用墨字写有制造地名、"一两"面额、制作者的名字以及花押。庆长五年（公元 1600 年）以后，该币上的墨字被极印取代。

币 16－14　天正长大判　　　　币 16－15　庆长大判

　　德川幕府建立后，于庆长六年（公元 1602 年）首次铸大判金。该
币重量为 44 匁 1 分，含金 34 匁 6 分、银 7 匁 9 分、铜 1 匁 6 分，品位
约为 65.62%，世称"庆长大判金"，共铸造了 16565 枚。庆长小判则
延续了墨判金的形制，其币面上有"一两"、"光次"（铸币人）、"花
押"等文字的极印，适合大量生产和流通，平均重量为 4.73 匁，平均
品位是 86.3%。此后，江户时期的大判、小判历经元禄、宝永、正德、
享保、元文、文政、天保、安政、万延等改铸，尺寸、重量和品位都
被一再降低。明治维新后，大判、小判退出流通。

币 16－16　庆长小判

注：右边为正面，左边为背面。

六、一分金

　　一分金是江户时代的一种长方形金币，重 1/4 两，因铸造量相对

较大、流通较广，被有些人称作日本古代金币的代表。最早的日本官制一分金是由战国时代大名武田信玄铸造的。现存的武田时期金币有一两金（也称围棋金、露一两）、二分一朱金、二分金、一分二朱金、一分金、二朱中丝金、二朱金等各种单位。

德川家康创立幕府后，继承了武田信玄的货币制度。其最早于庆长、元和年间铸造了庆长金银币，由庆长大判、庆长小判、庆长一分金、庆长丁银、豆板银组成。庆长一分判是庆长小判的"分数货币"，即按小判的1/4价值来使用。因此，庆长一分判品位与小判相同，重量是其1/4，呈长六分、宽三分的长方形。此后，江户时期的一分金与大、小判一样，历经元禄、宝永、正德、享保、元文、文政、天保、安政、万延等改铸，尺寸、重量和品位都被一再降低。明治维新后，一分金退出流通。

币 16－17　庆长一分判金

注：右边为正面，左边为背面。

七、宽永通宝

宽永通宝是日本历史上铸量最大、铸期最长、版别最多的一种钱币。最早的宽永通宝于宽永三年（公元 1626 年）由水户的商人佐藤新助铸造，是一种私铸货币。幕府官铸的宽永通宝于宽永十三年（公元 1636 年）开始铸造，并被当作官定统一钱币来发行。

宽永通宝的铸造于宽永十七年（公元 1640 年）暂停，于明历二年（公元 1656 年）再次开始，又于万治二年（公元 1659 年）再次停止。宽文八年（公元 1668 年）之后，京都方广寺的铜制大佛被改铸为铜钱，因此宽永通宝得以大量增铸。在日本古钱收藏界，宽文之前铸成的宽永通宝被称为古宽永，宽文之后的则被称为新宽永。

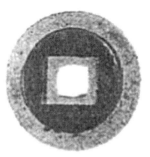

币 16 – 18　宽永通宝

宽永通宝在直到明治元年为止的江户时代都被用作新铸官钱的名称。在命名为宽永通宝的钱币中，除铜币以外还有铁币、黄铜币，除一文钱以外还有十文钱、四文钱，再加上铸造地也有很多，因此其种类非常多。

币 16－19　宽永通宝四文钱

明治维新后，宽永通宝中的天保钱于明治二十四年（公元 1891年）、宽永铁钱于明治三十年（公元 1897 年）被禁止流通。二厘通用宽永四文铜钱、一厘半通用文久通宝、一厘通用宽永一文铜钱则在昭和二十八年（公元 1953 年）七月的《小额通货整理法》中被承认，但实际上均已退出流通。

八、极印、墨字

极印、墨字均是日本古代货币的防伪手段。极印是作为合格保证而盖在硬币等物上的印章，有防伪功能。墨字是用墨写在大判、小判金上的签名，作用与极印类似。

九、金/银遣

金/银遣也称金/银目遣。江户时期东日本、西日本交易货币不同，东国（以东京为中心）以黄金计价交易，西国（以京都和大阪为中心）以白银计价交易。因此，在江户时期东日本、西日本之间曾滋生了巨大的金币、银币兑换需求。德川幕府于庆长十四年（公元1609年）规定金1两兑银50目，但由于缺乏用于兑换的公共设施，导致实际兑换比率经常变动。此时，兑换商发挥了作用。他们以法定兑换比率为基准，通过适当地操纵行情，起到了防止交易混乱的作用。大约百年之后的元禄改铸之际，由于元禄金的品位恶劣，银价上涨至50匁下方，幕府反而根据元禄十三年（公元1700年）改铸前的实际情况，规定金1两兑银60目。但在这种情况下，兑换商主导的行情不为幕府规定所动，随着实际情况而变动。银币被改恶特别是宝永银（包括丁银和豆板银）面世后，银价行情严重崩溃，一度下降到只有八九匁。

十、明和五匁银

明和五匁银始铸于明和二年（公元1765年），重量为5匁，呈长约1寸5分、宽约7分的长方形，品位为银46%、铜54%。其背面铸有"常是"，正面铸有"文字五匁银"的字样。幕府首次发行明和五匁银时铸造量不多，仅在偶尔上缴税金时使用。明和四年（公元1767年）12月，幕府规定无论银币的行市如何，明和五匁银都执行金1两兑换银60匁的比率，即金1分兑换该币3枚，金1两兑换该币12枚，即金银比价为1:12。但由于当时实际黄金价格较高，因此该银币处于无人问津的状态。明和五年（公元1768年）7月幕府允许钱币兑换商用其兑换幕府库藏黄金，以此收回该银币。从明和二年至安永元年的9年间，该银币的铸造量为1806贯，大约161280枚，换算为黄金不超过3万两。总之，明和五匁银仅是幕府进行的一次新银币发行试验，但其是日本官方发行的第一枚固定品位和重量的银币，标志着白银在日本不再作为称量货币，而作为计数货币使用。

币 16－20　明和五匁银

注：右边为正面，左边为背面。

十一、南镣二朱判

　　南镣二朱判始铸于明和九年（公元 1772 年，当年 11 月改元为安永元年），其别名包括安永南镣银、安永二朱银、明和二朱银、明和南镣、古南镣、古二朱银等。该币长 8 分 5 厘，宽 5 分，表面积不足明和五匁银的一半。重量为 2.7 匁，也不足明和五匁银的一半。品位为银 97.81%、金 0.13%，几乎就是包含少量杂质的纯银，基本与其"南镣"之名相符。南镣二朱判正背面分别铸有"以南镣八片换小判一两""银座常是"的字样。幕府宣称其是使用银质材料的金币。对此后世有学者解释称，这其实是日本首次实行金银双本位制。考虑文字金 1 两的含金量为 2.3 匁，而 8 枚南镣二朱判的含银量约为 22 匁，这实际上大致构成 1:9 的金银兑换比率。

当时流通中银币 25 匁按市价可兑换纯银 10 匁，而幕府规定金 1 两等于银币 60 匁，又等于南镣 24 匁（每枚 3 匁，8 枚即 24 匁）。由于市场比价 25:10 与幕府规定比价 60:24 相等（均为 5:2），所以幕府是用作为贵金属的纯银售价，替换了作为货币的银币比价，直接作为南镣二朱判与金币的比价基础。当然，南镣二朱判的实际重量为 2.7 匁，与名义重量 3 匁相差 0.3 匁，即 10%。这一差额是由于银座收取了 7% 的铸造费用，而幕府收取了 3% 的管理费用。

南镣二朱判在发行初期并未受到人们的欢迎，后来因品质良好、面额适中而得以顺利流通。从安永元年（公元 1772 年）至文政七年（公元 1824 年，当年 2 月开始改铸文政二朱银）的 58 年间，南镣二朱判的铸造量达到 593.3 万余两。

币 16 – 21　南镣（安永）二朱判

注：右边为正面，左边为背面。

十二、切遣、定位货币

切遣是将金、银按照使用量进行切割而作为货币使用，即用称量方法确定货币价值，用重量单位计量货币。定位货币是确定重量、品位的货币，即用计数方法确定货币价值，用货币单位计量货币。日本历史上，金、银先后经历了从切遣使用到定位货币的转变。

十三、金座、银座、钱座

金座、银座、钱座分别为日本江户时期的金币、银币、铜钱铸造所。德川幕府分别铸造了金币、银币、铜币三种货币，但并不直营铸币（钱），而是通过一种承包的形式来进行。庆长六年（公元1601年），德川幕府建立庆长币制，任命光次为"御金银改役"，赐予役宅。当时小判、一分判的铸造场所就设在役宅内，最初被称为小判座，后来被称为金座。在元禄八年（公元1695年）以前，金币由各地分别铸造，再送到金座打上光次的极印，这就是所谓的"手前吹时代"。元禄八年以后，在幕府勘定奉行的管制下，金币的铸造由金座垄断，即所谓的"直吹时代"。同样在庆长六年（公元1601年），德川幕府在伏见设立银座，进行丁银、豆板银的铸造。此后，幕府于庆长十一年（公元1606年）在骏府设立银座，于庆长十三年（公元1608年）将伏见银座迁至京都，又于庆长十七年（公元1612年）将骏府银座迁至江户。此后，京都和江户两银座承担了江户时代银币的铸造。另外，幕府还于庆长十一年设置大阪银座，作为京都银座的外治部门；于庆长十九年（公元1614年）设置长崎银座，专用于监督灰吹银出口海外的事项。

宽永年间，日本铜材的产量大幅增加。这是由于一些原本从事金、银矿山业务的财团开始进军铜矿开采，并且铜材冶炼工艺也有所进步。德川幕府在此背景下，于宽永十三年（公元 1636 年）在江户浅草桥场、芝网绳手以及近江的坂本设置钱座，开始宽永通宝的铸造。与此同时，幕府又发出政令，允许新铸铜钱与现有铜钱并行流通使用，且严禁私铸。由于新钱的质地和外观均备受好评，幕府又于第二年即宽永十四年，在前述三个钱座的基础上，增设水户、仙台、吉田、松本、高田、长门（萩）、备前（冈山）、丰后（竹田）八个钱座，开始了官铸铜钱在全国范围内的铸造生产。实际上，江户时期的钱座与金座、银座相比还是有所区别。当时的钱座实行的是一种完全承包的体制，其场所、数量随时代的变迁而不断变动，各地许多增设的钱座并不是永久性的设施。

十四、匁

　　匁是尺贯法的重量单位，也称文目，重量为 3.75 克。日本平安时代及以前，金、银作为称量货币使用，大多使用重量单位两（1 两为 10 匁）计算货币价值。随后在镰仓时代和室町时代，"两"逐渐由重量单位转变为价格单位，"匁"继续作为重量单位，用于计量各种称重货币。在江户时代，随着金、银币先后转变为一定品位、一定重量的定位货币，"匁"作为称重货币计量单位的场合越来越少，但依旧作为重量单位用于标示货币重量。

　　明治维新后，明治三十年（公元 1897 年）第一版货币法仍在使用"匁"作为货币的重量单位（同时也采用了以"克"为单位的注记）。大正五年（公元 1916 年）货币法第三次修订时，日本政府删除了有关"克"的注记，将重量单位统一为"匁"。昭和八年（公元 1933 年）第七次修订货币法时，重量单位又改回"克"。从此"匁"作为重量单位退出了计量货币的历史舞台。

十五、两

两是古代重量单位，1 两为 10 匁。平安时代金、银重量单位多以"两"表示。但随后"两"逐渐由重量单位转变为价格单位，其代表的重量减少了一半以上。镰仓后期开始，黄金 1 两为 4.5 匁、银 1 两为 3.4 匁的折算比例成为惯例，而黄金的重量单位又进一步细分为京目、乡村目等，即在不同地域"两"所代表的重量存在不同，由此导致计价和换算出现了较大混乱。

在战国时代，按照由武田信玄规划的币制，货币单位依次为两（黄金 4 匁）、分（一两的 1/4）、朱（一分的 1/4）、朱中（一朱的 1/2）、丝目（一朱中的 1/2）、小丝目（一丝目的 1/2）、小丝目中（一小丝目的 1/2）。

德川家康创立幕府后，在货币方面基本继承了武田信玄的制度，以金币、银币、铜币三种货币并行为原则。金币作为一定品位、一定重量的定位货币，以"两""分"为计量单位（另外"朱"也是计量单位，但元禄二朱金例外）。银币、铜钱作为称量货币，以匁、贯为计量单位。三者之间的比价大致被规定为：金 1 两 = 银 60 匁（最初为 50 匁）= 钱 4 贯。德川幕府最初铸造的"庆长大判金"因循大判重量的旧例被标注为"十两"，但实际重量为 44 匁 1 分；而标注重量为"一两"的庆长小判实际重约 4.8 匁。

明和二年（公元 1765 年）德川幕府铸行明和五匁银，成为第一枚官铸定位银币。明和九年（公元 1772 年，11 月改元为安永元年）德川幕府铸行南镣二朱判。该币采用金的货币单位（朱），意味着银币彻底脱离称量货币体系。

明治四年（公元 1871 年）政府颁布《新币条例》，将金本位币中的 1 日元（円）金币作为主币。新币与原有货币的价格关系为：1 日元为 1 两。在完成新旧币的兑换后，"两"作为货币单位退出历史舞台。

十六、文、贯

文是古代货币单位，指一枚方孔钱。贯指将方孔钱用绳子穿上，每 1000 个叫 1 贯。因"匁"在古代是一枚方孔钱的重量，所以"匁""文"（或文目）在有些时候可以通用。

十七、累、黍

累和黍是古代重量单位，10 累为 1 铢（朱），10 黍为 1 累。

十八、灰吹法、南蛮绞、水银流

灰吹法、南蛮绞、水银流均是日本古代冶炼提取金银的方法。灰吹法是一种古代金银共生分离和银铅分离出银的方法。南蛮绞是一种从含有贵金属的粗铜中提炼金银的冶金术，也称南蛮吹。水银流是将矿石中的金银以汞合金的方式提炼，之后蒸发水银回收金银的冶金术。

十九、石见银山

石见银山位于日本岛根县大田市，是日本战国时代后期、江户时代前期日本最大的银矿山（现已闭山），据推算，其产量曾高达当时全球总量的 1/3 左右。

二十、藩札

藩札是日本江户时代各藩国发行的纸币。藩札的原型可以追溯到主要在近畿地区发行的私札（私钞）。代表性的私札有被称作"山田羽书"的私札。这种羽书最初仅是伊势地区商人制作和使用的票据，由发行人持有的金币、银币、铜币货币作为信用背书，因其使用方便、信用较好，逐渐被广泛接受，具有了货币的性质。德川幕府于宽永八年（公元1631年）首次设置山田奉行，选聘绅士专门掌管羽书事务。此后在宽政年间，又重新推举出市民四百零四人组成"羽书总中"，由这些人出钱并主管羽书事务。明治元年，在伊势度会府设立羽书交换所，负责掌管羽书事务。目前有记录可查的四种山田羽书，分别称为"银一匁札""银五分札""银三分札""银二分札"，总计908.2万枚，所代表的银币价值为8972贯100匁。除了山田羽书之外，在日本还有宇治羽书、射和羽书、松坂羽书、丹生羽书等伊势地区的各种羽书。此外近畿地区的私札（银札）也在民间发行。现今留存下来最古老的私札是大坂江户堀河银札，其在元和年间于大阪开掘江户堀河时曾作为临时性货币使用。

由于幕府大量铸造金币、银币、铜币三币尤其是铜币，到宽文年间幕府的制式货币已在全国普及，除了上述山田羽书等少部分例外，私札（私人纸币）几乎全部消失。但是，不久之后出现的藩札就取而代之。最早的藩札是宽文元年（公元1661年）越前福井藩发行的银札。到宝永四年（公元1707年）为止，已有多达53个藩国发行藩札。这些藩国有的在发行时得到了幕府的许可，有的则未经幕府许可。宝永四年10月，幕府指出由于各地藩札发行混乱造成的不良后果，责令停止所有藩札的发行和流通。但在享保十五年（公元1730年），幕府

又因愈演愈烈的通货紧缩不得不解禁藩札。藩札的发行目的是补贴藩
国财政的不足，但随着藩国财政陷入困境，藩札准备金不足的程度愈
演愈烈，最终成了不可兑换的纸币。到了幕府末期，藩札信用已经崩
溃。明治四年废藩置县，新政府将藩札视为其负债，颁布命令要求流
通中藩札兑换成新纸币。根据当时的调查，日本全国发行藩札的主体
有：藩 244 个、县（旧德川氏直辖区域）14 个、旗本领 9 个，共计发
行藩札 1694 种，其流通额换算成新纸币有 3855 万日元之多。

币 16 - 22　福井藩银札

注：原尺寸为长 14.5 厘米。右边为正面，左边为背面。

俄 罗 斯

丛凤玲

俄罗斯货币的历史可以追溯到公元9世纪的基辅罗斯，当时身处欧洲东部的东斯拉夫人处于氏族社会晚期，商品交易以物物交换为主，也出现了牲畜和兽皮等得到广泛认可的一般等价物。在本土钱币出现之前或打制数量相对有限的时期，俄罗斯曾使用外国钱币，主要是阿拉伯钱币和拜占庭钱币。大约从公元8世纪开始，阿拉伯哈里发政权在黑海沿岸大量发行钱币，即银币迪拉姆。在占领罗斯的早期几位诺曼公爵统治时期，与拜占庭的联系得以加强，于是，拜占庭钱币，即在欧洲大名鼎鼎的银币"米拉伦斯"和金币"索利多"，开始渗透到罗斯。这两种钱币也就自然而然地成为俄罗斯早期钱币的模板。

俄罗斯历史上的基辅罗斯时期（公元9—13世纪）、莫斯科公国时期（公元15—17世纪）、俄罗斯帝国时期（公元18—20世纪初）是俄罗斯货币史上的三个关键时期，对近现代的苏联时期和俄罗斯时期的货币产生了深刻的影响。

一、兹拉特尼科金币

兹拉特尼科金币（Златник）是直接在古罗斯领土上打制的最古老的钱币。这种钱币因含有 2—3 克纯金而被称为"златник"（音译为兹拉特尼科），还有一种写法为"золотник"（音译为左洛特尼克），这两个俄语单词的词根都是"золото"（金子）。弗拉基米尔大公统治时期这些钱币的名称现已无法考证。"兹拉特尼科"这个名称源自公元 912 年罗斯与拜占庭之间签署的条约，早于推算的打制年份公元 988 年，因此笔者认为兹拉特尼科应该是一个金币的泛指。

公元 988 年，罗斯接受了基督教，这意味着罗斯在大多已是基督教国家的欧洲列强中占据了一席之地。为纪念这个重大历史事件，10 世纪末（也有观点认为，确切年份正是公元 988 年），基辅大公弗拉基米尔·斯维亚托斯拉维奇（公元 978—1015 年）开始仿照拜占庭的金币索利多打制本国钱币。

兹拉特尼科金币的直径为 19—24 毫米，重量为 4.0—4.4 克，纯度非常高，为 91.6%—95.8%，有关记载显示，其购买力等同于同一时期流通的拜占庭金币索利多。钱币的纹饰体现的是拜占庭的艺术风格。

值得注意的是，兹拉特尼科金币最初被认为是拜占庭钱币的塞尔维亚或保加利亚仿制品。后来，考古发现的这种钱币的数量逐渐增多，在对其进行细致研究后，才最终证明这种钱币是在基辅罗斯时期打制的。

兹拉特尼科金币的问世，与其说是用于流通，不如说是基辅罗斯借此对国家的独立和重要性所进行的一种政治声明，因此这种金币严格地说是一种奖章币。国内的货币流通依然以外国货币为主，如阿拉伯的钱币或拜占庭的钱币。流传至今的 11 枚兹拉特尼科金币都是在当时同等流通的钱币的窖藏中被发现的，甚至包括罗斯疆域之外（在白俄罗斯的平斯克和乌克兰第聂伯河河口的津德罗夫）的窖藏，这说明这种货币确实流通过，甚至还在国际上流通过，虽然从存世量来看这种金币在当年的普及程度不是很高。

币 17 – 1　兹拉特尼科金币

注：该币打制于公元 988 年基辅罗斯，重 4.0—4.4 克，含纯金 2—3 克。正面是弗拉基米尔大公的头像，右手握着十字架，左手紧靠胸前，头戴配有垂饰和十字架的大公帽，他右侧是留里克王朝（公元 862—1598 年）的象征——三叉戟，周围币文转换成现代俄语是 "Владимир на столе"（弗拉基米尔在位）；背面是头戴皇冠的耶稣基督，一只手拿着福音书，另一只手抬起以示祝福，周围币文转换成现代俄语是 "Иисус Христос"（耶稣基督）。

资料来源：В. Тульев. История Денег России. С. 14。

弗拉基米尔大公去世后，出于政局不稳、外族入侵等原因金币的铸造骤然停止。公元 1988 年，在第一枚俄国钱币 1000 周年之际，苏联专门铸造了面值为 100 卢布的金币，金币上复制了兹拉特尼科金币的纹饰。这一举措充分证明了该金币在俄罗斯货币史上的鼻祖地位。

二、谢列布里亚尼克银币

除了金币兹拉特尼科之外，基辅大公弗拉基米尔在位期间还仿照拜占庭的银币米拉伦斯打造了银币"谢列布里亚尼克"
（серебряник）。这种钱币根据材质被称为"серебряник"（音译为谢列
布里亚尼克），还有一种写法为"серебреник"（音译为谢列布列尼
克），这两个俄语单词的词根都是"серебро"（银子）。

币 17 - 2　谢列布里亚尼克银币

注：该币打制于公元 980 年基辅罗斯大公弗拉基米尔在位期间，重 2—3 克。钱币的
纹饰与币文同兹拉特尼科金币，正面是弗拉基米尔大公的头像，周围币文转换成现代俄
语是"Владимир на столе"（弗拉基米尔在位）；背面是戴着皇冠的耶稣基督，周围币文
转换成现代俄语是"Иисус Христос"（耶稣基督）。

资料来源：В. Тульев. История Денег России. С. 14。

与兹拉特尼科金币的命运不同，弗拉基米尔大公的继任者继续打
制谢列布里亚尼克银币，直到奥列格大公在位期间，其在位期间这种
银币的铸造年份大约为公元 1083—1094 年。不同大公在位期间铸造的
银币的币文和纹饰有所不同，重量为 1. 7—4. 68 克不等。

有观点认为，这种银币被铸造后逐渐具有了结算手段的功能，曾
在与基辅罗斯接壤的其他公国流通，后来停止铸造后也就逐渐丧失了
结算手段的地位并退出流通。

三、格里夫纳

公元 12 世纪以前，古罗斯长期处于分裂割据状态，各公国彼此独

立。随着商品交易的发展，人们急需一种特殊的商品——货币，来进行物品交换并提高物品交换的效率。于是，价值相对稳定的贵金属便充当起货币的角色。

格里夫纳（Гривна）起初是指套在脖子上或马鬃根部的金属环，后来被引申为"一定重量的金子或银子"，转变为重量单位，一般指重约50克的银锭，主要用于支付罚金和在"对外"市场上进行结算。制定于11世纪上半叶贤明雅罗斯拉夫大公时期的基辅罗斯的第一部法律汇编《罗斯法典》反映出这一时期在斯拉夫社会中已开始形成阶层等级："……杀害公爵亲信需要赔偿80格里夫纳，杀害农村和城市的自由民则需要赔偿40格里夫纳。杀害手艺人要赔偿20格里夫纳，杀害奴隶或庄稼人要赔偿5格里夫纳。"

从外形上看，格里夫纳就是一个银棒，不同公国打制的格里夫纳存在细微差别，如切尔尼戈夫格里夫纳的两端被砸扁；立陶宛格里夫纳的轮廓更为平滑，上面还有明显的横着或斜着的凹陷。从流通程度来看，流通最广的格里夫纳有两种：一种是基辅格里夫纳，另一种是诺夫哥罗德格里夫纳。其中，基辅格里夫纳要轻一些（约为160克），呈均匀的六角形，而诺夫哥罗德格里夫纳要重一些（约为200克），后一种格里夫纳在罗斯最受推崇并且使用范围最广，逐渐成为罗斯各公国货币制度的基石。

在当地人之间主要进行的是被称为"库纳"的貂皮和松鼠皮的买卖。后来人们就开始把银币称为库纳。为进行计算，除了作为重量单位的格里夫纳之外，"库纳格里夫纳"也被采用，其指的是一定数量的银币。

在东斯拉夫地区流通外国钱币的时期，出现了对这些钱币的罗斯名称：诺加塔、列扎纳（钱币被切割成两部分）、韦韦里察（等于一张松鼠皮），并形成了以格里夫纳为单位的货币计量概念。格里夫纳成为支付和存储手段。在停止引进外国钱币之后，格里夫纳成为货币的基本单位。金属货币盛行以后，这些货币的比价为：1 格里夫纳 = 20 诺加塔 = 25 库纳 = 50 列扎纳。公元 12 世纪，由于库纳减重为原来的一半，所以列扎纳与库纳等价，两种货币共同流通。15 世纪，格里夫纳被卢布取代，卢布开始成为大额货币的名称。

　　后来，叶卡捷琳娜一世在位时期（公元 1725—1727 年）曾因白银不足效仿当时瑞典所使用的铜片，铸造过一种面值为 1 格里夫纳的方形铜板。此时，1 格里夫纳铜板等于 10 戈比。同一时期也曾因白银不足而铸造过银含量仅占 1/4、铜含量占 3/4，通过加砷产生银币效果的格里夫纳。

币 17 - 3　格里夫纳的方形铜板

　　注：该币发行于公元 1726 年叶卡捷琳堡，四角分别打上了俄罗斯帝国的双头鹰国徽，中间由上到下分别为面值"ЦЕНА ГРИВНА"（1 格里夫纳）、铸造年份"1726"和铸造地"ЕКАТЕРИНБУРГ"（叶卡捷琳堡）。

　　资料来源：В. Тульев. История Денег России. С. 82。

格里夫纳现在是乌克兰流通货币的单位，于1996年9月2日开始由乌克兰国家银行发行，取代乌克兰卢布。

四、卢布

俄罗斯历史上不同时期的货币单位，有金币也有银币。

13世纪，在地处罗斯西部的诺夫哥罗德共和国除格里夫纳外也开始使用"卢布"（Рубль）这个名称，指的是长14—20厘米、背面有一个或几个凹陷、重约200克的棒形银锭。当时，1格里夫纳银锭重约50克，使用起来非常不便。大约从13世纪中叶开始，诺夫哥罗德人开始把银棒形状的格里夫纳分割成两部分，其中每部分被称为"半卢布"，也有学者译为"半块钱"，后来经过切割又形成了1/4卢布，而原先被称为格里夫纳的被分割的银锭本身，开始被称为"卢布"。

从词源上来说，卢布一词来自动词"рубить"（砍，劈）；也有说法认为"руб"这个词根在不少东欧语言中是"边缘"的意思，因此，卢布就是"带边缘的银锭"。这两种解释都有道理，只是角度有所不同。文献中首次提及卢布是在公元1281—1299年大诺夫哥罗德的桦树皮文献上，因此卢布也号称仅次于英镑的世界上最古老的国家货币。

随着时间的推移，陆续出现了莫斯科卢布，形状和重量与诺夫哥罗德卢布相同。公元14世纪，莫斯科公国开始使用卢布货币体系。以卢布为基本单位的10进硬币单位体系为世界首创。

铸造卢布需要大量的白银，而罗斯本身自产白银不足，因此卢布是用之前积攒下来的银币铸造的，主要是萨珊王朝、阿拔斯王朝和萨曼王朝这些阿拉伯国家的迪拉姆、拜占庭帝国的第纳尔和赫尔松涅斯古城的钱币，也有经由诺夫哥罗德输入的日耳曼的饼状银锭。直到公元18世纪帝国时期的俄罗斯拥有了自己的银矿，白银不足的情况才得以缓解。

　　专家研究发现，自公元 14 世纪末重量等于 0.93 克、相当于 1/200 格里夫纳的银币金戛出现以后，在格里夫纳、卢布、金戛并存的时代，它们之间的换算关系如下：1 卢布等于 1/4 格里夫纳，等于 200 个金戛。15 世纪开始流通面值为 1 卢布的压模成型的硬币。后来，卢布又被制作成银币流通，银币的一面铸有手持利剑的大公像。

　　到公元 15 世纪，卢布完全排挤了格里夫纳，实际上成为罗斯无钱币时期唯一的（如果不算半卢布的话）现实的支付单位。货币数量的增加以及不断的损耗动摇了卢布的稳定性。因此，从 15 世纪中叶开始，卢布不再是银锭，在货币流通领域也仅仅是个计算单位。

　　公元 1534 年，格林斯卡娅进行了货币改革，统一货币体系，禁止原有的俄国和外国钱币的流通，用新的钱币即戈比取而代之。

　　公元 1654 年，伊凡雷帝（公元 1533—1584 在位）计划进行币制改革：发行大额钱币并用铜作为钱币材料。保留了之前流通的金戛和戈比，使其作为最小额的钱币。数额最大的钱币应当是 1 卢布银币，在此之前卢布一直仅作为计量单位存在。1 卢布在重量上应当等于 1 塔列尔——28—29 克。计划用去掉塔列尔上的图案的方法来铸造卢布。实际上，由银戈比构成的旧卢布重为 45 克。因此，新卢布一开始就不足价。塔列尔的国家定价是 50 戈比，改革使它的价格翻了一番。公元 1655 年又停止发行卢布，继续铸造银戈比。

　　根据历史学家斯巴斯基的观点，到 18 世纪中叶，俄罗斯流通的钱币有 85% 是 1 卢布，11% 是半卢布和 1/4 卢布，4% 是 5 戈比和格里文尼克。

　　公元 1769 年开始发行卢布纸币，19 世纪时半卢布和 1/4 卢布这两种名称不再使用，1897 年起金卢布成为基本货币单位，到第一次世界大战开始前就只有纸币卢布了。

币 17－4　卢布银币

注：该币生产于公元 1654 年阿列克谢·米哈伊洛维奇统治时期。正面是穿着皇袍、披着披风、右手拿着权杖的骑士，周围币文转换成现代俄语是"Божией милостию великий государь, царь и великий князь Алексей Михайлович всея Великия и Малыя России"（上帝保佑的伟大君主，伟大俄国的沙皇和大公阿列克谢·米哈伊洛维奇）；背面是国徽双头鹰、铸造日期和钱币的币值——1 卢布。

资料来源：В. Тульев. История Денег России. С. 67。

长期以来，在历史学中卢布被认为是从格里夫纳上切割下来的银锭的一部分。但是，20 世纪下半叶的研究证实，对当时的人们来说，卢布和格里夫纳的所指是相同的，只是新名称让人想到可以将 1 卢布分成两个半卢布。

五、阿尔滕

阿尔滕最初是拔都汗于公元 1224 年建立的金帐汗国的货币单位。一种观点认为，从词源上看，阿尔滕（Алтын）源自鞑靼语，原意为"金子"；另一种观点认为，该名称来自于突厥语的数字 6，因为在金帐汗国时期用这个词来表示面值为 6 金夏的货币。大部分学者支持第一种说法。阿尔滕与当时流通货币的换算关系为：1 阿尔滕等于 1 第纳尔，1 第纳尔等于 2 个密斯卡尔或者 6 个迪拉姆。关于阿尔滕的首次记载可以追溯到公元 1375 年德米特里·顿斯科伊和米哈伊尔·亚历山大洛维奇之间签署的一份协议。

　　阿尔滕是当时蒙古帝国疆域内实行不同货币计量单位的公国之间进行货币换算的单位，等于 3 个诺夫哥罗德币、6 个莫斯科金戛、4 个特维尔金戛、2 个梁赞金戛，长期作为货币计量单位存在，未实际流通，是一种特殊的兑换货币。1534 年，3 卢布 = 100 阿尔滕。这里可以发现一个有趣的现象：在卢布计算体系中，阿尔滕不能被整除。但是不能被整除所造成的不便长期被忽略不计，并找到了便于计算的替代单位。例如，1 卢布 = 200 金戛，即 33 阿尔滕和 2 金戛。

　　随着时间的推移，公元 1654 年币制改革后，阿尔滕开始用铜丝制作，正面是威严的骑士和币文：阿尔滕。1676 年以后阿尔滕为不规则形状。公元 1704 年，在彼得一世的货币改革过程中还发行了阿尔滕银币，采用十进制后，这种古老的货币仍然使用了一段时间。这时的阿尔滕用圆形币坯铸造，银质，价值为 3 戈比。1722 年沙皇发布专门命令禁止把阿尔滕作为货币计量单位。公元 1841—1916 年还曾经铸造过铜质和银质阿尔滕。

币 17 - 5　阿尔滕尼克（阿尔滕在不同时期的名称有所不同）银币

　　注：该币铸造于公元 1712 年彼得大帝在位时，重 0.8 克，直径 13—14 毫米。正面是莫斯科大公国的国徽——头戴皇冠的双头鹰；背面是货币名称和铸造年份，还有 6 片树叶。

　　资料来源：https://www.monetnik.ru/obuchenie/numizmatika/moneta-altyn。

据报道，俄罗斯、哈萨克斯坦和白俄罗斯三国计划在公元 2025 年之前在联合打造的统一经济空间内推行一种新的货币，名称即为阿尔滕。原因在于，一方面，上述各国都与金帐汗国有一定的历史渊源；另一方面，这个词比较上口，为斯拉夫人和突厥人所熟悉。是否果真如此，拭目以待。

六、金戛银币

金戛银币（Денга）是公元 14—15 世纪罗斯地区的主要货币，莫斯科公国、梁赞公国、特维尔公国等很多公国都曾铸造过。从词源上看，该词来源于突厥—鞑靼语的"银币"（тэнкэ）。

1380 年，德米特里·伊凡诺维奇，即未来的顿斯科伊大公（公元 1363—1389 年在位）仿照可汗的钱币塔卡［是否与印度和孟加拉国的坦卡（tanka）为同一渊源，尚有待查证］铸造出第一批金戛银币。

币 17－6　金戛银币

注：该币铸造于公元 1380 年莫斯科大公国，重 0.79 克。正面是手握军刀的人或者公鸡，周围币文是"Печать великого князя Дмитрия"（德米特里大公印）；背面是鞑靼币文，币文中有脱脱迷失可汗的名字。

资料来源：В. Тульев. История Денег России. С. 21。

在顿斯科伊大公的孙子"失明大公"瓦西里二世在位时期（公元1415—1462 年），钱币铸造传统得以发扬光大。钱币上的纹饰更为丰富：出现了大公自己骑马手握一只鸟、骑马手持长矛、在宝座上的大公等肖像；还增加了对鸟兽和各种生活场景的描绘。在"失明大公"的早期钱币的正面还描绘了手拿一只鹰的骑士，背面是撕狮子嘴的圣经人物参孙，四周的币文是"瓦西里大公"。

被驱逐后又重新回到莫斯科的瓦西里二世重新整顿了钱币的铸造。钱币的重量稳定下来，常用的类型也确定下来。钱币的正面出现了人的头像（可能是大公本人的头像），周围的币文为"全罗斯大地之主"。值得一提的是，在瓦西里二世统治末年，在钱币上开始铸造词组"莫斯科金戛"。

随着时间的推移，钱币上的鞑靼文和蒙古文逐渐消失，取而代之的是俄文，并增加了莫斯科大公的名字和尊号。在伊凡三世（公元 1440—1505 年）统治时期，1480 年莫斯科王国最终摆脱了金帐汗国的奴役，国力逐渐增强，莫斯科诸大公获得了"全罗斯君主"的称号，他们的钱币便成为这一时期俄国的主要货币。最流行的纹饰是手拿一只鸟的骑士图案，可能这是正在猎鹰的大公本人的肖像。在伊凡三世统治时期，钱币图案上占据主要位置的是莫斯科城徽——高举马刀的骑士。

除此之外，从公元 14 世纪开始，其他罗斯公国也陆续开始铸造钱币，诺夫哥罗德的钱币铸造始于 1420 年，最初是用重为 204 克的格里夫纳银锭铸造 200 个金戛。公元 1534 年格林斯卡娅改革之后制定了铸造莫斯科金戛和诺夫哥罗德金戛的标准，1 诺夫哥罗德金戛等于 2 个莫斯科金戛。由于诺夫哥罗德金戛上是手持长矛的骑士，因此也被称为长矛金戛，俄语简称为 копейка，音译为"戈比"，这个名称一直保留到 17 世纪。这种戈比后来就排挤了别称为马刀币的莫斯科金戛。彼得一世的改革也同样严格规定了金戛的价值，即 1 金戛等于 1/2 戈比。

　　金戛一直使用到公元 20 世纪初, 只是面值的表示方法经常变化:
1838 年之前是 "金尼戛", 1838—1848 年是 "1/2 戈比"; 1849—1866
年是 "金尼什卡"; 1867 年沙皇俄国最后一次改变钱币纹饰时又重新
使用了数字表示法, 即 "1/2 戈比"。17—19 世纪, 200 个莫斯科金戛
相当于 1 莫斯科卢布。

七、海船金币

　　海船金币 (Золотой корабельник) 是公元 15 世纪末模仿英国古
代金币诺波尔铸造的金币, 兼具钱币和奖章币的属性。

　　从 1240 年到 1480 年的 240 年间, 古罗斯处于蒙古—鞑靼人的奴役
之下, 罗斯的金币铸造暂停。伊凡三世统一了罗斯大地, 摆脱了蒙
古—鞑靼人的奴役, 此时大公的目标是证明罗斯和欧洲邻邦是平等的。
恢复金币铸造需要的样品来自西方, 主要是英国和匈牙利的钱币。这
种金币主要用作奖章和礼物。

币 17 – 7　海船金币

　　注: 该币铸造于公元 1471—1490 年。正面是莫斯科的城徽——高举马刀的骑士; 背
面中间是十字架, 十字架的末端不是诺波尔金币上的狮子, 而是当时莫斯科王国的国家
象征之一独角兽。

　　资料来源: В. Тульев. История Денег России. С. 22。

　　不同沙皇统治时期钱币的纹饰不同：伊凡三世时期钱币上是圣乌拉迪斯拉夫，钱币一面是骑在马上的骑士，另一面是双头鹰。伊凡四世（伊凡雷帝）时期钱币的两面都是双头鹰。海船金币是这一时期最珍贵的钱币之一，目前存世仅一枚。因为钱币上是伊凡三世和他的儿子瓦西里三世的名字，因此专家认为，该币是在他们联合统治时期（大约公元 1471—1490 年）铸造的。

八、戈比

　　公元 1535 年 2 月，伊凡四世（伊凡雷帝）的母亲叶琳娜·格林斯卡娅实行货币改革，开始铸造一种新的货币，这就是俄罗斯货币史上具有举足轻重地位的、与卢布一起沿用至今的戈比（Копейка）。

　　格林斯卡娅决定整顿钱币发行秩序，发布命令，要求在莫斯科大公国疆域内流通的所有旧钱币都应当替换成在诺夫哥罗德、普斯科夫和莫斯科造币厂铸造的新钱币。1535 年 6 月 20 日，在诺夫哥罗德开始着手铸造新钱币。被称为"诺夫哥罗德金戛"的新币的正面是手握长矛的骑士。

　　在开始实行新钱币的时候，诺夫哥罗德钱币成为新币的基础。所有自行组建的造币厂都被关停，只有三个被宣布为国家造币厂，分别位于莫斯科、诺夫哥罗德和普斯科夫。

　　在诺夫哥罗德和普斯科夫开始铸造"分量重"的钱币，钱币上是手握长矛的骑士，而在莫斯科则继续铸造"分量轻"的钱币，纹饰依然是原来的手握马刀的骑士。两种钱币都被称为金戛："诺夫哥罗德金戛"和"莫斯科金戛"。前者的重量为 0.68 克，后者的重量为 0.34 克。除了这两种主要的金戛之外，还增加了小额的半金戛，或者叫作"波鲁什卡"，重 0.17 克。

戈比是公元 1535 年开始使用的俄国硬币，面值为 1/100 卢布，比以前发行的金戛重一倍，起初被称为诺夫哥罗德金戛，因钱币上有手持长矛（俄语发音为"戈比"）的骑士而得名。戈比钱币公元 1535—1718 年用白银铸造，公元 1704—1916 年用铜铸造。

币 17 – 8　戈比银币

注：该币生产于公元 1547—1584 年诺夫哥罗德造币厂，重 0.68 克。银币正面是手持长矛的骑士（有观点认为是圣格奥尔金，也有观点认为是最高统治者）；背面的币文转换成现代俄语是"Царь и великий князь всея руси"（全俄沙皇和大公）。

资料来源：https：//www. monetnik. ru/obuchenie/numizmatika/istoriya-kopejki。

费奥多尔·伊万诺维奇（公元 1557—1598 年）在位期间，俄国铸造的银币戈比上第一次出现了日期。从公元 1610 年开始，莫斯科造币厂和诺夫哥罗德造币厂开始为弗拉季斯拉夫四世铸造金质和银质的戈比，他将自己的尊号"全俄罗斯沙皇和大公弗拉季斯拉夫·齐吉蒙托维奇"刻在钱币上。从公元 1656 年开始，因国库虚空开始发行铜戈比，并规定与银戈比等价。公元 1662 年俄国爆发了铜币暴动，政府于次年恢复了银币。

公元 1700—1704 年，从欧洲游历归来的彼得一世实行货币改革，采取了十进制，即 100 戈比 = 1 卢布。引进欧洲先进的机器铸币技术，发行形制规整的圆形铜戈比。图案则沿袭了古老的传统，依旧是沙皇骑马持矛。1719 年起银戈比停止发行，同时开始铸造 1/4 戈比和 1/8 戈比。

九、切尔沃涅茨

切尔沃涅茨有两种含义：一种是外国和俄国铸造的大面值、高成色金币的总称；另一种是金币，音译为"切尔沃涅茨"（Червонец）。也有学者将其译为"赤金币"，因为这是由特殊的赤红色金子铸造的硬币。实际上铸造该钱币使用的材料是铜金合金，这两种金属的结合可以达到 91. 6%—98. 6% 的成色，其中的淡红色调来自铜。

公元 18 世纪之前铸造的这种金币上都没有面值：结算的时候等于相应数量的银币卢布（从 1 卢布 20 戈比到 3 卢布 50 戈比不等）。彼得大帝统治时期开始采用机器铸造钱币，除铜币、银币之外仿照荷兰的杜卡特铸造金币切尔沃涅茨，从公元 1704 年开始发行，重为 3. 47 克，成色 96. 9%—98. 0%。

币 17 – 9　切尔沃涅茨金币

注：该币生产于公元 1701—1703 年彼得大帝在位期间。金币正面是彼得大帝头戴桂冠的头像，周围币文是"ЦАРЬ ПЕТР АЛЕКСЕЕВИЧ"（皇帝彼得·阿列克谢耶维奇）；背面是中间有莫斯科城徽的双头鹰，一只爪子里是帝王权杖，另一只爪子里是象征王权的金球，周围币文是"САМОДЕРЖЕЦ ВСЕЯ РОССИИ"（全俄君主）。

资料来源：https：//coins. kiev. ua/blog/monety-tsarskoj-rossii/petr-i – 1699 – 1725/chervonets. html。

1 切尔沃涅茨 = 1 杜卡特。公元 1718 年彼得二世时，切尔沃涅茨金币的成色降低至 78.1%；1729 年安娜·伊凡诺芙娜时期，切尔沃涅茨金币的成色升至 98.1%，此后再没有低于 90.0%，一直到 1911 年俄罗斯帝国铸造最后一批切尔沃涅茨。1755 年至第一次世界大战期间，切尔沃涅茨金币主要为 10 卢布和 5 卢布两种面值；金币的纹饰通常正面为统治者的头像，背面为国徽（或城徽）。

十、帝国金币

帝国金币（Империал）是彼得一世的女儿伊丽莎白统治期间（公元 1741—1761 年）开始发行的币值为 10 卢布的金币，因钱币上的币文（译成中文为"俄罗斯帝国"）而得名。这一时期俄国开始对金矿进行工业化开采，改变了俄国造币厂依赖进口贵金属的局面，从而开始大量铸造金币。帝国金币一直发行到公元 19 世纪末，虽然 1809—1886 年中断了将近 80 年的时间。

1755 年 11 月 12 日，伊丽莎白·彼得罗芙娜颁布了一份有关货币铸造的命令，使帝国金币的发行合法化。

帝国金币块头相当大，最初的重量为 16.57 克，直径为 31 毫米。在接下来半个世纪的时间内，帝国金币的重量一直在下降，但面值未变〔只是在尼古拉二世时期（公元 1895—1897 年）因金币贬值面值被提高到 15 卢布〕。在伊丽莎白·彼得罗芙娜统治时期，从公元 1755—1759 年铸造过的帝国金币，共有两种，显著的特点在于钱币正面女皇的头像，这样的设计一直保持到 19 世纪初。

帝国金币在彼得三世在位期间也曾被铸造过，只是正面的君主肖像发生了变化。在叶卡捷琳娜二世时期，10 卢布的帝国金币的款式、重量和成色都没有变化，而且随着国内金矿开采规模的扩大，帝国金

币的铸造数量明显增加。也正是在这位女皇统治时期，帝国金币成为真正意义上的流通货币。公元 1764 年，帝国金币的重量降低到 13. 09克，面值不变。这样一直发行到 1796 年叶卡捷琳娜二世统治结束。帝国金币共有三种款式，区别在于叶卡捷琳娜二世的头像不同。

币 17 – 10　帝国金币

注：该币铸造于 1757 年圣彼得堡。钱币正面是伊丽莎白·彼得罗芙娜的头像，周围币文是她的名字、尊号和发行地，转换为现代俄语是 "Божиею поспешествующею милостию，Елизавета Первая，Императрица и Самодержица Всероссийская，СПБ"（上帝保佑的全俄君主和女皇伊丽莎白一世）；背面是以俄罗斯帝国的国徽双头鹰为中心呈十字形状分布的俄罗斯帝国的四个王国（莫斯科、喀山、西伯利亚、阿斯特拉罕）的国徽的花样装饰，周围币文转换成现代俄语是 "Имперская российская монета，цена десять рублей"（俄罗斯帝国钱币，10 卢布），铸造年份 1757 分布在四个空白处。

资料来源：https：//coins. kiev. ua/blog/monety-tsarskoj-rossii/elizaveta – 1741 – 1762/zolotie – 10 – rublej. html。

　　巴维尔一世统治时期没有铸造 10 卢布帝国金币，只铸造了 1/2 帝国金币。亚历山大一世时期恢复铸造 10 卢布的帝国金币，但是只铸造了 4 年，分别为公元 1802 年、1804 年、1805 年和 1809 年，其重量减轻至 12. 17 克，含纯金 12 克。帝国金币上四王国国徽图案未变，但这时国徽成了正面上的图案，因为另一面不再铸造肖像，而是呈四行分布的 "俄国国家货币" 字样。

公元 1886 年，亚历山大三世时期恢复铸造帝国金币。亚历山大时期以及后来的尼古拉时期的帝国金币的纹饰与更低面值的肖像币（卢布和半卢布）相似，正面是君主肖像，四周是封号，背面是国徽、面值和发行日期。

公元 1894 年尼古拉二世登基。公元 1897 年，因为财政大臣维特的货币改革，俄罗斯开始实行金本位制，帝国金币的价值降低了 2/3。在保持原有重量的情况下，开始铸造面值不同寻常的帝国金币——15卢布。根据公元 1899 年颁布的造币规定，只有这种新钱币保留了帝国金币的名称。

朝鲜半岛

李思萌　马　达

一、子母钱

《历史辑略》（卷二·兴平王条）、《东国史略》（卷一）、《大东史纲》（卷一）、《大东历史》（卷二·兴平王章）等史书中记载了箕子朝鲜兴平王铸造子母钱的内容。子母钱有大小两种，母钱为大钱，子钱为小钱。由于缺少实物，子母钱铸造一说的真实性有待考证。

二、铁钱

《海东绎史》（卷二十五·钱货条）、《献备考》（卷一六四·互布条）、《东国史略》（卷一·辰韩条）等史书记载了辰韩铸造并使用铁钱的内容；《三国志》中也有"辰韩国出铁，诸市买用铁，如中国用钱"的记录。辰韩出产砂铁，是铁地金（金属块）的重要供给地。加工后的铁地金成为交换媒介，俗称"铁钱""铁锭"。

三、乾元重宝背东国铁铸钱

《高丽史》（卷三·世家三）、《高丽史》（卷七十九·志三十三·食货条）等出现了成宗十五年（公元996年）铸造方孔圆形铁钱的记录。位于开城附近的高丽时期墓穴出土了乾元重宝背东国铁铸钱，钱币正面刻"乾元重宝"四字，背面刻"东国"二字。该钱币并未大范围普及。

四、海东通宝

肃宗七年（公元1102年），国家制定《鼓铸法》，铸造海东通宝15000贯。海东通宝是唯一拥有确切记录的高丽钱币，钱币正面刻有"海东通宝"四字，背面无字。开城江华岛高丽墓穴出土了刻有"三韩通宝""三韩重宝""东国通宝""东国重宝""海东通宝""海东重宝"等文字的六种钱币，史学家推测这些钱币与海东通宝属于同一时期铸造。

五、大银瓶

肃宗六年（公元1101年），大银瓶成为国家流通货币。大银瓶模仿高丽地形用银石打造而成。外形酷似瓶子，又称"银瓶"或"阔口"。官制的大银瓶重达1斤，由12两半银、2两半铜合制而成。忠烈王八年（公元1282年），国家公布折米率（钱货和米的交换基准），京中地区1个大银瓶可以兑换15—16硕大米，地方1个大银瓶可兑换18—19硕大米。

六、碎银

忠烈王十三年（公元 1287 年），国内市场出现了可以切取使用且便于日常小额交易的碎银。

七、五升布

五升布是高丽后期至李朝初期的交换媒介，分为正布（正五升布）和常布（常五升布、五升布、粗布）。太宗、世宗时期，国家推行楮币和铜钱，然而民间将五升布作为最主要的交换货币使用，导致国家推行楮币和铜钱的计划失败。世宗中期，由于棉作物技术发达，棉布逐渐代替常布成为农民阶层最主要的交换货币。世宗后期，常布逐渐退出市场。

八、楮币

太宗元年（公元 1401 年），国家制定楮币法并印制发行楮币。《太宗实录》中记载楮币的纸张分为货注纸和常注纸两种，前者长 1 尺 6 寸、宽 1 尺 4 寸，后者长 1 尺 1 寸、宽 1 尺以上。楮币可用于支付俸禄、交换国库米谷、换购丰储仓的米豆和司宰监的鱼肉。

九、朝鲜通宝

朝鲜通宝是李朝时期最早的铸造货币，始铸于太宗十五年（公元 1415 年）。世宗时期国家制定铜钱作贯法，一斤铜材制造 150 文朝鲜

通宝。朝鲜通宝最小货币单位为文，最大货币单位为贯。1000 文 = 100
钱 = 10 两 = 1 贯。国家规定一文朝鲜通宝可以兑换一张楮币或换购一
升米谷，但在实际交易中，一升米谷需要三文朝鲜通宝进行兑换。现
存的朝鲜通宝主要有世宗时期的铭文真书体朝鲜通宝、仁祖时期的八
分书体朝鲜通宝和八分书体朝鲜通宝当十钱。

十、常平通宝

常平通宝俗称叶钱。肃宗四年（公元 1678 年），国家发行常平通
宝单字钱，以 400 文等价 1 两银的价格上市。单字钱重 1 钱 2 分，背面
或无字，或刻有一字发行处或官营的略号。次年，国家发行常平通宝
折二钱，以 100 文等价一两银的价格上市。折二钱重 2 钱 5 分，背面
下方刻有"二"字。随着折二钱流通量的增加，单字钱开始退出市
场。肃宗朝末年，由于折二钱种类繁多，无法形成统一的交换机制，
国家终止其铸造和流通。英祖十八年（公元 1742 年），国家再次铸造
常平通宝，此后又陆续发行常平通宝背当十大钱（英祖二十六年，公
元 1750 年）、常平通宝中型钱（正祖二年，公元 1778 年）、十钱通宝
（正祖十七年，公元 1793 年）、常平通宝小型钱（正祖二十二年，公元
1798 年）、常平通宝当百钱（高宗三年，公元 1866 年）、常平通宝当
五钱和平字一文钱（高宗二十年，公元 1883 年）等。常平通宝最小货
币单位为文，最大货币单位为贯。

十一、大东钱

高宗时期，在德国人穆麟德（Mollendorf Paul Georgetown，1848 -
1901 年）的指导下，户曹将从中国购入的 3 万两马蹄银铸造成大东一

钱、二钱、三钱三种银钱，并于高宗十九年（公元 1882 年）发行上市。由于大东钱的原材料马蹄银价格居高不下，国家为了控制成本只能少量生产。

十二、朝鲜新式货币

高宗二十三年（公元 1886 年），国家制定新式货币的额面价格和样式，并试铸了包含二十圆、十圆、五圆、二圆、一圆金币，一圆、五两、二两、一两、半两银币，二十文、十文、五文、二文、一文铜币在内的十五种新式押铸货币，五种金币均采用镀金技术。新式货币以开国 495 年作为年记标识。高宗二十九年（公元 1892 年），国家又开始生产五分铜币、两钱五分白铜币、一分黄铜币。

十三、日本第一银行券

光武六年（公元 1902 年），日本第一银行在朝鲜开设分行，通过分行向朝鲜发行一圆、五圆、十圆三种银行券。银行券可以与日本货币进行兑换，生产工作由日本大藏省印刷局统一负责。此外，日本第一银行还发行了五十钱、二十钱、十钱三种小额银行券。

十四、典圜局

典圜局于高宗二十年（1883 年）成立，不仅是国家造币机关，也是货币制度现代化的体现。高宗二十九年（公元 1892 年），日本人在仁川新设典圜局，原汉城典圜局机械设备由仁川典圜局统一接管。光武八年（公元 1904 年），日本关闭典圜局。

十五、兑换署和户曹兑换券

为了规范管理典圜局，高宗三十年（公元 1893 年），国家新设兑换署并印发五十两、二十两、十两、五两四种户曹兑换券，用于兑换新旧钱币。由于和日本就典圜局与兑换署的主导权问题发生严重分歧，户曹兑换券尚未面世便被集中销毁。

十六、私人票券

光武初期市场上出现了中国商人发行的"同顺泰票"、京城商人同志组合发行的"商人同志组合交换所韩货票"、韩国人为替会社发行的"广通社票"、日本商人发行的"韩钱预置钞票"等。光武五年（公元 1901 年），日本人在京釜线铁道工地发行了铁道票券用于支付工人劳资，后逐渐在工地一带流通使用。

中南半岛诸国

贾海平

我们称为中南半岛的区域就是通常所说的中南半岛的东京① （以河内为中心的北圻）、安南② （越南/中圻）、交趾③ （越南南部/南圻）、柬埔寨 （真腊） 和老挝这五个国家。

一、贝币

以贝币为链环的缅印贸易圈的形成在《新唐书》卷二二二上《南诏传》中明确记载：南诏 "以帛及贝市易。贝者大若指，十六枚为一觅"。当时，不仅云南、印度、缅甸用贝为币，泰国也是如此，而且贝的计量方法也一致。正如《混一方舆胜览·云南行省》中所记，云南用贝的计量

---

① 以河内为中心的地区 （北越）。
② 越南中部地区，即现今的越南。
③ 越南南部地区 （南越）。

方式是四四五进制，马欢的《瀛涯胜览》"榜葛剌国"条记载："国王发铸银钱名曰倘贝，殆仿自天竺国。其贝子计算之法，以一为庄，四庄为手，四手为苗，五苗为索。"

二、厘钱

1. 萨派克

中国式的方孔铜钱在中南半岛被法国人命名为萨派克（Sapéque）。依据文物的记载，当时的货币是青铜制的，呈小刀形状，长 13.5 厘米，刀上刻有"明"字，刀柄的一端附有小环以便捆绑，但因其形状不便于携带，最终被逐渐改造为只剩下小环的部分，紧接着又改变小环的形状，直至在扁平形的中央开了方形孔，这个货币是至今残存的厘钱"萨派克"的起源。据一部分学者的说法，最初"萨派克"的形状较大，直径达到了 2 寸之多，但由于使用不便和物价的逐渐上扬，逐渐将其缩小，最终变成近代的 20—25 毫米的大小。一般中央的孔为方形孔，孔的周围铸有 4 个文字。

2. 铜厘钱和锡厘钱

公元 541 年，在安南王国实现独立之际，着手改铸货币，制作了"铜厘钱"，但其数量不多，目前文物中并没有发现有留存。该铜钱在 60 年后随着中国对该地区的影响而被废弃，重新启用原有的货币"萨派克"。

公元 986 年，安南王朝再次改铸厘钱，只用铜铸造货币，而后直至 14 世纪前都用铜铸造货币。公元 1314 年，被占婆王国和马来西亚军队所征服的陈明宗借了"锡厘钱"，从此以后，国内开始流通锡钱、铜钱两种货币。

3. 锌制货币和叛乱厘钱

公元 1428 年，重新建立的安南王朝因持续的战乱，国力极其疲敝，新政府被迫铸造了劣质的锌制货币。到了公元 16 世纪，安南王朝进一步尝试铸造了铁制货币，但以失败告终。

公元 18 世纪末是泰森的叛乱期，叛乱者铸造了"叛乱厘钱"作为军费，但随着念安王朝的复辟，"叛乱厘钱"被禁止流通。当时锡制货币因锌制货币的流通而被全面驱逐，铜钱的流通虽然有减少，但至今尚有余脉留存。

三、安南纸币

初次发行纸币的记载是在公元 1391 年的安南陈王朝时代的大同王统治时期。公元 1280 年前后，忽必烈跟随父亲征服中原的同时，征服了安南国并使其成为藩国，在 1308 年照搬使用了由元朝武宗皇帝创建的纸币发行制度。

这个纸币原本是不兑换纸币，公元 1397 年，觊觎大同王王位的黎基利宰相为其阴谋筹集所需的资金而发行了新纸币，并赋予纸币强制的通用力，相对于硬币，对纸币规定了 20% 的溢价公差，这些纸币根据其金额的多少，设定了不同厘钱的图案，即十厘为植物、二十厘为波浪、六十厘为云彩、一百二十厘为龟、一百八十厘为犀牛、三百厘为凤凰、六百厘为龙的图案。

四、安南金银币

1. "棒状或块状"金银的使用时期

公元 19 世纪，在中南半岛黄金和白银首次作为货币出现，当初的金银货币是按照其棒状或块状的原样在使用，用盎司或者"两"来对其进行称量。"两"（Lüong）是"安南盎司"的计量单位，是担

（Picul）的 1/1600。西贡商业理事会裁定 1 担为 60.400 千克，若以此计算，1 两为 37.75 克。"两"在安南作为称量金属的标准，是中国的分量，也是货币单位，两与鎋①相当。

2. 大判和小判的金银币

安南皇帝念安王时期首次铸造了金币和银币，以"两"作为货币单位。分别将金币中的一百两、五十两、四十两、三十两以及十两金称为大判（Nen-vang），将五两及二两五称为小判（Nwa-Nen. Vang）或叶金（Thoi-Vang），另外还铸造一两粒（Luong Vang）、一两或者是半两钉金（Dinh-Vang）四分、三分、四分半、二分、一分金的小金币；将银币分为一百两、四十两、三十两、二十两或十两的大判，五两、二两五、一两的钉银，半两及 0.45 两的银两。

五、墨西哥银圆

到了 18 世纪，与中国贸易往来频繁的西班牙人率先将西班牙货币"比索"引入中国。西班牙货币"比索"初次流入安南帝国的确切年代已无法得知，现在唯一可知的事实是安南帝国的孟明帝非常喜爱此种银币，并尝试铸造过相同形状的货币，其分量为 27.045 克，成色为 375‰，形状为圆形，表面刻有龙形图案；但安南人并不喜欢此种成色较低的劣质货币，该币最终于公元 1858 年在市场上不见了踪影。

西班牙"比索"源于其表面刻有卡洛斯王朝的徽章（俗称 Colonnes），其分量为 27 克，成色为 902.7‰。比这更早的 1746 年，政府只允许贸易银元（trade dollar，是美国铸币局生产的一种 1 美元面额

---

① 鎋：同"两"。

银质硬币）流通，规定1枚圆形银币的价格为780萨派克，1枚方形银币的价格为768萨派克。这些银币并不被当地民众所接受，所以最终没有达到广泛流通的地步。1750年，荷兰的东印度贸易公司以推销新安南的旗号为目的，铸造并进口了刻有安南皇帝头像的新弗银，后来以"刻皇帝头像乃是不敬"为由，政府禁止了这种新银币的进口。1823年，墨西哥"比索"取代西班牙"比索"并独占了市场。由于中国与安南之间密切的交通往来，墨西哥"比索"不久便流入到了东京，并依次在安南、交趾和柬埔寨开始流通。

这个时期，墨西哥银圆在柬埔寨顺利流通的同时，还有柬埔寨政府自身铸造的"柬埔寨比索"银币，柬埔寨人将"柬埔寨比索"称为浦拉库巴斗或浦雷阿萨斗（塔的意思），与萨派克的法定比价为4束。

法国入侵中南半岛时也将墨西哥银圆作为通用货币，而非法郎。因为法国军队所有的一切都用墨西哥银圆来付款，所以当时的银币又被称为"均衡比索"，它与原来的西班牙比索的分量和成色相同，分别为27克和902.7‰。后来由于伪造银币的现象频繁，流通广泛的墨西哥银圆又有了有孔银圆（chopped dollar）和无瑕疵的完整银圆（clean dollar）之分。

这个时期墨西哥银圆与金法郎的比价是5法郎30生丁，但这一年的8月27日通过总督令将其修订为5法郎55生丁。

除均衡比索外，国家在1867年11月27日以法律形式规定："鹰银"的分量为27.073克，成色为900‰。1872年3月15日签署的总督令对纯度为24.4389克的"鹰银"赋予了法定通用力。1874年6月30日的总督训令同样对美国的"贸易美元"赋予了法定通用力，其分量为27.215克，其纯度为24.4935克。

六、金银两

金银两（Nen）和金银同是私人铸造的货币，其分量不一，形状也并不统一。交易时需要一一称量，再加上铸造法非常不完善，铸造的成色低下，最终被墨西哥银圆所替代。

根据 1863 年 9 月 3 日颁发的总督令，金银两的标准成色为 910‰，交易的价格：1000 克的金银两为 3127. 67 法郎，同样重量的银两为 200. 70 法郎。

七、皮阿斯特

皮阿斯特（Piastre）是对 1 美元弗银的俗称，是由西班牙语"Piastra"转化而来。法国人称墨西哥银圆为"Piastre mexicaine"，甚至将其省略，大多情况下只写作"Piastre"，是与后来诞生的法国皮阿斯特（Piastre de Commerce）完全混淆的用语。

在 1870 年，中南半岛除墨西哥银圆之外，还有鹰银、弗银、美国贸易美元 3 种本位货币流通。1878 年 10 月 9 日，巴黎造币局铸造了新货币"法国皮阿斯特"，并将此新货币称为"Piasstre de Commerce"。根据法令，新银币皮阿斯特的分量为 27. 215 克，成色为 900‰，上面刻有橡树和月桂树的图案。铸造的辅助货币为新银币的 1/100，单位为美分，除制作 50 美分银币、20 美分银币、10 美分银币以及 1 美分的铜币外，还制作了相当于皮阿斯特 1/500 的法国青铜萨派克。

要铸造皮阿斯特就要着手对贸易和国内商业中所必要的限额进行调查，但由于当时辅助货币极其匮乏，因此首先决定紧急铸造青铜钱，

其次在巴黎造币局铸造了 10 美分、30 美分及 50 美分的银币，直到
1880 年才开始铸造 1 美分的铜币。自 1882 以后，皮阿斯特就成为了中
南半岛年度总结算的计算单位。

伊　朗

武宝成

　　伊朗货币史的中古时期从公元 651 年延续至 1722 年，期间大体经历了早期仿制币时期、倭马亚王朝统治时期、阿巴斯王朝统治时期、蒙古人统治时期、帖木儿帝国统治时期和萨非王朝统治时期六个阶段。

　　公元 651 年，萨珊王朝统治下的波斯成为阿拉伯帝国的一部分。阿拉伯在征服波斯期间，很自然地保留了许多萨珊王朝的铸币厂，并延续了萨珊钱币的种类和样式。在萨珊王朝主要货币德拉克马的基础上，发行了阿拉伯—萨珊银币，名为迪拉姆，重约 4 克。除了在钱币边缘添加了阿拉伯铭文，其他设计细节都相同。

　　直至公元 692 年，倭马亚王朝哈里发开始在首都大马士革打制钱币，伊朗货币才逐渐从拜占庭和萨珊仿制币演化为印有宗教铭文的阿拉伯式钱币。公元 696 年，新的伊斯兰第纳尔金币开始发行，印有宗教铭文，重 4.25 克。两年后，几乎所有铸币厂都开始打制新的伊斯兰迪拉姆银币。新迪拉姆的重量是旧迪拉姆的 7/10，实际重量通常为

2.80—2.85 克。

在公元 8—9 世纪，第纳尔金币的重量不断增大。阿巴斯王朝为了维持金币与银币之间固定的兑换比率 7:10，将迪拉姆银币的重量增加到 2.975 克。公元 9 世纪初，铜币弗里斯停止使用；11 世纪，第纳尔金币重量不一，有的不足 1 个单位的标准重量，有的是标准重量的五六倍，与此同时，迪拉姆银币停止铸造；进入 12 世纪，金币也几乎消失了。直到 20 世纪末，第纳尔和其他硬币的铸造才在波斯东部有所恢复。

在公元 13 世纪中叶，蒙古人开始在大不里士打制迪拉姆银币。在随后的几年里，银币逐渐传播到其他波斯城市。1296 年，伊尔汗国进行了货币改革后，统一了货币形制。在新的货币体系中，迪拉姆重 2.16 克。第纳尔成为了基本记账单位，价值 6 个迪拉姆银币。新金币被称为麦斯卡，重量不一，为保证纯金，在实践中称重使用。

在整个 14 世纪，迪拉姆的标准重量迅速下降。在 14 世纪中叶，价值 6 迪拉姆的银币的重量甚至低于 1296 年最初发行的 1 迪拉姆币。为了维持不同货币之间固定的兑换比率，帖木儿帝国下调了其他货币单位的标准重量。在 14 世纪末，随着第纳尔成为了很小的货币单位，表示 10000 第纳尔的图曼成为日常记账单位。与此同时，一种名叫塔卡的银币出现了，其流通一直持续至 16 世纪中叶。

在 1502 年，伊斯玛仪一世建立萨非王朝，引入新的货币体系。该体系主要由沙希银币和阿什拉夫金币组成。二者皆重 1 麦斯卡，约 4.6 克。第纳尔继续被用作记账单位，1 沙希等于 50 第纳尔。在 17 世纪初，阿巴斯一世提高了货币重量，新金币和银币被统称为阿巴西，其中银币价值 200 第纳尔，金币价值 2000 第纳尔。在 18 世纪 20 年代，随着阿巴西的不断贬值，萨非王朝的传统货币体系走向终结。

一、西亚第纳尔

西亚第纳尔（dinar）是伊朗在中世纪发行的一种金币。"第纳尔"一词来源于拉丁词汇"狄纳里"（denarius），意思是 10，原是罗马共和国的标准银币单位，重约 4.55 克。作为金币，第纳尔的首次发行发生在萨珊王朝时期，主要用于纪念场合。

在公元 3—4 世纪，该币重 7.0—7.4 克。钱币正面是国王胸像；背面是火坛，两人像立于两侧。在 4 世纪末期，第纳尔的重量不断下降。在巴赫拉姆四世（公元 388—399 年）统治时期，第纳尔的重量是 4.45 克，与罗马索利多金币相同。在卑路斯统治时期（公元 459—484 年），第纳尔的重量已跌至 3.5 克。

在阿拉伯帝国统治时期，第纳尔既是一种金币，又是货币单位。公元 692 年，阿拉伯人首次发行金币，其早期形制与拜占庭金币索利多相似，重量均为 4.55 克。从 696 年开始，新的伊斯兰第纳尔开始发行，宗教铭文取代了帝王肖像，重 4.25 克。

在公元 11 世纪早期，金币第纳尔成为唯一使用的贵重货币。在这个世纪中，第纳尔重量不一，有的不足 1 个单位的标准重量，有的是标准重量的五六倍。12 世纪初期以后，金币在波斯几乎消失了。直到 20 世纪末，第纳尔和其他硬币的铸造才在波斯东部有所恢复。

1296 年，伊尔汗国进行了货币改革，第纳尔成为基本货币单位，等于 6 个银币迪拉姆。它是一种记账单位，而不是实际的硬币。在新货币体系中，金币被称为麦斯卡（mithqal），而不是第纳尔，相对于迪拉姆和第纳尔的价值不确定。此后，伊尔汗国统治结束，地方割据形成，迪拉姆的价值不断下降。相应地，作为迪拉姆的会计倍数币，第纳尔的价值也不断下降。

在公元 14 世纪末，第纳尔已经成为很小的货币单位。于是，表示 10000 第纳尔的图曼（toman）成为日常记账单位。此后，在整个萨非王朝统治时期，第纳尔继续被用作各种重量和价值的银币的记账单位，价值 1 第纳尔的实物铸币并不存在。

二、西亚迪拉姆

迪拉姆（dirham）是伊朗在中古时期银币的统称，同时也被作为货币单位和重量单位。"迪拉姆"一词来源于"德拉克马"（drachma），是古希腊的一种银币。在前伊斯兰时代，拜占庭曾控制黎凡特一带并与阿拉伯人进行贸易，使得该币广泛流通于波斯世界。在萨珊王朝统治时期，德拉克马的重量一直保持在大约 4 克。

在公元 7 世纪中叶，阿拉伯帝国征服波斯，在德拉克马的基础上发行了迪拉姆，使之成为伊斯兰货币。币面印有国王名字和宗教内容。新迪拉姆的重量标准是旧萨珊币的 7/10，实际重量通常为 2.80—2.85 克，尽管有更重的迪拉姆，最高可达 2.95 克，但这是由于地区差异造成的。

在公元 8—9 世纪，随着金币第纳尔重量的增大，为了维持金币与银币之间固定的兑换比率 7∶10，银币迪拉姆的重量上升至 2.975 克。这一重量标准一直持续至 11 世纪。进入公元 11 世纪，迪拉姆作为一种银币不断贬值，并越来越稀缺，最终完全消失。直到公元 12 世纪后期，才重新出现在叙利亚、安纳托利亚等地。

在公元 13 世纪中叶，蒙古人在首都大不里士开始打制迪拉姆银币。在随后的几年里，银币逐渐传播到其他波斯城市，但几乎每个城市的迪拉姆都不相同。直到 13 世纪末，伊尔汗王朝进行了全面的货币改革后，各城市有了统一使用的迪拉姆。在新货币体系中，迪拉姆的重量约为 2.16 克，与金币第纳尔的兑换比率是 1:6。

在整个 14 世纪，迪拉姆的重量迅速降低。在 14 世纪中叶，价值 6 迪拉姆的硬币的重量甚至低于 1296 年最初发行的 1 迪拉姆硬币。在 15 世纪，帖木儿帝国征服波斯，推出了一种新的银币，称为塔卡（tanka），其流通一直持续至 16 世纪中叶。在 16—18 世纪，迪拉姆一直被用作银币的通用名称。

三、阿什拉夫

阿什拉夫（asrafi）是 15 世纪出现在波斯的一种金币。该词最早被用于埃及马穆鲁克在 1407 年首次铸造的金币，币名可能源自马穆鲁克苏丹"阿什拉夫·巴尔斯巴"（公元 1422—1438 年）。原始钱币重约 3.45 克，标准和成色与威尼斯杜卡特接近，并与杜卡特一起传播到伊斯兰东部。

在公元 16 世纪初，萨非王朝伊斯玛仪一世铸造了重 3.52 克的阿什拉夫金币。此后，它完全取代了来自帖木儿帝国的金币塔卡。1600—1737 年，阿什拉夫成为了伊朗的主要金币，且重量变化不大。在 1718 年，该币重 3.498 克，价值 54 格令，与伊斯玛仪一世最初发行的版别重量接近。然而，其名义价值发生了很大变化。在 1552 年，1 阿什拉夫的账面价值约为 200 第纳尔；在 1718 年，其价值已升高至 1800 第纳尔。

四、阿巴西

阿巴西（abbasi）是对萨非王朝国王阿巴斯一世（公元 1581—

1629 年）发行的几种主要金币和银币的称呼。该称呼一直被使用到 20
世纪初。

　　萨非王朝的银币和金币没有面值，它们由纯金和纯银制成，流通
中需要进行称重。在记账体系中，不同重量的黄金和白银被赋予不同
的名称，这些名称在外国贸易商看来就像面值标记。在阿巴斯一世统
治之前，主要的记账单位是图曼，1 图曼等于 10000 第纳尔。当时流通
的最大银币沙希（shahi）价值 50 第纳尔。在穆罕默德·霍达班德统
治时期（公元 1577—1581 年），价值 100 第纳尔的银币被启用，被称
为穆罕默迪。

　　在阿巴斯一世漫长的统治时期，萨非王朝的发展达到了顶点。他
在公元 1615—1620 年进行了货币改革。尽管没有建立单一的重量标
准，却普遍提高了流通中铸币的重量。"阿巴西"这个名称被用于两
类银币和两类金币，它们的重量分别为 144 格令和 120 格令，1 格令等
于 0.0648 克。银币阿巴西的记账价值是 200 第纳尔，金币阿巴西的记
账价值是 2000 第纳尔。

　　公元 1629—1642 年，所有的阿巴西币都重 120 格令。公元 1642—
1666 年，银币阿巴西有两种重量，分别是 144 格令和 120 格令，而金
币仅一种重量（120 格令）。公元 1666 年之后，除了一些重达 5.4 克的
金币外，金币的铸造几乎停止了。同时，重 144 格令的银币阿巴西的
打制也中断了。在公元 1687—1688 年的货币危机之后，银币和金币阿
巴西的重量均下降至 114 格令。公元 1717 年，它们的重量进一步下降
至 84 格令，紧接着在 1721 年跌至 54 格令。至此，萨非王朝传统的阿
巴西币走向终结。此后，阿巴西继续被用于其他价值 200 第纳尔的
钱币。

五、普尔

普尔（pul/pol）一词来源于古希腊词汇"奥波"（obolos），原意是"指甲盖或碎屑"，是古希腊的一种小铜币。在中古伊朗，普尔有两种用法。

一是泛指小面额铜币。在实践中，与其他铜币术语"弗里斯"（folus）、"派萨"（paisa）和"沙希"（shahi）一样，被用来泛称铜币。人们之所以会不加区分地用这些术语来称呼铜币，可能是因为当时的欧洲人几乎没与低价值的铜钱打过交道。

二是专指 16—17 世纪在大不里士出现的被称为卡兹巴克（qazbaki）的铜币，简称卡兹（qaz）。最初，该币重约 0.28 克。在 17 世纪初，经济中流通着价值 10 第纳尔的两卡兹币和价值 5 第纳尔的小卡兹币。由于铜币是地方政府所打制，若流通到外地，则价值下降 50%，所以大多数铜币仅限当地使用，国际贸易商一般避免使用这种货币。

六、纳库得

纳库得（nokhod）是伊朗传统的重量单位，以谷物和粮食的重量为基准。纳库得的原意是豌豆。由于 4 粒小麦籽与 1 颗豌豆的重量相当，所以每粒小麦重 1/4 纳库得。在 15 世纪之前，1 纳库得重 0.18克；15 世纪之后，1 纳库得重 0.195 克。

七、麦斯卡

麦斯卡（mithqal）是中古伊朗常见的重量单位，大多数时候被用来衡量贵金属的重量。"麦斯卡"一词来自阿拉伯词汇"thaqala"，意思是"称重"。1 麦斯卡可折合 24 纳库得，故 15 世纪前 1 麦斯卡重 4.32 克，15 世纪之后 1 麦斯卡重 4.61 克。

从公元 8 世纪起，这一名称还被用作金币第纳尔的替代术语，在伊斯兰世界的大部分地区被使用，并在非洲部分地区一直存续至 19 世纪。

八、图曼

图曼（tuman）一词来源于蒙古语中的"tuman"，发音同汉语中的"万"。该词最初用来描述拥有 10000 户人家的地区或由 10000 士兵组成的军队单元。公元 1260 年，蒙古人引入图曼作为货币单位，意为 10000 第纳尔金币。在 1883 年之前，单位图曼一直仅作为记账单位，并不存在相应的实际货币。在实践中，图曼的价值处于波动之中，并不总是等于 10000 第纳尔。例如，奥马里曾把图曼的价值规定为 20000 第纳尔。大不里士或伊拉克图曼的价值常常是呼罗珊图曼的 4 倍。

数个世纪以来，伊朗一直采用白银衡制。然而，随着铸币重量的不断下降，银币的重量标准也不断下调。1501—1517 年，1 图曼（10000 第纳尔）重 9600 纳库得。1518 年，国家标准白银衡制发生变化：在西部地区，1 图曼重 8100 纳库得，这一水平一直持续到 1524 年伊斯玛仪一世统治结束；在东部地区，1 图曼重约 14400 纳库得，该标准在 1518—1521 年被采用。直到 1525 年，东西部地区才开始使用相同的衡制，即 1 图曼重 8100 纳库得。此后，图曼的重量标准不断下调。在索尔坦·霍西恩沙统治末年（公元 1694—1722 年），1 图曼银币的重量已从 16 世纪初的 9600 纳库得，下跌至 1200 纳库得。

关键词索引

白银

百分币

百门之城

班加

半盎司（塞姆乌尼契亚）

半两

半两钱

比加蒂

比塞塔币

币文

幣

标记

波旁王朝

波斯

波坦币

帛

布

布币

布尔

草籽

查柯

常平通宝

钞票

朝鲜通宝

称量货币

城市造币

驰用银之禁

尺

尺贯法

楮币

楚国

春秋

纯金币

纯银币

粗铜币

寸

达哈拉

达姆

大东钱

大流克金币

大流士

大麦

大明通行宝钞

大农令

大判

大钱当两

大王

大银瓶

大月氏

丹戈

当十钱

当五钱

海达里

海东通宝

海龟币

韩钱预置钞票

汉朝

《汉穆拉比法典》

汉佉二体钱

合

合金同币

和同开珎

赫克格拉姆

赫梯法典

赫梯王国

斛

琥珀金

户部官票

户曹兑换券

化

圜

圜钱

皇朝十二钱

皇室之疣

货

基特

吉塔尔

记账单位

寄多罗—贵霜

罽宾

迦南

迦腻色伽

迦太基

价值标记

犍陀罗

柬埔寨比索

减重弗里斯

江户时代

交子

交子务

焦坦卡

斤

金钣

金布律

金戛银币

金银复本位制度

金银两

金座

晋国

居鲁士

均衡比索

君士坦丁

君士坦丁堡足金

钧

马夏卡

麦斯卡

猫头鹰钱币

梅迪纳乡村特别法

弥那

米拉瑞逊

米利都制度

明和五匁银

摩赫

摩揭陀王国

墨西哥银圆

穆拉比特币

穆沙鲁

纳库得

南镣

南镣二朱判

南廷

尼禄

努姆斯

诺加塔

帕尔希克图

帕古达

派萨

叛乱厘钱

皮阿斯特

普林尼

普鲁塔铜币

七彩杯币

齐国

钱

钱币法令

钱钞兼行

钱荒

钱禁

钱律

钱引

钱座

乾元重宝

乾元重宝背东国铁铸钱

切尔沃涅茨金币

切遣

秦朝

秦国

轻米拉伦斯

庆长大判金

佉卢文

屈莱恩

权力之锚

日本第一银行券

容量单位

萨非王朝

萨派克

太阳冠（芒冠）

特里米斯

特列恩特

特塔特伦

提洛同盟

提铭

天罡

天罡币

天主教双王币制

天子

条状货币

帖木儿帝国

铁钱

通宝

同顺泰票

铜贝

铜厘钱

图曼

托拉

托勒密王朝

托内斯

韦韦里察

魏国

文

文目

纹饰

倭马亚王朝

乌得图

乌尔第三王朝

乌尔纳姆法典

无文铜贝

五分币

五升布

五铢

五铢钱

西哥特人

西格罗斯银币

西拉

西力克

西西里—布匿币（西西里—迦太基币）

希伯来人

希腊—巴克特里亚币

希律王朝

希斯塔麦伦

翕侯

锡厘钱

夏

鲜虞国

小额通货整理法

小判

小亚细亚

周

朱

铢

追思币

捉钱令史

兹拉特尼科金币

子母钱

佐赫拉

勺